La
PREDICACIÓN

Comunicando el mensaje con excelencia

Jorge Óscar Sánchez

editorial clie

EDITORIAL CLIE
C/ Ferrocarril, 8
08232 VILADECAVALLS
(Barcelona) ESPAÑA
E-mail: clie@clie.es
http://www.clie.es

LA PREDICACIÓN
ISBN: 978-84-17620-38-7
Depósito Legal: B 24841-2019
Ministerios cristianos
Recursos pastorales
Referencia: 225121

Impreso en Estados Unidos / *Printed in the United States of America*

Dr. Jorge Óscar Sánchez

El Dr. Jorge Óscar Sánchez es oriundo de Santa Fe, Argentina. Tuvo el privilegio de nacer en un sólido hogar donde sus padres le llevaron al conocimiento de la salvación en su niñez. Dios le llamó a su servicio en enero de 1970, cuando tenía diecinueve años de edad. Desde entonces la verdad de Efesios 3:8 fue el fundamento de su ministerio: "A mí, que soy menos que el más pequeño de todos los santos, se me concedió esta gracia: proclamar a las naciones las inescrutables riquezas de Cristo."

Buscando capacitarse para servir a Dios con efectividad creciente, Jorge se trasladó a la ciudad de Vancouver, Canadá, a fin de obtener su Maestría en Teología. Junto con su esposa Frances, comenzaron el primer ministerio de habla hispana en la ciudad. Esto condujo al establecimiento de dos pujantes congregaciones, donde centenares de hispanos encontraron la salvación por la fe en Cristo Jesús. Más tarde, Jorge completó su Doctorado en Ministerio, en Pasadena, California. Su área de concentración fue Predicación Cristiana y Desarrollo de Líderes.

Luego de servir al reino de Dios por veinte años en Vancouver, Jorge, Frances y su hijo Christopher se trasladaron al sur de Texas. Allí, Jorge fue profesor de Predicación, Ministerio Pastoral y Liderazgo Cristiano, en un reconocido Instituto Bíblico. Cuatro años más tarde, recibieron la invitación para ser los Pastores de *Comunidad de las Américas* en Pasadena, donde actualmente sirven desde el año 2003. Asimismo, Jorge fue invitado para ser profesor de la cátedra de Predicación Cristiana en el mismo seminario donde hizo su doctorado.

Al presente Jorge es invitado a enseñar en diversos Seminarios, Talleres y Congresos a lo largo de todo el continente. Hace quince años inició el programa de radio *Realidad* que se escucha en un número siempre creciente de emisoras en todo Latinoamérica. Si alguien desea escuchar este programa que contiene los sermones del Dr. Sánchez, puede visitar el sitio: *realidadonline.com*. Asimismo, a fin de capacitar a los futuros ministros para servir a Dios con efectividad y excelencia, fundó el *Instituto de Liderazgo Cristiano*, en 2010. Este Instituto es online y está al alcance de todos los que quieran beneficiarse de los conocimientos acumulados por el Dr. Sánchez en cincuenta años de ministerio activo y bendecido por Dios. Allí hallarán centenares de sermones bíblicos, Cristo-céntricos y relevantes en forma de video, desarrollados y predicados siguiendo los conceptos que se nos enseñan en este libro. Si alguien desea aprovechar los cursos y materiales que allí se ofrecen, puede visitar el sitio: *institutodeliderazgocristiano.com*.

Comunicando el mensaje con Excelencia, es el resultado de lo que ha sido el lema del ministerio de predicación del Dr. Sánchez por cincuenta años: "Conociendo la grandeza de Dios a través de las excelencias de su palabra; de modo que vivamos vidas felices y bendecidas que honren el nombre de Jesucristo."

CONTENIDO

Sección IV: El predicador: sus cualidades personales y su preparación personal

Sección V: El predicador y su relación con el Espíritu Santo

APÉNDICES

INTRODUCCIÓN

SI USTED QUIERE TRIUNFAR EN EL MINISTERIO CRISTIANO...

«A mí, que soy menos que el más pequeño de todos los santos, me fue dada esta gracia de anunciar entre las naciones el evangelio de las inescrutables riquezas de Cristo...» (Efesios 3:8).

¡Fue una muy buena noticia!

Era un lunes por la noche y terminaba de entrar a casa junto con mi hijo, cuando mi esposa me dice: «Hace un rato llamó una persona que no conocemos para compartirnos un testimonio muy interesante. Prometió volver a llamar porque quiere hablar con vos. Tiene una historia que te va a bendecir. Prefiero no contártela, así no te robo el impacto».

Efectivamente, a la media hora sonó el teléfono y allí estaba este individuo a quien nunca había escuchado antes. Después de las presentaciones de rigor, me dice: «Pastor, me gustaría invitarlo a almorzar, ya que si usted es tan amable, me gustaría conocerlo personalmente. Tengo una historia que quisiera compartirle, ya que sin saberlo, usted ha sido una tremenda bendición para mi vida». Es muy difícil rechazar una invitación semejante, ¿no le parece? Tres días más tarde nos juntamos a almorzar, y allí conocí a Alberto. Y de forma muy abreviada, comparto con usted la historia que él quería hacerme conocer. Me dijo: «Nací en El Salvador, y cuando tenía seis años falleció mi padre.

Mi madre tuvo que criarnos a mí y a otros tres de mis hermanitos. El único trabajo que encontró fue en una cantina. Muchas veces como no tenía con quien dejarme, mi madre me llevaba con ella a su trabajo».

«Ese era un lugar muy violento. En esa taberna, vi morir a muchas personas. Duelos a cuchillo, a machetazos. Yo conocí bien desde niño la realidad de la muerte. Un día, cuando tenía apenas seis años de edad, un individuo completamente alcoholizado tomó un machete en una mano, y un vaso de licor en la otra. Y me dijo: 'bébete este vaso o te mato'. Sabía muy bien que la amenaza era en serio, por lo tanto, no me quedó otra alternativa que tomar aquel licor. Cuando aquel líquido entró en mi organismo, sentí una fuerza impresionante que me dio valor. De ahí en adelante, comencé a consumirlo por mi propia cuenta, primero a escondidas y luego de forma abierta. La consecuencia, lógicamente, fue que comencé una carrera a toda velocidad en el alcoholismo. A medida que los años fueron pasando, este vicio se convirtió en una verdadera pesadilla en mi vida, arruinándome todas mis mejores posibilidades».

«Me moví a vivir a Estados Unidos pensando en empezar una nueva vida y, sin embargo, las cosas en lugar de mejorar, empeoraron. La razón principal es que ahora al alcohol le agregué la drogadicción. Mi vida llegó a ser un verdadero infierno. Al punto tal, que un día decidí acabar con ella. Yo trabajaba haciendo limpieza en un edificio de departamentos de ocho pisos en New York. Una noche me subí a la azotea, e ingerí una sobredosis lo suficientemente poderosa como para matarme diez veces. La droga comenzó a actuar, y como no me gustaron los efectos que estaba produciendo en mi cuerpo, pensé: 'para que sufrir. Mejor acelero esto...'. ¡Y salté al vacío!».

«Mire Pastor...». Alberto se levantó la camisa para mostrarme algunas de las cicatrices que le habían quedado. «Qué milagro Pastor... Todas mis costillas explotaron hacia afuera. Ninguna me perforó los pulmones. Me desperté en el hospital y, a pesar de semejante escape, no pude cambiar mi vida por más que quise. Fue entonces, que decidí venirme a vivir a Vancouver. Y una vez más con la esperanza de tener un nuevo comienzo».

«Aquí me conocí con mi esposa. Ella también era alcohólica, y como podrá imaginar nuestra relación desde el primer día fue el comienzo de un nuevo infierno. Ella tenía un hijo de una relación previa, yo también, y luego tuvimos uno propio. Estábamos mal, pero no sabíamos cómo salir de nuestro enredo. Yo participé en el programa de *Alcohólicos Anónimos*, pero sin ningún resultado».

«Entonces, un día decido poner en venta mi automóvil. Comienzo a limpiarlo para poder venderlo, y cuando estoy limpiando el asiento trasero, deslizo mi mano hacia atrás para saber si algo se había caído, y debajo del asiento encuentro un casete. A quién que se le cayó ahí atrás nunca lo sabré. Lo miro y decía en la etiqueta: 'Cómo tener una vida feliz y con propósito', Jorge Óscar Sánchez... Creí que era un cantante mexicano...».

«Eso fue un sábado. Al siguiente lunes, cuando regresaba del trabajo, puse el casete para escucharlo. Me impactó. Pero, por supuesto, había mucha información nueva para mí, ya que nunca antes en toda mi vida había visitado una iglesia. Como el viaje se me quedó corto, esa noche después de la cena, me fui al garaje y terminé de escuchar su sermón. Al día siguiente volví a escucharlo, y luego lo escuché no sé cuantas veces más. Lo cierto es que algo difícil de explicar pero muy real se fue encendiendo dentro de mí, una débil llama de esperanza. Pero todavía no me atrevía a compartirlo con mi esposa. Con todo, muchas veces me iba al garaje a escucharlo a usted a solas dentro del automóvil. Mientras tanto, nuestra relación hogareña seguía empeorando, hasta el punto tal que ya estábamos hablando de tomar caminos separados».

«Ante la gravedad de la situación, y la inminencia de la ruptura, un sábado por la mañana mi esposa me anunció que salía con los niños a hacer las compras. Ese día supe que algo tenía que pasar. Como no sabía qué hacer exactamente, me encerré en mi cuarto y comencé a orar. A clamarle a Dios con todas mis fuerzas, a suplicarle que me salvara, que me librara de la maldición que arrastraba por años con los vicios. A ese Dios del cuál usted hablaba en el casete. No sé cuanto habré orado, Pastor, pero en un momento sentí como una bola de fuego abrazador que entró dentro mi ser. Me invadió desde la cabeza hasta los pies. En ese momento, Cristo nació en mi corazón y todas las cadenas que me ataron por décadas fueron cortadas de forma instantánea. Llegue a ser una nueva criatura por el poder de Dios».

«En las siguientes semanas al ver el cambio que había experimentado, a mi esposa le atrapó la curiosidad. Le conté lo que me había sucedido y varias semanas más tarde ella misma aceptó al Señor. Y más

tarde encontramos una iglesia donde congregarnos y crecer espiritualmente. A los que nos conocen de antes, les cuesta creer la diferencia
en nuestras vidas gracias a Jesús. Desde que comenzaron los cambios
siempre tuve en mi corazón el deseo encontrar al hombre que había
predicado aquel sermón, que fue el comienzo de la esperanza para mi
vida. Por esa razón, le estuve buscando hasta que lo hallé para darle las
gracias por haber predicado aquel sermón que me trajo a la salvación
y a la vida verdaderamente feliz y con propósito, a mí primero y luego
a toda mi familia».

Mientras Alberto compartía su historia por momentos era muy difícil retener las lágrimas. De tristeza, mientras me describía los horrores de su niñez y toda su vida pasada fuera de la familia de Dios. Pero
de gozo inefable y glorioso también, frente a la grandeza y el poder
de nuestro bendito Señor. Cada vez que recuerdo la vida de Alberto,
pienso en el ejemplo notable de esta historia de los tratos de Dios para
con sus hijos; que él se ha propuesto llevar a muchos hijos a la gloria,
salvándolos hasta lo sumo, y utilizando las circunstancias de un modo
tan dramático para conducirlos finalmente a la vida eterna. Además,
qué ilustración del principio de que «no depende del que quiere, ni del
que corre, sino de Dios que tiene misericordia» (Rom. 9:16). Alberto
nunca buscó a Dios, Dios lo había escogido a él antes de la fundación
del mundo. Asimismo, qué recordatorio es esta historia del poder de la
palabra de Dios y la promesa de Isaías 55:10-11: «Porque como desciende de los cielos la lluvia y la nieve, y no vuelve allá, sino que riega la
tierra y la hace germinar y producir, y da semilla al que siembra y pan
al que come, así será mi palabra que sale de mi boca: no volverá a mí
vacía, sino que hará lo que yo quiero y será prosperada en aquello para
la cual la envié». Cuesta creer que de un casete olvidado en el asiento
trasero de un automóvil, Dios usaría la grabación de ese mensaje bíblico para abrir la prisión y romper las cadenas que sujetaban a Alberto.
Por último, qué privilegio inmenso el de todo hombre y mujer que
predican el evangelio: que nuestros sermones tantas veces limitados y
falibles, puedan ser vitalizados y utilizados por el Espíritu Santo con
tanto poder para operar una transformación tan gloriosa, poderosa y
eterna en la vida de otro ser humano.

Muchas veces recordando esta historia me he visto forzado a preguntarme: Y si no hubiera predicado ese sermón evangelístico, ¿me

hubiera empleado Dios en la conversión de Alberto? ¿Qué tal si en lugar de ser un sermón sencillo, claro y directo sobre las demandas de Dios y las soluciones que nos ofrece por su obra en la cruz, hubiera sido uno de esos que son incomprensibles como densa niebla? ¿Qué hubiera ocurrido si en lugar de predicar el evangelio del poder y la gracia transformadora de Dios, hubiera sido un mensaje de corte contemporáneo sobre psicología popular y cómo tener una mejor imagen propia? Esta historia de Alberto, ilustra los enormes privilegios que implica proclamar las *Buenas Nuevas* de salvación en Cristo, pero así también, en la misma proporción coloca sobre los hombros de aquellos que hablamos en nombre del Dios vivo, una inmensa responsabilidad. En la historia de Alberto yo hice mi parte y Dios hizo la suya. De haber sido yo negligente, ilógico o sub-bíblico, estoy seguro que Dios (parafraseando la historia de Saúl) me hubiera desechado y le hubiera dado el privilegio de ser su instrumento a «un prójimo tuyo mejor que tú» (1Sam. 15:28). Esta historia dramática de Alberto y su conversión y el rol que juega la proclamación del mensaje de salvación y el mensajero que lo proclama, es una adecuada introducción al tema que nos confronta en este libro: El llamado, el desafío y las posibilidades infinitas que ofrece la tarea de predicar a Jesucristo como Señor y Salvador, a personas tan dolidas y necesitadas como Alberto.

Me alegra saber que tiene en sus manos una copia de *Comunicando el mensaje con excelencia*[1]. Supongo que lo habrá conseguido porque es alguien que está dando los primeros pasos en la tarea de predicar el evangelio o enseñar al pueblo de Dios. O tal vez ya tiene algunos años en la tarea y tiene el deseo de llegar a ser cada vez más efectivo en el desempeño de su labor. O quizá, ya es un veterano con años en la trinchera y está buscando refinar aun más los talentos y dones que Dios le ha conferido. No importa en qué etapa esté de su servicio a Jesucristo y a la extensión de su reino, le garantizo que en este libro encontrará material para informarle, capacitarle y desafiarle a hacer su labor con un grado más elevado de perfección, eficiencia y excelencia. Mi deseo

---

[1] A diferencia de muchas obras traducidas del inglés, usted notará que este libro refleja mucho de lo que se vive en nuestro continente y está diseñado para ayudar a los predicadores de habla hispana. Con el correr de los años, he observado que la gran mayoría de las obras traducidas reflejan un mundo cultural muy diferente al nuestro y usan un lenguaje demasiado abstracto, de manera que muchas veces terminan siendo incomprensibles y muy distantes. Esta obra tiene como trasfondo el mundo de habla hispana y está dirigido a las personas de todos los niveles académicos de nuestro continente.

sincero es que usted también en su servicio a Dios, pueda ver como resultado de su labor vidas transformadas y pueda tener experiencias tan increíbles como la historia de Alberto.

¿Cómo puedo estar tan seguro de hacer esa promesa? Básicamente por tres razones. *La primera* de ellas es que, *detrás de este libro hay casi 50 años de experiencia ministerial desde el púlpito*. Dios me llamó a su servicio en enero de 1970 y desde ese momento sentí que se encendió una llama en mi pecho que ha estado ardiendo con fuerza cada vez más creciente hasta este mismo día. Con San Pablo puedo exclamar «Ay de mí si no predico el evangelio» (1 Cor 9:16). Desde ese encuentro transformador con mi Señor, todo mi ser fue poseído por el deseo de predicar el evangelio de la gracia de Dios y edificar en la fe a sus hijos mediante la enseñanza sistemática de la Biblia. Honestamente, al comenzar en aquel tiempo no estaba preparado para una tarea tan exigente, nadie me enseñó a desarrollar un sermón efectivo antes de subir por primera vez a un púlpito. Sin embargo, Dios me dio un empujón que me lanzó dentro de la piscina y a los manotazos tuve que salir como pude para no ahogarme. Junto con ese fuego, también se encendió dentro de mí la sed de aprender: ¿En qué consistía un buen sermón? ¿Qué hacía Billy Graham para que multitudes se reuniesen a escucharlo? ¿Dónde podía encontrar materiales para estudiar que valiesen la pena? En aquellos años, los materiales disponibles para el mundo de habla hispana eran muy limitados, todo se reducía a un puñado de obras traducidas de autores de habla inglesa. Nada que ver con el presente donde uno encuentra millares de libros en la librería más humilde, más el sin fin de recursos que ofrece internet. Sin embargo, comencé a predicar y la gracia de Dios fue mucho más grande que todas mis limitaciones humanas y en consecuencia, comenzaron a suceder los milagros de las conversiones.

Al comienzo de la década de los 80 me trasladé a la ciudad de Vancouver, en Canadá, a fin de obtener mi maestría en estudios teológicos. Al llegar a la ciudad Dios me puso en contacto con una familia de compatriotas que necesitaban a Jesús con desesperación. Los guié a los pies de Jesús y ese fue el comienzo del primer ministerio evangélico de habla hispana en aquella ciudad. Cuando diecinueve años más tarde salimos de allí, dejamos detrás una hermosa congregación que se edificó principalmente como consecuencia de la predicación clara, sencilla y relevante de la Biblia. Contábamos con recursos financieros y humanos muy limitados para lograr nuestra misión, pero con todo, Dios honró su mensaje y millares de personas entraron al reino de Dios. La locura de la predicación produjo resultados admirables. Esa fue mi primera experiencia pastoral a tiempo completo y fue de sumo gozo, como consecuencia de predicar el evangelio con pasión, claridad y sencillez.

Años más tarde, recibí el llamado a ser pastor de la iglesia donde sirvo en la actualidad, *Comunidad de las Américas* en Pasadena, al norte de la ciudad de *Los Ángeles*. Llegamos a una congregación que había quedado reducida a un grupo de 50 adultos en el culto principal y esa era su única actividad. Una vez más volvimos a hacer lo mismo que trajo tantas bendiciones espirituales en Vancouver. Nos aferramos a predicar a Cristo crucificado y dieciocho años más tarde puedo dar testimonio que Dios volvió a honrar la predicación fiel y sincera de su palabra. Desde que llegamos, centenares han entrado al reino de Dios y la congregación ha crecido en cantidad y la calidad de los discípulos que siguen a Cristo Jesús como Señor es mayor. Y si usted preguntara a las personas que asisten a nuestra iglesia, qué fue lo que las atrajo a ella, la gran mayoría contestará: «La calidad de la predicación». Por lo tanto, es obvio que en estos cincuenta años que llevo predicando, algo he aprendido a través del estudio, de la práctica continua y en las aulas, en cuanto a este tema vital y apasionante. Y esa riqueza que viene del ministerio la verá reflejada en las páginas de esta obra. En ella confío pasarle muchos secretos de esta profesión admirable que no se hallan en ningún libro de predicación cristiana, sino que se aprenden en el campo de batalla. Por tanto, quisiera que recuerde que lo que enseño a continuación no son meras teorías de alguien sentado en una torre de marfil, sino lecciones vitales que vienen respaldadas por resultados concretos.

La segunda razón, por la que me atrevo a asegurar que este libro le capacitará para ser un mejor predicador *es que llevo 20 años enseñando Homilética*. Una vez que comencé a predicar hace ya tantas décadas y siendo que yo no escogí esta vocación sino que Dios me llamó a mí, me propuse llegar a ser excelente en esta profesión, dándole lo mejor al Señor. Como consecuencia, comencé a devorar todos los libros que pudiese hallar sobre el tema de la predicación bíblica. Además de mis lecturas de centenares de autores, en cinco largas décadas he escuchado millares de grabaciones de predicadores excelentes y he viajado miles de kilómetros para escuchar a los mejores maestros de esta ciencia apasionante. A lo largo de este proceso de formación personal y crecimiento ministerial, fui abrazando convicciones teológicas que son el fundamento de la tarea de predicar y en forma paralela fui desarrollando un método eficaz basado en principios eternos, sobre cómo desarrollar un sermón bíblico, dinámico y poderoso.

Con toda la riqueza que describo, dejé la ciudad de Vancouver para ser profesor de Ministerios Pastorales en un reconocido Instituto Bíblico al sur de Texas. A partir del año 1999, comencé a enseñar Homilética, o cómo comunicar el mensaje con excelencia. Fue allí donde puse el fundamento para la obra que ahora tiene en sus manos.

Después que me trasladé a California para iniciar mi segundo pastorado, recibí la honrosa invitación a ser profesor de la Cátedra de Predicación de un prestigioso Seminario Teológico de esta ciudad. Como resultado, durante los últimos veinte años he tenido el privilegio de enseñar a centenares de estudiantes y pastores de un sin fin de países y trasfondos denominacionales. Por lo tanto, como puede apreciar, detrás de *Comunicando el mensaje con excelencia*, hay más de cinco décadas de ministerio predicando las riquezas inescrutables de Cristo, más la riqueza de haber devorado cientos de libros sobre el tema de la proclamación del mensaje cristiano, más 20 años de ser profesor de este tópico que es el corazón de nuestro servicio a Dios.

La tercera razón por la cual me atrevo a prometer que *Comunicando el mensaje con excelencia* le ayudará de forma poderosa y efectiva, *es porque después de todo creo ser un muy buen oyente*. Esta es la primera cualidad que caracteriza a todo verdadero predicador. ¡Tiene tanto sentido común como para darse cuenta de que Dios ha dotado a cada ser humano con dos ojos, dos oídos y una sola boca…! Y en consecuencia aprende a escuchar.

Desde que tengo uso de memoria vengo escuchando a predicadores de todos los estilos y sermones de todas las clases imaginables. Si una persona oye tres sermones por semana a lo largo de 50 años, ha escuchado 7.800 sermones. ¡Imagínese! Si a eso le agregamos las predicaciones leídas, en mi caso debo haber triplicado esa cantidad. De ese elevado número de sermones me atrevo a afirmar que solo un 10% fueron bíblicos, inspiradores e inolvidables, un verdadero manjar. Un 40% fueron comida sólida, buena y útil; y el 50% restantes fueron comida chatarra, como una hamburguesa fría de McDonald's. Sin embargo, de todos los predicadores y sus sermones por más pobres que fuesen siempre aprendí algo útil. En algunos casos aprendí qué debía hacer para mejorar mi tarea; en otros casos, cómo no cometer los mismos errores. Al final, no obstante, creo que he salido ganando, aunque a veces me pregunto cómo no he terminado siendo ateo...

Por estas tres razones, 55 años de oyente, más 50 de predicador activo, más 20 de profesor de Predicación, confío que puedo asegurarle que si sigue leyendo hasta el final, su ministerio en general y de predicación en particular, serán cimentados sobre un mayor conocimiento de la Biblia y recibirá muchos consejos que le ayudarán a que sus sermones y la predicación de estos, sea una fuente de gozo para usted y de profunda bendición para sus oyentes.

El desafío que ofrece Latinoamérica

En el Seminario donde enseño actualmente, todos mis estudiantes ya son pastores a tiempo completo o están involucrados, cuando menos, como líderes en las iglesias donde sirven. Todos ellos tienen un ministerio muy activo en predicación y en la enseñanza de la palabra de Dios. Algunos predican tres o cuatro veces por semana, otros de forma esporádica. Algunos son pastores de iglesias con miles de miembros, otros, recién están comenzando el trabajo de plantar una nueva congregación. A todos, sin embargo, sin excepción en mi primera clase siempre les hago la misma pregunta: ¿Quién les enseñó a predicar? Cuando hago esta pregunta, de forma invariable, todos se me quedan mirando con asombro. Y la respuesta unánime que recibo es: «A mí nadie me enseñó a predicar. Simplemente me dijeron, el domingo te toca hacerlo, y tuve que saltar a la piscina tal como estaba». La consecuencia es que una inmensa mayoría de predicadores latinoamericanos fuimos lanzados a hacer una tarea para la cual no estábamos preparados. Esto es un llamado al fracaso. Peor aún, como resultado, una gran mayoría al no tener discernimiento crítico termina repitiendo el modelo con que ha sido formado y así se perpetúa la miseria. Es evidente que este «sistema» de iniciación tiene dos problemas muy serios.

Primero, cuando mi Pastor me pidió a los diecinueve años que predicara la próxima semana, en apariencia, dio por sentado que por el solo hecho de haber estado sentado toda mi vida en los bancos de la iglesia, en consecuencia, yo ya sabía en qué consistía desarrollar un buen sermón y entregarlo con eficacia. Nada puede estar más lejos de la verdad. Permítame explicarle.

Cuando tenía ocho años de edad escuché por primera vez un vals de Johann Strauss, hijo. Desde ese día feliz, mi alma quedó pegada a la música de este brillante compositor vienés hasta el día de hoy. Desde ese primer encuentro he escuchado todas (son casi 500) las obras de Strauss, no sé qué infinidad de veces. Puedo repetir de memoria muchas de sus composiciones más notables. Sin embargo, si alguien me pidiera: «Jorge, compón un vals», no tengo la menor idea de lo que tengo que hacer. Ciertamente, me he deleitado y gozado con la música del maestro, pero de ahí a componer una pieza musical está más allá de mis capacidades humanas. Tal vez, si alguien me enseñara podría intentar hacer algo. Y aun así dudo que los resultados fueran muy extraordinarios, ya que no tengo el más mínimo talento musical. Con la predicación cristiana es exactamente igual. No por el hecho de haber estado sentados en la iglesia durante décadas escuchando a otros predicar, estamos capacitados para desarrollar un sermón excelente.

Segundo, aprender a predicar copiando los modelos que conocemos nos puede llevar a correr graves peligros. Hace años atrás leí en el periódico la noticia de un escuadrón de cuatro aviones acrobáticos que se estrellaron en conjunto. Según explicaban los expertos, cuando el líder perdió la orientación, los otros que volaban casi pegados a él, le siguieron a la misma muerte. Tan estrecha es la unión entre el líder y sus dirigidos en esta peligrosa ocupación, que un error del líder significa que los seguidores corren la misma suerte. Exactamente lo mismo ocurre con la predicación cristiana. Si alguien tuvo la bendición de crecer en una iglesia donde había un predicador excelente, es muy probable que sus discípulos terminen siendo tan buenos, o inclusive mejores, que el maestro. Con todo, ¿qué ocurre cuando el maestro está tan perdido como el líder de la escuadrilla acrobática? Las consecuencias son catastróficas.

Uno de los conceptos más difíciles de captar para mis estudiantes y la gran mayoría de pastores, a quienes he tenido el privilegio de enseñarles lo que usted leerá a continuación en el resto de este libro, es la idea de que una persona puede ser excelente en la comunicación y no obstante, su sermón puede ser como el *Coliseo Romano*, una ruina monumental. He conocido centenares de predicadores dinámicos, apasionados y ungidos, cuyos ministerios son bendecidos por Dios. Con todo, sus sermones son una confusión completa. No tienen un método de desarrollo, por tanto, carecen de un propósito definido, de un tema central, de un estudio serio del texto bíblico. No tienen ni introducción, ni conclusión, ni desarrollo lógico y progresivo. Más bien, son una catarata de palabras, sin una gota de sentido común. Y como Dios por su gracia y su misericordia salva a las almas, vaya atrevimiento sugerirles a semejantes «gigantes», la idea que mientras comunican muy bien, el contenido de aquello que predican es muy deficiente, porque no conocen las leyes de la comunicación y la construcción de un discurso efectivo. Por los años que llevo como profesor de *Homilética*, después de haber leído millares de escritos, debo confesar que si los pastores trabajaran para un periódico local, el 90% de sus trabajos terminarían en la cesta de los papeles del editor. No creo que usted quiera que se diga eso de sus sermones.

Comunicando el mensaje con excelencia, por tanto, nace del clamor de miles de voces anónimas que domingo tras domingo salen de nuestros cultos reclamando: ¡Queremos oír mejores sermones! El propósito central de este libro, es querer ser parte de la solución, y ayudarle a usted a llegar a ser un predicador cristiano más completo. Un heraldo que movido por la seguridad del llamado de Dios y el poder de la unción del Espíritu Santo, pueda predicar con pasión y convicción. Pero que también pueda entregar sermones que las personas quieran escuchar más de una vez, porque impactan por la elevada calidad de su contenido. Esta necesidad es la más apremiante que puedo discernir en el púlpito latinoamericano en la actualidad: **¡la necesidad urgente de mejores sermones!** Tenemos «comunicadores» capaces, con todo, la forma y el contenido de sus discursos son muy deficientes. Es nuestro deseo ayudarle, por tanto, a llegar a ser un predicador mucho más completo, maduro y persuasivo.

Síntesis del contenido

El precio que tiene predicar la verdad de Dios es la eterna vigilancia y la lucha contra el error. Cuando el apóstol Pablo dejó a Timoteo al frente de la iglesia de Éfeso, nos dice que lo hizo con el propósito de «que mandara a algunos que no enseñaran diferente doctrina ni prestaran atención a fábulas y genealogías interminables (que acarrean discusiones más bien que edificación de Dios, que es por fe)» (1 Tim. 1:3-4). El cristianismo no nació en un vacio, sino en un mundo cargado de religiones y doctrinas extrañas. Y desde esos días hasta el presente, el peligro más insidioso para cualquier congregación cristiana, ha sido siempre la posibilidad de estar infiltrada de enseñanzas fraudulentas que tienen la apariencia de querer ayudar a la fe y, sin embargo, el resultado final es que terminan destruyéndola desde adentro. Esta posibilidad es tan cierta hoy como en el primer siglo, ya que la iglesia del Señor está siendo sacudida por nuevos «vientos de doctrinas», todos ellos tan peligrosos como las fábulas y genealogías de los tiempos de Pablo y Timoteo.

Frente a esta realidad antigua y también muy actual, *Predicando el mensaje con excelencia* está dividido en cinco secciones. Primero, *buscamos ayudarle a comprender con claridad absoluta «cuál» es nuestra misión.* Si hemos sido llamados a jugar al futbol, no es aceptable terminar jugando al *basketbol*. Por lo tanto, los cinco primeros capítulos tratan con el fundamento bíblico del ministerio en general y de la predicación en particular. Estos cinco capítulos conforman la primera sección. El resto de la obra se dedica a explicar cuáles son los cuatro elementos que conforman el acto de la predicación. La segunda sección trata sobre la importancia de conocer a la audiencia, a aquellos a quienes estamos dirigiendo nuestro sermón. Si no damos en el blanco, de nada sirve disparar los cohetes… Luego, la tercera sección abarca la mayor parte de nuestro libro. Aquí explicamos, analizamos e ilustramos los pasos que llevan al desarrollo de un sermón excelente y a entregarlo de manera persuasiva. La cuarta sección del proceso está destinada a analizar «quién» debe llevar a cabo esta tarea. En este caso estudiaremos las cualidades que debe reunir el embajador que habla en nombre de Cristo y cómo podemos mantener la llama de la pasión por el evangelio ardiendo en nuestra alma hasta el fin de nuestra carrera. Por lo tanto, este libro es mucho más que un mero manual de Homilética, con algunos consejos prácticos sobre cómo llegar a ser un brillante orador. Finalmente, en la última sección, analizaremos qué debemos hacer para que nuestro amado Señor, a través de nuestro sermón, llegue a bendecir a quienes lo escuchan. En otras palabras, anhelamos sobre todas las cosas, que *Comunicando el mensaje con excelencia* sea un medio para conocer mejor a Dios, su plan para el establecimiento de su reino en los corazones humanos y que usted tenga el gozo de llegar a ser el conducto de oro por el cual descienden las bendiciones del trono de la gracia para la salvación de muchísimas almas.

Permítame preguntarle entonces, ¿anhela usted tener éxito en el ministerio cristiano? Cuando digo «éxito», no lo entiendo como lo define el mundo, o sea en términos de fama, dinero, poder, prestigio y placer. Cuando hablo de «éxito» en nuestro servicio para Jesucristo, tengo en mente que el rostro de Dios brille sobre su vida (Nm. 6:22-27); que su servicio sea aprobado por el Maestro Divino (2 Tim. 2:15); que usted tenga el gozo de ser un instrumento de bendición en las manos de Dios; que como resultado de su predicación haya un sin número de individuos que acepten a Cristo como el Señor y Salvador de sus vidas; que los creyentes que sean confiados a su enseñanza sean edificados en la fe y alcancen todo el potencial que Cristo les ofrece; que como resultado del mover del Espíritu Santo se planten numerosas iglesias sanas y vigorosas, que sean la luz del mundo, iluminando a toda la sociedad a su alrededor. Si esta es su pasión, entonces tenga siempre muy presente que *el éxito en el ministerio cristiano se apoya sobre dos grandes pilares.* El primer pilar es, **su capacidad de liderazgo**, es decir, la calidad de su vida personal (sus actitudes, sus valores, su conducta, etc.) que le permite ganar amigos de forma creciente. Este aspecto fundamental para el servicio de Dios lo traté con detalle en mi libro *El líder del siglo XXI*[2]. Y el segundo pilar, **es la capacidad de comunicar el mensaje cristiano con excelencia**. De estos dos factores depende toda la obra de su vida, tanto en el ministerio cristiano como

[2] Si desea conseguir una copia de este libro, visite nuestra página en internet: realidadonline.com

en su vocación secular. Confiamos que nuestra obra le ayudará en esta dimensión críticamente importante.

Imagínese por un momento, que cierto día al ojear el periódico de su ciudad encuentra un aviso comercial donde el palacio del presidente de su nación, busca una persona que le escriba sus discursos. ¿Estaría usted en condiciones de llenar esa posición? De la calidad de los discursos del presidente dependen su carrera política y mucho de la marcha del país que gobierna. Un buen discurso puede llevarlo a ganar la re-elección o a perder su trabajo. Un discurso puede calmar los ánimos del pueblo o lanzarlos a una guerra civil. Puede llenar a la gente de esperanza o mandarlos a un túnel oscuro de desesperación. La importancia que tienen los discursos para un presidente, no puede ser recalcado lo suficiente, por las responsabilidades que implica y las consecuencias que acarrea. Y, sin embargo, hay personas que se ganan la vida con esta profesión.

Si usted está ocupado en predicar el evangelio de aquel de quien se dijo: «Nunca hombre alguno ha hablado como este hombre», ¿no cree que tendría que estar plenamente capacitado para llenar la vacante en el palacio presidencial? Y si no se siente calificado para llenar esa posición, ¿cómo puede, entonces, subir a un púlpito cristiano donde las consecuencias de lo que anunciamos son eternas, decisivas y finales? Todo predicador cristiano no puede ser menos que aquellos que les escriben los discursos a los políticos. La buena noticia es que todos empezamos a predicar en el escalón de más abajo, y es mi oración que este libro le ayude a llegar a ser un comunicador destacado, ya sea cuando predique a Jesús, o cuando le prepare el discurso a cualquier presidente.

Mucho más valioso aun. Otro día, usted recibe una llamada telefónica. Es un diácono de una iglesia que cuenta con varios miles de personas, es bíblica y ha crecido de forma significativa por la bendición de Dios. El hermano que le llama, le informa que la iglesia está buscando un nuevo Pastor, y que alguien le dio al comité de búsqueda pastoral dos grabaciones conteniendo sermones suyos. Ahora tienen deseos de entrevistarlo. Usted ha servido durante años de forma fiel, y ha llegado el gran momento. Como usted sabe bien por experiencia, *cuando una iglesia busca un nuevo pastor la cualidad principal que buscan en el futuro candidato es, si está en condiciones de llenar el tiempo más importante del culto del domingo.* Las iglesias nunca se equivocan en este punto. ¿Estará usted en condiciones de llenar esa posición? Si es un buen líder, es importante; si es bueno para dirigir la alabanza, es muy relativo; pero si usted sabe predicar, es críticamente decisivo. Todas las iglesias quisieran tener al mejor predicador en su púlpito. Y usted puede ser esa persona.

Por tanto, si usted estudia, entiende y pone en práctica los principios que siguen a continuación, ciertamente estará en condiciones de hacer un trabajo muy destacado. Si es humilde y está dispuesto a aprender de todos y en todo, nuestro «Dios es poderoso para hacer todas las cosas mucho más abundantemente de lo que pedimos o entendemos» (Ef. 3:20), y usted también recibirá gratísimas sorpresas, tales como que le llamen a hacer un ministerio como el que siempre soñó, o como la feliz sorpresa que yo recibí el día que Alberto me llamó para compartirme su historia. Bienvenido, entonces, a *Comunicando el mensaje con excelencia.*

Dr. Jorge Óscar Sánchez
Pasadena, California
Enero 2020

SECCIÓN I

El predicador y el fundamento de su tarea

CAPÍTULO 1

La tarea más difícil y gozosa del mundo

«¿Cómo, pues, invocarán a aquel en el cual no han creído? ¿Y cómo creerán en aquel de quien no han oído? ¿Y cómo oirán sin haber quien les predique? ¿Y cómo predicarán si no fueren enviados? Como está escrito: ¡Cuán hermosos son los pies de los que anuncian la paz, de los que anuncian buenas nuevas!» (Romanos 10:14-15).

«Predicar es muy difícil Pastor, ¿por qué no invita a algún otro a hacerlo...?», la voz del joven candidato a predicador sonaba angustiada. Ya que era la primera vez que lo hacía, no quise desalentarlo, pero para mis adentros pensé: «¡Estás muy equivocado; predicar la palabra de Dios no es difícil, es algo sencillamente imposible!». Y, sin embargo, a pesar de esta inevitable realidad, cada domingo a lo largo y a lo ancho de nuestro mundo, miles de hombres y mujeres se involucran en esta tarea que es tan desafiante y agobiante por la responsabilidad que conlleva, pero al mismo tiempo la más gozosa, sublime y elevada a la que un ser humano puede ser llamado por Dios.

Mirando desde afuera, la tarea de proclamar el evangelio de Jesucristo, nunca da la impresión de ser algo difícil. Cuando ustedes y yo oímos a un buen predicador, su trabajo parece cosa de niños. Y, sin embargo, después que nos subimos por primera vez a un púlpito, inmediatamente comprendemos que la tarea tiene demasiadas dinámicas entretejidas que hacen la experiencia un desafío para colosos del intelecto, la comunicación, y el poder espiritual. Y cuando bajamos del púlpito después del primer intento, casi siempre lo hacemos con nuestra autosuficiencia hecha trizas, con ganas de no volver nunca más a tener que atravesar esa vía dolorosa. Al igual que Eva nuestros ojos «han sido iluminados». No obstante, para quien ha sido llamado por Dios a este ministerio, algo muy adentro nos dice: «Pero la próxima vez será mejor». Así nos lanzamos a esta aventura, y décadas más tarde miramos hacia atrás y decimos: «¡Qué bueno que perseveré luego de los fracasos iniciales! Los gozos insondables que me hubiera perdido de haber abandonado».

> *La predicación del evangelio de Jesucristo es la tarea más difícil del mundo y el llamado más desafiante, pero al mismo tiempo, la ocupación más gozosa a la cual podemos ser llamados por Dios.*

En este capítulo, quisiera compartir con ustedes algunas de las razones que hacen que la predicación del evangelio de Jesucristo sea la tarea más difícil del mundo, el llamado más desafiante, pero al mismo tiempo, la ocupación más gozosa a la cual un ser humano puede ser llamado por el Dios infinito en gloria, poder y majestad. Mi propósito es alentarle a que comprenda que aun los mejores predicadores que han ministrado por décadas, confiesan que siempre tuvieron que batallar con el sentimiento íntimo de ser inadecuados para la tarea, pero al mismo tiempo, perseverando en el aprendizaje y la práctica lograron avances notables. Pero incluso con todos los inconvenientes y errores iniciales, con el correr de los años tuvieron el gozo de ver la mano de Dios bendecir sus ministerios más allá de todo lo humanamente imaginable.

¿Por qué, preguntará usted, la tarea de predicar el mensaje de Dios es la tarea más difícil? Permítame mencionarle siete razones de peso que me inducen a afirmar que la predicación del mensaje cristiano no es tarea de niños:

La primera razón por la cual predicar es tan difícil, es *porque enfrentarse a una audiencia siempre es una experiencia muy intimidante*.

Hace años atrás, la Universidad de Oxford hizo un estudio sobre los temores que aquejan a la raza humana y llegaron a descubrir que

Para muchos el miedo de enfrentar a un grupo de individuos es mayor que el temor a la muerte.

para muchos individuos el temor de enfrentarse a un grupo de personas es mayor que el temor a la muerte. Eso lo dice todo. Sea una audiencia secular o cristiana, siempre es atemorizante pararse frente a ellos, aun hasta para el más experimentado profesional.

¿Cuáles son las razones?, preguntará usted. Su propio sentido común le dará la respuesta. Si usted debe hablar delante de cincuenta individuos, usted cuenta con cincuenta críticos; si debe dirigirse a mil individuos, es dirigirse a mil críticos. Cuanto más grande es la audiencia, tanto más difícil y complicada la tarea.

Además usted conoce de forma personal algo de la naturaleza humana. Si yo predico un sermón «elocuente y poderoso», perfecto en un 99.9%, pero cometo un solo error, aunque ese error sea trivial e irrelevante, ¿de qué se irá hablando la gente cuando termine la reunión? Cada uno de nosotros parecemos estar programados genéticamente para fijar nuestra atención en todo lo negativo y lo que salió mal. Así es la naturaleza humana no redimida, y en la gran mayoría de los redimidos es exactamente igual. Añádale, que cuando nos enfrentamos a una audiencia, no nos dirigimos a un museo de cera, allí las personas son reales y genuinas. A medida que hablamos, a través de sus movimientos corporales, las expresiones del rostro, y un sin fin de señales sin palabras, demuestran con sus reacciones, si nos aprueban o nos rechazan. Si hacemos un chiste que les gusta, se ríen, si hacemos uno que no es de su agrado, nos matan con el silencio y nos dan vuelta el rostro.

Súmele el hecho muy real en la vida de cualquier iglesia evangélica en Latinoamérica, donde usted sabe muy bien que la audiencia nunca es estática. De pronto, en el momento de predicar, un bebé estalla en llanto, un adolescente aburrido se levanta para ir al baño en el momento más solemne, dos ancianitas medio sordas, no encuentran el pasaje bíblico citado y molestan a medio mundo con las preguntas, hasta que finalmente diez minutos más tarde encuentran la cita para tranquilidad de ellas y el alivio de toda la congregación. Agréguele a todo esto la condición emocional y el nivel espiritual en que se encuentra cada uno de los oyentes. Algunos están a años luz de la puerta de la salvación, otros están a pocos metros, otros ya llevan años avanzando por el camino angosto, y otros que ya llevan décadas escuchando el mensaje, tan pronto usted anuncia la lectura bíblica, con su rostro nos dicen: «Ya oí eso antes... estoy aburrido y no me moleste».

Además, si usted fuera un cantante del mundo, que diferente sería la historia. Digamos que Julio Iglesias llega a su ciudad. Tan pronto se conozca su actuación estelar, sus 'fans' fluirán en masas a comprar las entradas antes del concierto. El día del concierto llegarán varias horas antes para ser los primeros en entrar a la sala, y a medida que se aproxime la hora del inicio el nivel de excitación irá *in crescendo*. En el momento en que el cantante entra al escenario, ya están sobre el borde de los asientos, con los ojos clavados en su ídolo, esperando la primera sílaba que brote de su labios. Y una vez que comienza el 'show', lo siguen con aplausos y ovaciones cada vez que les toque una cuerda sensible. Finalmente, el concierto concluirá en medio de una ovación estruendosa, donde los 'fans' le pedirán que siga, que no termine. Un número más por favor. ¡Bis! ¡Bis!

El contraste no puede ser más notable con el predicador promedio. Cuando usted sube a entregar su «brillante» sermón, dependiendo del orden del culto de cada iglesia, la audiencia ha sido sometida a una maratón de alabanza, ha tenido que oír lecturas bíblicas, anuncios, testimonios, una dedicación de niños, la ofrenda; un millón de cosas. Y justo en el momento que están listos para irse a casa, con el cuerpo cansado y sus mentes cerradas... para terror suyo y de los apabullados oyentes, escucha que anuncian su nombre: «Ahora viene nuestro pastor a entregarnos el mensaje...». Si usted nunca ha sentido las ganas de exclamar con el apóstol Pablo: «Miserable hombre de mí, ¿quién me librará?», no debe haber sido predicador durante mucho tiempo.

Lamento tener que confrontarlo con la realidad, pero si no se había percatado, hablar frente a una audiencia es una tarea bien intimidante. Es como aquel joven que subió al púlpito a predicar su primer sermón y anunció: «Debo estar por decir algo muy importante, porque mis rodillas ya comenzaron a aplaudir». No importa cuántos años tenga en la tarea, cada vez que suba al púlpito será tan desafiante como la primera vez que lo hizo.

La segunda razón por la cual la tarea de comunicar el mensaje cristiano es desafiante es que, ***enseñar la Biblia es una tarea bien complicada.***

¿Recuerda los primeros días cuando comenzó a estudiar la Palabra de Dios? ¿Le era fácil entenderla? En mi caso personal, llevo más de cinco décadas estudiándola de forma regular, y debo confesar que todavía hay muchas secciones que me son un laberinto para el intelecto. Imagínese, por lo tanto, que si a usted y a mí que tenemos años sirviendo a Dios, nos cuesta entenderla, ¿qué posibilidades tiene de que la comprenda la audiencia a quienes estamos enseñando? Especialmente los visitantes, curiosos y creyentes nuevos. La Biblia es semejante a un diamante en bruto. Reconocerlo cuando está en la roca es muy difícil, porque en apariencia no tiene nada de lo que ustedes y yo vemos cuando el diamante ha sido facetado y pulido. Para reconocerlo es necesario que haya un minero experto que lo descubra y un joyero profesional que le dé belleza y forma. Por lo tanto, el primer consejo que quisiera darle, es que si usted está utilizando las primeras armas en la tarea de comunicar el mensaje cristiano, es preferible que comunique un buen sermón sobre la parábola *del hijo pródigo*, antes que un sermón incomprensible sobre la visión de los cuatro carpinteros o el rollo volante de Zacarías.

Estudiar la Biblia y comunicarla es una tarea que demanda trabajo arduo, dedicación, y perseverancia, pues la Palabra de Dios no va a rendir sus tesoros a un obrero descuidado, o a un estudiante que no pone lo mejor de sí mismo en la tarea a la cual ha sido llamado. Por eso, San Pablo le recordaba a Timoteo: «Ocúpate en la lectura pública de la Biblia, en la enseñanza y la exhortación... Dedícate con diligencia a esta tarea de modo que tu progreso sea notable a todos» (1 Tim. 4:13-15).

> *No importa cuántos años tenga en la tarea, cada vez que suba al púlpito será tan desafiante como la primera vez que lo hizo.*

Hay una tercera razón por la cual predicar el mensaje es difícil, y es que, **aprender a comunicarnos es un proceso arduo.**

Usted puede tener el mejor mensaje latiendo en su corazón, puede poseer los mejores conocimientos almacenados en su mente, pero si no aprende a comunicar esa información de manera efectiva, todo lo que ha acumulado será suyo y de nadie más. La predicación es el proceso de pasar a otras personas aquello que nos ha impactado primero a nosotros mismos. Si un individuo tiene conocimientos almacenados en su mente semejante a las reservas de oro de los países árabes, pero no los sabe transmitir, no podrá producir un cambio ni de cinco centavos en la vida de sus oyentes. La predicación está destinada a transformar no a informar únicamente, por lo tanto, es obligatorio aprender a descubrir aquellas cosas que hacen la comunicación efectiva. La observación atenta a lo largo de décadas de aquellos que son excelentes como oradores, hace que las personas lleguen a ser más efectivas en la tarea. Uno ve y escucha a un predicador excelente y es forzado a preguntarse: ¿Qué es lo que hace su mensaje tan cautivador que vale la pena escucharlo de principio a fin? ¿En qué se diferencian de aquellos otros predicadores que no logran captarnos la atención? Cualquiera que anhele llegar a ser un predicador competente deberá aprender las claves de una comunicación efectiva, y ese es un proceso que requiere años.

> *No hay un desafío más colosal para la mente humana que producir un nuevo sermón cada semana.*

La cuarta razón por la cual la tarea de predicar es singularmente desafiante, es que *predicar semana tras semana a la misma congregación requiere un esfuerzo físico y mental superior.*

Para un predicador itinerante, la tarea siempre es mucho más sencilla. Conozco evangelistas que tienen cinco sermones, y siempre predican los mismos dondequiera que tienen la oportunidad de anunciar el mensaje. En esos sermones vuelcan las experiencias personales más impactantes, incluyen las mejores ilustraciones, los recitan de memoria palabra por palabra, y lógicamente, cuando concluyen la audiencia queda impactada. En cambio, si usted es un pastor a tiempo completo, y le toca predicar semana tras semana a la misma clase, o a la misma congregación, tanto más difícil será la tarea. No creo que haya un desafío más colosal para la mente humana que producir un nuevo sermón por semana. Por si esto no fuera suficiente, a esta tarea ciclópea debemos agregarle todas las otras obligaciones regulares del ministerio, más la realidad de que tantas veces nos toca hablar más de tres veces por semana (hablar al grupo de jóvenes, ministrar en un funeral, oficiar en una boda, y un sin fin de diversas ocasiones en las cuales debemos compartir la palabra). En consecuencia, producir todas las semanas un nuevo sermón que sea alimento sólido para la congregación, que capte su atención, que responda a las necesidades sentidas del rebaño, créame que no es tarea para una mente de segundo nivel.

El Señor Jesucristo nos advirtió que el primer mandamiento era: «Amarás al Señor tu Dios con todo tu corazón, pero también con toda tu mente...». Amar es también pensar, y nuestra tarea es enseñar a pensar, para lo cual el hombre de Dios debe ser primero un pensador esforzado él mismo. Y esto semana tras semana, y a lo largo de varias décadas.

La quinta razón por la cual comunicar el mensaje es desafiante, es por *la responsabilidad que implica.*

¡Grandes privilegios acarrean grandes responsabilidades! El profeta Malaquías nos recuerda una verdad solemne, que todos aquellos que desean comunicar el mensaje tendrían que grabarlo a fuego en sus conciencias y corazones: «Porque los labios de los sacerdotes han de guardar la sabiduría y de su boca el pueblo buscará la ley; porque es mensajero del Señor Jehová de los ejércitos» (Mal. 2:7). He aquí la gran responsabilidad: cuando las personas se reúnen a oír la Palabra de Dios, Dios mismo se pone en contacto con ellas a través del mensaje. El Apóstol Pablo nos recuerda algo similar en 2 Corintios 5:20: «Porque somos embajadores en nombre de Cristo, como si Dios rogase por medio de nosotros...». El Dios omnipotente hablando a su pueblo a través de sus siervos, haciéndose presente en la escena para impartir bendición. Esta es una verdad que muchos teólogos han olvidado incluir en sus tratados. Cuando era joven preguntaba a mis maestros: ¿Cómo habla Dios? Y la respuesta que de manera indefectible recibí era: «Dios habla a través de la creación, a través de la conciencia, a través de la Biblia, y de modo supremo, a través de Jesucristo». Absolutamente de acuerdo; ¿pero no hemos olvidado que el método favorito de Dios, y el más utilizado para avanzar sus propósitos, es a través de la Palabra proclamada, anunciada, comunicada...?

A lo largo de los últimos veinte siglos no ha existido un método que Dios haya utilizado con mayor poder y eficacia que el de la predicación bíblica para la edificación y el avance de su iglesia. En consecuencia, cuando tomamos conciencia de esta realidad asombrosa, y miramos nuestras limitaciones humanas, nuestra propia indignidad y pecaminosidad, ¿quién no ha sentido el deseo de exclamar con Isaías: «¡Ay de mí! que soy hombre muerto, porque siendo hombre de labios inmundos, y viviendo entre un pueblo de labios inmundos, mis ojos han visto al Rey, Jehová de los ejércitos?» (Is. 6:5) No importa cuán consagrado sea el mensajero, cuán cerca viva de Dios en el espíritu de la santidad, sin embargo, al subir a un púlpito, y reflexionar en la magnitud del Rey a quien representamos, y al contemplar nuestras propias enfermedades, limitaciones, y pecados, no se ha sentido tentado a exclamar con el Apóstol Pablo: «¿Y para estas cosas quien es suficiente?».

La sexta razón que hace a la predicación cristiana particularmente difícil, es *el elemento de lucha espiritual*.

> *La primera mentira que el diablo nos ha hecho creer es que él no existe.*

La primera mentira que el diablo nos ha hecho creer a los humanos, es que él no existe. Muchos teólogos contemporáneos han creído esta mentira. Y muchos buenos pastores evangélicos, por no tener conocimiento o experiencia de cómo opera el enemigo, al ignorarlo le facilitan su labor. Sin embargo, Satanás era bien real para Jesucristo. Él vino para deshacer las obras del diablo (1 Jn. 3:8), y fue él mismo quien nos advirtió en la parábola del sembrador, que la semilla que cae junto al camino no produce ningún fruto porque «al instante viene Satanás y se lleva la semilla que se ha sembrado en ellos» (Mc. 4:15). El diablo y sus huestes de maldad siempre son los miembros más fieles que tiene toda iglesia cristiana. Los hispanos podremos ser eternamente impuntuales, pero no los demonios. Nunca se pierden una reunión del pueblo de Dios, y siempre llegan puntualmente a cada culto para impedir que sus esclavos no conozcan la libertad gloriosa de los hijos de Dios. Y cuando una persona se levanta a penetrar su reino de oscuridad con la luz del conocimiento de Cristo, la guerra se desata en pleno.

Si nuestro llamado fuese pasar al frente para entretener a una audiencia, y hacerla reír por un rato contando buenos chistes, jamás tendríamos problemas. Pero tan pronto declaramos cómo Dios ve a los humanos en su condición caída, que son objeto de su ira, que debemos asumir la responsabilidad personal por nuestro pecado, que Jesucristo es el único camino al Padre y solamente a través de la fe en su persona y su obra en la cruz podemos ser salvos... entonces la historia es

¡muy distinta! Tan pronto comenzamos a acercar el fuego, a poner el dedo en la llaga, uno percibe de manera notable y como una barrera invisible, pero muy poderosa y real, que comienza a levantarse entre el púlpito y los bancos. El enemigo de nuestras almas comienza a susurrar en los oídos de los oyentes la misma fórmula con que hizo caer a nuestros primeros padres: «¿Con que Dios os ha dicho?... ¡De cierto. No morirán!». Y como una de las fuerzas más poderosas para modelar la conducta humana es el deseo de ser aceptados, la consecuencia práctica es que muchos predicadores para evitar esta tensión terminan aguando el mensaje. Con el resultado final que Satanás ha obtenido un triunfo resonante. Cualquiera que anhele predicar a Jesucristo, tendrá que tener sangre de profeta en sus venas y estar dispuesto a pagar el precio más elevado si espera triunfar sobre las fuerzas del maligno que se le oponen.

La séptima y última razón por la cual considero que la predicación es particularmente desafiante, es por *las consecuencias eternas que acarrea*.

Para quienes tenemos corazón genuino de pastor y amamos a las personas sinceramente, no podemos dejar de sentir la responsabilidad que conlleva ocupar el púlpito por las consecuencias eternas que comporta. Si somos verdaderos pastores querríamos que todos se salvaran y viniesen al conocimiento de la verdad, aunque sabemos que esto nunca será posible, no importa cuán bien lleguemos a predicar.

Aquí quisiera darle una palabra de aliento. Durante años me torturé a mí mismo pensando, «Si oraras un poco más, si estudiaras más la Biblia, si prepararas mejor tus sermones, entonces menos personas se perderían...». Llevé esta carga de culpabilidad por años, hasta que un día Dios me hizo comprender, que si las personas se pierden es por su propio pecado y maldad. Que por ser herederos de Adán, ya están bajo sentencia. No porque yo no hice mi trabajo de una manera mejor. Fue así que pude comprender que mi gran privilegio es guiarlas a la puerta de la salvación y que al pasar por ella, encuentren toda la plenitud de Cristo y la vida eterna que nos ofrece. Sin embargo, cuando personas a quienes hemos ministrado por años siguen fuera del rebaño, es imposible dejar de preguntarse, «¿Seré yo, Señor?». Es difícil escapar al sentimiento de culpa.

En la primera página de mi Biblia se halla una cita que tomé de un predicador del siglo XIX. La tengo escrita allí para recordarme de forma continua cuál es mi misión y la seriedad que implica mi llamado a predicar. Dice:

El predicador:
Su trono es el púlpito.
Habla en nombre de Cristo.
Su mensaje es la Palabra de Dios.
Frente a él están las almas inmortales.
El Salvador invisible está a su lado.
El Espíritu Santo se mueve en medio de la audiencia.
Ángeles y demonios observan la escena,
y el cielo y el infierno aguardan el resultado.
Qué vastas esas asociaciones y que tremenda responsabilidad.[1]

La predicación o comunicación del mensaje cristiano, en última instancia, no está destinada a informar o educar a quienes nos oyen, para que puedan vivir una existencia decente, de mejor calidad y felicidad en esta tierra, sino que primordialmente salven sus almas para el tiempo y la eternidad. Al anunciar el evangelio buscamos que los oyentes hagan una serie de decisiones concretas que los lleven a pasar por la puerta estrecha de la salvación, y una vez en el camino angosto, continúen avanzando hasta que lleguen a ser discípulos maduros y completos de Jesús. Como predicadores cumplimos lo que Pablo decía: «Proclamamos a Cristo a todos los hombres, amonestándoles y enseñándoles con toda sabiduría, a fin de poder presentar completo a todo hombre en Cristo» (Col. 1:28). Esta tarea, en consecuencia, conlleva una solemne responsabilidad, ya que si el mensajero es infiel al evangelio de la gracia, y en lugar de «anunciar el arrepentimiento para con Dios y la fe en nuestro Señor Jesucristo» (Hch. 20:21), hace que el mensaje se convierta en mera psicología popular y consejería, un día tendrá que dar cuentas a Dios de su mayordomía. Reiteramos que las personas se pierden por su propio pecado, pero si la atalaya en lugar de apercibir al impío y amonestarlo para que viva, por la causa que sea, se

---

[1] Matthew Simpson, Lectures on Preaching, Phillips & Hunt, New York, 1879, pág. 66.

dedica a entretenerlo, un día la sangre de aquellos que se pierden será demandada de su mano. (Ez. 3:16-21).

Después de haber mencionado estos siete factores que hacen de la predicación una tarea imposible, sospecho que alguien dirá: «Entonces, ¿no sería mejor que buscase otra profesión?». Reconocemos los desafíos y dificultades que conlleva ser predicador del Evangelio, sin embargo, esto nunca debería doblarle las espaldas, quebrar su voluntad y detenerle en el camino. Porque de la misma manera que es la tarea más difícil, al mismo tiempo será la experiencia más gozosa por cuatro razones de enorme peso.

La primera de las razones es que, *la predicación es el invento de Dios*: «Ya que Dios, en su sabio designio, dispuso que el mundo no lo conociera mediante la sabiduría humana, tuvo a bien salvar a los que creen, mediante la locura de la predicación» (1 Cor. 1:21, NVI). En una sociedad, como la griega, que se jactaba de su intelectualismo, y frente a una raza escéptica (los judíos) que buscaba milagros para fundamentar la fe, San Pablo nos recuerda que fue el plan producto de la mente de Dios, el salvar a los creyentes por aquello que a los ojos humanos suena a disparate total: la locura de la predicación (ojo, no la predicación loca. De eso tenemos demasiados casos todas las semanas). ¡La iglesia cristiana nació con un sermón! Después del derramamiento del bendito Espíritu Santo en el día de Pentecostés, Pedro poniéndose en pie frente a la multitud de curiosos predicó aquel sermón inolvidable que trajo como consecuencia la conversión de tres mil individuos. Y desde ese día hasta nuestros días, la existencia de la Iglesia de Jesucristo es el fiel reflejo de que la locura de la predicación produce resultados admirables. ¡Qué testimonio elocuente de la veracidad de la promesa de Dios: «Mi palabra no volverá a mí vacía....!» (Is. 55:10-11).

El Apóstol Pablo, nos recuerda una vez más la centralidad de la predicación, cuando afirma en Romanos 10:14: «¿Cómo, pues, invocarán a aquel en el cual no han creído? ¿Y cómo creerán en aquel de quien no han oído? ¿Y cómo oirán sin haber quién les predique?». Es asombroso pensar que los apóstoles no contaban con ninguno de los medios tecnológicos que nosotros tenemos. No eran personas de grandes logros académicos, no tenían dinero, no contaban con conexiones políticas, no disponían de medios masivos de comunicación, solo corazones en fuego. Y del aposento alto salieron a conquistar el mundo, anunciando el evangelio de las buenas nuevas. Y donde quiera que llegaran, Dios honró sus esfuerzos con millares de conversiones, porque después de todo, él bendice aquello que él mismo diseñó. ¡La predicación bíblica, ungida por el Espíritu Santo, es el único programa que viene con garantía absoluta de éxito por parte del fabricante! ¡Sin predicación bíblica nunca habrá salvación, ni manifestación de la presencia, el poder y la gloria de Dios!

Sí, efectivamente la predicación históricamente siempre ha sido bendecida por Dios, porque es Su plan. Y créame que Él solamente necesita mensajeros que sepan hacer la tarea con excelencia, que conozcan su mensaje, la audiencia, el siglo en que vivimos y puedan unir los dos mundos tan diferentes para que las personas lleguen a conocer a Dios. Por lo tanto, la predicación no es un invento humano, ni de la iglesia, es el plan de Dios y cuenta con la garantía absoluta de que si hacemos bien nuestra parte, Él ha prometido hacer la suya y los resultados serán más que admirables. Esa es la primera razón por la cual digo que la predicación es la tarea más gozosa y gloriosa a la cual cada uno de nosotros puede ser llamado.

La segunda razón, es que *nada nos ayudará a expandir nuestra propia alma como la tarea de predicar a Jesucristo*.

El fin supremo de la existencia humana es conocer y amar a Dios. Dios ha colocado sed de eternidad en nuestros corazones y nos ha dado un alma con capacidad ilimitada para recibir todo cuanto Dios nos quiere dar y nuestro nivel de fe personal nos permita alcanzar. Los creyentes que amamos a Cristo, tomamos muy en serio la exhortación, «creced en la gracia y el conocimiento de nuestro Señor y Salvador Jesucristo» (2 P. 3:18). Cuanto más le conocemos, tanto mayor llegará a ser nuestro deleite en él. Sin embargo, todos luchamos contra mil obstáculos que limitan ese crecimiento. El factor tiempo es muchas veces el número uno, y el número dos, es que tantas veces no teniendo ninguna obligación de practicar la exhortación de Pedro, podemos crecer a un ritmo muy lento.

Cuando Dios me llamó al ministerio, me propuse que mi método de predicar sería en forma expositiva, abriendo el texto de diferentes libros de la Biblia para mis oyentes. Al imponerme esta disciplina, nunca me imaginé que quien recibiría el mayor beneficio sería yo mismo. La disciplina de tratar con todos los versos de un libro, no importa cuán difíciles sean, fue el método que Dios utilizó para expandir mi alma y fortalecer mi fe. Fue a través de la disciplina de estar forzado a producir y predicar un sermón nuevo cada semana, que Jesús me enseñó las verdades más sublimes en cuanto a su persona y su servicio. De no haber tenido esta obligación creo que mi relación con Jesús hubiera sido mucho más superficial.

Durante cuatro años fui profesor de un colegio Bíblico, una tarea que disfruté inmensamente. Sin embargo, todo ese tiempo extrañé el desafío del púlpito los domingos. Y el mismo sentir me lo han compartido un sin fin de amigos que sirven a Dios, que ya no están en el pastorado porque Dios los llevó a cumplir otros ministerios dentro del reino. Pueden predicar en muchos lugares diferentes, en ocasiones muy desafiantes y audiencias muy variadas, pero no hay nada que les ayude personalmente a crecer más que la obligación de traer un mensaje de Dios, bíblico, fresco y poderoso, todas las semanas al mismo grupo humano. Y cuando estamos fuera del pastorado mirando hacia atrás reconocemos que la tarea de la predicación fue la que más nos forzó a estudiar, y en consecuencia, a incrementar el tamaño de nuestra propia alma, y así poder recibir más y más de toda la plenitud de Dios.

La tercera razón por la que creo que la predicación es la tarea más gozosa, es porque *no hay otra ocupación en la vida que nos pueda brindar mayores satisfacciones personales*.

Jesucristo nos declaró su misión en la sinagoga de Nazaret cuando anunció: «El Espíritu del Señor está sobre mí, por cuanto me ha ungido para dar buenas nuevas a los pobres, me ha enviado a sanar a los quebrantados de corazón, a pregonar libertad a los cautivos, y vista a los ciegos, a poner en libertad a los oprimidos, a predicar el año agradable del Señor» (Lc. 4:18-19).

> *Ser llamado a predicar es ser parte de las posibilidades infinitas.*

Más de un sábado a la noche, frente a la magnitud de la tarea me he cuestionado a mí mismo: «¿Quién me metió en esto? ¿Por qué acepté semejante desafío?». Y sin embargo, cuando uno predica, Dios manifiesta su presencia, el programa de Jesucristo se cumple a través de nuestro servicio... y entonces, ¿quién quisiera cambiar la tarea de predicar por cualquier otra vocación? Ser llamado a predicar es ser parte de las posibilidades infinitas. Cierto día uno de mis profesores, que es psicólogo profesional, nos decía: «A mí me toca escuchar a individuos durante meses y años, y nunca cambian. En cambio, ustedes los pastores predican y en un segundo logran lo que yo no puedo alcanzar en años de esfuerzo». La gloria de la predicación es que logra lo que nadie, ni nada puede lograr: la transformación total del individuo.

A nuestro culto llegan personas encadenadas a los vicios más horrendos, con las cargas emocionales más pesadas, con pasados sórdidos, con matrimonios destruidos... con problemas que desde el punto de vista

> *¡El gozo de la predicación es ser continuadores de la misión de Jesucristo y ver a los esclavos del pecado llegar a ser eternamente libres!*

humano no tienen solución posible. Con todo, cuando Cristo se manifiesta a través de su palabra, ¿cuáles son los resultados? Exactamente los mismos que él anunció en Nazaret. Y cuando ustedes y yo vemos semejantes resultados, y que nosotros llegamos a ser los instrumentos en las manos de Dios, ¿por qué podríamos cambiar el llamado de anunciar las riquezas inescrutables de Cristo? ¿Por la tribuna política, por el diván del psicólogo, por la cátedra universitaria...? ¡No, una y mil veces no! Más vale ser predicador del evangelio en una choza, que en un palacio ser bueno para nada. Cuando un alma de valor infinito cambia su destino eterno, el del infierno de horror por el cielo de gloria, ¡que gozo trae a nuestro corazón! ¡Imposible de medir, difícil de recompensar en términos materiales, pero infinitamente real y poderoso! ¡Ese es el gozo de la predicación: ser continuadores de la misión de Jesucristo y ver a los esclavos del pecado llegar a ser eternamente libres! Tomas Goodwin afirmaba: «Dios tuvo un solo Hijo, y fue predicador». Qué privilegio ser escogidos por Dios para esta vocación. Y ser quienes continuamos su labor en esta presente generación.

La última razón y la más importante es, *¡porque glorificará a Dios!*

Si la predicación es el invento de Dios y produce cambios tan notables en la vida de los oyentes, entonces ¿qué mayor alegría puede haber para nosotros sus siervos, que Dios sea glorificado a través de nuestros esfuerzos? Si las personas salen del culto exclamando, «Qué gran Dios a quien adoramos y servimos», entonces nuestro ministerio tiene un valor incalculable. Qué bueno es que no salgan diciendo: «Qué lindo sermón que nos predicó el pastor», sino que de la misma manera que Jacob fue sorprendido por la gloria de Dios en Betel, puedan exclamar: «¡Cuán terrible es este lugar. ¡Dios estaba aquí y yo no lo sabía! Esto no es sino casa de Dios y puerta del cielo». Bendito el hombre y la mujer que tienen la habilidad de correr el velo que oculta el rostro de Dios. Porque al hacerlo estarán logrando lo más sublime de la existencia: lograr que otros conozcan al autor de la vida de abundancia y el gozo perdurable. Si al igual que Juan el Bautista, vemos que nuestros discípulos se van detrás de Jesús, ¡entonces hemos hecho nuestra tarea muy bien! Y de manos del Salvador recibiremos la recompensa que jamás el mundo nos podrá ofrecer.

Un lunes por la mañana, un predicador agotado por las demandas de la tarea, decidió renunciar al ministerio. Buscando la confirmación a su decisión, le escribió una carta a uno de sus colegas y amigo en el ministerio, contándole su resolución. Este le contestó diciendo: «Vuelve a tu trabajo. Dios te ha llamado a predicar, un llamado que los ángeles envidian poder hacer».

¿Ha sido llamado a predicar? Entonces, ¡ánimo mi hermano! Reconocemos que hablar en público es intimidante, pero Dios nos ha prometido su presencia. Es cierto que Satanás buscará nulificar nuestros esfuerzos, pero nosotros empuñamos la espada del Espíritu que es la palabra de Dios. Somos conscientes de nuestras limitaciones humanas, inclusive de nuestro propio pecado, pero recordemos que el Espíritu Santo vivificará nuestras palabras. ¿Nos abruma la demanda de estudiar la Biblia, de producir un nuevo sermón cada semana? No hay Everest que la dedicación, la disciplina y la perseverancia no puedan conquistar.

A lo largo de esta obra, repetidas veces mencionaré a uno de mis mentores personales, el Dr. Martyn Lloyd-Jones de Inglaterra. Siendo joven se enroló en la carrera de medicina y llegó a ser un médico tan brillante, que a los 27 años estaba dentro del equipo que atendía a la corona británica. Sin embargo, el Doctor (como se le llamaba de forma cariñosa), dejó las posibilidades notables que le ofrecía la carrera médica para aceptar el llamado a ser Pastor de una humilde iglesia en Gales. Años más tarde Dios lo llevó para ser predicador en Westminster Chapel en Londres, y desde allí tuvo un ministerio de predicación que impactó a todo el mundo. Cuando estaba por retirarse del pastorado fue entrevistado por la BBC. El periodista le preguntó: «Usted sacrificó muchísimo para llegar a ser Pastor... una carrera brillante en medicina...». El Dr. respondió: «¡Yo no sacrifiqué absolutamente nada, porque nada en esta vida puede compararse con el privilegio de ser un ministro del evangelio...!».

El Dr. W. E. Sangster afirmaba:

«¡Llamado a predicar! ¡Comisionado por Dios para enseñar su palabra! ¡Un heraldo del gran Rey! ¡Un testigo del evangelio eterno! ¿Puede algún trabajo ser más elevado y santo? ¡A esta tarea suprema Dios envió a su Hijo único! En medio de todas las confusiones y frustraciones de los tiempos, ¿es posible imaginar una obra comparable en importancia a la de proclamar la voluntad de Dios a un mundo descarriado?»[2].

Ciertamente, la predicación es la tarea más difícil del mundo desde la perspectiva humana, pero al mismo tiempo la más gloriosa para esta vida y la eternidad. Siempre demandará lo mejor de nosotros, pero los resultados excederán con creces lo mejor que podamos imaginar. Predicar a Jesucristo es un trabajo que los ángeles envidian. Por lo tanto, dé lo mejor de usted mismo, aprenda a desarrollar un sermón excelente, y prepárese para ver a Dios entrar en acción. El gozo que experimentará será inefable y glorioso.

Peguntas para repaso, reflexión y discusión

1. Nuestro autor menciona siete razones por las cuales la predicación es la tarea más difícil que debemos emprender y ofrece cuatro razones por las cuales al mismo tiempo es la ocupación más

---

[2] W. E. Sangster, *The Craft of Sermon Construction (El arte de construir un sermón)*, The Westminster Press, Philadelphia, 1951, pág. 24.

gozosa a la cual podemos ser llamados en nuestra vida. ¿Cuáles son estas razones?

2. Considerando su propia experiencia, ¿qué otras razones podría agregar a las que ofrece el autor? Tanto las negativas, como las positivas.

3. Sánchez nos recuerda que durante el acto de la predicación, siempre hay un elemento de lucha espiritual. ¿Cómo lo sabemos? ¿Qué ataques utiliza el maligno para neutralizar la predicación cristiana?

4. ¿Qué otros versículos bíblicos podría agregar a los que cita el autor, para demostrar que la predicación del mensaje cristiano es el invento de Dios y la necesidad más apremiante de la iglesia de todos los tiempos?

CAPÍTULO 2

La importancia vital de la predicación cristiana

«Varón de Dios, hay muerte en la olla...» (2 Reyes 4:40).

«El reino de los cielos es semejante a la levadura que tomó una mujer y escondió en tres medidas de harina, hasta que todo fue leudado» (Mateo 13:33).

Nunca el peligro puede ser más formidable, o el enemigo más peligroso, que cuando viene disfrazado como amigo. En la década de los setenta mi país de nacimiento debió atravesar una de las crisis políticas más grandes de su historia. De pronto, las noticias diarias comenzaron a decirnos con frecuencia creciente que distintos líderes del mundo de la política y la industria estaban siendo secuestrados. ¿Cómo hacían los victimarios para lograr sus propósitos? Muy simple. Se disfrazaban de policías. Durante largo tiempo estudiaban a la víctima, y cuando finalmente llegaba el día del golpe, montaban un control policial en su camino. Le indicaban que estaba bajo arresto y debía acompañarlos a la comisaría. Una vez que la persona subía al pseudo- patrullero de policía, todo quedaba terminado. Cuando el individuo secuestrado descubría el ardid, ya era demasiado tarde. Muchas de las víctimas sobrevivieron porque se pagaron fortunas cuantiosas a los secuestradores. Muchos otros nunca pudieron regresar a contar lo que les había pasado. No importa en qué orden de la vida nos desenvolvamos, los enemigos siempre existen, y nunca son tan mortíferos como cuando vienen disfrazados como amigos. La fe cristiana no ha sido la excepción.

La palabra de Dios nos advierte mediante San Pablo, que «en los últimos días vendrán tiempos peligrosos» (2 Tim. 3:1). Si estamos en los últimos días, no me propongo demostrarlo; pero que estamos viviendo tiempos bien peligrosos para la iglesia de Jesucristo a lo largo y a lo ancho de nuestro continente es suficiente con mirar al estado del púlpito evangélico. Basta con escuchar las enseñanzas que se ofrecen en las iglesias a través de las radios y canales de TV cristianos, y cuesta salir del asombro ante el arco iris inmenso que va desde la ausencia total de la Biblia, hasta las herejías más crasas y las promesas más ridículas. Desde las ofertas más sensacionalistas y engañosas, hasta los sermones desprovistos de siquiera un miligramo de pensamiento o doctrina cristiana. Desde la psicología secular bautizada con dos o tres versículos bíblicos para hacerla parecer algo genuino, hasta las grotescas promesas de prosperidad material. Desde la oferta de milagros fraudulentos, hasta las promesas de felicidad y mejora personal si aprendemos a usar correctamente el poder de nuestra mente y voluntad.

En el capítulo anterior dijimos que la predicación bíblica es la tarea más desafiante y al mismo tiempo la más gozosa por las increíbles posibilidades de transformación que ofrece a las personas. Sin embargo, uno parece escuchar las voces que a coro se levantan diciendo: Pero después de todo, ¿vale la pena predicar? ¿Hay lugar para la predicación bíblica, tal como proponemos en este libro, en el siglo XXI? Los malos ejemplos que abundan, nos fuerzan a preguntarnos: ¿Cuáles son las razones que han llevado a la predicación cristiana a declinar de forma tan ostensible? ¿Cuáles son los disfraces que el enemigo ha usado para destruir la proclamación bíblica desde adentro, y en consecuencia, restarles el poder y la vitalidad a los discípulos de Jesús? ¿Cuáles son los caballos de Troya que ha usado con tremenda efectividad? Para hallar las respuestas debemos analizar algunas de las fuerzas más notables que tanto desde afuera como desde adentro del reino de Dios han influenciado de manera poderosa la tarea de la comunicación del mensaje cristiano.

I. Razones externas al ámbito de la fe

Cuando uno analiza las fuerzas que desde afuera han ejercido una influencia notable sobre la predicación cristiana, debemos mencionar tres de ellas.

1. El ambiente político cultural

Usted lo ve todos los días en la noticias. Cuando los mandatarios deben dar un discurso o una declaración en una conferencia de prensa, jamás hablan de forma espontánea. Más bien leen con precisión absoluta el escrito que profesionales pagados han preparado con sumo cuidado, con el propósito expreso de no ofender a nadie. Esta es la época de lo políticamente correcto. Para aquellos que vivimos en Norteamérica, especialmente, decir algo ofensivo para un sector determinado de la sociedad le puede costar a cualquier figura política un dolor de cabeza mayúsculo, si no la carrera misma. Por lo tanto, cuando un político habla, cualquiera puede percibir que no entrega un mensaje que le «brota del corazón». Más bien, nos ofrece algo bien cerebral y calculado. Inclusive nunca hablan de forma espontánea, más bien, aunque son profesionales para disimular, la gran mayoría de las veces leen todo el discurso en el *tele prompter* que está frente a ellos.

La consecuencia práctica de esta influencia, es que posiblemente hasta el 50% de los predicadores que conozco en Norteamérica, a la hora de entregar el sermón lo leen en su totalidad. Este medio de entregar un discurso es el menos efectivo, como explicaremos con mayor detalle en el capítulo 15.

2. La influencia que ha ejercido la TV

La televisión ha producido muchos efectos notables sobre la sociedad contemporánea. Todo el ámbito de la comunicación ha sentido su impacto, y dentro de los efectos que ha ejercido sobre la predicación cristiana, hay dos que debemos recalcar: primero, que ha acortado el límite de nuestra atención; y segundo, que ha eliminado el elemento de acción.

Le ruego que piense. La próxima vez que mire un noticiero tome un cronómetro y mida cuánto duran las noticias que nos muestran.

Si el noticiero es de 30 minutos, en realidad solo dura 20 minutos, porque 10 minutos se van en avisos comerciales. En veinte minutos el canal debe compactar las noticias locales, nacionales y mundiales. Por tanto, si presta atención, verá que la gran mayoría de las notas no duran más de treinta segundos. Con buena suerte, apenas un minuto. Y todo de forma muy rápida. Esto tiene implicaciones tremendas para el predicador contemporáneo. Si este no sabe captar la atención de la audiencia en los primeros 20 segundos está condenado a un fracaso rotundo. Y si el predicador cree que los oyentes tienen la obligación de venir a escucharlo hablar durante horas porque es el siervo ungido de Jehová... bueno, que se prepare para tener un ministerio estancado y muy chiquito. Siempre debemos recordar que el predicador no tiene ninguna autoridad, excepto la que pueda ganar haciendo un trabajo excelente.

Asimismo, piense una vez más. ¿Ha visto alguna vez a alguien que lee las noticias, o entrega un discurso frente a las cámaras moviendo los brazos como si fueran las aspas de un molino? ¡Jamás! Los que leen las noticias tienen los brazos clavados al escritorio y los que entregan un discurso, al podio. Nada de usar gestos ampulosos o movimientos abruptos. Esta realidad tiene mucha influencia a la hora de cómo el predicador evangélico debe entregar su mensaje. Ya lo veremos más adelante.

3. El sentimiento popular anti-autoridad

No sé cómo será en su país, pero en Norteamérica en el presente hay un sentir muy profundo y fuerte de resistir todo lo que tenga que ver con el liderazgo y la autoridad. No interesa que usted sea presidente, gobernador, senador, diputado, maestro, o policía, no hay ninguna diferencia. Una cosa es muy cierta y evidente: todos están en contra suyo. Nadie va a aceptar algo que usted diga por más posición de liderazgo o autoridad que tenga. Más bien lo van a resistir con toda la fuerza, y la pregunta no verbalizada que tantas veces se trasmite es: «¿Quién es usted para decirme a mí qué debo creer, o cómo debo comportarme? Vivimos en una sociedad pluralista, con un ideal democrático, donde todos valemos lo mismo, y donde todas las opiniones tienen el mismo peso y valor».

Siglos atrás, cuando el predicador subía al púlpito, las personas lo consideraban la máxima autoridad civil, educativa y religiosa. Su palabra era respetada por la posición que ocupaba, los estudios que había cursado y el fundamento que su mensaje tenía en la Biblia (esto último en los países protestantes). Eso fue siglos atrás. En la actualidad, con la popularización de la educación pública, muchas personas ostentan mejores credenciales académicas que un pastor, y por tanto razonan: ¿Para qué voy a escuchar a este *ignoramus*? Para complicar las cosas aún más, el avance de la ciencia ha confundido la mente de muchos, haciéndoles creer que no pueden, ni deben creer nada que no pueda ser validado científicamente. Cuando ministramos en este ambiente enrarecido, entonces, todo hombre o mujer que pasa a compartir su mensaje debe comprender que sus palabras están siendo juzgadas y evaluadas por los oyentes, como si viniesen de alguien que está a mi misma altura o por debajo. No por el hecho de vestir un atuendo religioso, ocupar un púlpito elevado, y gritar a voz en cuello «la Biblia dice», las personas le brindarán una atención respetuosa. Más bien, con genuina humildad, tendrá que entender que su primera tarea es ganarse la confianza de sus oyentes, mediante su conducta intachable, sus actitudes cristianas y su nivel de conocimientos.

II. Razones internas

La crisis teológica que ha invadido a muchas denominaciones:

El pasado es el fundamento sobre el cual estamos parados en el presente. Ya sea que usted es Luterano, Bautista, Presbiteriano, Metodista, Pentecostal, Bauticostal o Pentecostista, no importa a que sector del movimiento cristiano protestante pertenezca usted, esa corriente con la cual usted se identifica cuenta con una historia particular que afecta su realidad presente. Las convicciones de su denominación en cuanto a la Biblia, Dios, Jesucristo, el ministerio del Espíritu Santo, y cada una de las doctrinas fundamentales de la fe cristiana, inevitablemente acarrean consecuencias directas sobre la forma en que se vive la vida cristiana en general y la tarea de predicar en particular. Esas convicciones

> *El pasado es el fundamento sobre el cual estamos parados en el presente.*

denominacionales son el resultado de fuerzas poderosas que le dieron forma en años anteriores. El problema es que muchas veces al comenzar la vida cristiana una persona desconoce cuan «teñido» está el mensaje que se le presenta, y sobre todo el origen de las doctrinas que se le enseñan. Muchísimos individuos que se inician en el cristianismo, o estudiantes que ingresan a seminarios cristianos con el propósito de prepararse para el ministerio, carecen de los conocimientos suficientes como para distinguir entre lo espurio y lo verdadero, con la consecuencia de que en una gran mayoría de los casos es muy fácil poder ofrecerles «otro evangelio» (Gálatas 1:6-9) y ellos no pueden distinguir la diferencia. De esa forma son presa fácil de una de las fuerzas teológicas más potentes, peligrosas y destructivas que ha permeado el protestantismo en los últimos 150 años, y que explica el origen de muchas de nuestras creencias y prácticas ministeriales en el presente.

A mediados del siglo XIX en Europa nació lo que se denomina el *liberalismo teológico*[1]. Una nueva corriente filosófica originada en la universidad de Tubinga, en Alemania, que se propuso como meta contemporizar al cristianismo removiendo todos los obstáculos a la fe. Uno de sus propósitos fue librar a la fe de Jesucristo de todo elemento milagroso y sobrenatural. Para lograr el objetivo, el ataque en sus primeros pasos se centró en cuestionar la autenticidad histórica de la Biblia, y más tarde, todas las doctrinas cristianas. Una vez que estas teorías atraparon la mente de los ingenuos, el enemigo mediante sus ministros disfrazados como ángeles de luz se infiltró en muchísimos colegios y seminarios cristianos, y a través de los pastores y misioneros que se formaron bajo su influencia, el liberalismo teológico se difundió por todo el mundo. Al igual que un gramo de levadura que leuda toda la masa (Mateo 13:13), el liberalismo en el día de hoy se halla presente,

---

[1] El liberalismo teológico, conocido muchas veces como Liberalismo Protestante, es una corriente teológica que tiene sus orígenes en el Iluminismo; en forma especial, en la filosofía de Emanuel Kant y las creencias religiosas de Friedrich Schleiermacher. Es un intento de incorporar el pensamiento contemporáneo y los avances de la ciencia, a la fe cristiana. El liberalismo tiende a enfatizar la ética sobre la doctrina, y el valor de la experiencia personal sobre la autoridad de las Escrituras. Durante el siglo XX llegó a dominar la doctrina de las 7 denominaciones más antiguas dentro de Norteamérica. Los teólogos protestantes liberales abrazaron y alentaron la «Alta crítica» como el método fundamental del estudio de la Biblia.

Algunas de las enseñanzas más distintivas del liberalismo son: la Paternidad Universal de Dios, la hermandad del ser humano, el valor infinito del alma, el ejemplo de conducta de Jesús, y el establecimiento en la tierra del reino de Dios como una fuerza moral y ética. En trazos generales ha sido relativista, pluralista y no-doctrinal.

en mayor o menor grado, en casi todas las denominaciones protestantes. Ha definido la filosofía educativa de casi todos los seminarios evangélicos, sin distinción de nivel académico (ya sea nivel terciario, de maestría o doctorado). Y las afirmaciones del liberalismo se enseñan por sus exponentes como si fuesen la verdad absoluta y el evangelio en su versión más pura.

El liberalismo parecía un amigo de la fe para los incautos, y tristemente la inmensa mayoría no pudo discernir el enemigo formidable que era. Las consecuencias que trajo a largo plazo a las iglesias y denominaciones que abrazaron esta corriente fraudulenta, es que experimentaron un decrecimiento continuo y pérdida de miembros por millares[2] Pero si todo lo que ocurre en la iglesia local, ya sea bueno o malo, tiene su origen en el púlpito, entonces debemos mencionar tres efectos devastadores que el liberalismo ejerció sobre la tarea de la predicación cristiana[3].

La primera consecuencia práctica fue *la pérdida de la fe en la Biblia como palabra de Dios*[3]. Si dudamos de la veracidad de la Biblia, el resultado es que ya no tenemos fundamento para predicar. Si perdemos la autoridad de la Palabra de Dios, nos quedamos sin cimientos para la proclamación del mensaje de salvación. En las palabras del salmista: «Si los fundamentos son destruidos, ¿qué puede hacer el justo?» (Salmo 11:3) Cuando la Biblia es analizada desde el punto de vista crítico literario, las consecuencias son que la teología y las doctrinas de la gracia deben pagar el precio. Los jóvenes graduados de muchas instituciones teológicas que han sido dominadas por el liberalismo son enviados al ministerio equipados con vastos conocimientos de criticismo

---

[2] Si alguien lo desea, me ofrezco a hacerle un tour por la ciudad de Los Ángeles y mostrarle docenas de templos que se construyeron para albergar a más de 2.000 personas, y donde en la actualidad solo se juntan no más de 20 adoradores. Peor aún, le puedo hacer un recorrido por templos que un día se construyeron para predicar a Cristo, y que ahora están en manos de los budistas y mil religiones falsas, como consecuencia de que el Espíritu Santo abandonó esas congregaciones. Además puedo contarle varias historias de horror, que por razones de espacio no puedo hacerlo en estas páginas. Para mayor información le invito a visitar en Internet el reportaje que el grupo Barna hizo en 2009 sobre el estado de las iglesias «mainline». Buscar: Barna Group; «Report examines the state of Mainline Protestant Churches». Allí los números hablan por sí solos.

[3] El Centro de investigaciones PEW condujo un estudio en el año 2008 y reportó que de 7.500 cristianos entrevistados de las iglesias Mainline, solamente el 22% afirmaron creer que la Biblia es la palabra de Dios y debe ser interpretada de forma literal. 38% afirmaron que la Biblia es la palabra de Dios, pero no debe ser interpretada de forma literal. El 28% afirmaron que la Biblia no es la palabra de Dios, sino un libro de origen puramente humano.

literario, filosofía, psicología educacional, sociología moderna y todas las disciplinas relacionadas. Pero tristemente salen mal equipados para la tarea suprema de un ministro de Jesucristo: declarar con convicción y autoridad la Palabra del Dios vivo. De presentarla con una comprensión clara, con perspicacia espiritual, como un cuerpo de verdades relacionadas que llaman a cada individuo al arrepentimiento delante de Dios y a la fe en la persona de Cristo Jesús.

La segunda consecuencia fue que *en muchos púlpitos las **buenas noticias** fueron reemplazadas por la buena consejería.* San Sigmund Freud pasó a ser más importante que San Pablo. El diablo y sus demonios dejaron de ser un enemigo real, para pasar a ser una figura mitológica del folklore judío, el cual fue concebido por una sociedad sin conocimiento científico que no podía explicar los fenómenos misteriosos que ocurren, y entonces, lo atribuían a seres espirituales de maldad. El pecado dejó de ser un mal proactivo, para llegar a ser falta de estima propia o de una buena educación. La oración pasó a ser una mera forma de control mental, no un ejercicio destinado a ponernos en comunión con el Dios vivo. Y Jesucristo, descendió de ser el Hijo de Dios, a ser un mero profeta, con cuya vida ejemplar y mandamientos éticos tan hermosos nos enseñó como todos debemos vivir como hermanos. En las palabras de un amigo cercano, el púlpito cristiano pasó a ser la versión espiritual de Disneylandia: «El lugar más feliz sobre la tierra».

Años atrás una de las celebridades de la TV, que fundó un ministerio que es la sexta atracción turística en Los Ángeles, contaba como un miembro de su iglesia vino a pedirle ayuda diciendo: «Pastor necesito que me ayude. Me han hecho una brujería…». Este ministro, hijo del pensamiento positivista, con mucha seguridad y autosuficiencia contó que su respuesta a este pobre desdichado con una necesidad bien real y sentida, fue: «Yo no creo en lo negativo, solo en lo positivo». Y así «solucionó» el problema. Triste la suerte de este hombre, que vino a pedirle luz a un ciego. Su caso en la actualidad se cuenta por millones. Personas que vienen a pedir pan y el pastor les da una piedra. El fruto que vemos en la actualidad en muchos púlpitos contemporáneos es que ya no son proféticos, ni predican a Cristo, ni la necesidad de ser salvos. Todo esto tiene su raíz en esta corriente fraudulenta llamada liberalismo.

Soy el primero en reconocer que todo buen sermón debe incluir un elemento de asesoramiento pastoral, para que los nuevos creyentes aprendan a vivir de forma clara y definida como cristianos en un mundo caído. Pero si nuestro mensaje tiene como único objetivo hacer sentir bien a las personas, en lugar de que primero sean rectos delante de Dios, nuestro mensaje entonces es sub-bíblico y tendrá consecuencias mortíferas para nuestros oyentes. Peor aún, tal mensaje será reprobado por Dios mismo, y tal ministerio está de camino a su propia ruina y extinción. Todo es cuestión de tiempo hasta que Jesucristo les quite el candelabro[4].

La tercera consecuencia del liberalismo teológico fue *un cambio en el rol del Pastor*. Si negamos la Biblia, y Jesucristo no es más que un maestro ejemplar, para qué seguir perdiendo el tiempo preparando sermones y predicando teorías huecas. Cuando el mundo se muere de hambre, es hora de dejar la palabra de Dios para hacer que las piedras se conviertan en pan, y que los ladrillos se transformen en casas donde los pobres puedan habitar... Más bien, que el Pastor sea una gelatina, que sabe congeniar con niños, jóvenes, adultos y ancianos; que los visite en el hospital; que ore en todos los cumpleaños de quince; que presida sobre bodas muy finas y lujosas; que entierre a los fieles con gran pompa y honor; que presida con la capacidad de un banquero la reunión de diáconos; y que sea un buen consejero para todos los que le pidan ayuda. Para qué perder tiempo orando y en el ministerio de la palabra, cuando podemos servir a las mesas...

Cuando leo mi Biblia observo que cuando Pablo y los apóstoles predicaban estallaban revoluciones violentas. Ahora, por el contrario, cuando estos genios iluminados del ministerio concluyen su predicación, todo lo que obtienen es que se les sirva un cafecito. Vaya honor y recompensa que han escogido para sí mismos. Ciertamente las ideas del liberalismo teológico han causado estragos en la fe y en el púlpito. Y una vez que el púlpito deja de ser lo que debe ser en el plan de Dios, allí comienza una espiral descendiente que contamina a más y más personas para su propia perdición. Cuando hablo de estas cosas, hablo como Pastor. Dios ha traído a mi congregación personas que salieron de iglesias dominadas por el liberalismo, y con lágrimas en los ojos, me han dicho más de una vez: «Pastor, ore por mis familiares que todavía

---

[4] El estudio del grupo Barna revela que las denominaciones Mainline perdieron 8.000 templos desde 1950 hasta el 2009. Estas denominaciones incluyen a los Metodistas, Presbiterianos, Luteranos, Congregacionalistas, Iglesia Reformada Holandesa, Episcopales, y varias otras denominaciones menores.

están en la misma iglesia donde yo crecí, y allí nunca se les habla de la necesidad de ser salvos». Lo que hablamos no son cosas livianas y sin consecuencias. Es cuestión, más bien, de vida o muerte.

Tristemente, la influencia del liberalismo se extendió más allá de los límites de las denominaciones que le dieron la bienvenida y lo abrazaron como si fuera un hermano. Y mientras advertimos que el liberalismo teológico mató sus diez miles, los evangélicos, gracias a la influencia del liberalismo y a algunos virus que ellos mismos fabricaron, también han matado sus miles. Las iglesias evangélicas, pentecostales y carismáticas, aunque han crecido en forma numérica y han mantenido las doctrinas fundamentales de la fe, con todo, a la hora de comunicar el mensaje demuestran que no están libres por completo de esta influencia corrupta. Si el Señor les escribiera una carta a cada iglesia, tal como lo hizo en Apocalipsis, a un elevadísimo porcentaje les diría: «Yo conozco tus obras… Pero tengo contra ti…» (Ap. 2:2-4). ¿Cómo afectó esta corriente teológica a los tres movimientos principales dentro del evangelicalismo?[5].

a. El movimiento evangélico:

Frente a la amenaza del liberalismo los evangélicos respondieron con el lema: Volvamos a la Biblia. Estudiemos cuidadosamente su texto; expongámoslo con precisión profesional. Si esto hacemos, el púlpito recuperará su autoridad. Y estamos absolutamente de acuerdo con esta

> *Cuando la Biblia habla, Dios habla. La necesidad más apremiante de la iglesia contemporánea… es de la predicación expositiva poderosa que nutre al rebaño de Dios con el alimento sólido de su Palabra.*

---

[5] Antes de leer lo que viene a continuación, le ruego que piense que amo a la iglesia del Señor en todas sus manifestaciones y denominaciones. Es un privilegio ser parte del programa de Dios. Dentro del reino hay millares de iglesias excelentes, guiadas por pastores que aman a Dios, la Biblia y a su rebaño. Hay iglesias fundamentadas sólidamente en la Biblia y equilibradas en la práctica ministerial. Conozco personalmente a muchos pastores de los tres movimientos que voy a mencionar, que han sido mis mentores y me han ayudado a crecer en el conocimiento de Dios y como conducir un ministerio que honre a Jesucristo. Por lo tanto, muy lejos está de mí criticar la obra de Dios. Sin embargo, tantas veces, un líder enseña sobre las cosas que a él le dieron resultado, y sus seguidores lo avergüenzan porque entienden todo al revés y lo aplican mal. Entonces, junto con la bendición, vienen los problemas y las distorsiones. Y al escribir lo que sigue, mi único objetivo es ahorrarle a usted unos buenos dolores de cabeza. Más bien, anhelo que Dios le pueda aprobar y agregarle bendiciones sin límite a su ministerio.

verdad, porque cuando la Biblia habla, Dios habla. La necesidad más apremiante de la iglesia contemporánea (tal cómo vamos a argumentar en nuestro próximo capítulo) es la predicación expositiva poderosa que nutre al rebaño de Dios con el alimento sólido de su Palabra. Sin embargo, toda bendición trae consigo las semillas de la autodestrucción. Todo éxito contiene las semillas del fracaso. Por tanto, al cruzar el amplio espectro que abarcan las iglesias evangélicas, queremos mencionar tres distorsiones que abundan en la actualidad. Si desea mantenerse fiel a Jesús y su mensaje, todo predicador evangélico del siglo XXI debe evitar caer primero, en *la arrogancia intelectual y académica*. Es decir, llegar a conocer el texto hasta la última iota y tilde de la ley, pero presentarlo sin la más remota manifestación del Espíritu Santo. La precisión y la erudición bíblica son el fundamento de nuestra tarea al desarrollar un sermón (tal como enseñaremos en el capítulo 10). No obstante, si todo lo que el mensajero lleva al púlpito es el resultado de un mero conocimiento erudito de gramática griega, del análisis histórico de las palabras del griego original, de reglas hermenéuticas aplicadas con toda exactitud, dejará a los oyentes morirse de sed en un desierto, no en un oasis. Si cuando el domingo llega la hora de predicar servimos a la mesa las cuatro interpretaciones del Apocalipsis, y discutimos si hay uno, dos o veinte Isaías, el trabajo es tan estéril como si ofreciéramos clases de historia o química. A. W. Tozer describió esta situación con términos más que elocuentes cuando dijo:

«La doctrina de la justificación por la fe —una verdad bíblica, y un bendito alivio del legalismo estéril y de los esfuerzos personales— en nuestro tiempo ha caído en mala compañía y ha sido interpretada por muchos de tal modo que pueden separar a las personas del conocimiento de Dios. Toda la transacción de la conversión religiosa ha sido reducida a algo mecánico y sin espíritu. La fe puede ser ejercitada sin tocar la vida moral y sin causarle ninguna vergüenza al ego Adámico. Cristo puede ser «recibido» sin crear ningún amor especial por él en el alma del creyente. La persona es «salva» pero no tiene ni hambre ni sed de Dios. En realidad se le enseña de forma específica a que se conforme con poco.

El científico moderno ha perdido a Dios entre las maravillas de su mundo; y nosotros los cristianos estamos en serio peligro de perder a Dios entre las maravillas de su palabra»[6].

El apóstol Pablo tiene palabras crucialmente vitales para todos los predicadores evangélicos que han perdido a Dios entre las maravillas de su palabra: «... pues nuestro evangelio no llegó a ustedes en palabras solamente, sino también en poder, en el Espíritu Santo y en plena certidumbre» (1 Ts. 1:5). La predicación cristiana auténtica tiene como único fundamento la palabra de Dios y un estudio serio y sistemático de ella, pero el fuego de lo alto debe descender sobre el sacrificio en la cumbre del Carmelo. De otra manera es querer edificar la iglesia con madera, heno y hojarasca, materiales combustibles que no resistirán la prueba del fuego cuando Dios examine nuestros ministerios (1 Cor. 3:10-15).

El segundo peligro que todo predicador auténticamente cristiano debe evitar, *es creer que la predicación es un mero debate teológico*. Muchos pastores contemporáneos al predicar dejan la impresión que para ellos la predicación es un diálogo intelectual con los que atacan nuestra fe. Es responder las preguntas de enemigos imaginarios. Parecerían razonar, que si lográramos que los inconversos vean la superioridad de nuestra posición, entonces vendrán a la fe. Sin embargo, debemos recordar que los hombres y mujeres nunca vendrán a Dios por la superioridad de nuestra postura filosófica, lo elaborado de nuestros razonamientos, o cuán brillantes puedan ser nuestros argumentos. Una de las manifestaciones más exageradas de esta tendencia es la de ciertos grupos que van a las universidades para tener debates con los exponentes de otras corrientes radicales. Y esperan que diferentes miembros de la audiencia puedan convencerse de la superioridad de los argumentos cristianos y de esa manera respondan a la fe.

Cuando vivía en Canadá fui invitado por uno de los ministerios para-eclesiásticos más reconocidos a nivel mundial a observar un debate en la universidad de British Columbia. Allí, el brillante apologista de este ministerio, debatiría al Dr. Henry Morgentaler. Este, un judío que sobrevivió a dos campos de concentración alemanes, era en

---

[6] A. W. Tozer, *La búsqueda de Dios*, Christian Publications, Harrisburg, Pensilvania, 1978, pág. 13.

aquellos días la fuerza más grande a favor del aborto en Canadá. Hasta el momento del debate, este hombre había abierto una sola clínica para abortos en Vancouver. El motivo de oración que se nos pidió antes del debate era que, el Dr. Morgentaler conociera a Jesús, y detuviera su

> *Recordemos siempre que si una persona vendrá a creer en el evangelio, nunca será por sus propios razonamientos o los nuestros, sino por la obra de iluminación y revelación que el Espíritu Santo opera en el corazón humano.*

marcha destructiva. Además, que los estudiantes que asistieran al debate, no solo aceptaran a Cristo, sino que detuvieran su curso de acción en caso que estuvieran considerando dar el paso de terminar con una vida humana.

Asistí al famoso debate, y me dejó la indeleble impresión que había presenciado un diálogo entre dos sordos. Como resultado del debate, el Dr. Morgentaler no aceptó a Jesús, y encima siguió abriendo clínicas a lo ancho de todo el mapa de Canadá. Tampoco recuerdo que un solo estudiante se haya interesado por la posición cristiana, más bien, cada vez que pudieron, aplaudieron al médico y abuchearon al evangelista.

Debemos entender que la apologética no tiene ningún poder a la hora de enfrentar a las huestes espirituales de maldad que se nos oponen. Más bien recordemos siempre que si una persona vendrá a creer en el evangelio, nunca será por sus propios razonamientos o los nuestros, sino por la obra de iluminación y revelación que el Espíritu Santo opera en el corazón humano. Un ser humano muerto en delitos y pecados y enceguecido espiritualmente por el dios de este siglo (2 Cor. 4:4), nunca vendrá a Jesús a menos que el Padre le traiga (Juan 6:44). Nuestra misión, por tanto, es proclamar los grandes hechos de Dios en Cristo Jesús y confiar que el Espíritu Santo hará la obra de convicción que Jesús prometió que haría, llevando el fruto que glorifique al Padre.

El tercer peligro al que muchos pastores evangélicos deben prestar atención, *es hacer que el centro de la predicación sean los humanos, y no Cristo Jesús*.

En los últimos treinta años, uno de los bisnietos del liberalismo que ha llegado a morar en muchísimos púlpitos evangélicos, es la idea de que si queremos atraer a personas a la iglesia, debemos predicar sermones que *respondan a las necesidades sentidas de los oyentes*. Los que sostienen estas convicciones anuncian que las virtudes de esta predicación son la clave para el crecimiento rápido de la iglesia. Nos dicen que si predicamos sermones interesantes, como los artículos de Reader's Digest, las personas vendrán a la iglesia y nuestras posibilidades de alcanzarlos son tanto mayores.

Este razonamiento tiene algo de verdad. Es cierto que si queremos atraer a los inconversos, nunca lo lograremos predicando párrafos desconocidos como la parábola de Ahola y Aholiba. En ese sentido, hay infinidad de predicadores que deberían exclamar con Caín: «Grande es mi maldad para ser perdonada». *Sus sermones responden a preguntas que nadie está haciendo, y dejan sin contestar las que todos nos estamos haciendo.* Cuesta creer que en el culto del domingo, cuando la iglesia es visitada por el mayor número de no cristianos que llegan buscando respuestas para los dilemas de la vida, un predicador elija como tema: «La disciplina en la iglesia», o «Cómo ser un mejor amigo», o «Cómo tener mejor intimidad con mi esposa». Hacer esto es una muestra acabada de falta de sentido común. Habiendo tantos temas apasionantes en la Biblia para tratar, hay predicadores que todo lo hacen un aburrimiento.

La otra cara de la moneda, sin embargo, es que el camino al infierno está sembrado de buenas intenciones. El anhelo de alcanzar a las personas es uno que todos los cristianos verdaderos compartimos, pero si en el proceso centramos nuestro mensaje en las necesidades humanas a expensas de la persona y la obra de Cristo, los predicadores dejamos de ser médicos del alma para convertirnos en pobres curanderos. Es administrarle morfina al paciente para que no sienta el dolor, mientras el cáncer se lo come silenciosamente desde adentro. Después de todo, ¿cuáles son las necesidades sentidas que tiene un ser humano sin Dios? La respuesta la da esa vieja canción popular: «Tres cosas hay en la vida, salud, dinero y amor». Eso es todo. Así es como ellos ven la vida. Un ser humano muerto en delitos y pecados, no piensa en su alma, en la eternidad, en Dios, en cómo está su vida a los ojos de un Dios infinitamente santo, en que puede ganar el mundo y perder su alma, y que en consecuencia su necesidad más imperiosa y apremiante es la de un Salvador personal y poderoso. Por tanto, el mensaje cristiano siempre comienza con Dios; luego venimos nosotros.

En la lucha espiritual en la que nos hallamos enfrascados, al enemigo no le importa en lo más mínimo que las personas lleguen a la iglesia, que escuchen y aprendan de Dios, mientras no se les señale el pecado y la necesidad de un Salvador personal. Si nuestros sermones nos enseñan a triunfar sobre el stress, pero no nos indican el camino a la cruz de Cristo, el enemigo ya ganó la batalla. El Señor dijo: «Si fuere levantado de la tierra, a todos atraeré a mí mismo» (Jn. 12:32). Esa cruz fue, es y será hasta el último día de la historia humana el centro de nuestra fe y la esperanza para nuestra redención, liberación y transformación personal.

Cuando los primeros misioneros cristianos llegaron a Groenlandia, encontraron a personas tan ciegas y depravadas moralmente, que pensaron que predicarles sobre Cristo sería una pérdida total de tiempo. Más bien se dijeron a sí mismos, «primero debemos mostrarles la diferencia entre el bien y el mal, en qué consiste una conducta buena y noble». Así lo hicieron, y después de años de labor no vieron ningún cambio. Sin embargo, todo comenzó a cambiar cuando un misionero a través de un intérprete le estaba hablando a uno de los nativos, y le compartió Juan 3:16. Para su sorpresa, el nativo le dijo: «¿Usted quiere decir que el Hijo de Dios dio su vida por un depravado groenlandés como yo?». «Así es», fue la respuesta del misionero. Cuánto mayor fue su sorpresa cuando el nativo le dijo: «¿Y por qué no me lo había contado antes?». El poder de la cruz con su luz comenzó a penetrar la oscuridad del error, la ignorancia y las supersticiones. Las conversiones a partir de allí vinieron por centenares.

La consecuencia de la tendencia actual de enfocar el mensaje en las necesidades humanas ha hecho que se produzca un cambio de centro, así la predicación ha dejado de ser Cristo-céntrica para pasar a ser antropocéntrica. *Hace treinta años atrás el mensaje respondía a la pregunta: «¿Qué debo hacer para ser salvo?». En la gran mayoría de púlpitos cristianos contemporáneos el sermón contesta la pregunta: «¿Qué debo hacer para ser feliz?».* Quién puede extrañarse entonces de que un día el pastor anuncie: «A mí me gusta predicar sermones que les hagan sentir bien, pero hoy voy a predicar uno de los otros». Tales pastores dejan la impresión de que su meta al predicar es hacer que el hijo pródigo sea feliz en el chiquero, no que retorne a la casa del Padre. El resultado de esta filosofía del ministerio de la predicación es que muchas iglesias contemporáneas están llenas de cristianos muy felices y contentos, pero completamente estériles a la hora de hacer avanzar el reino de Dios. Cristo es un buen amigo, consejero y consolador, pero nunca el Señor y Salvador que demanda un discipulado radical donde todas las áreas de nuestra vida deben ser colocadas bajo su señorío. Y una iglesia con este tipo de creyentes nunca podrá ayudar a transformar la comunidad donde se encuentra.

Mientras las iglesias que abrazaron el liberalismo teológico han entrado en picado en los últimos cien años, las iglesias evangélicas han crecido en número y han plantado miles de iglesias nuevas. Sin embargo, nunca debemos olvidar que los números por sí mismos no necesariamente validan todos los programas y filosofías de la predicación y el ministerio. Si de números se trata, entonces, la iglesia católica romana, con 1.100 millones de fieles, es el movimiento religioso más exitoso del mundo. ¿Hace falta dar más explicaciones? Estoy convencido que si somos fieles a Cristo y su mensaje, y predicamos la Biblia con precisión, relevancia y bajo la unción del Espíritu Santo, buscando exaltar a Dios, toda iglesia ciertamente crecerá en forma numérica y cualitativa por la bendición del Altísimo. Por tanto, cuidémonos de no caer en las tres trampas que hemos compartido y que han atrapado a muchos púlpitos. No quisiéramos para nosotros el veredicto que Jesús dio a la iglesia de Sardis: «Tú tienes nombre de que vives, pero estás muerto» (Ap. 3:1).

Hace treinta años atrás el mensaje respondía la pregunta: «¿Qué debo hacer para ser salvo?». En la gran mayoría de púlpitos cristianos contemporáneos el sermón contesta a la pregunta: «¿Qué debo hacer para ser feliz?»

b. El movimiento Pentecostal:

En los primeros albores del siglo XX, mientras el liberalismo como un león rugiente buscaba a quién devorar, y mientras los evangélicos luchaban por encontrar respuestas racionales y filosóficas para contrarrestar ese ataque, muy pocos se imaginaron que Dios estaba empezando una obra totalmente nueva para seguir edificando y renovando su iglesia. En un proceso que duró varias décadas, distintas personas en diferentes puntos de Inglaterra y Estados Unidos, comenzaron a buscar el rostro de Dios pidiendo un retorno del Pentecostés del libro de Los Hechos. Finalmente, la respuesta llegó en el año 1906 con el avivamiento que estalló en el centro de la ciudad de Los Ángeles. Ese evento en la calle Azusa se considera el «nacimiento oficial» de la iglesia Pentecostal.

Al comienzo, tanto los liberales como los evangélicos se burlaban de estos «fanáticos sin cerebro». Con su superioridad intelectual y frialdad de corazón los miraban desde arriba, los tenían en poco y los atacaban con furia. Parece que unos y otros nunca habían leído el consejo de Gamaliel (Hechos 5:33-34). Lo cierto es que, un siglo más tarde, las mesas se han invertido y son los pentecostales, en sus múltiples manifestaciones, quienes ahora con un crecimiento numérico que sobrepasa los 200 millones de personas en todo el mundo, miran desde arriba a los liberales y evangélicos. Y mientras uno no puede por menos que dar gracias a Dios por esta nueva corriente dentro del cristianismo que significó la salvación de millones de personas, al mismo tiempo debemos mostrar, que aunque la influencia del liberalismo teológico fue casi nula sobre este nuevo movimiento, con todo, al adoptar los valores que abrazaron, introdujeron un nuevo tipo de predicación.

A diferencia con las iglesias cargadas de liturgia y sus cultos programados hasta el más ínfimo detalle, las iglesias pentecostales valoran la espontaneidad. Y el hecho de que en el comienzo tuvieron un genuino mover del Espíritu Santo, hizo que muchos predicadores llegaran a pensar que ese debía ser el modelo ideal de la predicación. Es decir, la predicación improvisada, porque según ellos Dios les llenaría la boca al hablar. A fin de hallarle un fundamento bíblico a tal modo de pensar, tomaron Mateo 10:19-20:

> «Pero cuando los entreguen, no se preocupen por cómo o qué hablarán, porque en aquella hora les será dado lo que han de hablar. Pues no son ustedes los que hablan, sino el Espíritu de vuestro Padre que habla en ustedes».

Soy el primero en reconocer que a lo largo de la historia de la iglesia, cuando hubo verdaderos avivamientos espirituales, muchos predicadores dieron testimonio que encontraron que sus labios eran llenados con palabra fresca y abundante proveniente de lo alto. Las demandas incesantes de las personas no les dejaban tiempo para el estudio, y el Espíritu Santo venía con poder y gracia sobre ellos dándoles palabra nueva y gran poder de convicción. Sin embargo, la promesa de Mateo 10 no tiene ninguna relación ni con los avivamientos, ni con la tarea de preparación que todo pastor debe cumplir semana tras semana en relación a la predicación. Esta promesa del Señor era para cuando los creyentes fueran perseguidos por poderes hostiles. En esos momentos, cuando quedaran sin ninguna ayuda humana, el Señor se encargaría de suplir su falta de adecuada preparación con su poder sobrenatural hablando a través de ellos. De ninguna manera esta es una promesa de bendición para compensar la flojera, la desidia y la falta de estudio. Y para hacer las cosas mucho más difíciles aún, al menos aquí en Norteamérica, hace décadas que cesaron los vientos del avivamiento, por tanto, mejor que el pastor se ponga a estudiar en serio si espera presentar un sermón decente a su pueblo. No obstante, una vez que los malos hábitos echan raíces, siempre se hace muy duro poder arrancarlos.

En el año 1991, junto con mi esposa visitamos California para una semana de descanso. Nos hospedamos frente a Disneylandia, y ese jueves por la mañana cuando salimos a caminar, vimos un gran cartel que anunciaba: «Melodyland: Gran servicio de milagros. Jueves a las 11 am». Miramos el reloj, eran las 10:50 y ahí nos fuimos a visitar un lugar totalmente desconocido. Nos llamó la atención el auditorio, nunca, ni antes ni después, vi uno con forma circular. Los asientos rodeaban al púlpito en un círculo completo. El santuario, según mis cálculos, debería tener capacidad para unas 5.000 personas. Esa mañana, sin embargo, la asistencia no era más de cien personas. La calidad de la música nos impresionó muy favorablemente, al punto que decidimos regresar el domingo para el culto principal. Ese domingo la audiencia fue de unas quinientas personas. Nos retiramos pensando, ¿qué habrá ocurrido aquí en el pasado que llevó a la construcción de un templo de semejante tamaño? Años más tarde supimos que esa iglesia fue uno de los focos más brillantes de la renovación carismática en la década de los sesenta, y que en ese auditorio los asientos no eran suficientes para todos los que querían ser parte de la acción[7].

---

[7] Cuando nos mudamos a California en el año 2003, fui a ver si esta iglesia todavía existía. Tristemente en su lugar hoy hay un hotel. Un caso más de los tantos que por diversas razones internas, Jesucristo les removió el candelabro.

Pero si hubo algo que nos decepcionó, tanto el jueves como el domingo, fueron los sermones. Evidentemente, los dos pastores eran fieles representantes de la tradición Pentecostal. Sus temas pasaron por el libro de Daniel, Deuteronomio, Lucas, Romanos, Salmos, etc. No tenían un tema central, más bien eran una colección de retazos multicolores, sin forma ni propósito. Este mismo tipo de contenido lo he hallado en un sin fin de iglesias que he visitado y al escuchar a docenas de mis estudiantes en las clases de Predicación en los colegios que enseño. En la Biblia leemos que cuando Moisés bajó del Monte Sinaí, su rostro resplandecía al reflejar la gloria de Dios. Esto llevó al pueblo a pedirle que cubriera su rostro con un velo porque no le podían mirar. Moisés accedió al pedido. Con todo, cierto tiempo después el brillo desapareció, pero Moisés continuaba cubriéndose el rostro con el velo. La historia ilustra cabalmente el principio que estamos estableciendo: que hay ciertas cosas que ocurrieron en el pasado de forma sobrenatural, más un elevado número de personas siguen aferrándose a la forma aun cuando la realidad ya no exista.

Soy el primero en defender la idea de que hoy Dios sigue hablando a su pueblo, la pregunta es: ¿cuándo y dónde lo hace? A mí me habla principalmente en mi estudio cuando estoy preparándome y desarrollando mi sermón para el próximo domingo. ¿Me habla también cuando estoy en el púlpito? Por supuesto. La práctica, sin embargo, me ha enseñado a no confiarme, porque nunca estoy muy seguro si lo que me viene a la mente en un determinado momento es la voz de Dios, o son mis propios razonamientos que me impulsan a decirle algo fuerte a algún mal educado que está molestando y distrayendo a los demás. Si usted no está viviendo en tiempos de una visitación espiritual poderosa, le ruego que se ponga a estudiar y no haga que el nombre de Cristo llegue a tener una pobre reputación por su charlatanismo barato.

Esta diferencia en la forma de concebir la predicación ha dado como resultado que los pentecostales acusan a los evangélicos de ser «luz sin fuego», y los evangélicos les devuelven el favor diciendo que los Pentecostales son «fuego sin luz». Esta polaridad no debe existir. La verdadera predicación cristiana debe combinar los dos elementos en forma balanceada. Jesús dijo que Juan el Bautista fue «una antorcha que ardía y alumbraba» (Jn. 5:35). En él se combinaban el conocimiento y la pasión. Lo mismo se debe decir de nosotros.

c. El movimiento carismático:

En un domingo de enero, en pleno invierno canadiense, junto con mi familia decidimos visitar una iglesia evangélica cercana a nuestra casa. Llovía y hacía un frío intenso, por tanto, bajé a Frances y a Christopher en la puerta de la iglesia y yo fui a buscar un lugar para dejar nuestro automóvil. Como siempre ocurre con los visitantes, me tocó ir hasta el punto más lejano del estacionamiento. Entre que volví al santuario, colgué mi abrigo y el paraguas, se me fueron varios minutos del culto. Cuando me acerco a la puerta del salón de reunión uno de los ujieres me extiende el programa y me saluda. Después de contestar a las preguntas habituales, le digo: «Se ha hecho tarde... mejor que entre ya». «No se haga problema», fue su respuesta, «no perdió nada. Solamente los cantos».

La respuesta de este hermano en Cristo describe con precisión absoluta la manera de pensar de la gran mayoría de los evangélicos a lo largo de los últimos siglos y de una pequeña minoría en el presente. La idea que se sostenía era, que el componente central del culto era el sermón, y los cantos eran apenas un aperitivo para el plato principal. En algunos casos las canciones eran una excusa para darles unos minutos extra a los que siempre llegan tarde; en el mejor de los casos, era para crear una cierta «atmósfera» para la predicación. Esta forma de pensar habría de ser desafiada y alterada a partir de la aparición del movimiento carismático.

Partiendo desde el tronco principal del pentecostalismo, el movimiento carismático hizo su aparición en la década de los sesenta, y desde entonces se ha difundido por todo el mundo. Sus doctrinas han sido básicamente las mismas del movimiento pentecostal, pero su contribución distintiva al reino fue volver a descubrir el valor de la adoración a Dios. Unido al momento en que Los Beatles hacían su impacto en la cultura popular, este movimiento trajo un nuevo estilo de «adoración» (traducido... de hacer música). Los viejos himnos fueron reemplazados por canciones cortas; el piano y el órgano de tubos fueron cambiados por la batería, el piano y las guitarras eléctricas; la rigidez corporal de los evangélicos dio lugar a las palmas, los brazos levantados y diversas formas de expresión corporal. Mientras antes los cantos eran un relleno dentro del culto, ahora las canciones espirituales llegaron a ser su componente primordial.

Este nuevo movimiento también tuvo su impacto sobre la predicación cristiana. Una de las novelerías que comenzaron a difundir es que la iglesia crece por el poder de la alabanza. Estoy de acuerdo cuando la Biblia enseña que Dios vive en medio de las alabanzas de su pueblo (Sal. 22:3); y al leer relatos como el de 2 Crónicas 20 y la gran victoria militar que obtuvo la nación de Judá a consecuencia de «comenzar a alabar», debemos reconocer que la alabanza es un arma poderosa para el avance del reino. Por tanto, debemos darle la bienvenida a este nuevo énfasis que volvió a colocar la alabanza y la adoración en el lugar que le corresponde dentro de nuestros cultos. Sin embargo, cuando uno escucha a algunos líderes afirmar que la alabanza es el medio principal para el crecimiento de la iglesia, se queda asombrado frente a otro caso de una brutal miopía doctrinal e histórica. ¿Qué decimos frente a esta idea? Quisiera responder apelando a la Biblia, a las lecciones de la historia de la iglesia y a los ejemplos del presente.

Según la Biblia, la misión de la iglesia es hacer discípulos para Jesucristo (Mt. 28:18-20)[8]. El mismo Señor nos indicó que para que las personas llegaran a ser discípulos maduros, debíamos *enseñarles* a guardar todas las cosas que él nos mandó. La predicación y la enseñanza de la Palabra de Dios son los dos pilares fundamentales del discipulado. A la enseñanza luego le agregamos: la comunión con los hermanos, el servicio a los demás, la oración colectiva, el compartir la fe con los de afuera, etc. Y cuando crecemos en el conocimiento de Dios, entonces, la oración, la alabanza y la adoración llegan a ser la máxima expresión de nuestro amor hacia él. Al conocer el ser de Dios y la grandeza de su amor para con nosotros respondemos con el deseo de que Cristo sea exaltado en nuestra vida y sobre todo el universo. Cuando nos reunimos como iglesia, por ende, es para darle gloria, honra y honor a Jesús, que es el Cordero de Dios y él único que merece recibirla. La calidad de nuestra adoración siempre será en medida proporcional a nuestro crecimiento personal. Y no me cabe la menor duda que cuando

---

[8] Este tema fundamental lo ampliaremos en el capítulo 5.

declaramos la gloria de Dios a los principados y potestades (Ef. 3:10), al elevar nuestras voces, el mundo espiritual queda impactado y el Espíritu Santo tiene libertad para moverse en medio de su pueblo. Y de esa manera abrimos las puertas para mayores conquistas.

Sin embargo, si una persona será salva, primero tendrá que aceptar ciertas verdades proposicionales que deberá entender con la mente, creer con el corazón y confesar con la boca (Rom. 10:8-9), y ponerlo en práctica en su vivir diario. La alabanza no tiene ningún poder para lograr semejantes resultados. La alabanza podrá ablandar el terreno duro, pero si luego sobre ese terreno preparado no se siembra la semilla de la palabra viva, en vano trabaja el labriego. La enseñanza y la alabanza siempre deben ir tomadas de la mano. Pero mucho cuidado con confundir el orden: la predicación siempre debe conducir a la alabanza, nunca al revés.

Años atrás llegó a nuestra iglesia un hermano que ilustra hasta qué extremo se puede llegar a distorsionar una buena enseñanza. Me contaba que en su iglesia solamente se reunían para adorar, y sus cultos muchas veces ¡se extendían hasta siete horas!!! Se jactaba de que ellos no abrían la Biblia en el culto. Me contaba que la alabanza era una experiencia emocional liberadora y que regresaban a casa exhaustos, pero muy «livianos» para encarar la semana. Mientras me compartía semejante modelo de culto público, no pude menos que pensar, ¿qué diferencia hay entre estos «adoradores» y los espectadores que van a un partido de fútbol, y tienen una catarsis emocional al «adorar» a su equipo favorito gritando y blasfemando durante dos horas? Ellos también regresan a casa «livianitos y renovados emocionalmente». Este tipo de cristianos y modelo de culto son el ejemplo viviente de la corriente que ha atrapado a muchos ingenuos en la actualidad, y es *que adoran la adoración.* La adoración es todo lo que importa. Especialmente, si se adora imitando a los artistas de moda (aunque los tales se hacen llamar adoradores, salmistas, etc.). Todo lo demás, inclusive la predicación, carece de valor. La adoración es buena para ellos. Si Dios aprueba o reprueba semejante ejercicio, no les preocupa mucho.

Además, no olvidemos las lecciones de la historia. Durante veinte largos siglos la iglesia envió a sus misioneros por todo el mundo a invadir el

> *La enseñanza y la alabanza siempre deben ir tomadas de la mano.*

reino de las tinieblas. Comenzando en el libro de Hechos, y hasta hoy, no recuerdo un solo caso de que una junta de misiones haya enviado un equipo de alabanza para conquistar un nuevo país para Cristo. Más bien, fueron enviados hombres y mujeres con labios y corazones en fuego, y donde quiera que llegaron, Dios honró su palabra con resultados asombrosos y milagros portentosos. Y en la medida que se fueron formando iglesias, apareció entonces la alabanza como un componente fundamental del culto público. La alabanza siempre fue una consecuencia de la palabra predicada, nunca al revés.

No olvidemos tampoco las lecciones del presente. En la actualidad hay millares de iglesias que han adoptado la «alabanza contemporánea», y no crecen ni en calidad, ni en números. Por el contrario, hay otras que dan la impresión de que cuando entramos al culto regresamos a 1910 y, sin embargo, crecen en forma sostenida. ¿Qué hace la diferencia? ¡El predicador y la vida de oración de la congregación! Conozco iglesias que tienen una adoración muy poderosa, pero luego pasa al púlpito alguien que tan pronto abre la boca, cancela todo lo bueno que se pudo haber logrado. Por el contrario, hay tantas congregaciones que después de haber adorado le entregan al pastor una audiencia chata y aburrida, con todo, ese hombre por sus cualidades personales (profesionales y espirituales), resucita los muertos y los impacta con el poder del mensaje cristiano. Recordemos siempre que una sola persona con corazón en fuego es más peligrosa para el reino de Satanás que mil millones de músicos profesionales que operan sin ninguna autoridad espiritual.

Alguien con toda razón podrá preguntar, «Pero entonces, ¿el liberalismo teológico no ha tocado al Pentecostalismo y al movimiento carismático?». La respuesta viene del libro de los Jueces: «… y se levantó otra generación después que ellos que no conocía al Señor, ni la obra que él había hecho por Israel» (Jue. 2:10). Las dos valiosas lecciones que me enseña esta afirmación bíblica para el día de hoy es que, primero, las conquistas del ayer, de nada valen para una generación que no ha visto las obras de poder, y segundo, que no se puede pasar el avivamiento de generación en generación, a menos que los jóvenes de la nueva generación lo pidan a Dios con el mismo fervor con que lo suplicaron sus antepasados. La historia de todas las denominaciones cristianas es que comenzaron con un verdadero mover del Espíritu Santo, bajo el liderazgo de una persona con corazón en fuego, apasionado por conocer la gloria de Dios. Pero una vez que esa persona pasó de la escena humana, sus seguidores al no tener su mismo poder reemplazan el espíritu con la forma. A medida que pasan sucesivas generaciones el avivamiento da paso a la institucionalización. Y estos dos movimientos genuinos en sus principios, no son la excepción a la regla.

En el presente estos dos movimientos, a fin de capacitar la nueva generación de ministros que sirven a sus iglesias, han fundado Institutos Bíblicos y Seminarios Teológicos. Y es allí donde el liberalismo, agazapado, les espera para infiltrarles. Es una triste realidad que la mayor parte de la educación teológica en Norteamérica se conforma a los patrones establecidos por los liberales. Una vez más hablo como Pastor. Varios jóvenes de mi propia iglesia han elegido tomar cursos académicos en diversos colegios cristianos, algunos de corte carismático. Y a pesar de todas las advertencias que les hago antes de iniciar el camino, al poco tiempo regresan diciendo: «Pastor, ¿Usted sabe lo que enseñan en ese colegio?». Cuando uno recibe semejantes noticias, no puedo dejar de pensar para mis adentros: «Ya te conozco camaleón». Por el momento, nadie parece percibir el cambio profundo que se experimenta en todo el mundo, pero a su debido momento las semillas plantadas darán su propia cosecha, y entonces, las luchas que tuvieron las otras denominaciones evangélicas en años anteriores, será la lucha que tendrán que hacer los dos movimientos que mencionamos.

Alguien, al leer lo que acabamos de compartir, puede llegar a preguntarse: ¿Por qué nos comparte tantas cosas que ha vivido y visto en Estados Unidos de América? ¿Qué tiene que ver con nosotros que somos hispanos y vivimos a miles de kilómetros de allí? A modo de respuesta, permítame hacerle algunas preguntas. ¿Qué país conoce en el mundo que su origen haya estado fundamentado en la fe protestante? ¿Qué país cuenta con el mayor número de iglesias cristianas? ¿Qué país ha enviado el mayor número de misioneros a todos los rincones del mundo? Mire su biblioteca y pregúntese: ¿De qué nación son la mayoría de escritores cristianos que he leído desde que conocí a Cristo? ¿Dónde logró el liberalismo tener su mayor impacto? ¿Dónde nacieron los movimientos Pentecostal y Carismático? ¿En dónde se originaron los Testigos de Jehová, los Mormones, los Adventistas del Séptimo Día, la Ciencia Cristiana? La respuesta común a todos estos interrogantes es una sola: Estados Unidos de América. Todo lo que ocurre en Estados Unidos, inexorablemente afecta al resto del mundo, nos guste o no nos guste. América, como le llaman aquí, es el exportador número uno al resto del mundo tanto de cosas buenas como malas en todos los órdenes de la vida, incluyendo la religión. Todo lo que se genera aquí, se copia en el resto de los países. Cuando Dios me llamó a su servicio y sentí la necesidad de prepararme de forma adecuada, no dudé por un momento de que vendría a Norteamérica, por considerarlo el país líder en educación teológica. Y debo confesar que la experiencia ha sido bien positiva, ya que encontré hombres de Dios dignos de admiración y de ser imitados, y como en toda profesión, algunos de los otros también. A otros, no les fue tan bien. Al igual que los israelitas de la antigüedad que llevaban sus arados y espadas para que los filisteos se las afilasen, así también muchos jóvenes latinos vinieron a Estados Unidos buscando formación profesional. Pero terminaron en el lado equivocado de la cerca, y en consecuencia, en lugar de recibir un bautismo en fuego, recibieron un bautismo de hielo y un vendaval de incredulidad que les robó la fe y el poder. La lección de todo esto es simple: si entendemos lo que pasa en Estados Unidos a nivel histórico, doctrinal y ministerial, comprenderemos de donde provienen las corrientes de pensamiento que han formado nuestra manera de pensar y hacer las cosas en nuestras iglesias en Latinoamérica. Y al mismo tiempo, confío que el compartir lo que digo nos ayude a entender mejor lo que vendrá y hacer los cambios de curso necesarios, a fin de evitar caer en las mismas trampas que describimos.

Frente a este cuadro que acabamos de describir, ¿cuál debe ser la respuesta de aquellos que sinceramente amamos la Biblia y su mensaje? ¿Cuáles deben ser las prioridades en cuanto a la predicación cristiana de alguien que genuinamente ama a Jesús y desea completar la misión que él comenzó? La respuesta la hallaremos mirando las prácticas y enseñanzas del Señor, y cómo entendieron los apóstoles la misión que ellos debían cumplir una vez que Cristo fuese retirado a la gloria.

Si Jesús es la imagen del Dios invisible, el Hijo de Dios hecho hombre, el corazón de nuestra fe y el centro de la historia humana, entonces su ejemplo, enseñanzas y órdenes, son el fundamento de todo lo que los ministros cristianos debemos hacer. Comencemos con el evangelio de Marcos, que es el primer relato escrito de la vida del Salvador. Allí leemos: «Después que Juan fue encarcelado, Jesús fue a

Galilea *predicando el evangelio del reino de Dios*. Decía: 'El tiempo se ha cumplido y el reino de Dios se ha acercado. ¡Arrepentíos y creed en el evangelio!'» (Mc. 1:14-15). ¿Cuál fue el primer acto público de Jesús, después de haber completado su preparación? ¡Jesús comenzó a predicar! Su mensaje era en relación al Reino de Dios que había irrumpido en la historia humana, y por tanto, demandaba una respuesta personal. Note bien que durante la tentación en el desierto Jesús rechazó las ideas satánicas de introducir el reino mediante la acción social, llegando a ser un 'showman', y cediendo a la seducción de la fama y el poder político. Jesús se levantó del desierto para ir a la cruz. Únicamente de esa forma se introduciría el reino de Dios. ¡Y para que las masas recibieran este mensaje comenzó a predicar!

En Marcos 1:21 leemos: «Entraron en Capernaum, y el sábado entró Jesús en la sinagoga, y *comenzó a enseñar*». Jesús buscó la zona del país más densamente poblada y escogió la sinagoga como el lugar más propicio para dar a conocer su mensaje. Todos los sábados en la sinagoga se leía la ley, y luego se explicaba su significado. Esto no ocurría en el templo. Por tanto, Jesús eligió el lugar donde su mensaje tendría el mayor número de oídos, y desde allí correría por el resto de las naciones. Es digno de notar que hasta aquí no hay ningún milagro. El Señor buscaba la transformación de la persona, y ese proceso se llevaría a cabo tal cual él mismo lo había prometido en Jeremías 31:33: «Pondré mis leyes en las mentes de ellos y las escribiré sobre sus corazones». Y para lograr su propósito comenzó a predicar de forma pública y a enseñar en las sinagogas.

Avanzamos unos pocos versos y encontramos que, «Levantándose muy de mañana, siendo aún muy oscuro, salió y se fue a un lugar desierto, y allí oraba. Lo buscó Simón, y los que con él estaban; y hallándolo, le dijeron: 'Todos te buscan'. Él les dijo: 'Vamos a los lugares vecinos *para que predique también allí, porque para esto he venido*'. Y predicaba en las sinagogas de ellos por toda Galilea, y echaba fuera los demonios» (Mc. 1:35-39). El día anterior a este relato había sido uno de intenso trabajo ministerial. Jesús realizó muchas obras de poder (sanaciones y liberaciones) después de la caída del sol. Y a pesar del desgaste físico y emocional que esta obra demanda, encontramos a Jesús, antes de que saliera el sol, apartándose a orar. Esto nos deja ver cuáles eran sus prioridades en relación al Padre y a la tarea que tenía por delante. Pero escuchando la petición de Pedro, de que hay otros centenares esperándolo para recibir el toque de su mano, Jesús nos enseñó sus prioridades en cuanto al ministerio. Jesús, vino a mostrarnos cómo siente Dios por nosotros, y por lo tanto, ministró su compasión a los enfermos y demonizados. Sin embargo, ante la oportunidad de convertirse en un mero «milagrero», prefirió dejar a las multitudes esperando, para predicar su mensaje en otras aldeas. ¿Cuál es la explicación? «...porque para esto he venido». Las prioridades del Señor estaban bien claras. ¿Cómo están las nuestras?

Salteamos Marcos 2:1-2, y cuando llegamos al capítulo tres encontramos que Jesús llama a sus apóstoles. Cuando comparamos los relatos de Marcos[9] y Mateo, encontramos que Cristo llamó a estos hombres para un ministerio de cuatro niveles: «Estar con él», primer nivel; «Predicar», segundo nivel; «Liberar personas demonizadas», tercer nivel; «Sanar a los enfermos», cuarto nivel[10]. Aquí encontramos el mismo orden que Cristo siguió, las mismas prioridades que rigieron su vida. Lo que él hizo esperaba que también lo hicieran sus discípulos. El orden es significativo. Primero debían aprender a conocer su persona, entender su programa de redención, luego deberían proclamarlo y al hacerlo le abrirían las puertas a Dios para hacer las obras de poder. Es imposible no ver que la tarea de la predicación es críticamente valiosa en la mente de Jesús para expulsar las tinieblas del error y traer la luz de su verdad. Uno podría seguir multiplicando ejemplos tomados de la vida del Señor, pero prefiero dejarle a usted los deberes para que los haga en casa.

Si lo que acabamos de considerar fue lo que Cristo modeló en su ministerio y misión, ¿qué hicieron los apóstoles cuando quedaron solos? ¿Cuál era el plan de acción que debían ejecutar? ¿Qué encontramos en el libro de Los Hechos? ¡Exactamente lo mismo que hizo Jesús! La iglesia cristiana tuvo su nacimiento en el día de Pentecostés (Hch. 2). Al derramarse el Espíritu Santo sobre los discípulos de

---

[9] En el relato de Marcos tenemos un problema de texto. La versión Reina Valera, que sigue el Texto Recibido, menciona cuatro compromisos: estar con Jesús, predicar, sanar y liberar a los demonizados. Las versiones más nuevas (NVI, NBLH, NTV) que siguen los manuscritos más antiguos, solamente citan: estar con Jesús, predicar y liberar. Por esta razón al definir la tarea apostólica, y la nuestra en consecuencia, usamos las referencias en los tres Evangelios. Lucas no dice nada en cuanto a esta cuádruple tarea a que fueron llamados los doce.

[10] Ampliaremos más este tema en nuestro último capítulo.

Cristo comenzó una nueva economía en el plan de Dios. En esa ocasión fue interesante que el Espíritu de Dios eligiera la forma de lenguas de fuego para descender sobre los que le aman. Un preanuncio de cuál sería la tarea y el tono del ministerio que debían cumplir los suyos: ¡comunicar el mensaje con un corazón ardiente! Y efectivamente así fue. ¿Qué hizo Pedro tan pronto vio la multitud reunida? ¡Comenzó a predicar! Y los once apóstoles lo respaldaron estando de pie junto a él, porque estaban de acuerdo en que predicar el mensaje de Cristo era lo que tenían que hacer. Esa era su prioridad. ¡Y vaya resultados que hubo! Sabían que debían ser testigos de Jesús y su poder (Hch. 1:8), por tanto, oraron durante cuarenta días, y tan pronto recibieron la unción de Dios, dieron inicio al programa de predicación más portentoso que hemos conocido. Muy bien podemos afirmar, entonces, que la iglesia de Jesucristo nació con el derramamiento del Espíritu Santo y mediante la predicación de un sermón ejemplar.

Sin embargo, la iglesia nunca creció en un vacío. Satanás se puso en movimiento de forma inmediata para frenar este movimiento glorioso y transformador. Primero intentó frenar a la iglesia mediante la oposición externa: la persecución de las autoridades eclesiásticas judías (Hch. 3:4; y 5:12-42). Cuando esto no resultó, intentó destruirla desde adentro. Usando la falsedad de Ananías y Safira (Hch. 5:1-11), y luego con el problema de la distribución de la comida (Hch. 6:1-7). Este problema era bien complicado. No hay nada que engendre peores resentimientos, sospechas y conflictos, que la percepción de favoritismo a lo largo de líneas étnicas o raciales. Esta murmuración tenía el potencial de dividir y frenar a la iglesia allí mismo. Si los líderes no hacían nada, la iglesia se detenía, pero si ellos abandonaban sus prioridades y comenzaban a servir a las mesas, la iglesia también se moría. Fue así que resolvieron el conflicto estableciendo un grupo de servidores que atendiese a la necesidad de las viudas. De esa manera ellos podían mantenerse centrados en lo que era su misión primordial: «No es conveniente que nosotros descuidemos la palabra de Dios para servir a las mesas… Nosotros nos entregaremos a la oración y al ministerio de la palabra» (Hch. 6:2-4) Los apóstoles entendían de forma bien clara para qué estaban en la tierra. ¿Lo sabe usted de la misma manera?

Quisiera agregar un ejemplo más que viene de las epístolas y la vida del apóstol Pablo. Cuando abrimos 2 Timoteo, descubrimos que este hijo espiritual del apóstol ha sido dejado en Éfeso (1 Tim. 1:3). Esa iglesia, es muy probable que estuviera compuesta de millares de personas, y ser pastor de semejante rebaño era un desafío colosal para este joven. ¿Qué debía hacer para poder sobrevivir en este ministerio? Pablo le instruye en 1 Timoteo 4:12-16 con palabras que todo ministro debe tener muy presentes cada día al desenvolverse en su labor. Primero, le dice Pablo, trabaja en tu ser interior, en tus actitudes (4:12). Si los hermanos te perciben como alguien que trasmite sinceridad en todo lo que hace, te respetarán, te escucharán y te seguirán hacia las metas que Dios les propone. Segundo, le aconseja qué debe hacer en el culto público cuando la iglesia está reunida: «Ocúpate en la lectura pública[11] de las Escrituras, la exhortación y la enseñanza» (4:13) Estos debían ser los tres pilares de su ministerio público. En aquellos años cuando las personas no cargaban una Biblia en el celular, era mandatario que se les leyera la Biblia en el culto. Y, francamente, qué bueno sería que esta práctica resucitase en muchas iglesias. Es evidente que no por tener la Biblia impresa, o en versión electrónica, las personas la leen durante la semana. Y el que no lee no es mejor que el que no sabe leer. Pero además Pablo dice: *Ocúpate en la enseñanza*. Esta debía ser su arma principal en el combate espiritual, y la herramienta primordial para edificar a los creyentes en la fe. Y esta enseñanza debía tener un tono positivo, ya que debía estar encaminada a alentar y consolar. Luego en los versos 14 y 15 le da varios consejos personales, y en el verso 16, concluye este párrafo enseñándole a Timoteo cuales serían los resultados si ponía en práctica lo que se le recomendaba que hiciera: «… porque si haces estas cosas, te salvarás a ti mismo y a los que te oyeren» (4:16). Cuando Pablo usa la palabra salvación no está hablando de la salvación del alma. Timoteo ya era salvo desde que recibió el mensaje (Hch. 16:1); ahora usa la acepción que nos da a entender «salvarás tu ministerio». Si quieres evitar el naufragio y completar el viaje con éxito, entonces, ¡predica! Y al hacerlo estarás haciendo lo mejor por ti mismo y por todos aquellos que Dios confió a tu cuidado. Pablo, sabía mejor que nadie cual era el corazón del ministerio cristiano. Había aprendido de Jesús, lo aplicaba él mismo, y se lo recomendaba a todos los que tienen oídos para oír, comenzando desde Timoteo.

---

[11] Esto es lo que enfatiza la palabra «anagnosis» que emplea Pablo en este caso.

Podríamos seguir ofreciendo varios ejemplos más, pero creemos que los que hemos ofrecido son más que suficientes para fundamentar el propósito de este escrito. Ciertamente vivimos en días cuando si a la predicación le preguntáramos, «¿Qué heridas son estas en tus manos?», con las palabras del profeta, nos respondería: «Con ellas fui herido en casa de mis amigos» (Zac. 13:6). Si la predicación está en crisis es porque ha sufrido más en los últimos ciento cincuenta años a manos de los predicadores cristianos, que de todos los burladores unidos de nuestra fe. El enemigo ha empleado algunos cambios culturales y diversos caballos de Troya doctrinales para infiltrar con su engaño la obra de Dios. El liberalismo teológico hizo su obra destructiva en muchas denominaciones que un día fueron baluartes del reino. Al igual que en la parábola de la levadura que citamos en el encabezamiento, esta levadura ha fermentado toda la masa. Las tres corrientes principales del movimiento evangélico han sentido su impacto e influencia y a ello han agregado su propia colección de problemas y prácticas defectuosas. Esto explica la declinación de la predicación y la falta de poder de muchas iglesias contemporáneas. Y de la historia todos podemos aprender lecciones vitales si estamos dispuestos a escuchar, para no caer en las mismas trampas.

> *Aquel que no lee no es mejor que el que no sabe leer.*

San Pablo nos explica en Efesios 4:11-14, que nuestro Señor resucitado es la cabeza del cuerpo, es decir, su iglesia. Y que él de forma soberana ha dado dones a distintos individuos para la edificación del cuerpo de Cristo. Así leemos:

> Y él mismo constituyó a unos, apóstoles; a otros, profetas; a otros, evangelistas; a otros, pastores y maestros, a fin de perfeccionar a los santos para la obra del ministerio, para la edificación del cuerpo de Cristo... para que ya no seamos niños fluctuantes, llevados por doquiera de todo viento de doctrina, por estratagema de hombres que para engañar emplean con astucia las artimañas del error...

Este párrafo vital para la iglesia de todos los tiempos, nos informa que Dios eligió dar, de acuerdo a la gracia que nos fue dada antes de los tiempos de los siglos, dones especiales a ciertos individuos. Estas funciones o dones tienen que ver con el establecimiento y crecimiento de la iglesia. Así tenemos los apóstoles para el establecimiento de la iglesia; los profetas y evangelistas para el crecimiento de la iglesia; y los pastores-maestros para edificación y fortalecimiento del cuerpo de Cristo. Cuando analizamos el rol que cumplen estas personas, los cuatro tienen que ver con la comunicación del mensaje cristiano. La predicación y la enseñanza de la Biblia es la ocupación primordial que deben cumplir. ¿Con qué propósito? ¿Cuán importante es su rol? Si usted lee con atención, de forma positiva, se nos habla del crecimiento del cuerpo. Mas también, porque el apóstol no era un ingenuo optimista, nos advirtió en el verso catorce del peligro que todos corremos de llegar a ser como embarcaciones a la deriva en un mar embravecido, agitado por vientos cruzados de doctrinas a cuál más errónea y nociva para la salud espiritual de nuestras almas. Este es el lado negativo. Lo que Pablo nos advierte era cierto en los tiempos apostólicos y mucho más cierto en estos últimos días. Los hombres que usan con astucia las artimañas del error para confundir a los indoctos están muy vivos y saludables. Y nunca olvide, que cuando los tales se le aproximan siempre lo hacen como dulces hermanos y amigos en la comunión del Cristo resucitado.

Cuán decisivo y vital es, por tanto, el rol que cumplen los guías del rebaño. Ellos han sido colocados por la mano de Dios para formar y desarrollar su familia alimentándolos con la verdad que nos llega por medio de su palabra. ¡Qué privilegio enorme! Pero si el guía está perdido, el daño que hace es inconmensurable. Al igual que a los fariseos de los tiempos de Jesús, bien se les puede aplicar lo que dijo el Señor: «Son ciegos guías de ciegos, y si el ciego guiare al ciego, ambos caerán en el hoyo» (Mateo 15:14). No solamente está perdido él mismo, sino mucho peor aun, también destruye a otros que le han dado el cheque en blanco de su confianza personal. A estos individuos no les envidio la suerte cuando tengan que comparecer delante del tribunal de Cristo para dar cuentas de todo lo que hicimos en el cuerpo, sea bueno o sea malo (2 Corintios 5:10). ¡Qué tremenda responsabilidad es ocupar un púlpito cristiano!

¿Está usted en condiciones de discernir el error doctrinal? ¿Puede usted con los profetas de los tiempos de Eliseo decir; «hay muerte en la olla...»? ¿Puede usted señalar el puerto de destino final con toda seguridad, de modo que quienes confían en su capitán no sean sacudidos por los vientos de enseñanzas falsas? Confío que cada persona que lea estas páginas pueda responder con un «sí» rotundo a cada una de estas preguntas.

Sin embargo, no todo es oscuro, agrio o negativo en el reino de Dios. A lo largo y a lo ancho de nuestro mundo hay millares de hombres y mujeres que aman a Dios con sinceridad absoluta; que se deleitan en proclamar con fidelidad su mensaje de salvación; que creen las promesas que Dios ha hecho y que tienen el gozo de experimentar sus bendiciones de un modo creciente. Estas personas no le tienen miedo a las acusaciones falsas, ni a las burlas, ni a la falta de popularidad. No les pesa que los carguen con epítetos mentirosos: fanático, mente cerrada, fundamentalista. Sus fotos no salen en las tapas de ninguna revista cristiana, no son invitados a los congresos multitudinarios donde se lucen las celebridades de la música contemporánea, sus nombres son ignorados por la farándula cristiana. Sin embargo, en humildad pero llenos de convicción se levantan semana tras semana para predicar la Palabra (2 Tim. 4:2). La consecuencia es que, Dios aprueba sus ministerios. Sus nombres son muy bien conocidos en el cielo donde son amados y también en el mismísimo infierno donde son temidos. A través de sus mensajes los ciegos recobran la vista, los oprimidos son puestos en libertad, el evangelio es anunciado a los pobres, y la misión que Cristo comenzó en Nazaret continúa en el presente. Tales hombres y mujeres tienen un lugar de distinción entre las filas del Rey de reyes y el Señor de los señores. Las buenas noticias son que cada uno de nosotros podemos pertenecer a esa compañía tan distinguida. Elijamos bien hoy, que mañana segaremos una cosecha de gloria si no desmayamos. Y habiendo cumplido nuestra misión con fidelidad guardando el buen depósito que nos ha sido encomendado, ocupémonos de pasar la antorcha con luz bien encendida a la próxima generación: «Lo que has oído de mí ante muchos testigos, esto encarga a hombres *fieles* que sean competentes para enseñar también a otros» (2 Timoteo 2:2). Si obramos así, podemos esperar con confianza el día cuando digamos: «He peleado la buena batalla, he acabado la carrera, he guardado la fe. Por lo demás, me está guardada la corona de justicia, la cual me dará el Señor, juez justo, en aquel día, y no solo a mí, sino también a todos los que aman su venida» (2 Timoteo 4:7-8).

Preguntas para repaso, reflexión y discusión

1. El autor describe al liberalismo teológico como una de las tantas corrientes fraudulentas que existen en la actualidad, que trabajan para desmoronar la fe cristiana desde adentro. ¿Ha estado usted en su iglesia local o en su denominación expuesto a esta doctrina espuria? ¿Cómo lo sabe? ¿Puede reconocer a este enemigo de su fe?

2. Lea Efesios 4:11-14. Este párrafo nos enseña que Dios ha levantado líderes en la iglesia para evitar que los creyentes sean arrastrados por diversos vientos de doctrinas erróneas. ¿Cómo es posible, entonces, que haya tantos evangelios diferentes?

3. Lea 2 Timoteo 4:1-5. ¿Cuál es la mejor defensa que tiene una iglesia para silenciar la voz del error en todos los niveles?

4. Si fuese invitado a predicar en un congreso de Pastores, sobre el tema: «¿Cómo enfrentarse a los males de esta época?». ¿Qué texto utilizaría para basar su estudio? ¿Por qué?

CAPÍTULO 3

¿Cuál es la predicación aprobada por Dios?

«La exposición de tus palabras alumbra, hace entender a los simples» (Salmo 119:130).

¡ARREBATADO AL TERCER CIELO!

Venga a escuchar el testimonio del misionero xxx, que hace tres años mientras ministraba en el Amazonas, tuvo la experiencia de su vida: ser arrebatado al tercer cielo. Allí vio cosas inefables que ahora viene a compartir con la iglesia del Señor. No se lo pierda.

Día: _____ Lugar: _____ Hora: _____

El poster a todo color anunciando el gran evento, podía encontrarse en las paredes de muchas iglesias de la ciudad de Vancouver. El mismo aviso apareció en todos los periódicos cristianos y seculares. Por la radio y la TV se promocionó esta gran oportunidad de forma masiva. A la hora señalada más de tres mil personas fueron a escuchar al gran conferencista.

Una semana después del evento alguien escribió al periódico secular más importante de la ciudad una carta muy interesante. En ella relataba que el mismo individuo había estado en Vancouver treinta años antes, contando exactamente la misma historia. Y vaya coincidencia, también le había ocurrido tres años antes en el Amazonas... Y para fundamentarlo, envió al diario un recorte con el aviso publicitario de la visita anterior y el reporte periodístico del suceso.

El apóstol Pablo escribiendo a Timoteo le advirtió: «... pues vendrá tiempo cuando no soportarán la sana doctrina, sino que, teniendo comezón de oír, **se amontonarán maestros conforme a sus propias pasiones, y apartarán de la verdad el oído y se volverán a las fábulas**» (2 Tim. 4:3-4). Esos días definitivamente han llegado. Estamos en pleno en medio de ellos. Ya sea en Canadá, Estados Unidos o Latinoamérica, el espíritu Ateniense (Hch. 17:21) está más vivo que nunca dentro del pueblo evangélico. Hay pasión por escuchar y aceptar «cualquier viento de doctrina», cualquier novelería. En la actualidad hay millares que se pasan de una iglesia a la otra buscando un nuevo éxtasis emocional. Millones corren para escuchar al último conferenciante «súper ungido» buscando recibir alguna poción mágica e instantánea que recomponga sus vidas. Millones andan en busca de sensacionalismo, de la última novelería teológica, de algo fantástico. Y en el proceso la gran mayoría terminan abriéndose a todo tipo de fraudes y engaños.

Reconocemos que la búsqueda sincera de un elevado número de individuos, en la mayoría de los casos, es perfectamente válida y justificada. Nadie puede estar a favor de iglesias muertas, rutinarias y aburridas. Donde si uno visitara uno de sus cultos hoy, y volviera a visitarlos dentro de veinte años, no habría ninguna diferencia. Donde si uno les pregunta cuando fue el último bautismo que tuvieron, tienen que hacer una excavación arqueológica... Sin embargo, al leer que más de tres mil personas habían ido a escuchar la gran conferencia del misionero X, no pude menos que preguntarme: ¿Tan bajo está el nivel de conocimientos bíblicos en esta ciudad? ¿Dónde ha quedado el discernimiento espiritual? ¿Nos hemos olvidado de la exhortación apostólica de 1 Juan 4:1: «Amados, no crean a todo espíritu, sino prueben los espíritus para ver si son de Dios, porque muchos falsos

> *La predicación bíblica incesante siempre ha sido el medio más usado por Dios, porque es el único medio.*

profetas han salido por el mundo». Mucho más importante aún para aquellos que son líderes del pueblo del Señor es ¿cómo podemos proteger al rebaño de estos lobos disfrazados de ovejas? ¿Cuál es la manera más efectiva? Más importante aún, ¿cómo podemos edificar cristianos sólidos que tengan los conocimientos requeridos para reconocer a los lobos que vienen disfrazados de ovejas?

En el párrafo de 2 Timoteo que citamos más arriba el apóstol responde nuestro interrogante: «Te suplico encarecidamente delante de Dios y del Señor Jesucristo, que juzgará a los vivos y a los muertos en su manifestación y en su Reino, **que prediques la palabra** y que instes a tiempo y fuera de tiempo. Redarguye, reprende, exhorta con toda paciencia y doctrina...» (2 Tim. 4:1-2). El mejor medio de proteger al rebaño de los oportunistas, ladrones, y falsos maestros es *¡predicar la palabra!* De manera continua, sistemática, incansable, señalando la gran necesidad humana y también la salvación gloriosa que tenemos a nuestro alcance en Cristo Jesús nuestro bendito Señor y Salvador. La predicación bíblica incesante *siempre ha sido el medio más usado por Dios, porque es el único medio.* La iglesia nació mediante un sermón, y el evangelio se difundió por todo el mundo de forma poderosa y efectiva mediante la predicación apostólica. Así, una vez más, Pablo nos recuerda a nosotros, del mismo modo que le recordaba a los tesalonicenses en sus días, que las iglesias se establecieron por la predicación de la palabra: «Por lo cual también nosotros damos gracias a Dios sin cesar, porque cuando recibisteis la palabra de Dios que oísteis de nosotros, la recibisteis no como palabra de hombres, sino según es en verdad, la **palabra de Dios**, la cual actúa en vosotros los creyentes» (2 Ts. 2:13).

Pienso que todos los cristianos genuinos quisiéramos vivir vidas que agraden a Dios y lleven frutos abundantes para gloria de su nombre. En consecuencia, es primordial que nuestras vidas y ministerios tengan un fundamento sólido y una inyección de poder de lo alto. Sin embargo, millones en el presente día olvidan con demasiada frecuencia que es la predicación de la Biblia lo que Dios eligió como el canal favorito para que fluya su poder: «Enviaste tu palabra y los sanaste» (Salmo 107:20), exclama el salmista.

> *La mejor contribución que la iglesia puede hacer en el día de hoy para una generación en conflicto, atemorizada y confundida es proclamar la palabra de Dios de manera poderosa, consistente y relevante.*

Por lo tanto, si queremos ver obras de poder notables, prediquemos la palabra. La mejor contribución que la iglesia puede hacer en el día de hoy para una generación en conflicto, atemorizada y confundida es proclamar la palabra de Dios de manera poderosa, consistente y relevante. Si cumplimos la exhortación del apóstol a Timoteo, edificaremos discípulos sólidos que no serán arrastrados por cualquier viento de doctrina proveniente de tantos «pulpiteros» populares, y tantas veces fraudulentos.

Sin embargo, al decir que debemos predicar la palabra alguien justamente puede preguntar: «Pero, ¿qué quiere decir con 'la palabra'? En nuestra iglesia siempre se ha predicado la Biblia. Después de todo, cuando un individuo sube al púlpito y lee la palabra de Dios a la congregación, ¿no es esa práctica anunciar la palabra? Cuando un pastor hace que la congregación busque y lea mil versículos durante el sermón, ¿no es eso predicar la palabra? Cuando se cuenta una historia actual, y se la bautiza con algunas verdades tomadas de la Biblia, ¿no significa esa práctica que estamos predicando la palabra?». Al preguntar en el título de este capítulo ¿Cuál es la predicación que Dios bendice?, queremos responder: *la predicación expositiva de su palabra*. ¿Qué significa, entonces, predicar la palabra de Dios en forma expositiva?

> *La verdadera predicación siempre comienza con un estudio serio, concienzudo y exhaustivo del pasaje bíblico a comunicar, pero es mucho más que eso.*

Antes de ofrecer algunas definiciones será útil mencionar dos conceptos erróneos en relación a la predicación expositiva de la Biblia:

1. La predicación expositiva no es un tipo de sermón

Hace tiempo leí a un autor que enseñaba que hay tres tipos de sermones: temático, textual y expositivo. Y explicaba que la diferencia entre el textual y el expositivo es el largo del pasaje que se predica. Este autor tiene un error fundamental de concepto. En el capítulo 6 analizaremos qué clases de sermones se pueden presentar. Sin embargo, desde ya queremos enfatizar que el método expositivo es esencialmente una filosofía en cuanto a nuestra tarea. Debemos recalcar que todo sermón que presentamos, debe estar sustentado en la exposición clara, precisa y práctica del texto bíblico.

Ya sea que entreguemos un sermón evangelístico o uno de edificación, siempre debe ser expositivo. Sea

> *El método expositivo es esencialmente una filosofía en cuanto a nuestra tarea.*

que abarque un solo texto, un párrafo de 10 versículos, o que sea la explicación de un determinado tema bíblico, el principio siempre es el mismo, debemos explicar a los oyentes lo que dice el texto bíblico. Si la ocasión es predicar en la iglesia, en una cárcel, o en un congreso, la regla se mantiene. El predicador siempre debe buscar abrir el tesoro que contiene el texto o el párrafo de la Biblia que buscamos comunicar a nuestra audiencia.

2. No es un comentario verbal de la Biblia

Usted está familiarizado con la cantidad de comentarios que existen sobre la Biblia. Algunos cubren toda la Biblia, otros todo un testamento, otros solamente un libro. Algunos de ellos son simples y elementales, destinados a ser leídos por la gente que no tiene educación teológica. Otros son eruditos y sofisticados, basados en los idiomas originales, diseñados para educar profesores de seminarios. Algunos son breves, otros son kilométricos. Pero lo que todos tienen en común es el método que emplean, es decir, ir palabra por palabra buscando analizar, explicar e interpretar el texto bíblico. Como veremos en el capítulo 11, la predicación expositiva está basada en el análisis exegético y cuidadoso del texto bíblico, pero es mucho más que un comentario frío, árido y sin vida.

Hace años llegó a nuestra iglesia un predicador invitado para un evento evangelístico que reclamaba para sí mismo el título de ser un predicador expositivo. Ante una audiencia cargada de no cristianos, comenzó con un análisis gramatical del pasaje, palabra por palabra: participios, conjunciones, preposiciones, verbos, etc. Todos salimos muy educados en gramática griega, pero ninguno aceptó a Jesucristo como su Salvador. Un verdadero ejercicio en futilidad. El hombre pensaba que la predicación expositiva es un comentario verbal. La predicación bíblica siempre estará sustentada en un serio estudio del pasaje a comunicar, pero es mucho más que un mero análisis exegético y hermenéutico del texto bíblico. La verdadera predicación siempre comienza con un estudio serio, concienzudo y completo del pasaje bíblico a comunicar, pero es mucho más que eso.

Si la predicación de la palabra de modo expositivo no es un tipo de sermón, ni un comentario verbal de las escrituras presentado en forma oral, ¿qué es entonces la predicación expositiva? Varios autores con años de experiencia y bendición visible de Dios sobre sus ministerios la definen de la siguiente manera:

El Dr. F. B. Meyer dice:

«Es un pasaje de la Biblia sobre el cual el predicador ha concentrado su corazón y mente, sobre el cual ha pensado, llorado y orado, hasta que haya revelado sus secretos más íntimos, y su espíritu ha pasado al espíritu del mensajero»[1].

Ray C. Stedman afirma:

«Expositiva es la predicación que deriva su contenido directamente de la Escritura, buscando descubrir su significado divino, observar los efectos que produjo sobre los que primero la recibieron, y aplicarla a los que buscan guía en el presente. Consiste en penetrar y comprender los pensamientos de Dios, presentada con unción para una aplicación a las necesidades contemporáneas. No es un comentario bíblico verbal, sin sentido ni son, ni tampoco es una clase magistral seca como el polvo. Más bien es un cautivante análisis de la realidad, que fluye de la mente de Cristo por el poder del Espíritu y el predicador, hacia las vidas y circunstancias de las personas de este momento»[2].

Merill Unger, declara:

«La predicación expositiva tiene lugar cuando el predicador con unción y poder, explica claramente el significado del pasaje bíblico tratado y efectivamente presenta sus verdades a las necesidades de la audiencia. Entonces, y solo entonces, la predicación de la Biblia puede ser considerada expositiva»[3].

---

[1] F. B. Meyer, *Expository Preaching* (*Predicación expositiva*), Hodder & Stoughton, Londres 1912, pág. 29.

[2] Ray C. Stedman, *On Expository Preaching* (*Sobre la predicación expositiva*), cf. Ray C. Stedman.org.

[3] Merrill F. Unger, *Principles of Expository Preaching* (*Principios de predicación expositiva*), Zondervan Publishing House, Grand Rapids, Michigan, 1955, pág. 33.

El Dr. Haddon W. Robinson agrega:

«La predicación expositiva es la comunicación de un concepto bíblico, derivado de y trasmitido a través de un estudio literario, gramático e histórico del pasaje en su contexto, que el Espíritu Santo primero aplica a la personalidad y experiencia del predicador, y luego a través del predicador a sus oyentes»[4].

Mi propia definición es:

«Un encuentro personal con el Dios vivo, quien mora en el texto de su palabra, y a quien el predicador tiene la responsabilidad de correr el velo que oculta su presencia, a fin de que los oyentes reciban poder transformador para sus vidas en el diario vivir».

Cuando el apóstol Pablo intentó definir el amor cristiano para los creyentes de Corinto, encontró el mismo problema que hallaron los autores citados al intentar definir la predicación expositiva: el tema es tan vasto y amplio que es casi imposible reducirlo a una definición de diccionario. Por esta razón, el apóstol en 1 Corintios 13:4-8, en lugar de ofrecernos una definición fría del amor, nos presenta una descripción del amor mediante los frutos que debe producir y desplegar en la vida diaria de aquel que dice tenerlo y vivirlo. Igualmente, en lugar de ofrecerle una nueva definición incompleta, imperfecta, o tan larga que es imposible de memorizar, permítame ofrecerle algunas de las características primordiales que se desprenden de las definiciones anteriores y que caracterizan a la predicación que Dios siempre bendice:

> *La predicación expositiva no es predicar acerca de la Biblia, sino es proclamar la misma Biblia.*

La predicación expositiva es *bíblica*

El predicador busca comunicar con precisión un cierto párrafo del texto bíblico. Para eso lo analiza de modo cuidadoso, utilizando los

---

[4] Haddon W. Robinson, *Biblical Preaching* (*La predicación bíblica*), Baker Book House, Grand Rapids, Michigan, 1980, pág. 21.

mejores recursos gramaticales, exegéticos y entendiéndolo tal como los oyentes que recibieron el texto en el primer siglo lo hubieran entendido. Si el predicador no entiende el significado de lo que está escrito, ¿cómo espera comunicarlo con claridad a sus oyentes? Además, «Esto ha dicho el Señor» es la médula y el corazón del método expositivo. Todos los otros materiales que se puedan utilizar, ya sean las experiencias personales, y las ilustraciones tomadas de la historia, de la arqueología, la filosofía, el arte, la ciencia, deben estar dirigidos a un solo propósito: elucidar el significado de la porción de la escritura elegida, e imponer sus demandas sobre los oyentes.

La predicación expositiva *primero transforma al que busca transformar*

Un chef antes de servir una cierta comida, primero debe gustarla él mismo. Si es agradable a su paladar y es nutritiva para su propio cuerpo, también lo será para sus comensales. De la misma manera, un predicador primero debe haber sido impactado él mismo por la verdad, si espera que su mensaje impacte a otros. Primero, debe haberle salvado, sanado y transformado a él mismo, de otro modo, los oyentes le aplicarán el refrán «médico cúrate a ti mismo». Y creo que aquí es necesario recordarnos a cada uno de nosotros la exhortación que nos hace Santiago: «Hermanos míos, no quieran ser maestros muchos de ustedes, sabiendo que recibiremos mayor condenación» (3:1). En la actualidad existen demasiados casos de hombres y mujeres que están dispuestos a ofrecer cátedras sobre cómo calmar la sed, cuando ellos mismos no han gustado el agua de la vida. Son como los leones de mármol que vemos en las fuentes de agua de nuestras plazas, que sacan agua por la boca, pero nunca la han gustado. Por el contrario, los ministerios que siempre florecen son aquellos donde el predicador se sienta en reverencia frente a la Biblia y exclama: «Habla Señor, que tu siervo oye». El predicador poderoso puede ser usado por Dios para transformar a otros, porque primero la Biblia le transformó a él mismo.

La predicación expositiva es relevante

Comienza con el texto bíblico para darnos a conocer la voluntad de Dios sobre un aspecto determinado, pero el predicador presenta los desafíos específicos que ese pasaje del pasado conlleva para cada uno de los que vivimos en el presente. De no aplicar el pasaje a los desafíos contemporáneos el sermón se convierte en una mera historia, de cierto valor educativo, pero inefectiva para el diario vivir.

Una de las series más bendecidas que presenté en mi ministerio se titula: «¿Qué enseñó Jesús sobre...? Los temas que traté fueron, *qué enseñó Jesús sobre*:

- Dios	- La raza humana	- El reino de Dios	- Sí mismo
- El pecado	- El cielo	- El infierno	- La vida en el más allá
- El dinero	- La oración	- El discipulado	- El matrimonio
- El divorcio	- Las preocupaciones	- La fe	- Los valores cristianos

Como puede ver, tal y como decíamos en nuestro capítulo anterior, la predicación bíblica comienza con Dios, pero termina con nosotros mismos. La Biblia fue escrita para nuestro bien supremo. Es el mapa de la vida, es la brújula del viaje que nos ayuda a llegar al puerto de destino. Cuando Jesús habló de estos temas, buscaba enseñarnos a vivir bien, de acuerdo al plan de Dios, siempre en el centro de su voluntad. Buscaba ayudarnos a tomar decisiones acertadas, y al hacerlo tener una cosecha de gozo, amor y paz. Por tanto, la Biblia ofrece un sin fin de temas prácticos y atractivos, que el predicador tiene el privilegio de entregar a sus oyentes. Y cuando tratamos estos temas bien relevantes para el diario vivir, y les ofrecemos desafíos bien específicos a los oyentes, por consecuencia tratamos con todas las necesidades humanas, sentidas y no sentidas. Personalmente, siempre valoro el consejo que Jetro le dio a Moisés: «Ahora, escúchame. Yo te aconsejaré y Dios estará contigo. Sé tú el representante del pueblo delante de Dios y somete los asuntos a Dios. Entonces, *enséñales los estatutos y las leyes, y hazles saber el camino en que deben andar y la obra que han de realizar*» (Ex. 18:19-20). En otras palabras, enséñales a vivir.

> La proclamación de la palabra es una tarea muy solemne porque la hacemos a los ojos de Dios, por tanto, el predicador debe ser un heraldo del rey.

La predicación expositiva *involucra toda la personalidad*

Cuando Pablo le recomienda a Timoteo que predique la palabra (2 Tim. 4:1-2), le recuerda la solemnidad de la tarea, y también le ofrece cuatro imperativos. La proclamación de la palabra es una tarea muy solemne porque la hacemos a los ojos de Dios, por tanto, el predicador debe ser un heraldo del rey. No debe dudar, no debe pedir permiso, más bien, con la autoridad de un embajador debe proclamar con fidelidad el mensaje que Dios ha creado y le ha comisionado para comunicarlo. Esa proclamación debe contener cuatro elementos distintivos.

El primer imperativo que Pablo utiliza es: «**Insta** (*epistemi*) a tiempo y fuera de tiempo». Toda mi vida he vivido en ciudades, por consecuencia, sé muy poco de la vida del campo y la agricultura. Con todo, sé lo suficiente como para no intentar plantar un árbol o grama en mi jardín cuando la nieve cubre la ciudad. Si quiero plantar algo debo hacerlo en la primavera o en el verano. En el mundo de la agricultura hay cosas que tienen su tiempo apropiado. Por el contrario, ¡cuando se trata de proclamar las buenas nuevas de salvación toda época es favorable! Si percibimos que los oyentes son o no son receptivos, no hace diferencia, debemos proclamar la verdad de Dios. Siempre debemos estar listos para hacerlo. Esto requiere valor y determinación por parte del heraldo del Dios.

El segundo imperativo que Pablo emplea es: «...**redarguye** (*elegcho*)». El mensaje contiene un desafío a confesar y abandonar ciertas actitudes y conductas que Dios reprueba. Debe señalar el mal de forma específica, no de forma vaga y general.

El tercer imperativo es: «...**reprende** (*epitimao*)». Este término implica una represión severa y aguda con la advertencia de castigos presentes y futuros. Siempre recuerdo a un joven en Vancouver, que vino a nuestra iglesia durante varios meses y luego se retiró sin haber recibido a Cristo en su vida. Un día me lo encontré en un centro comercial, y después de los saludos de cortesía me dice, con una sonrisa «Jorge te aborrezco... porque desde el día que te escuché predicar ya no puedo pecar con gusto». Si hacemos nuestra tarea bien, las escuchas no pueden seguir siendo lo mismo que han sido o permanecer neutrales. El predicador debe colocarlos frente a una decisión: o aceptan la gracia de

Dios para vida eterna, o la rechazan para su propia perdición. ¡Ay del predicador que quiera ser meramente la miel de la tierra!

El cuarto imperativo es, «...**exhorta** (*parakaleo*)». Habiendo señalado el mal y sus terribles consecuencias, debemos pasar a las buenas nuevas de la gracia de Dios, su perdón y consolación. Este término, *exhorta*, históricamente ha sido entendido como «dar palos». Nada puede estar más lejos de la verdad. Su primer significado es consolar y alentar. Esta es la misma palabra que Jesús emplea para describir al Espíritu Santo cuando nos dice que será nuestro Consolador (*parakleto*). Describe a alguien que se pone a nuestro lado para acompañarnos en el viaje de la vida y ayudarnos con sus recursos infinitos. Y si todo esto fuera poco, Pablo nos recomienda hacer todo esto con una actitud de **paciencia** (*makrozumia*), a rehusar enojarse o desalentarse ante la obstinación de ciertos oyentes.

La predicación expositiva *es poderosa*

Si el propósito de la predicación bíblica es producir un cambio en la vida de las personas, entonces, todo

> *¡Ay del predicador que quiera ser meramente la miel de la tierra!*

predicador sincero reconoce la necesidad de contar con toneladas de poder para derribar los obstáculos que cierran su paso. ¿Dónde encontraremos el poder que traiga la vida a los muertos espirituales? En la Palabra de Dios y en la obra del Espíritu Santo.

Jeremías nos recuerda: «¿No es mi palabra como fuego, dice Jehová, y como martillo que quebranta la piedra?» (Jer. 28:29). Pablo agrega: «Toda la Escritura es inspirada por Dios, y útil para enseñar, para reprender (redargüir, acusar, mostrar el mal), para corregir, para instruir en justicia...» (2 Tim. 3:16). «Este hombre en lugar de cerebro tiene un adoquín», me decía una hermana hablando de su esposo. En relación a las cosas del Espíritu, todos sin excepción por la obra del pecado en nuestra mente, también tenemos un adoquín (cf. Efesios 4:17-18). No habrá argumento, elocuencia, ni pasión que nos pueda quebrantar. Sin embargo, el predicador que no predica acerca de la Biblia, sino la Biblia misma, cuenta con todo el poder necesario y sobrante para triturar las piedras más resistentes. La Biblia en sí misma tiene poder de transformación. El autor de la carta a los hebreos nos recuerda:

«Porque la palabra de Dios es viva y eficaz…». ¡Vaya si lo es! ¡Cuántas personas se convirtieron a Jesús solos, únicamente leyendo la Biblia! Cuánto más podemos hacer de bien, entonces, al predicar la Biblia con fe, denuedo y valentía. Al exponer la palabra de Dios, esta cumple las cuatro obras que Pablo le explicaba a Timoteo. Además, de acuerdo a la promesa de Cristo contamos con una segunda ayuda poderosa.

El Dr. Merril Unger, tal como leímos más arriba, comienza su definición de predicación expositiva hablando de poder y de unción del Espíritu, y luego pasa a considerar los aspectos de estudiar y explicar. Esto es fundamental; no tener la unción es como el Edén sin el rocío de la mañana. ¿Qué significa estar ungido por Dios? C. H. Spurgeon afirmaba: «No sé cuánto tiempo tendríamos que devanarnos los sesos antes de expresar por medio de palabras, lo que significa 'predicar con unción'. Con todo, el que predica conoce la presencia de ella, y los que lo oyen advierten pronto su ausencia. La unción no se puede fabricar y sus falsificaciones no sirven de nada. Sin embargo, en sí misma es de un precio inestimable y necesaria desde todo punto de vista, si es que deseamos edificar a los creyentes y llevar los pecadores a Jesús»[5]. E. M. Bounds decía: «La unción es lo indefinible en la predicación. Es lo que distingue y separa la predicación de todos los discursos meramente humanos. Es lo divino en la predicación»[6]. Todos los autores que han escrito sobre este tema fundamental han hallado que es casi imposible ofrecer una definición adecuada de ella, más bien nos muestran los efectos que produce. Siempre es así.

Un político puede impactar con el poder de sus emociones; un abogado con el poder de su elocuencia. Y un predicador también puede hacer lo mismo. Pero es la unción la que marca toda la diferencia en el mundo espiritual. Cuántas congregaciones están «empachadas» de buena doctrina y enseñanza bíblica

Es la unción la que demuele los muros tan gruesos como los de Jericó y tan altos como los de Babilonia que separan al púlpito de la congregación.

correcta, pero están tan muertas como el valle de los huesos secos de Ezequiel. Pero a esa congregación llega una persona ungida, y de golpe

---

[5] C. H. Spurgeon, *Discursos a mis estudiantes*, Casa Bautista de Publicaciones, El Paso, Texas, 1955, pág. 44.
[6] E. M. Bounds, *La oración, fuente de poder*, Ediciones Evangélicas Europeas, Suiza, 1961, pág. 91.

se produce una revolución poderosa. Se vuelven a enseñar los mismos textos pero los muertos salen de la sepultura. Es la unción la que demuele los muros tan gruesos como los de Jericó y tan altos como los de Babilonia que separan al púlpito de la congregación. Es la que como un hierro candente penetra el frío de la conciencia; es como un rayo que disipa la oscuridad de la mente; es el calor que derrite el bloqueo emocional del pecador. Es la unción lo que hace que la palabra llegue a ser «viva y eficaz y más penetrante que toda espada de dos filos… y es poderosa para discernir los pensamientos y las intenciones del corazón» (Hch. 4:12). La predicación sin unción es letra que mata. La predicación para ser llamada auténticamente bíblica debe apoyarse sobre la Biblia y la obra del Espíritu Santo que fluye a través del mensajero.

La predicación expositiva *fue el método de Jesucristo*

Eh… un momento. ¿Usted quiere decir que Jesús predicaba como nosotros lo hacemos? ¿Detrás de un púlpito a las 11 de la mañana, hora oficial evangélica? Él no tenía una Biblia de púlpito… Ni corría por un libro de principio a fin, como lo hacen algunos predicadores contemporáneos. Correcto. Sin embargo…

Si usted piensa de esta manera, le invito a que nos unamos a la marcha de Cleofás y su esposa camino a Emaús. Estos dos discípulos regresaban a casa después de un fin de semana catastrófico. Todos sus sueños, ideales y esperanzas de que Jesús era el Mesías habían muerto, y de la manera más trágica: crucificados en una cruz. Les quedaban hermosos recuerdos del maestro, pero desde todo punto de vista humano, su futuro no existía más. Toda la experiencia con Jesús había sido una mera pérdida de tiempo.

Es entonces cuando el Señor resucitado se les une en la marcha, y al ver sus rostros abatidos comienza el diálogo. Y según nos relata Lucas, al escuchar su modo erróneo de pensar, «… comenzando desde Moisés y siguiendo por todos los profetas, les declara en todas las Escrituras lo que de él decían» (Lucas 24:17). Si hubiese podido en mi vida elegir asistir a una clase de Biblia, por esta hubiese pagado todo el oro del mundo con tal de escucharla. Así nuestro amante Salvador a estos dos discípulos derrotados les da una cabalgata por todo el Antiguo Testamento a fin de traerlos de regreso a la fe, la esperanza firme y la victoria personal. Notemos bien su método. No se reveló a sí mismo, diciendo, «Yo soy. Aquí estoy resucitado. No contaban con mi astucia...». De ningún modo. Simplemente los llevó a lo que ellos conocían muy bien, pero que por su actitud deficiente no habían podido percibir. Los llevó de regreso a la Biblia. Nada más. Simplemente les fue explicando las Escrituras y de tal manera, que en sus corazones se produjo una auténtica resurrección espiritual.

Momentos más tarde, cuando se da a conocer a estos y desaparece de forma instantánea de su vista, estas dos personas emprenden el regreso a Jerusalén para contar su experiencia. Y mientras van caminando con paso presuroso hacen una confesión, que cada predicador debería orar con pasión para que sus oyentes también la hagan: «*¿No **ardía nuestro corazón**, mientras nos hablaba en el camino y **cuando nos abría las Escrituras**?*» (Lc 24:32) Abrir las Escrituras, tal como lo hizo nuestro Señor es el corazón de la predicación expositiva. En esas cuatro palabras se resume todo lo que estamos tratando de enseñar en este capítulo. Sea en el camino a Emaús, o desde un púlpito de acrílico en un santuario moderno, cuando abrimos las Escrituras como Jesús lo hizo, entonces, tenemos predicación auténticamente bíblica, poderosa y transformadora. Eso es predicación expositiva. Si Jesús utilizó las Escrituras con tanto provecho para sus discípulos, bien haremos nosotros en imitar al Maestro.

¿Cuáles son los beneficios de la predicación expositiva?

Ayudará a los creyentes a ser buenos estudiantes de la Biblia

Los fundamentos del discipulado son la lectura de la Biblia, la oración, la asistencia a la iglesia para adorar y la evangelización. Todo pastor querría que cada asistente de su congregación practicase esas cuatro disciplinas. ¿Pero qué ocurre cuando un predicador sirve ensalada todos los domingos? Las personas se sienten confundidas.

Tantas veces he recibido la queja: «Yo leo mi Biblia, pero no encuentro todo lo que el predicador dice...». Una hermana me dice después de un culto: «¿Cómo hizo ese predicador para sacarle tanto a ese texto?». Mi respuesta fue: «No le sacó, le puso». Cuando un predicador no es expositivo, las personas al escucharle hablar llegan a la conclusión que el estudio de la Biblia debe producir los mismos resultados. Y como los principiantes no pueden hacer lo mismo que hace el palabrero, se desalientan y abandonan.

Por el contrario, cuando las personas oyen al Pastor, y lo ven que avanza por las Escrituras elucidando el texto y trayéndolo a la vida con sus explicaciones relevantes, entonces, pueden ver de primera mano en qué consiste un buen estudio de la Palabra. Cuando el Pastor le enseña a estudiar la Biblia a los suyos tal como él mismo lo hace, los creyentes también son alentados a ser buenos estudiantes de la Biblia. Y siendo que la mayoría aprendemos copiando de buenos modelos, no hay mejor modelo para imitar que el de un predicador que estudia la Biblia tal como veremos en el capítulo 11.

La predicación expositiva produce discípulos maduros

Si el predicador siempre habla de textos aislados, es como si le pidiéramos a alguien que arme el rompecabezas y no le mostramos la tapa de la caja. Si el predicador es fiel a la palabra, no dudamos que el espíritu de los oyentes será alimentado, su fe fortalecida, y sus vidas se harán fructíferas. Pero la efectividad de los discípulos en el servicio será limitada, si toda la vida lo único que reciben son partes aisladas de la verdad. Por otro lado, cuando un predicador combina la exposición de libros de la Biblia, series de sermones temáticos sobre distintos aspectos de la doctrina y la práctica, producirán discípulos balanceados. Si el predicador se propone predicar todo el consejo de Dios (Hch. 20:27) a la congregación, el resultado serán personas completas en Cristo Jesús (Col. 1:28).

El predicador tiene una fuente inagotable de temas interesantes para proclamar

Cuando uno está dando los primeros pasos en esta tarea, qué difícil se hace saber cuál será el tema de nuestro próximo sermón. Empero, cuando uno decide confiar en la sabiduría de la Palabra y se propone predicar un libro de la Biblia, sección por sección, la tarea se simplifica de forma notable. Por ejemplo, cuando llegué a la iglesia que pastoreamos en el presente, me propuse comenzar mi ministerio predicando el evangelio de Marcos en el culto principal de los domingos. Lo hice con la convicción de que la necesidad más imperiosa que todos los humanos, cristianos y no cristianos tienen, es la de conocer a Jesús. Prediqué más de setenta sermones sobre la vida de Cristo siguiendo la estructura del segundo evangelio. Lógicamente, no los prediqué de forma consecutiva, porque a lo largo del año debemos hacer cortes naturales que nos indica el calendario. En diciembre, debemos hablar sobre Navidad; en marzo/abril, sobre los eventos alrededor de la cruz y la resurrección, etc. Sin embargo, si usted observa los temas que trata este evangelio, es imposible ser aburrido. En Marcos vemos a Jesús ejerciendo su autoridad sobre el día de reposo, los demonios, las enfermedades, y la muerte. Nos enseña sobre la oración, la fe, el matrimonio y el divorcio. Lo vemos al Señor enfrentando a los miembros de su propia familia, a los fariseos, al joven rico, a Bartimeo. ¿Cree usted que se puede ser aburrido enseñando la vida de Cristo? ¡Imposible!

¿Cuál fue el resultado de predicar el evangelio de Marcos en nuestra iglesia? La predicación le abrió las puertas a Jesús para que viniese a nuestra iglesia, y hoy somos 10 veces más que cuando empezamos. Lo cual me lleva a darle una palabra de consejo a usted que es más joven. Si usted está plantando una nueva iglesia, si es llamado a ser pastor de una iglesia con décadas de vida, si es llamado a ser Pastor de una iglesia que acaba de tener una división, no importa cuál sean las circunstancias, exalte a Cristo y él se ocupará del resto. En forma especial le recomiendo que predique del evangelio de Marcos si llega a una iglesia donde los hermanos chorrean sangre de heridas emocionales que han tenido por malas experiencias del pasado. Lo que más se precisa en esos casos es forzar a las personas a mirar hacia adelante, a mirar a Cristo y creer que por su poder lo mejor está por llegar. Además, recomiendo el evangelio de Marcos porque es el que mejor responde a la situación de nuestro pueblo en Lati-

> *El sermón para quien predica en forma expositiva, ya está creado. Es el escritor bíblico quien le ha dado forma para nosotros.*

noamérica donde el ocultismo y la brujería abundan, y en consecuencia millones viven oprimidos por demonios y sufren de enfermedades que tienen su origen en el mundo invisible. Y nada los podrá ayudar fuera del nombre de Jesús y su poder.

El predicador no tiene que crear el sermón, porque ya está hecho

Cuán difícil es hacer un buen discurso cuando no tenemos una base de la cual partir. Los oradores seculares deben luchar para reunir información que le dé sustento sólido a su exposición y luego deben usar todas sus capacidades mentales para presentar lo que han reunido de forma atractiva. Esta es una tarea ciclópea. Los predicadores cristianos que no usan la exposición del texto bíblico, igualmente, deben recurrir a todas sus capacidades mentales, educativas y emocionales para producir un sermón atractivo. El resultado es que en el 90% de los casos fracasan rotundamente. En mis clases de Homilética, el primer sermón que le pido a mis estudiantes es que proclamen: «Mi mejor sermón». Ese sermón es el mejor que han producido hasta aquí. Ese es el sermón que demuestra todas sus habilidades mentales, capacidad de razonamiento y argumentación, que demuestra su nivel educativo y habilidades comunicativas. Tristemente, la gran mayoría al no haber sido formados en la ciencia de la exposición bíblica usan un texto y sobre él tratan de construir un palacio. Tristemente, por lo general construyen apenas una choza.

Por el contrario, cuando mis estudiantes aplican lo que estamos compartiendo en este libro, al final del curso el nivel de calidad de sus sermones siempre crece de forma increíble. Mientras al principio ofrecían algo endeble, al final de dos semestres de clases y práctica terminan ofreciendo algo bien sólido. La razón es simple, el sermón para quien predica en forma expositiva ya está creado. Es el escritor bíblico quien le ha dado forma para nosotros. Para el expositor la tarea es mucho más sencilla porque el sermón ya está hecho. Él solamente debe ser creativo y usar su imaginación para ofrecerlo de forma inspiradora para el bien de sus oyentes. El predicador expositivo, cuando finalmente aprende a usar sus herramientas correctamente, tiene una tarea mucho más sencilla que aquel que parte de cero.

La predicación expositiva *glorifica a Dios*

La predicación bíblica que reúne las características que mencionamos produce resultados visibles, genuinos y poderosos porque Dios siempre se ocupa de bendecir esa predicación. Dice Dios a través de Isaías:

«Mi mano hizo todas estas cosas, y así todas estas cosas fueron, *pero miraré a aquel que es pobre y humilde de espíritu, y que tiembla a mi pa-labra*» (Isaías 66:2). Cuando un ser humano toma conciencia que en él no mora el bien, aprenderá a desconfiar de sí mismo y a confiar solamente en las promesas de Dios. Cuando desprecia la arrogancia intelectual y su autosuficiencia, y aprende a apoyarse solamente en Dios y su palabra eterna, siempre tendrá poder espiritual creciente y sobrante. Cuando no forma sus convicciones mirando a otros predica-dores y celebridades de moda, sino que tiembla delante de la palabra de Dios, y la predica con pasión, Dios se ocupará de que su ministerio sea fructífero y creciente. Cuando un predicador tiembla frente a la Biblia y la anuncia con fe, el reino de las tinieblas retrocede, las almas son libradas de la muerte y el nombre de Cristo es glorificado. Dios, tal como lo promete, mira a esa persona y honra su mensaje. «Porque como desciende de los cielos la lluvia y la nieve, y no vuelve allá, sino que riega la tierra y la hace germinar y producir, y da semilla al que siembra y pan al que come, así será **mi palabra** que sale de mi boca, no volverá a mí vacía, sino que hará lo que yo quiero, y será prosperada en aquello para lo cual la envié» (Isaías 55:10-11).

Los predicadores expositivos que honran a Cristo y a su palabra siempre pastorean iglesias que crecen. Al producir buenos estudiantes de la Biblia y discípulos maduros, se libran de la plaga número 11 de Egipto: las divisiones de la iglesia evangélica. Al exponer la Biblia en su totalidad siempre traen a Dios al dolor humano, y las personas son transformadas. Al abrir las Escrituras sus temas son variados y rele-vantes, nunca aburridos. Sea que prediquen temas independientes, o una serie de temas; que prediquen sobre un versículo o un libro entero, mientras sean fieles a Dios y a su palabra siempre verán resultados alentadores en sus ministerios. C. H. Spurgeon decía: «Jamás cruzaría la calle para escucharme predicar a mí mismo». Amén, decimos noso-tros. Con todo, si usted hiciese una encuesta en la iglesia que tengo el privilegio de servir en el presente, y preguntara: «¿Por qué asiste usted a *Comunidad de las Américas?*», encontraría que posiblemente el 90% le respondería: «Por la calidad de la predicación». Y con ese veredicto cualquier predicador puede estar más que feliz.

Por tanto, permítame preguntarle: ¿Tiembla usted frente a la pa-labra de Dios? ¿La considera el alimento más deseado para su alma, la base de su ministerio y el tema de su predicación? ¿Comprende lo que significa «predicar la palabra»? ¿Predica cada semana con toda paciencia y doctrina, redarguyendo, reprendiendo y consolando? Si usted está dando los primeros pasos en esta tarea gloriosa, lo aliento a llevar al corazón y al púlpito lo que acabamos de exponer. Si usted es uno de aquellos que se apartó del camino siguiendo a algún predicador popular y espurio de la TV, le ruego que vuelva al lugar de donde cayó. Si usted es alguien que a pesar de los vientos huracanados que el enemigo le ha lanzado ha perseverado con determinación férrea en el timón, lo aliento a perseverar hasta el fin. Muy pronto llegaremos al puerto de destino, y la sonrisa de nuestro Salvador valdrá más que los aplausos de una multitud de ciegos espirituales que van a oír una conferencia sobre lo que ocurre en el tercer cielo. «Procura con diligencia presentarte a Dios aprobado, como obrero que no tiene de qué avergonzarse, *que maneja con precisión la palabra de verdad*» (2 Tim. 2:15).

Cuando un predicador prepara y entrega un mensaje que Dios puede bendecir, los resultados se percibirán con claridad en los corazones y en las vidas de los oyentes. Ellos mismos, al igual que los discípulos de Emaús, testificarán que el mensaje les hizo bien. Que el sermón les introdujo a una nueva comprensión de la grandeza del ser y el amor de Dios, y como resultado adoptaron un nuevo curso de acción. Que las verdades proclamadas los edificaron en la fe, y no sienten más el deseo de escuchar a predicadores fantasiosos como el que citamos al comienzo de este capítulo. Para lograr hacer este bien en la vida de aquellos a quienes amamos, usted y yo debemos llegar a ser predicadores expositivos. La pregunta vital que debe contestar es: ¿Está dispuesto a llegar a serlo? Es muy angosto el camino que lleva hacia esa meta digna de ser lograda, y comienza en nuestro próximo capítulo. Mas las satisfacciones que brinda excederán con creces al costo personal que tendremos que pagar. Así que, ¡Ánimo!

Pablo exhortaba a su discípulo amado: «Predica la Palabra». Ustedes y yo haremos muy bien en escuchar esta orden imperativa, ser obedientes y comenzar a ponerla en práctica. De no hacerlo, las consecuencias para el rebaño serán fatales. Ellos se volverán a las fábulas, y serán víctimas de mil predicadores fraudulentos. Los vientos de doctrina dividirán su iglesia, y no verá mucho fruto en su ministerio. Mucho peor aún, un día cuando usted mismo tenga que comparecer delante de la presencia de Cristo en su tribunal y su obra sea examinada, ¿qué le dirá el Señor? No corra riesgos semejantes. ¡Predique la palabra!

Cuando lo haga fielmente, no muchos llegarán a aplaudirlo. Más bien multitudes de individuos movidos por el espíritu ateniense fluirán a predicadores fantasiosos, falsos y hasta engañadores, tal como se nos describen en 2 Timoteo 3:1-5. Con todo, persevere en la comisión que le ha sido entregada por el Maestro Divino. Redarguya, reprenda, no baje los brazos nunca. Dios honra a quienes le honran, y cuánto más cuando se trata de su mensaje.

En definitiva, la predicación que Dios bendice es la predicación que abre el cofre del tesoro, que coloca a los individuos cara a cara con la persona de Dios, que confronta a sus oyentes con las demandas de la ley de Dios y las soluciones que Jesucristo nos trae, mostrando las riquezas de su gracia que hizo abundar para con nosotros en Cristo Jesús. La predicación expositiva comienza con la Biblia y termina con la Biblia, y produce una transformación poderosísima en nuestra vida. Ese fue el descubrimiento del hombre que nos dejó el salmo 119: «La exposición de tus palabras alumbra, hacen sabio al sencillo».

Preguntas para repaso, reflexión y discusión

1. El autor nos ofrece las definiciones que distintos maestros ofrecen de la predicación expositiva. Si usted es invitado a escribir un artículo para la revista de su denominación, sobre el tema: «La importancia de la predicación expositiva», ¿cuál sería su definición de la misma?

2. «25 razones por las cuales el arrebatamiento de la iglesia ocurrirá en septiembre de 2025». Si le ofrecieran comprar este libro, ¿lo compraría usted? ¿Por qué sí? ¿Por qué no?

3. El predicador al entregar su sermón siempre comunica ciertas actitudes que favorecen la aceptación o el rechazo de su tema. Si un predicador lee su discurso de una manera chata e insípida, ¿ayuda o detrae de la tarea? Comentar a la luz de 2 Timoteo 4:1-5.

4. ¿Cuán efectiva es la congregación a la que pertenece, a la hora de cumplir la exhortación de 1 Juan 4:1?

CAPÍTULO 4

¿Cuál es mi misión?

«Y todos los días, en el templo y por las casas, no cesaban de enseñar y predicar a Jesucristo» (Hechos 5:42).

«Señores pasajeros, tengo malas y buenas noticias», anunció la voz del comandante. «Las malas noticias son que hemos perdido todo nuestro instrumental, por tanto, no sabemos ni dónde estamos, ni a dónde vamos. La buena noticia es que tenemos viento a favor…».

Cuando las cosas no están claras en la mente del líder, la confusión reina en todas las áreas del campo de trabajo.

El predicamento en que se hallaba ese piloto comercial, describe con exactitud la situación en que se hallan en la actualidad muchos pastores cristianos y los ministerios que conducen. No sabe ni dónde están, ni a dónde están yendo. Eso sí, están avanzando a toda velocidad… ¿Hacia dónde? Vaya uno a saber…

Cuando uno pregunta a los pastores y líderes contemporáneos, ¿cuál es la misión de la iglesia? Las respuestas que se oyen son tan variadas y diferentes como las personas que responden: «Predicar el evangelio», «Celebrar cultos de adoración los domingos», «Ser testigos de Jesús», etc. Todas estas respuestas tienen algo de verdad, sin embargo, no contestan con precisión a la pregunta que planteamos. Y cuando las cosas no están claras en la mente del líder, la confusión reina en todas las áreas del campo de trabajo. Si no sabemos con claridad cuál es nuestra misión como cristianos, terminaremos siendo

La predicación del evangelio y la enseñanza bíblica son medios para alcanzar un fin más elevado.

como aquel hombre de mi país que compró un terreno, y cuando llegó la hora de construir la casa, la hizo en un terreno equivocado. Lindo lío en que se metió.

Nosotros estamos interesados en llegar a ser ministros de Jesucristo y predicadores excelentes. Por tanto, antes de entrar al corazón de nuestra tarea como heraldos de buenas noticias, debemos entender con claridad dónde encaja la predicación dentro del programa de Dios. Debemos entender con claridad meridiana que la predicación del evangelio y la enseñanza bíblica son medios para alcanzar un fin más elevado. Por tanto, antes de entrar al desarrollo del sermón debemos contestar el gran interrogante: ¿Cuál es la misión de la iglesia? En otras palabras, ¿para qué lo salvó Dios a usted? ¿Por qué lo ha dejado en la tierra en lugar de llevárselo al cielo, donde estaría más feliz? ¿Qué espera Dios que usted haga durante los años que dure su vida? ¿Cuál es la misión que usted y todos los creyentes debemos cumplir? ¿Cuál es la misión de la iglesia de Jesús? En las próximas páginas contestaremos a este interrogante vital, y luego analizaremos algunas implicaciones que tiene para nuestra labor como predicadores cristianos.

La respuesta a nuestros interrogantes la hallamos en la Gran Comisión:

«Acercándose Jesús les dijo: 'Toda autoridad me ha sido dada en el cielo y en la tierra. Vayan, pues, y hagan discípulos a todas las naciones, bautizándolos en el nombre del Padre, del Hijo y del Espíritu Santo, enseñándoles a que guarden todo lo que les he mandado, y he aquí, yo estoy con ustedes todos los días, hasta el fin del mundo'» (Mt. 28:18-20).

La Gran Comisión fueron las últimas órdenes que Jesús entregó a sus seguidores, por tanto, son el corazón de nuestra misión. Estos mandamientos contestan con exactitud cuál es el propósito por el cual existe la iglesia, y cómo debemos llevar a cabo la tarea. La respuesta que nos ofrece este texto es que, ¡la iglesia cristiana existe para hacer discípulos para Jesucristo! Nunca lo olvide. Esta es una verdad que debe aferrar su mente y su corazón. Si usted visitara nuestra iglesia, e hiciera la pregunta que acabamos de presentar, a coro los miembros de nuestra congregación le responderían: «Para hacer discípulos». Este tema es tan crucial, que lo enseño como mínimo dos veces por año a toda la congregación. Y es el primer tema que ofrecemos en la clase de membresía. Y le aliento a que usted haga lo mismo si espera estar en el centro de la voluntad de Dios y que un día Jesús apruebe y recompense su labor.

Esta Gran Comisión nos obliga a contestar cinco preguntas vitales. *Primero, ¿qué significa ser un discípulo de Jesucristo?* ¿Cuáles son sus características distintivas? Un discípulo cristiano es:

- Alguien que ha conocido a Jesús de forma individual y ha sido salvo mediante la fe en su obra en la cruz.
- Alguien que tiene una relación personal, dinámica y creciente con Cristo.
- Alguien cuya mayor ambición en la vida es llegar a ser como Jesús y agradarle en todo.
- Alguien que anhela cumplir la misión que Cristo le ha encomendado.
- Alguien que está capacitado para discipular a otros.

Cuando una persona reúne las cinco características mencionadas estamos frente a un discípulo completo y maduro en Cristo.

La segunda pregunta que debemos contestar en relación a la Gran Comisión es: ¿Cuántos discípulos debemos hacer para Jesús? La respuesta es: *no hay límites.* Cuantos más podamos hacer, tanto mejor. Cuantas más ovejas perdidas hallemos, tanto más feliz estará el corazón del Buen Pastor. Cuantos más pecadores se arrepientan, tanto más gozo habrá delante de los ángeles de Dios. Dios no quiere que nadie se pierda, sino que todos procedan al arrepentimiento (2 Timoteo 2:4). Es nuestro gran privilegio rescatar a los perdidos y traerlos de regreso a la casa del Padre.

Por ende, si usted comienza una iglesia hoy desde cero, y en un año llega a tener 100 personas en el culto principal, ¿puede estar contento?

¡Absolutamente! Se le quitaron cien almas al diablo. Con todo, ¿podemos estar satisfechos? No, porque la gran comisión nos dice, vayan y hagan discípulos. ¿Cuántos discípulos? **¡El mayor número que podamos!**

Usted sigue evangelizando, y ahora su iglesia llega a las mil personas congregadas. ¿Puede estar contento? Muy contento. ¿Puede estar satisfecho? Nunca. La gran comisión nos ordena: «Hagan la mayor cantidad posible de discípulos para Cristo». Inclusive, si llegáramos a tener una iglesia con más de un millón de personas, nuestra tarea aún no habría terminado. Mientras tengamos vida y haya personas sin Cristo, debemos seguir haciendo discípulos. Nuestra misión nunca tendrá fin, nuestras posibilidades de crecer son ilimitadas. Como consecuencia, toda iglesia cristiana siempre debe crecer en forma numérica. Si una iglesia no crece numéricamente, algo está muy mal. Alguna enfermedad ha entrado al cuerpo y lo ha neutralizado. Toda iglesia sana, y que ha comprendido la misión de Jesús, tiene la obligación de crecer porque mañana debemos mostrar más discípulos que los que tenemos hoy.

La tercera pregunta que nos plantea la Gran Comisión es: ¿Qué calidad de discípulos debemos hacer para Jesús? Cierto día alguien me hizo la pregunta: «¿Usted está a favor de la calidad o la cantidad?». La ocasión era un congreso para pastores y allí se me había invitado a enseñar sobre el tema: «Ministerio cristiano y crecimiento de la iglesia». Cuando aquel joven ministro lanzó la pregunta, me demostró que definitivamente no había comprendido cuál es la misión de la iglesia de Jesucristo en este mundo. De buenas maneras le hice comprender que su pregunta era como preguntarle al piloto de un avión comercial, «¿Cuál es más importante, el ala derecha o el ala izquierda?». ¿Qué nos respondería el comandante? «¡Las dos! Si falta una, el avión no vuela». Así también es con el discipulado. La cantidad y la calidad son inseparables; son las dos caras de una misma moneda.

Si un discípulo, para ser considerado como tal, debe reunir las condiciones que mencionamos más arriba, entonces resulta evidente que hacer discípulos para Jesús es un proceso que demanda mucho tiempo y paciencia. Cuando enseño a mi congregación sobre este tema, siempre les recuerdo los cinco peldaños del discipulado. ¿Cuáles son estos? A fin de que los recuerden con mayor facilidad les recuerdo las cinco C del discipulado.

Curiosos:

La marcha hacia la meta del discipulado siempre comienza con la curiosidad. Alguien nos comparte el evangelio, y después de muchos ruegos e invitaciones, finalmente un día accedemos a llegar a la iglesia. Venimos con muchas preguntas. La curiosidad nos mueve. ¿Será cierto lo que me dicen? ¿Habrá algo para mí en este lugar? ¿Responderán a mis preguntas? ¿Ofrecerán algo que me ayude en esta necesidad presente? Se dice que la curiosidad es la madre de los grandes descubrimientos científicos. Y lo mismo se puede decir en el orden espiritual. La curiosidad siempre es el primer peldaño de la escalera ascendente hacia el cielo.

Convencidos:

Habiendo llegado a la iglesia como curiosos, aunque no entendimos todo lo que nos hablaron, algo en el interior nos dijo que debíamos

> La curiosidad es la madre de los grandes descubrimientos científicos. Lo mismo ocurre en el campo espiritual.

volver. Aunque todavía quedaban preguntas sin respuestas, de todos modos algo en nuestro espíritu halló correspondencia con lo que escuchamos desde el púlpito. Perseveramos, y con el correr de las semanas, la luz fue despejando la oscuridad. Vimos que muchas cosas del evangelio tienen sentido, y no son tan irracionales como creíamos antes de iniciar el camino de la fe. Así fue que, de a poco, comenzamos a convencernos de que Cristo es verdaderamente quien dijo ser; que sus demandas son correctas; que la salvación es para todo aquel que cree; que las promesas que se nos hacen son gloriosas. Con nuestra mente le dimos asentimiento a la verdad. Ahora ya estábamos convencidos.

Convertidos:

Entonces llegó el gran día. Ese momento que recordaremos durante el resto de nuestra vida. El instante que podemos precisar exactamente con día, hora y lugar. Ese momento cuando una llama se encendió en nuestro corazón, y sigue ardiendo con fuerza hasta hoy. El momento en que Jesús se conectó con nosotros, y en un acto de nuestra voluntad, verdaderamente nos volvimos hacia Dios en fe, en una genuina conversión. Sentimos que una fuerza poderosa invadió nuestro ser. Las dudas se desvanecieron ante el poder del nuevo nacimiento. Los cuestionamientos dieron lugar a la certeza absoluta. A partir de ahí supimos que Cristo era nuestro Señor y Salvador y ahora tenemos vida eterna para siempre. Este paso nos abrió la puerta a un nuevo camino lleno de esperanza.

Comprometidos:

A partir del día de nuestra conversión a Cristo, sin que nadie nos dijera nada, comenzamos a cambiar para bien. Sentimos deseos de orar; la lectura de la Biblia y la asistencia a la iglesia pasaron a ser una necesidad y una fuente de gozo. Poco tiempo después nos bautizamos y nos identificamos de forma pública con Cristo. De forma gradual nos involucramos en el servicio, y al hacerlo, descubrimos la felicidad que produce ayudar a otros. Con el compromiso y la dedicación, comenzaron a llegar responsabilidades cada vez mayores. Al aceptar estos nuevos desafíos le permitimos a Cristo intervenir con poder creciente y transformar situaciones imposibles. El servicio a Dios llegó a ser nuestra gran pasión.

Consagrados:

Finalmente un día se hizo la luz completa en nuestra mente y corazón. Así, llegamos a comprender que Cristo era mucho más que nuestro Salvador personal. Jesús es nuestro Amigo, Pastor, Guía, Protector, Proveedor, etc., y el título más hermoso con el cual lo podemos llamar es: Señor. Entendimos que nosotros somos un poema (Ef. 2:10) que él está escribiendo con su mano poderosa, que nos ha escogido para hacer buenas obras que él planeó desde la eternidad pasada. Tomamos conciencia de que nada nos puede separar de su amor, que todo lo que ocurre en la vida es para nuestro bien y que un día nos introducirá en su gloria con gran alegría (Judas 24). Entonces en adoración y rendición completa le dijimos: Señor, toda mi vida es tuya. Heme aquí para cumplir tus propósitos eternos, aumenta mi visión de tu poder y hazme tu instrumento para la bendición de multitudes. Cuando una persona ha llegado a este punto, entonces, y solo entonces, podemos decir que es un discípulo maduro de Jesucristo.

Todo líder cristiano tiene como meta presentar a Jesús el mayor número posible de discípulos. Pero también debe presentar a Cristo discípulos maduros que pueden reproducir el proceso de discipulado en otras personas que están comenzando el camino de la fe. Esta era la meta de Pablo: «A fin de poder presentar a todo hombre perfecto en Cristo» (Col. 1:28).

Este plan de trabajo que nos presenta la Gran Comisión nos debe hacer pensar cómo evaluamos el «éxito» en el ministerio. Un día, en su tribunal, Cristo nos pedirá cuentas de nuestra mayordomía, y nos preguntará: ¿Cuántos discípulos hiciste para mí? No nos preguntará cuántas personas llegaban al culto, o cuántos individuos venían a escucharte predicar, o cuántos millones de dólares era tu presupuesto anual, o cuántas decisiones contaste. Por tanto, permítame preguntarle: ¿Cuántos discípulos ha hecho para Cristo en su ministerio actual?

Este interrogante es crucial en este día cuando todo se valora de acuerdo a números falsos. Conozco iglesias que se formaron cumpliendo la Gran Comisión. Hoy tienen (por dar un número) 300 personas en su culto principal, y han formado más discípulos que iglesias de 3.000 que se formaron con la transferencia de miembros de otras congregaciones. Después de todo, si un ministro es verdadero, su preocupación no debe ser cuántos vienen a oírle, sino cuántos están saliendo a servir en todo el mundo, comenzando desde su propia Jerusalén (Hch. 1:8). Si un ministro es verdadero, y entiende la gran comisión, su tarea es penetrar la comunidad que le rodea con el evangelio, y en consecuencia, se harán discípulos de forma progresiva y se edificará la iglesia del Señor.

La cuarta pregunta que la Gran Comisión nos plantea es: ¿Cómo hacemos discípulos para Jesús? La respuesta es: yendo, bautizando y enseñando.

Id, yendo:

La Gran Comisión comienza con una orden: salgan, vayan, busquen oportunidades de manera proactiva. Tomen la iniciativa, no esperen. Salgan a buscar la oveja perdida. Que vuestra pasión siempre sea crecer y provocar un impacto. Los participios que Jesús emplea nos indican un punto de comienzo y luego una actividad ininterrumpida. Es digno de notar que Jesús no dijo, «Alquilen un salón, o pongan un cartel en la puerta y anuncien: Los vemos el próximo domingo a las 11». Jesús nos llamó para ser pescadores de hombres mar adentro, y nunca a esperar que los peces vengan a la red. Nos ordenó tomar la iniciativa en salir a buscar a los que están perdidos. Por lo tanto, la primera tarea que tiene todo cristiano, y como resultado toda iglesia, es *evangelizar* a las personas. Es proclamarles las buenas nuevas de salvación, para que reciban a Cristo como Señor y Salvador y lleguen a cumplir el Gran Mandamiento: «Amarás al Señor tu Dios con todo tu corazón, con toda tu alma y con toda tu mente» (Mt. 22:37). Esto debemos hacerlo todos los días, todos los creyentes; a tiempo y fuera de tiempo; tanto afuera como adentro del templo.

> *Si un ministro es verdadero, su preocupación no debe ser cuántos vienen a oírle, sino cuántos están saliendo a servir en todo el mundo.*

Bautizándolos:

Luego que un individuo cree en Jesús y es salvo, en algún punto dentro de la escalera del discipulado, debe ser bautizado en el nombre del Padre, del Hijo y del Espíritu Santo. Cuando uno lee el libro de Los Hechos, encuentra que las personas eran bautizadas el mismo día de la conversión. Eso ocurrió en el día de Pentecostés, en la casa de Cornelio, en la casa del carcelero de Filipos. Es evidente que el bautismo era parte integral del mensaje apostólico. Dos mil años más tarde las cosas se han complicado muchísimo. Muchas iglesias han alterado el orden de la Gran Comisión y practican: bauticen, salgan, enseñen. Otros hacen: salgan, enseñen y luego esperen varios años para que el nuevo convertido demuestre con evidencias concretas que ha nacido de nuevo para poder bautizarlo. Que Dios nos dé gracia y entendimiento al poner en práctica este segundo aspecto crucial en el discipulado.

Enseñándoles:

Si la primera tarea de la iglesia es *evangelizar*, como consecuencia, la segunda es *edificar*. Si esperamos que los nuevos convertidos lleguen a ser discípulos completos y maduros en Cristo, entonces la enseñanza de la Biblia pasa a ser de crucial importancia. Si esperamos que conozcan a Dios, su voluntad para nuestra vida, y su plan para toda la raza humana, debemos enseñarles de forma progresiva y creciente lo que Dios quiere que sepamos. En este sentido, es importante que cada Pastor comprenda que su iglesia en algunos aspectos se asemeja a una escuela donde todos los alumnos deben completar el mismo currículo. Cualquiera sea el programa que emplee para enseñar a los nuevos, la meta siempre es la misma: discípulos maduros en Cristo y equipados para servir con eficiencia. Por tanto, la tarea de enseñar siempre será parte fundamental de toda congregación cristiana. Por supuesto, sabemos que una buena enseñanza no será suficiente para producir discípulos

> *Si alguien quiere llegar a ser de máxima utilidad para Dios, que aprenda a predicar y a enseñar con excelencia.*

equilibrados, los nuevos creyentes también tendrán que ser involucrados en otras experiencias prácticas, tal como leemos en Hechos 2:42. Con todo, la enseñanza siempre es primordial. Algo que enfatizo siempre a los creyentes, es que si alguien quiere llegar a ser de máxima utilidad para Dios, aprenda a predicar y a enseñar con excelencia. La iglesia siempre necesitará más y mejores maestros.

La quinta pregunta que la Gran Comisión nos fuerza a hacer es: ¿Qué garantía tenemos de que este programa dará resultados? Nuestro texto contesta con una realidad y una promesa. La realidad es: «Todo poder me ha sido dado en el cielo y en la tierra». Jesucristo anunció a los apóstoles que su misión al venir a la tierra era edificar su iglesia y que no habría poder en el universo que pudiera impedirlo (Mt. 16:18). Cristo Jesús, como consecuencia de su muerte y su resurrección, tiene y ocupa el lugar de máximo poder en todo el universo (Ef. 1:20-23). Todas las fuerzas espirituales deben someterse delante de su nombre de gloria. El programa que él inició hace dos mil años atrás todavía sigue adelante. La existencia de la iglesia en el presente, a pesar de los millones de ataques que ha sufrido por parte del enemigo, es un testigo poderoso de que el programa de Jesús no puede ser frustrado o derrotado. Por el contrario, siempre seguirá avanzando hasta el día cuando se haga realidad la visión de Apocalipsis 11:15: «Los reinos del mundo han venido a ser de nuestro Señor y de su Cristo, y él reinará por los siglos de los siglos». Ciertamente es un enorme privilegio ser llamado a ser parte del programa de Jesús.

Jesús en la Gran Comisión, además, nos da una promesa de victoria personal: «Yo estoy con ustedes todos los días hasta el fin de la historia humana». Donde dice 'ustedes', cada uno de nosotros bien podríamos colocar nuestro propio nombre. Jesús no promete estar presente con nosotros en forma general, sino de modo bien personal y cercano. Tantas veces en la lucha contra las fuerzas del maligno la pregunta que nos viene a la mente es: ¿Sabrá Jesús lo que estamos intentando hacer por él? Y la respuesta es: ¡Sí, lo sabe! Y por tanto, somos invencibles. Jesús me ha llamado, me ha dado dones espirituales para cumplir su misión, me ha dado un mensaje poderoso para proclamar a las naciones. Tengo la garantía de triunfo y de presencia personal junto a mí. ¿Podremos pedir algo más? Tenemos una lucha que hacer, pero bendito sea el Señor «que siempre nos lleva en triunfo, y que por medio de nosotros manifiesta la fragancia de su conocimiento en todo lugar» (2 Cor. 2:14).

> *La misión de la iglesia universal de Cristo y de toda congregación local que la compone, es hacer más y mejores discípulos para Jesús.*

La Gran Comisión nos enseña, entonces, que la misión de la iglesia universal de Cristo y de toda congregación local que la compone, es hacer más y mejores discípulos para Jesús. Es evangelizar y enseñar. Es predicar las buenas nuevas de salvación a los de afuera, y enseñar a los de adentro los recursos que tenemos para vivir la vida de abundancia que nuestro Dios ganó en la cruz.

La Gran Comisión en consecuencia presenta un desafío, ofrece un plan de trabajo y una meta para todo verdadero predicador cristiano. El reto es hacer discípulos para Jesús. El plan de trabajo es que en nuestro ministerio de predicación tendremos que ofrecer temas evangelísticos y de edificación. Los resultados llegarán por añadidura.

Sin embargo, las cosas no son tan sencillas a lo largo del horizonte evangélico en el presente. El reconocido historiador Will Durant, hablando de la caída de Roma, afirmó: «Roma no fue destruida por los bárbaros que la conquistaron desde afuera, sino por los bárbaros que la destruyeron desde adentro». Tantas veces, lo mismo se puede decir de la iglesia cristiana. Mientras los evangelios nos revelan el ministerio que Jesús hizo y quiere seguir haciendo en el presente, y mientras la Gran Comisión nos enseña a cómo hacerlo, la triste realidad es que muchas iglesias locales están muy lejos de reflejar un avance victorioso que revele la gloria, el poder y la persona de Jesús. Hay congregaciones que han existido durante décadas y ni siquiera pueden registrar un solo bautismo. Otras crecen mediante «la circulación de los santos» (mera transferencia de miembros provenientes de otras congregaciones). Otras, enseñando un evangelio falso que no demanda absolutamente nada. Si es cierto que todos los males de la iglesia tienen su origen en el púlpito, entonces, quienes ocupamos un púlpito tenemos que comprender que muchos predicadores por mil razones personales y pecados diferentes, se han apartado de la Gran Comisión, o sencillamente no la conocen. Por tanto, cuidémonos nosotros mismos de no ser uno de ellos.

Cuando uno lee el Nuevo Testamento encuentra que los apóstoles predicaron básicamente dos tipos de sermones. Uno, el *Kerygma*. Eran los sermones destinados a los de afuera, donde se explicaba lo que era la obra de Dios en Cristo y el plan de salvación. Comenzando desde Jerusalén el día de Pentecostés, pasando por Pablo en Atenas, y continuando delante de Félix en Cesarea, a lo largo de todo el libro de Los Hechos, y siguiendo por toda la historia de la iglesia subsecuente hasta el presente, vemos que los predicadores cristianos siempre confrontaron a los incrédulos con las demandas de Dios y las buenas nuevas de perdón en Cristo. El segundo tipo de sermones que predicaron eran parte de la *Didajé*, o sea, la enseñanza a los convertidos a fin de afianzarlos en la fe que habían aceptado. Esta combinación de *Kerygma* y *Didajé*, acompañados de obras de poder, son las causas del crecimiento explosivo de la iglesia primitiva en la antigüedad. Pero también son las causas de todos los ministerios que tuvieron una medida notable de bendición hasta el presente. El ministerio de predicación de C. H. Spurgeon en Inglaterra, en el siglo XIX, produjo la primera «mega iglesia» (utilizando la terminología de hoy) en la historia de la iglesia protestante. Si uno observa los sermones que el «príncipe de los predicadores» entregó desde su púlpito en el corazón de Londres, verá que pueden dividirse casi en la misma proporción entre *Kerygma y Didajé*. A pocas millas de donde vivo, en la década de los ochenta Rick Warren comenzó la iglesia que se ha distinguido como una de las de mayor crecimiento en toda la historia de Estado Unidos. Si leen sus libros, verán que Warren les recuerda a sus colegas en el ministerio que por lo menos una vez al mes deben predicar un mensaje de corte evangelístico[1].

A pesar de ejemplos bíblicos y prácticos tan notorios, muchas congregaciones están lejos de ser lo que Dios quiere que sean. Cuando llegué a Norteamérica en 1980 noté inmediatamente, en todos los cultos a los que asistí, que los pastores, en el culto principal del día domingo, siempre predicaban para los del coro. Durante mis primeros cinco años en Canadá (luego empecé mi primer pastorado) jamás escuché un mensaje evangelístico en ninguna iglesia que visité. Cierto día llegó a Vancouver el Dr. C. Peter Wagner, y de sus labios escuché: «La gran mayoría de pastores en Norteamérica son para mantenimiento de la iglesia, nunca para crecimiento»[2]. Con sus palabras, esta autoridad de la iglesia de Norteamérica, confirmó lo que yo mismo había probado mediante mis observaciones personales: que el púlpito en este continente existe para alimentar exclusivamente a los convertidos. La idea en la mente de muchos pastores es que en Norteamérica todos ya son salvos, y no necesitan escuchar el evangelio. Veinte años más tarde, desde que escuché al Dr. Wagner, las cosas siguen igual. Después de haber vivido en Columbia Británica, Texas y California puedo afirmar sin temor a equivocarme que la gran mayoría de las iglesias siguen muriéndose, jugando a la religión, llegando a ser un mero club social, el museo de la fe. La Gran Comisión ha llegado a ser la Gran *OMISIÓN*.

¿Cómo se explica todo esto? En la fe cristiana, para comenzar una herejía solamente debemos tomar una enseñanza del Nuevo Testamento y llevarla hasta un extremo, a expensas de otras verdades que están en la Biblia para balancearla. Es suficiente con tomar una verdad bíblica y aplicarla de forma equivocada. Los resultados desastrosos vienen como consecuencia de forma irremediable. Hablando con pastores, muchos de ellos me dicen que no predican el evangelio en sus cultos porque Efesios 4:11 dice que Dios ha colocado a los

---

[1] Recomiendo a todos los que quieran que lean el libro de Rick Warren, *Una iglesia con propósito*, para mayor información y ampliar los conceptos que tratamos en este libro.

[2] C. Peter Wagner, Seminario, *How to Break the 200 Barrier* (*Cómo quebrar la barrera de los 200*). Notas personales.

pastores-maestros en la iglesia para «perfeccionar a los santos para la obra del ministerio». Absolutamente de acuerdo, pero ¿dónde dice la Biblia que eso excluye la predicación del Evangelio? ¿No es acaso el primer paso en el equipamiento, asegurarnos que los santos son salvos? ¡Es muy difícil y frustrante tratar de discipular y equipar cadáveres espirituales! Hace años atrás, alguien hizo su tesis doctoral analizando los resultados de las campañas de Billy Graham. Y llegó a la conclusión, que eran una pérdida de tiempo, porque el 90% de los que hicieron decisión por Cristo ya todos eran miembros de iglesias establecidas. ¿Hace falta decir algo más? ¡Iglesias llenas de miembros que no han nacido de nuevo! Miembros fieles camino al mismísimo infierno. Educados en la fe, al igual que Nicodemo, pero fuera del reino de Dios, sin haber nacido de nuevo. Demos gracias que Dios levantó a Billy Graham para que lleguen a ser salvos. Triste el rol de los pastores que en lugar de ser los instrumentos de Dios para salvación, son los que condenan a las almas con su prédica. Me pregunto, ¿Dios nunca les pedirá cuenta de su mayordomía a estos predicadores? Además, ¿nunca han comprendido ciertos pulpiteros contemporáneos que cuando se le enseña doctrina y vida cristiana a los no creyentes, no importa cuán bíblicamente correcta sea, que el efecto que produce es exactamente el contrario a lo que ellos necesitan? Cuando una persona sin Dios recibe enseñanza diseñada para los creyentes, es lo mismo que recibiera clases de moral de cualquier otra religión. A la larga lo ha de cegar aún más y no le permitirá ver su necesidad de un Salvador.

Visitando un día un ministerio muy conocido en esta ciudad, me dijeron, «Nuestro Pastor nunca predica el evangelio. Eso lo hacen los pastores asociados cuando las personas llegan a la clase de membresía». Mi respuesta fue: ¿Qué pasa si nunca llegan a la clase de membresía? ¿Qué pasa si mueren en un accidente de autos a la salida del culto? No hubo respuesta. ¿No es ese Pastor moralmente responsable? ¿No demandará Dios la sangre de los impíos de manos del atalaya que no quiso apercibir a los perdidos? (Ez. 3:16-21). D. L. Moody fue el evangelista más notable que conoció el mundo de habla inglesa en la segunda mitad del siglo XIX. Sus campañas masivas resultaron en la conversión de millares de personas. Moody después de sus sermones siempre hacía un llamado a aceptar a Jesús como resultado de un episodio que marcó su vida y ministerio de manera decisiva. El domingo 8 de Octubre de 1871 D. L. Moody predicó su sermón, y al concluir, invitó a los oyentes que consideraran con seriedad lo que acababan de escuchar. Les pidió que lo pensaran durante la semana, y que el próximo domingo volvieran a la iglesia y en el culto entregaran sus vidas a Cristo. Nunca imaginó que muchas personas que le escucharon ese día nunca regresarían el próximo domingo. Ese mismo domingo a la tarde estalló el «gran fuego de Chicago» que costó la vida a varios centenares de personas y dejó a más de 100.000 sin casa. Muchos de los que murieron habían escuchado a Moody esa mañana. La vida y el ministerio de Moody fueron marcados literalmente con fuego. Nunca más volvió a repetir semejante error. A partir de ese día la nota de urgencia e invitación se hizo presente en cada uno de sus mensajes. Ni la vida, ni el tiempo, nos pertenecen a los humanos. Caminamos como ciegos en medio de una densa niebla rumbo a un abismo. Jesucristo hizo la gran pregunta que nunca tendrá respuesta: «¿Qué aprovechará al hombre si ganare todo el mundo y perdiere su alma?». Cada predicador tiene el gran privilegio de señalar la cruz y el camino de salvación a cada persona que Dios pone en su camino. ¿Ha perdido usted la nota de urgencia que conlleva el evangelio? ¿Tiene las manos limpias de la sangre de los impíos?

Un ejemplo aún más exagerado, para ilustrar hasta qué extremo ciertos pastores llevan esto de que la iglesia solamente se reúne para perfeccionar a los santos para la obra del ministerio, lo pude apreciar cuando asistí a un congreso para escuchar a una de las celebridades de la radio cristiana norteamericana. Este hermano, a quien admiro como maestro de la palabra y de quien aprendí mucho en mis años de formación, no obstante, es alguien que llevó el péndulo al extremo más peligroso que conozco. Cuando fue presentado frente a una audiencia de más de mil pastores, quien lo introducía preguntó: «¿Cuántos de ustedes se convirtieron bajo el ministerio de XX?». ¡Ni una sola mano se levantó! Cuando se hizo la segunda pregunta: ¿Cuántos de ustedes fueron bendecidos por la enseñanza de XX? Todas las manos fueron para arriba. Hablando con amigos que fueron miembros de su iglesia, me contaron que era tan bueno como expositor de la Biblia, que muchas veces llegaron al primer culto del domingo y se quedaron a escucharlo de nuevo en el segundo culto. ¡Tal era la calidad de su enseñanza! También me contaron, no obstante, que repetidas veces instruía a la congregación diciendo: «Nunca traigan a un no-cristiano a la iglesia. La iglesia es solo para que adoren los creyentes en Cristo». Difícil de creer, pero tristemente cierto. No solamente que no les predicamos el mensaje de salvación a los de afuera, sino que también les impedimos que lleguen a escucharnos. ¡Qué manera de entender y practicar la Gran Comisión!

Este modo de pensar es absolutamente ridículo a la luz de la Biblia y corre en dirección opuesta a todo el sentido común que Dios nos ha dado. Cuando hablamos de las personas que están fuera del reino, debemos entender que a ellos no les interesan en lo más mínimo nuestras creencias e interpretaciones de la Biblia. Ellos no preguntan si el domingo a las 11 está bien que lleguen al culto, o si deben ir primero a una célula para ser pre-evangelizados. Eso sería como decirle a una persona que tuvo una quemadura: «Vaya primero a una clínica a que lo traten, y cuando esté sano venga al hospital en los horarios establecidos para tener una celebración». ¡Absurdo! Cuando un individuo tiene una necesidad apremiante y se quiere acercar a Dios, sabe que cualquier iglesia cristiana, sin importar la denominación, se reúne el domingo a la mañana. Y siempre vendrá de acuerdo a sus propias ideas, conocimiento y necesidades personales, nunca siguiendo las imposiciones de un sabiondo pastor al que ni siquiera conoce. Es increíble pensar que Dios en su misericordia despierta con su Espíritu a las personas para que den con él, y cuando las personas llegan a la casa de Dios, se les sirve la dieta errónea. Alguien dijo correctamente que la tarea de evangelizar es como un mendigo contándoles a otros mendigos donde hallar pan. Tristemente, tantas veces las personas buscando pan llegan a la casa de Dios, y allí se les sirve lo que no necesitan, porque el predicador ha desarrollado convicciones que son contrarias a la Biblia y opuestas al sentido común. Dios manda el cardumen a la red, y el pastor tiene la red agujereada por su teología personal. Soy el primero en afirmar que la evangelización, de acuerdo a la Gran Comisión, debe ser hecha por todos los creyentes, siete días a la semana en el mundo, pero por favor, ¿dónde se nos prohíbe anunciar el *kerygma* los domingos en el culto principal?

Además ¿qué ocurre en una congregación nueva? Cuando una persona es un recién convertido, al instruirlo en los primeros pasos de la vida cristiana, le decimos que comparta su fe. Esto es pedirle algo aterrador. Le ruego que por una vez sea sincero, y admita lo que usted mismo vivió al dar los primeros pasos en el cristianismo. La persona no sabe lo que tiene que hacer, ni lo que tiene que decir. Eso sí, como el Espíritu Santo vive en su interior, lo intenta lo mejor que puede. Con todo, al no tener resultados inmediatos, entonces, le dice a sus familiares y amigos: «Vengan a la iglesia a escuchar a nuestro 'maravilloso' pastor». Y así, al igual que Cornelio, el domingo aparecen con una colección de amigos y familiares. Pero al poco tiempo, al ver que en el culto no pasa nada, que el predicador está alimentando a las jirafas, abandonan la tarea, se sientan cómodamente en un asiento de primera clase, y se duermen durante el resto del viaje. «Avísenme cuando lleguemos al cielo, eh. Hasta entonces. Buenas noches». El predicador con su mensaje les puso el cloroformo delante de las narices. Por el contrario, cuando los recién convertidos llegan con sus amigos, y estos son transformados por el mensaje de salvación, esto le pone viento debajo de las alas a ellos y al resto de los creyentes. Y cuando las conversiones y los bautismos comienzan a multiplicarse producen un efecto contagioso para bien, que conduce a otros a imitar el ejemplo. En consecuencia, la congregación comienza a crecer en número y en calidad, y la Gran Comisión se hace realidad delante de nuestros propios ojos.

Mientras vivíamos en Texas fui invitado por los hermanos de cierta denominación a enseñar un seminario sobre liderazgo. Me dijeron el lugar y la hora donde nos reuniríamos, y así fue. Esa noche se juntaron unas doscientas personas en una iglesia (edificio) que estaba muy linda. El santuario estaba impecable: bancos y plataforma de primera; frente al pulpito estaba la mesa de la Cena del Señor, y sobre ella los platos para recoger la ofrenda. Los instrumentos musicales, la parte de electrónica, todo de primer nivel. Cuando terminé de enseñar, pasamos a la sala de eventos sociales. Una vez más observé el mismo principio. La cocina, profesional como la del mejor restaurante; las mesas y sillas de primer nivel. Más tarde pude recorrer los salones para las distintas clases. Igual. Lo único que me llamó la atención es que cuando llegué a la iglesia, el pastor no me recibió. Cuando terminé esa noche, el pastor tampoco me saludó. Entonces, picado por la curiosidad, le pregunto al hermano que me había extendido la invitación: «Dígame, ¿quién es el pastor de esta iglesia?». Su respuesta fue: «Mañana lo invito a comer juntos el almuerzo y le cuento». Fue entonces que aprendí que esa iglesia estaba cerrada. Treinta años atrás había tenido un ministerio vibrante, pero poco a poco comenzó a declinar. En el pastorado se sucedieron una serie de hombres que nunca exaltaron a Jesús, ni con su vida, ni en su prédica. Esto produjo un efecto de vaciamiento de la congregación. Poco a poco las personas se fueron retirando, hasta que seis meses antes de la noche de mi seminario, uno de los líderes de la iglesia vino a ver a mi interlocutor y le entregó la llave del edificio. Solamente quedaban dos familias, y decidieron que lo mejor era traspasar el edificio para que la denominación asumiese el control y la administración de la propiedad.

Nunca olvidaré ese lugar por el resto de mis días. ¡Daba la impresión que había tenido lugar el arrebatamiento de la iglesia! Todo estaba en su lugar, pero las almas habían volado. El edificio estaba ubicado en un lugar céntrico de la ciudad; el terreno sobre el cual estaba construido era inmenso y ofrecía posibilidades de expansión; el santuario tal como estaba podía acomodar fácilmente 300 personas. Bajo el liderazgo de la persona correcta ese edificio podría ministrar a más de mil personas. Sin embargo, allí estaba, vació y sin vida. Un mudo testigo de que Jesús, al igual que a Sansón cuando le cortaron el cabello, les había abandonado, pero ellos no se dieron cuenta. Estoy convencido que si me hubiese acercado a esa iglesia diez años antes y les hubiera advertido de la dirección peligrosa en que estaban avanzando, posiblemente se hubieran reído de mí. La misma reacción tendría si me dirigiera a muchos ministerios contemporáneos. ¡Qué bueno sería que siempre recordemos que en el ministerio lo importante no es dónde estamos en el presente, sino en qué dirección estamos avanzando!

Al compartir estas historias de lo que ocurre en Norteamérica, vuelvo a lo que dije ya en el capítulo dos: los hispanos tendemos a imitar todo lo que nuestros hermanos hacen en estas tierras. Excepto, que el mundo espiritual de Norteamérica no tiene nada en común con la realidad hispana. Tantos hermanos, al no tener formación bíblica y doctrinal, carecen de la capacidad de discernir y simplemente copian la forma, pensando: «Si le funcionó a ese gran predicador, me tiene que funcionar a mí también». Nada puede estar más alejado de la verdad. En mis clases siempre les recuerdo a los pastores y estudiantes: «Cuidado con imitar el paradigma americano de ministerio, porque van a terminar en el desierto. Si imitan ese modelo, siempre serán pastores de iglesias que nunca pasan de cuarenta personas». Peor aún, pueden terminar como la iglesia fantasma que terminó vacía.

Nosotros servimos a un continente, que al igual que la población de Nínive en los días de Jonás, no sabe distinguir entre la mano derecha y la mano izquierda. Cuando entendemos la herencia que tenemos de las culturas indígenas sumergidas en el ocultismo, y a ello le agregamos el barniz de cristianismo falso que impusieron los conquistadores, es imposible no ver que nuestro continente necesita escuchar el evangelio puro y simple de forma urgente y reiterada. Con la enseñanza bíblica correcta vamos a afirmar a quienes aceptan la palabra, pero nunca podremos producir discípulos para Jesús comenzando con enseñanza destinada a edificar a los ya convertidos. Por tanto, cumplamos la Gran Comisión, salgamos a hacer más y mejores discípulos para Jesús fuera de la iglesia, y no dejemos de atrapar las codornices que Dios nos envía a la misma iglesia. Prediquemos sin cesar a Cristo, por las casas y desde el púlpito, tal como aprendemos de la iglesia del libro de Los Hechos (5:42).

> En el ministerio cristiano lo importante, no es donde estamos en el presente, sino en qué dirección estamos avanzando.

Permítame preguntarle: Si supiese que Cristo Jesús regresa a la tierra por segunda vez el próximo lunes, ¿cuál sería su tema el próximo domingo? ¿Cuál sería el tópico de su último sermón, de su mensaje de despedida? Mi respuesta a ese interrogante es muy simple: el tema con el cuál pudiese salvar a la mayor cantidad de personas posibles. Sería *Kerygma* puro y simple. Sería una apelación apasionada a «Huid de la ira venidera» y a «Cree en el Señor Jesucristo y serás salvo».

Sea que Cristo vuelva el lunes o tarde otros dos mil años más, no hay ninguna diferencia. La urgencia es exactamente la misma. Cuando acepté entrar al ministerio, lo hice con la convicción que Jesucristo me llamaba y mi única meta era ganar la mayor cantidad de personas para Jesús y hacer la mayor cantidad de discípulos para Jesús. Mi deseo ardiente era ser un pescador de almas y un pastor que cuidaba con dedicación el rebaño que el Señor ganó con su sangre. ¿Y usted? ¿Por qué está en lo que está? ¿Cuál es su misión? ¿Cómo la está cumpliendo? ¿Está haciendo más y mejores discípulos para Jesús? Es mi sincera oración que cuando se escriba la historia de su vida y su ministerio se pueda decir lo mismo que se dijo de la iglesia primitiva en Hechos 5:42: «Y todos los días, en el templo y por las casas, no cesaban de enseñar y predicar a Jesucristo». Es mi sincera oración que cuando usted sea evaluado por Jesús escuche de labios del Maestro: «Bien, siervo bueno y fiel; sobre poco fuiste fiel, sobre mucho te pondré; entra en el gozo de tu Señor» (Mt. 25:23).

Preguntas para repaso, reflexión y discusión

1. Nuestro autor nos enseña que un verdadero discípulo de Jesucristo se reconoce por cinco cualidades distintivas. ¿Cuáles son? ¿Hay alguna otra cualidad que usted agregaría a esta lista?

2. El crecimiento en la gracia y el conocimiento de Jesucristo (2 Pedro 3:8) puede compararse a una escalera de cinco peldaños. ¿Puede nombrar las cinco C del discipulado cristiano?

3. Si una iglesia es fiel a la Gran Comisión, siempre será una iglesia en crecimiento. Discutir.

4. ¿Qué programas tiene su iglesia para penetrar la comunidad con el evangelio? Discutir.

CAPÍTULO 5

Un culto inolvidable

Hechos 10:1-48[1].

Vengan conmigo. Acompáñenme. Quisiera llevarles a la casa de un amigo muy querido. Este hombre, hace dos años se jubiló del ejército romano donde sirvió durante varias décadas. Ahora vive en su casa a las orillas del Mediterráneo, a las afueras de la ciudad de Cesarea. Allí disfruta de uno de los mejores climas del mundo, y pasa sus días recibiendo en casa a sus hijos y nietos. Además muchos hermanos en la fe le visitan a menudo, ya que siempre fue un líder espiritual notable.

Llegamos a la puerta de su casa y nos recibe una de sus empleadas domésticas. Nos introduce a la sala principal y allí, a los pocos segundos, aparece Cornelio. Un tipo amable, sonrisa amplia y franca. Nos da un abrazo bien italiano, y enseguida comenzamos a dialogar mientras nos van sirviendo algunas exquiseces de la dieta mediterránea.

Es entonces que le hacemos la pregunta: «Cornelio, yo sé que lo ha contado un millón de veces, pero estos amigos que hoy me acompañan

---

[1] Este capítulo es uno de los muchos sermones que he predicado a lo largo de mi ministerio. Lo incluyo en este momento por dos razones. Primero, para dejar un modelo de lo que debe ser un sermón expositivo. Segundo, y fundamental para nuestro libro, es que esta historia del culto inolvidable en casa de Cornelio, contiene los cuatro elementos principales que componen el momento de la predicación cristiana. Sobre estos cuatro elementos se estructura toda nuestra obra.

nunca escucharon antes la historia. Le podemos pedir que nos cuente cómo fue aquel día cuando Pedro vino por primera vez a su casa… Me imagino que habrá sido una experiencia increíble. ¿Correcto?».

«Uhhh… así que quieren que les cuente la historia de ese culto inolvidable… eh. ¿Por dónde quieren que empiece? ¿Cuándo se me apareció el ángel?».

Cuando Cornelio nos comienza a contar lo que ocurrió en aquel día notable vemos que se emociona profundamente. Las lágrimas de gozo brotan cada dos por tres, su voz cobra un brillo y fuerza notable. Y uno lo puede escuchar durante horas sin quitarle la vista. La historia es cautivante e inspiradora.

Ustedes ven que en Hechos 10:24-48 tenemos la historia de un culto inolvidable. Todos los que tuvieron la bendición de participar en esta ocasión histórica lo recordaron durante el resto de sus días. Todos fueron impactados poderosamente. Sus vidas nunca volvieron a ser las mismas. Los judíos fueron tomados por sorpresa, y nunca pudieron reponerse de la experiencia. Los gentiles fueron transformados dramáticamente, y cambiaron el curso de la historia de la iglesia de Jesucristo. La vida de todos los que tuvieron el privilegio de ser parte de este culto, se puede marcar con un antes y un después a ese día inolvidable. Y francamente, si alguien pudiese inventar una máquina que nos permitiese retroceder en el tiempo, qué lindo hubiera sido poder ser parte de aquel culto inolvidable. Yo también hubiera querido escuchar el sermón de Pedro, ver cómo Dios intervino con poder, y recibir las bendiciones que el Espíritu Santo derramó sobre aquellas personas bienaventuradas.

Y, sin embargo, este culto del ayer con todas sus bendiciones extraordinarias, es una posibilidad muy real para nosotros en el día de hoy. Cada vez que nos reunimos en el nombre de Jesús, ya sea en Cesarea o en California, nosotros también podemos experimentar un culto inolvidable si cumplimos las mismas condiciones que hicieron al culto en casa de Cornelio lo que fue.

La gran pregunta es: ¿Cuáles fueron los factores que contribuyeron a hacer de la reunión en casa de Cornelio un culto inolvidable? Permítanme mencionarles cuatro de ellos.

Cornelio no era salvo, pero ya estaba más adelantado en los caminos de Dios que millares de cristianos que han estado por décadas en la iglesia.

El primer factor, que hizo que aquel culto llegase a ser extraordinario fue, *la calidad de la audiencia.*

Cuando corremos el telón, ¿qué encontramos? Toda la historia de este culto extraordinario comienza con un individuo que estaba en la búsqueda más importante de la existencia humana, la búsqueda de Dios. ¡Y vaya qué individuo notable que era Cornelio! Se nos dice que

Cada vez que nos reunimos en el nombre de Jesús, ya sea en Cesarea o California, nosotros también podemos tener un culto inolvidable si cumplimos las mismas condiciones que hicieron al culto en casa de Cornelio lo que fue.

era piadoso y temeroso de Dios con toda su casa. El término *piadoso,* traduce la palabra que resume lo más elevado en nuestra relación con Dios. Piadosa es la persona que le ha dado el primer lugar de su vida a Dios. Este hombre además es respetuoso de Dios, y ha ejercido su influencia para bien en toda su familia. Estoy seguro que debe haber sido un esposo excelente y un padre notable. Su conducta ejemplar es la que le ha ganado el respeto de los suyos. Pero además oraba... siendo comandante del ejército y teniendo mil ocupaciones, con todo encontraba el tiempo para orar. Tenía la convicción de que el oído de Dios siempre está inclinado ante la súplica más débil cuando es sincera. Y no solamente eso, sino que era generoso y daba muchas limosnas. No unas pocas, sino muchas. Cornelio no tenía un cocodrilo en el bolsillo; había aprendido que el dinero Dios nos lo da para bendecir a otros, y al hacerlo, le abrimos las manos a Dios para que nos dé más, a fin de ser de mayor bendición. Si esto no fuese poco, encontramos en 10:30 que el ángel hace su aparición, mientras estaba en *ayunas...* Cuando uno lee la descripción que hace la Biblia de Cornelio, uno se queda admirado. Este hombre todavía no es salvo, pero ya está más adelantado en los caminos de Dios que millares de cristianos que han estado durante décadas en la iglesia. Nadie puede sorprenderse entonces, de que alguien que está buscando a Dios de esta manera tenga una sorpresa muy agradable. Cuando una persona busca a Dios sobre sus rodillas, y ha cultivado las virtudes que alegran el corazón de Dios, como Cornelio lo hizo, no pasará mucho tiempo hasta que Dios mueva su mano con poder. Y en este caso, un ángel vuela desde el trono de Dios para guiarlo en la nueva etapa del camino a recorrer.

Ustedes y yo leímos juntos cómo el ángel le da instrucciones a este hombre notable. Y finalmente, adelantando el DVD, Pedro llega a la casa de Cornelio. Allí encuentra que Cornelio ha reunido una audiencia notable. Nos dice que estaba compuesta de sus familiares y amigos (10:24), y que era una multitud (10:27). No sabían a qué hora vendría el predicador. No sabían si el predicador que venía era uno aburrido o elocuente. Cornelio hizo un trabajo admirable en reunir personas para que oyesen la palabra de Dios, y ciertamente no fue desilusionado.

En el día de hoy las cosas no son distintas. Si queremos tener un culto inolvidable tenemos que tener un grupo de personas reunidas para oír la voz de Dios. Y cuanto más grande, tanto mejor. El desafío cada vez que nos reunimos, al igual que Cornelio, es que usted también venga con sus familiares y amigos íntimos. Y si ellos no le acompañan, de todos modos venga usted puntualmente. No falte por cualquier excusa. Nunca olvide que si Cristo mora en usted, el Espíritu Santo desde su interior envía ondas de poder invisible que persuaden sin palabras a quienes llegan buscando la luz de la verdad. Cada cristiano, aunque no somos conscientes en el momento, somos una fuerza de choque contra el reino de las tinieblas.

Nunca sea como algunos individuos que faltan y luego tratan de excusarse diciendo: «Pastor, el domingo no pude ir, pero estuve con ustedes en espíritu». Mis amigos, si queremos tener un culto inolvidable, debemos tener cuerpos, mentes y corazones a quienes predicar. Es muy difícil predicarle a una congregación de espíritus, y a la hora de la ofrenda los espíritus no contribuyen nada. Así que, venga usted a la casa de Dios, y traiga a cuantos pueda para que reciban la bendición de Dios.

Pero si esta *audiencia estaba reunida*, también encuentro que era una audiencia *reverente*. Cornelio le dice a Pedro: «...todos nosotros estamos aquí en la presencia de Dios...».

Una vez más, qué «inconverso» tan notable este centurión. No tenía la Biblia, posiblemente nunca había leído el salmo 139, pero estaba plenamente convencido que este mundo es la casa de Dios. Nunca había leído que los serafines delante del trono de Dios proclaman: «Toda la tierra está llena de su gloria» (Is. 6:3), pero está absolutamente seguro que Dios está con él y los suyos, allí en su propia casa. No interesa donde quiera que vivamos, sea en la montañas o en el llano, en una ciudad o en el campo, cada uno de nosotros siempre somos huéspedes en la casa del Creador. Y cuando un grupo de personas se reúne expresamente para aprender de Dios, no importa si es a la orilla del mar, en una catedral o en una casa de familia, Dios se hará presente para derramar sus bendiciones. Esta bendita realidad es la que nos fuerza a ser reverentes en su presencia. Estoy seguro que ese día en casa de Cornelio ningún adolescente escribió mensajes de texto, ni los adultos hicieron chistes con los que estaban sentados a su lado. Más bien, escucharon a Pedro con atención no dividida. Dios nunca trata con los profanos e irreverentes. La reverencia siempre es el portal de entrada al palacio del Rey.

Además, esta audiencia no solo *estaba reunida* y era *reverente*, sino también *expectante*. Una vez más Cornelio, «Ahora, pues, todos nosotros estamos aquí en la presencia de Dios, *para oír todo lo que Dios te ha mandado*». ¡Qué opinión tan elevada que tenía del predicador! Sabía que no era un mero palabrero que venía a presentarles sus propias ideas. O alguien que vendría a entretenerlos y hacerlos sentir bien durante un rato. Más bien era alguien que venía bajo órdenes del cielo a cumplir una misión vital. El ángel le había prometido: « él te hablará palabras por las cuales serás salvo tú, y toda tu casa» (Hch. 11:14). Cornelio esperaba recibir algo concreto; tenía fe en que si Dios se había molestado en enviarle un ángel, algo excelente vendría en camino. Y menos mal que Pedro no lo desilusionó.

Cuando uno analiza las cualidades de esta audiencia, quién puede sorprenderse entonces que en casa de Cornelio tuvo lugar un culto inolvidable. Pero esta audiencia, *reunida*, *reverente* y *expectante* también nos deja un desafío colosal a todos nosotros en el día de hoy. Estamos viviendo en una generación en la que la TV y los medios masivos de comunicación nos han hecho a todos espectadores pasivos. Llegamos a un partido de fútbol para ver lo que ocurre en el campo de juego; llegamos a un teatro para entretenernos con lo que hacen los actores en el escenario; entramos a una sala de conciertos para oír lo que la orquesta ejecuta en la plataforma; entramos a un cine para ver lo que tiene lugar en la pantalla; miramos TV hasta el hartazgo y siempre somos meros espectadores. El dios entretenimiento nunca espera que nos involucremos. ¿Quién puede sorprenderse entonces de que cuando venimos a la casa de Dios llegamos arrastrando la misma mentalidad, pensando que venimos a mirar un show? Sin embargo, en la iglesia de Cristo las cosas son de un orden muy diferente. Cuando ustedes y yo entramos al santuario, todos, de forma inmediata, subimos al escenario. Los que dirigen desde la plataforma y los que están en los bancos, todos sin excepción, están en la plataforma. Dios es nuestra audiencia. Él juzga si nuestra «performance» colectiva es digna de su nombre de gloria. Él acepta y rechaza nuestra ofrenda de adoración. Nunca lo olvide.

Si alguien, en consecuencia, llega esperando recibir nada, nunca será desilusionado. Vacío, llegó; vacío, saldrá. Dios no hace acepción de personas. Por tanto, cuando llegue a la casa de Dios, no piense que todo depende del grupo de alabanza o del predicador. Usted hace una diferencia enorme para bien. Todos somos participantes, todos tenemos una responsabilidad en el «éxito» de cada reunión con Dios, de cada culto de adoración. Por el contrario, si usted llega con una actitud como la de Cornelio, las posibilidades son infinitas. Por tanto, llegue temprano, comience a orar en silencio, pídale a Dios por los que visitarán la congregación por primera vez, pídale al Espíritu Santo que prepare su corazón para ofrecer adoración aceptable a Dios, pídale al Cristo viviente que toque su vida y la de cada persona en su casa. Venga con fe de que este es un día como nunca hubo otro igual y que Jesucristo está listo y deseoso de derramar sus bendiciones. De acuerdo a nuestra fe nos será hecho. Si llegamos con una actitud como la de Cornelio, ¿creen que Dios tardará mucho en respondernos con señales y maravillas? ¡Cuánto debemos aprender los creyentes del siglo XXI de este centurión romano del primer siglo!

Si *la calidad de la audiencia* fue el primer factor que contribuyó a que en casa de Cornelio tuviese lugar un culto inolvidable, el segundo factor fue *el predicador.*

Hace años atrás, cuando ministraba en Vancouver, llegó a nuestra iglesia una familia que con el tiempo llegó a ser uno de los pilares más firmes de la congregación. En sus años de juventud fueron atrapados por el fermento revolucionario que sacudió a Centro América en la década de los setenta. Los dos se consideraban marxistas y ateos. Él nos contó años más tarde cómo había sido enviado a Cuba para recibir entrenamiento en cómo destruir iglesias desde adentro. Sin embargo, estos enemigos declarados de la fe no conocían la soberanía de Dios y que tenía propósitos mucho más elevados para ellos. Todo comenzó a cambiar cuando ella, haciendo su trabajo, recibió una descarga eléctrica que por poquito la mata.

Humillados, sin posibilidad de ser sanos a pesar de la calidad de la medicina canadiense, aislados de toda simpatía y apoyo humano, aceptaron venir a nuestra iglesia. Pasaron casi dos años hasta que invitaron a Jesús a sus vidas. Mientras tanto, los tratamientos médicos seguían buscando reparar la vida de la esposa del daño recibido por aquella descarga eléctrica. Fue llevada al hospital varias veces, y cierto día fui a visitarla. Allí estaba, sola en la habitación. Después de las formalidades habituales, esta hermana me dice: «Pastor, antes que nada quiero pedirle perdón». Estas palabras me llamaron la atención, ya que no recordaba que hubiera dicho o hecho algo que me ofendiera y que debiera perdonarla. «Usted conoce nuestra historia», continuó diciendo, «cuando llegamos a nuestra iglesia la primera vez, y usted pasó a predicar, pensé para mis adentros: 'Qué sanguijuela'. Por qué no se busca un trabajo y gana un salario decente y deja de vivir de los demás». ¡En eso del salario decente tenía mucha razón! «Pero ahora que comprendo lo que significa su ministerio, le pido que me perdone y le agradezco todo lo que hace por nosotros».

En nuestro continente muchas personas piensan como pensaba esta hermana. Consideran que hasta la profesión más humilde, inclusive hasta la más deshonesta, es más honrosa que ser predicador del evangelio. Lamento informarles a los que piensan de ese modo, que Dios no está de acuerdo con ninguno de ellos. Dios tiene un solo Hijo, y su vocación cuando visitó nuestro planeta fue ser predicador. Eso es lo que le da la gloria y el honor a nuestro ministerio. Somos herederos de los profetas que anunciaban, «Así dijo el Señor», y de Jesucristo, el testigo fiel y verdadero, que con su mensaje de Buenas Nuevas cambió el curso de la historia humana.

Cuando el ángel fue a visitar a Cornelio, todo lo que pudo hacer por él, fue indicarle dónde se hallaba el predicador más cercano. Ningún ángel del cielo, con toda su gloria, tiene el privilegio de predicar a Cristo. Ese es un privilegio elevadísimo reservado para quienes hemos conocido a Jesús como nuestro Señor y Salvador. San Pablo decía: «A mí, que soy menos que el más pequeño de todos los santos, me fue dada esta gracia de anunciar entre los gentiles el evangelio de las inescrutables riquezas de Cristo...» (Ef. 3:8). Esa gracia y enorme privilegio me corresponde a mí al estar en el púlpito. Pero también te corresponde a ti, cuando te levantas a dar una clase a los niños en la escuela dominical, cuando enseñas a los adultos en una célula hogareña, cuando predicas de Cristo a los adolescentes y a los jóvenes en sus cultos, cuando testificas de tu Señor a tus compañeros de trabajo. Si el presidente nos llamara a servir en su gabinete, nos consideraríamos muy honrados; si fuésemos nombrados embajadores de nuestra nación en algún país como Francia, Suiza, Austria, qué privilegio enorme sería. Cuánto más debemos valorar nuestro ministerio siendo que Cristo Jesús nos ha llamado a servirle y el Rey de reyes nos ha nombrado sus embajadores. Mucho más todavía al pensar que nadie pidió este privilegio. Por el contrario, a todos nos llegó cuando no lo esperábamos, por la gracia, la bondad y la misericordia de Cristo que nos tuvo por fieles llamándonos a su reino, a su servicio y a su gloria. Pablo afirmaba: «Cuán hermosos son los pies de los que anuncian la paz, de los que anuncian buenas nuevas» (Rom. 10:15). «Amén», decimos nosotros. El mundo puede evaluarnos negativamente, decirnos lo que se les antoje, y atacarnos de mil modos diferentes. Pero cada ministro verdadero de Jesús, está en sus manos y cercano a su corazón. Por lo tanto, perseveremos, que nuestra obra tiene una recompensa de gozo en esta tierra y una corona de gloria en la eternidad.

> *Cuando el ángel fue a visitar a Cornelio, todo lo que pudo hacer por él, fue indicarle dónde se hallaba el predicador más cercano.*

La otra cara de la moneda, lógicamente, es que grandes privilegios demandan grandes responsabilidades. El predicador, sin importar su área de servicio, debe ser fiel a su Señor. Eso quiere decir que debe cuidar de sí mismo con toda atención. Pablo le recomendó a Timoteo, «Cuida de ti mismo y de la doctrina...» (1 Tim. 4:16). El cuerpo, la mente, las actitudes, la vida espiritual deben ser cultivados de la misma manera que un atleta profesional entrena su cuerpo para poder competir con éxito. Debe ser fiel en el estudio de la Biblia, en su vida de oración, en el uso de su tiempo. Siempre debe darle a su Señor las primicias de todo. Pero además, siendo que la tarea que le concierne es la de anunciar las buenas de salvación, y los resultados afectan las vidas en este mundo y el destino de las almas en la eternidad, es vital que llegue a ser el mejor predicador posible, dándole siempre lo mejor a su tarea, preparando su sermón con toda dedicación y excelencia.

Si un predicador mantiene viva la llama de la devoción a Cristo, y se prepara para instar a tiempo y fuera de tiempo, será de gran utilidad a Dios y a la grey del Señor sobre la cual ha sido puesto como Pastor. Me encanta lo que en este relato se nos dice de Pedro. Después del diálogo introductorio, leemos: «Y abriendo su boca, dijo...» (10:34). Esto nos habla de espontaneidad, de un vaso que rebalsa convicción, gozo y poder. Pedro no sabía lo que le esperaba cuando emprendió el camino hacia Cesarea. No tuvo tiempo de prepararse. Después de cinco minutos de introducciones estaba en el podio. De golpe se encontró que debía predicar, y de la abundancia del corazón habla la boca. Y la boca de Pedro estaba llena de Jesús de Nazaret. Lo cual me lleva al tercer factor que contribuyó de manera decisiva a que el culto llegase a ser inolvidable.

Si la calidad de la audiencia era de primer nivel, y el predicador era el mejor que tenía la iglesia primitiva, el *tercer factor* que ayudó de manera decisiva fue *el sermón.*

La clave de esta historia es entender quién era este hombre que buscaba a Dios con pasión y sinceridad. *Cornelio no era un fracasado total.* No era un delincuente en la cárcel, no era alguien encadenado por las drogas, no era alguien aprisionado por la pornografía, el alcohol o el cigarro; su matrimonio no estaba por naufragar; su problema no era carencia de estima propia; no leemos que hiciera su dinero explotando un casino. Digo esto porque hay predicadores que cuando proclaman las *Buenas Nuevas* siempre dan la impresión de que el evangelio de Jesús es solamente para los inútiles, tontos y fracasados en la vida. Bendito sea el Señor por su amor y compasión que efectivamente es así. Y todos los que han arruinado su vida, aun cuando estén esperando en una penitenciaría por la inyección letal, si se vuelven a Cristo Jesús con arrepentimiento genuino y fe personal en su obra hallarán salvación eterna y descanso para sus almas.

Pero muchas veces debemos recordar que el evangelio es también imprescindible para las personas exitosas como Bill Gates, Michael Jordan y Warren Buffet. Cornelio era un hombre ejemplar, tal como ya vimos. Había cultivado las virtudes que lo hacían un padre ejemplar, un ciudadano ilustre y un líder notable. Con razón, podemos hacernos la pregunta: ¿Qué le faltaba entonces a Cornelio? ¡Ser salvo! ¡Conocer a Jesucristo! Eso era todo lo que le faltaba. ¡Ni más, ni menos! A pesar de sus cualidades notables, estaba fuera del reino y la vida eterna por no tener una relación personal con Cristo a través de la fe.

Y aquí uno debe decir, menos mal que Pedro no era uno de estos predicadores modernos que se creen psicólogos sin diploma y hablan de cómo remontarse como las águilas en lugar de vivir con los pavos. Que piensan que su llamado es ajustarles a los humanos un tornillo por acá, y aflojarles otro por allá. Cornelio con su vida inspiradora, no necesitaba psicoterapia, ya que estaba más sano y tenía mucho para enseñarles a unos cuantos predicadores de la TV contemporánea. La misión en Cesarea era tan importante en los planes de Dios que solamente podía ser confiada a alguien que había exclamado: «Tú eres el Cristo, el Hijo del Dios viviente» (Mt. 16:16). Siglos más tarde, C. H. Spurgeon diría: «A Christless sermon, is a worthless sermón» (un sermón sin Cristo, es un sermón sin ningún valor, indigno).

Cuando uno analiza el sermón de Pedro, encontramos un sermón modelo que le abre las puertas a Dios para que intervenga con poder como lo hizo en ese día notable. ¿Cuál era el tema del sermón?

Pedro comenzó su sermón ante aquel grupo notable exaltando a Jesucristo; hablándoles que Cristo tiene poder en el cielo y en la tierra. Les hizo comprender que no hay nadie como él y que delante de su presencia todos deben postrarse en reverencia y adoración. ¡Él es Señor de todos! Y que este Cristo que tiene todo poder en el cielo y en la tierra, que puede destruir a los pecadores, sin embargo, vino a anunciarnos el evangelio de la paz. A una raza alienada del Creador le vino a traer buenas noticias (v. 36).

Les habló del Cristo humano que dejó las glorias del cielo para hacerse uno con nosotros. Les recordó que este Cristo era tan de carne y hueso que necesitó el poder y la unción del Espíritu Santo para poder hacer todo lo que hizo (v. 38).

Les habló del Cristo compasivo, que no solamente se hizo uno con la criatura, sino que también llegó para mostrarnos el amor infinito que Dios tiene y cómo desea vernos libres de las opresiones del diablo. Les contó cómo Cristo nos mostró el corazón de Dios sanando nuestras enfermedades y llevando nuestros dolores (v. 38).

Les habló del Cristo sufriente. De ese Cristo que vivió una vida ejemplar para mostrarnos cómo debe y puede vivir un ser humano ideal que conoce a Dios. Pero asimismo les enseñó que esa no fue su primera misión, sino que Jesús era el Cordero de Dios que vino a quitar el pecado del mundo. Y entonces, contra toda lógica, un día se dejó arrastrar a una cruz de vergüenza para dar su vida por nosotros. Que los hombres al darle muerte no estaban más que cumpliendo un plan trazado antes que el universo existiera. Y que cuando murió sobre esa cruz cargó el juicio de Dios sobre el pecado en nuestro lugar, para ofrecernos perdón de pecados y adopción como hijos (v. 39).

Les habló del Cristo victorioso. Ese Salvador tan glorioso que como hombre murió por todos los hombres, pero como Dios se levantó victorioso sobre la muerte para darnos vida eterna. Les recordó que sobre esa cruz despojó al diablo y a sus huestes de maldad y abrió el cielo para todos los creyentes. Y para confirmarlo, siendo que la muerte no podía retenerlo, se levantó triunfante sobre el sepulcro, la muerte y la desesperanza (v. 40).

Les habló del Cristo que es el juez del universo, delante de quien un día cada ser humano que ha vivido, vive y puede llegar a vivir tendrá que comparecer para dar cuenta de lo que hizo con su vida, sea bueno o sea malo. Que está establecido a los hombres que mueran una vez y que después el juicio, de acuerdo a las decisiones que hemos tomado en esta vida, nos esperen dos lugares de destino eterno (v. 42).

Les habló del Cristo Salvador. De ese Señor maravilloso que tiene poder infinito en el cielo y en la tierra, pero que se deleita en aquellos que confían en él. Y a todos los que creen en su nombre de gloria les da el derecho de llegar a ser sus hijos por pura gracia. Les recordó que mediante un acto de fe en la persona de Jesús y su obra a mi favor, todos nosotros podemos recibir el regalo más costoso, valioso y gratuito: perdón de pecados y herencia entre sus hijos (v. 43).

Y entonces ocurrió lo inesperado. Aquello que Cornelio no sabía que iba a pasar, aquello que Pedro jamás pensó que podría pasar, tuvo lugar. Dios, de manera sobrenatural, poderosa, con toda su majestad y gloria, irrumpió en el culto. El predicador nunca pudo terminar su brillante sermón, nunca pudo hacer la invitación final ni pronunciar la bendición, porque Dios lo interrumpió. Para recordarnos que es Dios quien edifica a su iglesia y quien salva a los creyentes de acuerdo a su soberana elección, decidió interrumpir al predicador para llevar a los oyentes a la salvación y a la plenitud de la certeza. Lo que Cornelio había estado buscando durante años, ahora se hizo una realidad palpable y bienaventurada. Cristo vino a su vida y a su corazón y recibió lo único que le faltaba y lo más valioso de todo: salvación y vida eterna. Esta manifestación de Dios nos introduce al cuarto elemento que hizo a este culto algo inolvidable: *Dios mismo*. Después de todo, ¿para qué nos congregamos en el nombre de Jesús, si no es para recibirle a él?

Esta interrupción por parte de Dios es digna de mención. De manera invisible, pero muy real y transformadora, aquellos familiares y amigos íntimos de Cornelio de pronto fueron invadidos por una fuerza real que cambió sus vidas. De pronto hubo un estallido de alabanza y adoración. Algunos se habrán echado de rodillas con el rostro en el suelo, otros se habrán puesto de pie con brazos levantados, otros se habrán quedado sentados donde estaban, pero absolutamente todos de forma unánime comenzaron a magnificar a Dios. Lucas nos dice en el relato que «el Espíritu Santo cayó sobre los que oían el discurso». Este lenguaje nos da la impresión que la obra de Dios es algo semejante a la lluvia que nos cae encima sin que la pidamos. Con todo, es apenas una forma de lenguaje que utiliza algo visible que todos conocemos para hacernos entender algo invisible y difícil de explicar. En el día de hoy, al igual que en la casa de Cornelio, nosotros mismos hemos sido testigos en más de una ocasión, ya sea en nuestra propia vida o en la de millares de nuestros hermanos, como Dios de manera invisible nos toca y de pronto sentimos que somos atrapados por algo que no podemos resistir. Bendito sea el Señor que siempre ha sido así. Si dependiese de nuestra inteligencia, capacidad de razonamiento o conocimientos de cualquier orden, nadie se salvaría. Pero, la salvación pertenece al Señor y a él debe ir toda la gloria. Sí, Dios intervino. ¡Y de qué manera inolvidable!

Ahora el desafió era para los judíos cabeza de piedra. Nos dice el relato bíblico (v. 45) que se quedaron atónitos cuando vieron que el don del Espíritu Santo fue derramado sobre los gentiles. Estos arrogantes del pasado, al igual que muchos en el presente, pensaron que podían encerrar a Dios en la caja de sus propias convicciones teológicas. Creían que Dios tenía la obligación de respetar sus opiniones mezquinas, producto de corazones duros. Creyeron que Dios era solamente para los judíos, y estaban muy conformes con la decisión que habían tomado. ¡Qué error! Jesucristo es el Dios que habita los cielos y la tierra, y cuando va a hacer algo nuevo para edificar su iglesia nunca nos consulta a nosotros si estamos de acuerdo. Él es infinitamente sabio, amoroso y soberano, por tanto, regocijémonos que sea así.

Menos mal que Pedro había sido ablandado con la visión que recibió antes de venir a casa de Cornelio. Por tanto, al ver la nueva obra de Dios, reaccionó con rapidez y correctamente dedujo: «¿Puede acaso alguno impedir el agua, para que no sean bautizados estos que han recibido el Espíritu Santo también como nosotros?» (v. 47). Y me imagino, que luego que el silencio volvió a la casa de Cornelio, el predicador tomó nuevamente la palabra y les comunicó a los oyentes: «Hermanos, es hora de bautizarlos». Y el predicador, con sus asistentes ministeriales, y la audiencia excelente, caminaron unos pocos metros hasta la playa del Mediterráneo y allí se completó lo que faltaba del culto inolvidable. ¡Qué día histórico para la iglesia de Jesucristo! Ahora los gentiles pasaban a ser coherederos juntamente con los judíos de todos los pactos, promesas y bendiciones de Dios.

¿No les hubiese gustado estar presentes en ese culto inolvidable? Para cualquiera que ama genuinamente a Jesucristo, la respuesta siempre será un sí rotundo.

Sin embargo, como decíamos al principio, este culto, ¿es algo del pasado remoto? ¿Es un relato que nos cuenta apenas cómo los gentiles entraron al reino, o es algo que nos desafía a esperar más de Dios en el presente? ¿Es algo que ocurrió una sola vez, o es un modelo de aquello que Dios quiere repetir cada vez que nos reunimos en su nombre? Dice la Biblia: «Porque las cosas que se escribieron antes, para nuestra enseñanza se escribieron, a fin de que por la paciencia y la consolación de las Escrituras, tengamos esperanza» (Rom. 15:4). Este relato nos debe impulsar a la acción a todos los predicadores, y a todos los oyentes a pedir con fe y esperar cosas más gloriosas de parte de Dios.

¿Han oído alguna vez la historia de la iglesia que no tenía futuro? Se llama *Comunidad de las Américas*. La congregación había estado casi dos años sin Pastor. En esos días muchos hermanos abandonaron el barco, porque creyeron que se iba a pique. Un puñado de hermanos fieles decidió permanecer, y en oración creyeron que Dios podía hacer algo mejor. Cuando nosotros llegamos para ser sus pastores, lo único que quedaba era el culto de los domingos. En aquel entonces no teníamos «ni oro ni plata», como para comprar tiempo en la radio o la TV. Sin embargo, en el nombre de Jesús, con toda humildad, amor y fe, comenzamos a predicar el evangelio. Comenzamos a exaltar a Jesús. Compartimos el mismo mensaje de salvación y poder que Pedro predicó en casa de Cornelio. Lo hicimos plenamente convencidos que la palabra de Dios es eficaz, más penetrante que toda espada de dos filos, y que nunca vuelve vacía. ¿Y cuáles fueron los resultados? La congregación lo conoce de primera mano; han sido testigos oculares. Como Dios intervino tantas veces en nuestros cultos con poder y gran gloria, centenares de personas, tanto de las muy arruinadas por el pecado, y de las muy exitosas como Cornelio, encontraron salvación en Cristo Jesús. Sus vidas fueron transformadas gloriosamente. Y hoy son siervos dedicados de Jesús, extendiendo su reino en esta comunidad y llevándolo a otros puntos más allá de nuestras fronteras.

Nuestra propia historia nos recuerda que todas las iglesias cristianas verdaderas pueden tener un culto inolvidable si reúnen las condiciones necesarias. Lo que Dios hizo en casa de Cornelio lo quiere repetir en mi iglesia y la suya, y en medida creciente. En nuestra congregación sabemos que es así, porque ya lo hemos visto muchas veces. Con todo, a pesar de que nuestros labios están llenos de gratitud al Señor por todo lo que hizo, todavía queremos ver más de su gloria y su poder, queremos recibir más de él. Anhelamos que tenga la libertad de volver a interrumpir nuestros cultos, que intervenga con su poder, de modo que salgamos diciendo, con aquel santo del Antiguo Testamento: «Qué terrible es este lugar ¡No es otra cosa que casa de Dios y puerta del cielo!» (Gn. 28:17).

Debemos seguir esperando y pidiendo más, no solo para gozarnos con la sonrisa de Dios, sino también porque deseamos ser los canales por los cuales fluye su bendición a nuestros vecinos. En esta comunidad hispana a la que servimos todavía hay millares que no son salvos, y nosotros queremos verlos dentro de la familia de Dios; hay millares que gimen por la esclavitud de los vicios, y nosotros queremos verlos libres en Cristo; hay millares de personas como Cornelio que sinceramente están buscando a Dios, y nosotros queremos que esta iglesia sea la puerta de entrada a la plenitud y la certeza. Nosotros queremos ser en verdad, la iglesia de Jesús; aquellos que continuamos el ministerio que él comenzó hace dos mil años. Por lo tanto, no podemos dejar de pedir, no podemos dejar de esperar cosas mejores, no podemos dejar de anhelar con todo fervor ver más de la gloria de Dios. Este es nuestro compromiso con Jesús.

Por tanto, permítanme recordarles cuales son los cuatro factores para tener uno y un millón de cultos inolvidables. La *audiencia*, reunida, reverente, expectante. Doy gracias al Señor por quienes cada semana fielmente llegan a congregarse con la actitud correcta para ser parte de este programa de redención y transformación. Mi palabra de aliento para ustedes es: perseveremos en hacer el bien, que con el correr del tiempo tendremos una cosecha cada vez mayor de gozo y de gloria.

Hoy, sin embargo, quisiera extender una cordial invitación a los pasajeros de primera para que se involucren en la acción. ¿Qué quiero decir con pasajeros de primera ? D. L. Moody, quien fue un predicador muy notable del siglo XIX, cuenta que un día un caballero debía viajar de Los Ángeles a Chicago. Para ello fue a comprar su boleto a las oficinas de la Wells Fargo. Cuando pidió su boleto, le preguntaron, «¿Quiere boleto en primera, segunda o tercera clase?». Como el viaje era largo, pidió boleto de primera.

Llegó el día del viaje y los pasajeros subieron a la diligencia. Empezó el viaje, y a medida que fueron pasando los minutos fueron entrando en conversación. Así fue que descubrieron que los pasajeros de primera, de segunda y de tercera, estaban viajando todos juntos. Se estaban preguntando si habrían sido estafados, cuando la diligencia llegó al pie de un cordón montañoso. Por delante había una cuesta muy empinada. Fue entonces que escucharon la voz del conductor gritar: «¡Los pasajeros de primera se quedan donde están. Los pasajeros de segunda se bajan y caminan. Los pasajeros de tercera se bajan y empujan!».

La iglesia de Jesucristo es exactamente igual. En cada congregación hay pasajeros de tercera, que por su esfuerzo dedicado y perseverante hacen posibles todos los servicios que ofrecemos. Con todo, en esta hora necesitamos muchas más personas para cumplir la Gran Comisión que Cristo nos ofrece. Por esta razón, si tú eres uno de esos pasajeros que solamente camina a nuestro lado, o si eres uno de primera, que todavía deben llevarte, hoy te extiendo la invitación a que te involucres en la acción.

Mi invitación se dirige a algunos de ustedes que son más nuevos en la fe. A algunos que quizá todavía llegan al culto con la mentalidad de espectadores. Recuerda siempre: tu vida es preciosa para Dios, él te ha escogido para que seas su embajador, los dones que Jesús te ha dado quiere que los emplees para la bendición de tus familiares y amigos íntimos, él se quiere dar a conocer a ti de modo que te puedas deleitar en él siendo un instrumento útil en sus manos. ¿Qué respondes? ¿Lo harás? Es tu gran privilegio; hoy es tu gran oportunidad para decir, «Señor aquí estoy. Haz conmigo como mejor te parezca». Dios te bendiga al tomar tu decisión.

Un culto inolvidable, también necesita de un *predicador* con corazón sincero y en fuego por Jesús. Es necesario que el predicador cuide su vida, pero también debe estudiar con dedicación, de manera que su *sermón* sea bíblico y anuncie las riquezas inescrutables de Cristo.

Y por último, si nosotros hacemos nuestra parte, confiadamente podemos esperar que Jesús haga la suya. *Dios intervendrá* con todo su poder para salvar a los hijos pródigos y a los ejemplares, edificará a sus hijos en la fe, nos dará su sonrisa, y juntos con el salmista podremos exclamar: «¡Mirad cuán bueno y cuán delicioso es que habiten los hermanos juntos en armonía! porque allí envía el Señor bendición y vida eterna» (Sal 133:1-4). Y al igual que Cornelio, cuando las personas nos visiten en nuestra casa, con lágrimas de gozo podremos contarles cómo fue aquel culto inolvidable. El Señor bendiga a su pueblo.

Preguntas para repaso, reflexión y discusión

1. ¿Tiene claro los cuatro componentes que conforman el acto de la predicación? ¿Los puede nombrar?
2. La audiencia en casa de Cornelio, ¿cuánto se asemeja a la congregación a la cual usted pertenece?
3. El sermón que predicó Pedro en casa de Cornelio fue un sermón inolvidable. ¿Qué elementos debe reunir un sermón para llegar a ser inolvidable?
4. ¿En cuántos cultos inolvidables ha participado usted? ¿Mirando hacia el futuro, qué posibilidades hay que lo que se vivió en casa de Cornelio se repita en su iglesia?

SECCIÓN II

El predicador y su audiencia

El culto inolvidable en casa de Cornelio es el fundamento para toda la tarea que sigue a continuación. Los cuatro factores que contribuyeron de manera decisiva a que la reunión en Cesarea fuese el «éxito» que llegó a ser, son exactamente los mismos elementos que todo predicador debe tener en cuenta si quiere llegar a servir a Dios con excelencia. Los cuatro pilares que mencionamos en la introducción y en el capítulo anterior, sustentan toda la obra del ministerio cristiano de proclamación. Si el predicador no entiende y no sabe tener en cuenta los cuatro factores de forma simultánea, no puede esperar tener un servicio muy fructífero para Dios.

Todo predicador debe ser el mejor pastor posible, por ende, debe conocer a su *audiencia* de forma cercana para poder dar en el blanco con sus sermones. Este es el primer elemento vital en el acto de la predicación. Saber a quienes está predicando le ayudará a todo maestro a presentar a Cristo de modo que sea práctico para las necesidades específicas de sus oyentes. El predicador con su vida y sus sermones hace a la audiencia, y después la audiencia lo hace a él. Todo predicador tiene un mensaje eterno e invariable que comunicar, sin embargo, predica a un grupo de personas concretas que viven en un momento definido de la historia, dentro de un ambiente socio-cultural específico y que, por lo tanto, tienen ciertas características distintivas que fuerzan al hombre de Dios a ser sabio a la hora de preparar su tema. Todo pescador profesional conoce este principio básico. Si hoy sale a pescar salmones debe usar la carnada correcta. Y si mañana sale a buscar truchas, de nada le vale la carnada de ayer. El primer factor a tener en cuenta, entonces, es a quien le estaré predicando mi sermón. En otras palabras, ¿cuál es mi audiencia? Este tema lo estudiaremos con mayor detalle, a continuación, en el capítulo 6 de nuestra obra.

El segundo elemento que lleva al éxito a un culto es el *sermón*, tal como vimos en la historia de Pedro y Cornelio. Producir un sermón de calidad es un trabajo extremadamente arduo que demanda las mejores cualidades y el mayor esfuerzo de un ministro cristiano. Esta realidad, tantas veces no reconocida, es lo que hace que muchos ministros prefieran dedicarse a la visitación, al aconsejamiento, al evangelismo personal, antes que sentarse a estudiar. Al hacer eso, no obstante, entran en una espiral descendente, que a la larga termina arruinando sus ministerios. El predicador auténticamente cristiano, de forma indefectible, siempre le dará lo mejor de sí mismo y las primicias de su tiempo a la predicación. Semana tras semana, año tras año, décadas tras década. Aprender a desarrollar ese sermón excelente y entregarlo de forma persuasiva es el corazón de nuestra obra. Esto abarca desde el capítulo 7 hasta el 17.

El tercer elemento que es críticamente importante para llegar a tener un culto inolvidable es la *persona del Predicador*. En última instancia, el predicador con su personalidad, conocimientos, experiencia, idiosincrasia, y vida espiritual, es quien produce el sermón. De este manantial fluye todo lo demás. El predicador es más importante que el sermón, porque es él quien con su vida, trae el sermón a la vida o a la muerte. En consecuencia, todo predicador debe tener un hábito diario en cultivar las disciplinas espirituales, de modo que crezca en el conocimiento de Cristo y su misión, para el momento y las circunstancias en las que el Señor le ha colocado. El predicador siempre será el canal por donde descenderán las bendiciones de lo alto.

La importancia de este tema: cómo se prepara el predicador para la tarea y qué cualidades y disciplinas debe cultivar son los temas que tratamos en los capítulos 18 y 19 de este libro. Esta sección es decisiva porque Dios no puede bendecir programas. Dios solo bendice y unge hombres y mujeres de fe.

Y luego, cuando finalmente todo se ha completado, y el sermón ha sido entregado, esperamos que **Dios intervenga de forma sobrenatural** en nuestros cultos, de la misma manera que lo hizo durante el culto inolvidable en casa de Cornelio. Este es el cuarto elemento que compone al acto de la predicación. Por tanto, es imprescindible comprender la naturaleza de nuestro ministerio, nuestra relación con el Espíritu Santo, y qué debemos hacer para prepararle el camino a fin de que el Señor nos visite con toda su gloria y poder, impactando las vidas de quienes reciben nuestra predicación. Este tema lo explicaremos en nuestro capítulo 20.

A continuación, analizaremos estos cuatro factores: la audiencia, el sermón, el predicador y finalmente como traer a Dios a nuestros cultos. Confiemos entonces que cuando lleguemos al final del viaje, Dios pueda vivificar los huesos secos a quienes somos llamados a ministrar. Comenzamos, por tanto, analizando el tema de los oyentes que se reúnen a escuchar al mensajero.

CAPÍTULO 6

¿Cuál es mi audiencia?

«Con muchas parábolas como estas les hablaba la palabra, *conforme a lo que podían oír*» (Marcos 4:33).

La audiencia y la ocasión determinan el sermón

«¿Querrías predicar al grupo de jóvenes esta tarde?».

Era el verano de 1992, y me encontraba en la ciudad de Portland. Había sido invitado por un grupo de iglesias a enseñar un taller sobre el tema de *Liderazgo*. El evento concluyó el sábado al mediodía, y fue entonces que el Pastor que me había extendido la invitación a enseñar, ahora cordialmente me invitaba a compartir la palabra con los jóvenes de la iglesia.

Aunque me sentía físicamente agotado, y al día siguiente me esperaba un tiempo intenso de ministerio, preferí aceptar el desafío. Al saber que debía dirigirme al «grupo de jóvenes de la iglesia», en mi mente se dibujó el típico grupo de jóvenes de una iglesia evangélica nueva, de hispanos en Norteamérica: estudiantes de secundaria o universidad oscilando entre los quince y veinticinco años de edad, el 60% provenientes de hogares cristianos, y un 40% de mezcla entre discípulos nuevos y curiosos que aún no han nacido de nuevo.

¿Cuál no sería mi sorpresa al llegar a la Iglesia? Allí se hallaba una multitud de aproximadamente unas trescientas personas. Sus rostros rojizos reflejaban largas horas de trabajo expuestos al sol; sus manos callosas y sus vestiduras gastadas, denotaban un trabajo manual muy arduo. La edad oscilaba entre los doce y los sesenta. Mientras estos «jóvenes» hacían deportes, las hermanas de la iglesia estaban preparando comida para darles de cenar. Y luego tendría lugar el culto.

En ese momento se acerca el pastor, y me explica: «Permíteme que te cuente lo que está pasando. Durante el verano muchas personas que viven en el sur de Estados Unidos llegan al norte para trabajar en los campos recogiendo la cosecha de frutas. Estos son los que llamamos trabajadores migratorios. Comienzan a trabajar en las zonas más templadas del sur del país, y luego, a medida que van pasando las semanas, y el calor va llegando hacia las zonas del Norte, ellos se van desplazando también para levantar distintos tipos de cosechas. Llegan siempre una vez por año y están con nosotros dos o tres semanas, y luego vuelven a sus casas en el sur. Por lo tanto, nosotros lo que hacemos es básicamente atenderles y aprovechar la oportunidad de predicarles el evangelio». Mientras recorría con mis ojos aquella multitud, no vi ninguna Biblia, u otras de las características habituales de aquellos que asisten a un culto evangélico. Entonces de manera inmediata comprendí que el «brillante sermón» que pensaba entregar no iba a dar en el blanco. O predicaba un sermón totalmente diferente, o la experiencia sería un ejercicio completo en futilidad.

Gracias al Señor, aún faltaba una hora y media de tiempo hasta que subiera a predicar, por lo tanto, me encerré en mi automóvil y desarrollé un nuevo sermón. Este episodio, es uno de los tantos que me ha tocado vivir en cinco décadas de ministerio, que ilustra la verdad central de este capítulo: *La audiencia y la ocasión determinan el sermón.*

> *Si erramos al blanco de la audiencia, todo nuestro trabajo terminará en la nada.*

Ustedes y yo somos llamados a predicar a diversos grupos humanos. ¿Qué diferencia puede hacer la audiencia a la cual nos dirigimos? ¿Qué debe saber un predicador en cuanto a la audiencia antes de preparar su tema? ¿Cómo podemos hacer para determinar las características primordiales de un cierto grupo de individuos? ¿Qué hubiera hecho usted en mi lugar? ¿De qué les hubiese hablado a este grupo de trabajadores rurales? En la década de los 90, el presidente de mi país de nacimiento debía entregar dos discursos en la misma mañana. Lógicamente, los discursos se los escriben los profesionales, y en este caso el presidente no se molestó en leerlos de antemano. Bastaba con leerlos a primera vista mientras los iba entregando. ¿Cuál no sería la sorpresa de todos los presentes, cuando el presidente comenzó a leer el discurso equivocado? ¡Pequeño papelón! Lo mismo le puede pasar a un predicador que no reconoce las características de la audiencia.

Si fracasamos en leer a la audiencia, es como predicar el discurso equivocado del presidente. Si erramos al blanco de la audiencia, todo nuestro trabajo terminará en la nada. Cuando dijimos que el éxito de la predicación depende de cuatro factores, mencionamos la audiencia, el predicador, el sermón y la intervención de Dios. Ahora ha llegado la hora de ver cómo la audiencia y la ocasión determinan el sermón.

Al afirmar que «la audiencia y la ocasión determinan el sermón», estoy seguro que alguien podría llegar a preguntar: «Pero, ¿qué determina del sermón exactamente?». ¡Absolutamente todo! El tema, el texto en que lo sustento, el lenguaje utilizado, las ilustraciones empleadas. Inclusive hasta la entrega, cómo lo predicamos, ya que cada audiencia está acostumbrada a oír de modos distintos.

¿En qué nos basamos para hacer estas afirmaciones? En el sentido común, la experiencia ministerial y en la Biblia. Durante más de treinta años predicando a Jesucristo he tenido el privilegio de ministrar en cultos de muy diversas naturalezas y propósitos. He aquí una lista tentativa:

- Un culto regular de adoración del día domingo, pudiendo ser de orden evangelístico o de edificación.
- La cena del Señor.
- Un culto de bautismo, en la iglesia o al aire libre.
- Un funeral.
- Una boda.
- Una reunión de damas.
- Un desayuno de caballeros, o de profesionales.

- Un grupo de jóvenes.
- Una misión de rescate de drogadictos.
- Un grupo de personas jubiladas.
- Una clase de adultos en la escuela dominical.
- Una ceremonia de graduación de estudiantes de una universidad cristiana.
- Un grupo de profesores de un seminario teológico.
- Una campaña evangelística.
- Un congreso misionero.
- Un homenaje a la policía.
- Un culto en una prisión.

La lista podría extenderse aún mucho más. No obstante, resulta más que obvio, que cada una de estas ocasiones demanda un sermón diferente. ¿No sería un poquito absurdo pensar que con el mismo sermón podríamos bendecir a los asistentes a cada uno de estos eventos tan disímiles?

Sin embargo, alguien podría cuestionar: «Pero si la audiencia determina el sermón, ¿no corremos el riesgo de aguar la leche de la palabra? ¿No entramos en un terreno peligroso, donde podemos terminar relativizando el mensaje eterno de Dios?». No, de ninguna manera. Veamos dos ejemplos tomados de la mismísima Escritura.

Las últimas palabras de nuestro Señor Jesús a su iglesia se encuentran en el libro de Apocalipsis. Los capítulos dos y tres del libro contienen las cartas a las siete iglesias de la provincia romana de Asia. Cuando usted las lee, de forma inmediata salta a la vista que el Señor les dirigió un mensaje específico a cada una de ellas, tocando necesidades concretas que demandaban atención. A algunas iglesias las alaba, y no las reprende. A otras las reprende con severidad, y no las alaba. A otras las reprende y las alaba. De acuerdo a sus necesidades, el Señor les hace conocer su voluntad: cosas que debían corregir, prácticas que debían abandonar, pecados que debían renunciar, oportunidades que tenían que capitalizar. Sin embargo, imagine por un instante que el día en que las cartas fueron entregadas el cartero hubiese cometido un error, y entregase todas las cartas confundidas. Por ejemplo, que Esmirna, que era una iglesia pobre y bajo persecución, recibiese la carta a Laodicea, cuando el Señor les reclama: «Tú dices: Yo soy rico, me he enriquecido y de nada tengo necesidad. Pero no sabes que eres desventurado, miserable, pobre, ciego y estás desnudo». ¿No cree que los creyentes se hubieran quedado un tanto perplejos? Muchas veces en nuestras congregaciones, al escuchar los sermones que los pastores entregan, uno se ve forzado a pensar: «Este sermón hubiera sido más provechoso si lo hubieran predicado a los habitantes de Júpiter», ya que no tiene ninguna relación con esta audiencia del día de hoy.

Si no se convenció todavía, entonces permítame ofrecerle el ejemplo más notable que encuentro en la Biblia, de cómo dos predicadores muy diferentes entre sí, adaptaron sus mensajes de acuerdo a las audiencias que enfrentaban, con el propósito de llevarlos al mismo destino final: la fe personal en Jesucristo. Me refiero a los sermones que Pedro entregó el día de Pentecostés, y Pablo a los eruditos atenienses en la Colina de Marte. Ambos se hallan en el libro de Los Hechos (Capítulos 2 y 17 respectivamente).

Pregúntese por un instante: ¿qué tipo de audiencia enfrentaron Pedro y Pablo? Veamos algunos de los rasgos generales de los oyentes de Pedro:

- Estaban en Jerusalén, el centro religioso de la nación.
- Se habían congregado a celebrar una de las tres fiestas solemnes en el calendario religioso hebreo.
- En su gran mayoría, si no todos, eran judíos.
- Un elevadísimo porcentaje estaba familiarizado con «la Ley, los profetas y los Salmos» (nuestro Antiguo Testamento). Muchos los habían memorizado desde niños.
- Conocían muy bien quien era Jesús, y cómo había terminado su carrera terrenal.

Pensemos por un instante en los oyentes de Pablo:

- Estaban en Atenas, la ciudad cuna de la filosofía.
- Eran paganos politeístas que adoraban un sin fin de dioses.
- En su gran mayoría eran griegos.

143

- ¿Conocían las Escrituras sagradas de los hebreos? No.
- ¿Sabrían algo de Jesús de Nazaret? Definitivamente, no.

Las dos audiencias no podían ser más disímiles, no obstante, todos debían conocer al único Salvador universal. En consecuencia, veamos a continuación como Pedro y Pablo viajan por rutas muy distintas y, sin embargo, los dos llegan al mismo destino. Comparemos los dos sermones:

[14] Entonces Pedro, poniéndose en pie con los once, alzó la voz y les declaró:	[22] Entonces Pablo poniéndose en pie en medio del Areópago, dijo:
Varones judíos y todos los que vivís en Jerusalén, sea esto de vuestro conocimiento y prestad atención a mis palabras, [15] porque estos no están borrachos como vosotros suponéis, pues apenas es la hora tercera del día	Varones atenienses,
[16] sino que esto es lo que fue dicho por medio del profeta Joel:	
[17] *Y sucederá en los últimos días –dice Dios– que derramaré mi Espíritu sobre toda carne; y vuestros hijos y vuestras hijas profetizarán, vuestros jóvenes verán visiones, y vuestros ancianos soñarán sueños;* [18] *y aun sobre mis siervos y sobre mis siervas derramaré mi Espíritu en esos días, y profetizarán.* [19] *Y mostraré prodigios arriba en el cielo y señales abajo en la tierra: sangre, fuego y columna de humo.* [20] *El sol se convertirá en tinieblas y la luna en sangre, antes que venga el día grande y glorioso del Señor.* [21] *Y sucederá que todo aquel que invoque el nombre del Señor será salvo.*	
[22] Varones israelitas, escuchad estas palabras:	

Jesús el Nazareno, varón confirmado por Dios entre vosotros con milagros, prodigios y señales que Dios hizo en medio vuestro a través de Él, tal como vosotros mismos sabéis,

23 a este, entregado por el plan predeterminado y el previo conocimiento de Dios, clavasteis en una cruz por manos de impíos y le matasteis,

24 a quien Dios resucitó, poniendo fin a la agonía de la muerte, puesto que no era posible que Él quedara bajo el dominio de ella.

25 Porque David dice de Él:

Veía siempre al Señor en mi presencia; pues está a mi diestra para que yo no sea conmovido.

26 Por lo cual mi corazón se alegró y mi lengua se regocijo; y aun hasta mi carne descansará en esperanza.

27 Pues tú no abandonarás mi alma en el Hades, ni permitirás que tu santo vea corrupción.

28 Me has hecho conocer los caminos de la vida; me llenarás de gozo con tu presencia'.

29 Hermanos, del patriarca David os puedo decir confiadamente que murió y fue sepultado, y su sepulcro está entre nosotros hasta el día de hoy.

30 Pero siendo profeta, y sabiendo que Dios le había jurado sentar a uno de sus descendientes en su trono,

31 miró hacia el futuro y habló de la resurrección de Cristo, que no fue abandonado en el hades, ni su carne sufrió corrupción.

32 A este Jesús resucitó Dios, de lo cual todos nosotros somos testigos.

percibo que sois muy religiosos en todo sentido.

23 Porque mientras pasaba y observaba los objetos de vuestra adoración, hallé también un altar con esta inscripción: 'Al Dios desconocido'. Pues lo que vosotros adoráis sin conocer, eso os anuncio yo.

24 El Dios que hizo el mundo y todo lo que en él hay, puesto que es Señor del cielo y de la tierra, no mora en templos hechos por manos de hombres,

25 ni es servido por manos humanas, como si necesitara de algo, puesto que Él da a todos vida y aliento y todas las cosas;

26 y de uno hizo todas las naciones del mundo para que habitaran sobre toda la faz de la tierra, habiendo determinado sus tiempos señalados y los límites de su habitación,

27 para que buscaran a Dios, si de alguna manera, palpando, le hallen, aunque no está lejos de ninguno de nosotros;

28 porque en Él vivimos, nos movemos y existimos, así como algunos de vuestros mismos poetas han dicho: «Porque también nosotros somos linaje suyo».

29 Siendo, pues, linaje de Dios, no debemos pensar que la naturaleza divina sea semejante a oro, plata o piedra, esculpidos por el arte y el pensamiento humano.

30 Por tanto, habiendo pasado por alto los tiempos de ignorancia,

³³ Así que, exaltado a la diestra de Dios, y habiendo recibido del Padre la promesa del Espíritu Santo, ha derramado esto que vosotros veis y oís.	
³⁴ Porque David no ascendió a los cielos, pero él mismo dice:	
'Dijo el Señor a mi Señor: siéntate a mi diestra, ³⁵ hasta que ponga a tus enemigos por estrado de tus pies'.	
³⁶ Sepa, pues, con certeza toda la casa de Israel, que a este Jesús a quien vosotros crucificasteis, Dios le ha hecho Señor y Cristo.	
³⁷ Al oír esto, compungidos de corazón, dijeron a Pedro y a los demás apóstoles: Hermanos, ¿qué haremos?	
³⁸ Y Pedro les dijo: *Arrepentíos* y sed bautizados cada uno de vosotros en el nombre de Jesucristo para perdón de vuestros pecados, y recibiréis el don del Espíritu Santo. ³⁹ Porque la promesa es para vosotros y para vuestros hijos y para todos los que están lejos, para tantos como el Señor nuestro Dios llame.	Dios declara ahora a todos los hombres, en todas partes, *que se arrepientan,* ³¹ porque Él ha establecido un día en el cual juzgará al mundo en justicia, por medio de un Hombre a quien ha designado, habiendo presentado pruebas a todos los hombres al resucitarle de entre los muertos.
⁴⁰ Y con muchas otras palabras testificaba solemnemente y les exhortaba diciendo: Sed salvos de esta perversa generación.	
⁴¹ Entonces los que habían recibido su palabra fueron bautizados; y se añadieron aquel día como tres mil almas.	³² Y cuando oyeron de la resurrección de los muertos, algunos se burlaban, pero otros dijeron: Te escucharemos otra vez acerca de esto. ³³ Entonces Pablo salió de entre ellos. ³⁴ Pero algunos se unieron a él y creyeron, entre los cuales estaban Dionisio el areopagita, una mujer llamada Dámaris y otros con ellos.

En la columna de la izquierda leemos el sermón de Pedro, en la de la derecha el de Pablo. Los dos comienzan del mismo modo: ambos poniéndose de pie y pidiendo la palabra. No hemos cambiado mucho, como podrá ver, a pesar del correr de los siglos. A partir de allí, con todo, los dos toman caminos muy distintos. A simple vista se notan las grandes diferencias.

Pedro comienza donde está la mente y el corazón de la audiencia, despejando las dudas en cuanto al estado emocional de los creyentes que recibieron el Espíritu Santo. Para fundamentar esta experiencia en la Biblia, apela al profeta Joel citando uno de sus párrafos (Joel 2:28-32). A partir de ahí comienza a explicar el ministerio de Jesús y cómo encaja dentro del programa de Dios. Su meta es demostrar que Jesús era el Mesías esperado, y que su vida y su muerte son el cumplimiento de las profecías contenidas en los escritos mesiánicos, por lo cual cita dos párrafos de los Salmos (Salmo 16:8-11; Salmo 110:1). Como puede ver, Pedro tres veces emplea el Antiguo Testamento para sustentar sus argumentos. A continuación declara que Jesús es Señor y Cristo, y prácticamente no hizo falta que hiciera la invitación... Los oyentes fueron atravesados por la palabra, y respondieron de forma masiva, preguntando qué debían hacer. El predicador, en consecuencia, les explicó cómo podían apropiarse de forma personal de la salvación ofrecida por Dios a través del arrepentimiento y la fe en Jesucristo. El resultado final de este día inolvidable fueron tres mil personas que se añadieron a la iglesia de Jesús.

Pablo, por otra parte, hace la introducción al tema buscando establecer un terreno común con la audiencia. No comienza poniéndolos por abajo o condenándolos, aunque eran idólatras. Más bien da vuelta a este hecho triste y lo utiliza para introducir al gran Dios que adoraban sin conocerle. Apela a la creación para comenzar a desplegar ante ellos algunos de los atributos del Dios verdadero. Inclusive cita a uno de sus mismos poetas para demostrar que no es el único que piensa de esta manera. A continuación los llevó a la vida de Jesucristo, y el imperativo moral que su resurrección implica para toda la raza humana: ¡arrepentirse! Lamentablemente, nunca pudo terminar el sermón. Los que escuchaban se dividieron en tres grandes grupos: la mayoría reaccionó burlándose; otros no estaban listos para una decisión y pidieron más tiempo; una pequeña minoría aceptó el mensaje. Los mismos resultados que tienen lugar cada vez que predicamos el evangelio en la actualidad. Como puede observar, Pablo nunca utilizó las profecías del Antiguo Testamento.

Dos predicadores con distintas personalidades, dos audiencias diferentes, dos sermones Cristo-céntricos adaptados perfectamente a los oyentes, pero con un solo destino final: la misma demanda de una respuesta personal hacia Cristo a través del arrepentimiento. Estos dos ejemplos bíblicos, el de Cristo y el de los apóstoles, nos demuestran de manera poderosa y práctica, que cada predicador que quiera proclamar el mensaje eterno de Dios tiene que aprender a tener en cuenta a la audiencia que vive en ese tiempo. Y por lo tanto, su mentalidad está saturada de las ideas, los valores y las prácticas de una cierta cultura. De no conocer las características de sus oyentes, el predicador nunca podrá construir puentes efectivos que le permitan llegar al corazón de aquellos a quienes desea alcanzar para su Señor.

A lo largo de treinta años que llevo ministrando como Pastor a tiempo completo, he invitado a predicar a docenas de distintos hermanos a las dos iglesias que guiamos y debo confesar, que de todos los que pasaron me sobran los dedos de la mano para contar a los que dieron en el blanco. La incapacidad de no saber leer a la audiencia, de no entender a quienes me estoy dirigiendo, es uno de los factores más comunes en el fracaso de tantos sermones. Por el contrario, cuando una persona tiene la sabiduría práctica de anticiparse a la ocasión, haciéndose o haciendo preguntas relevantes, siempre tendrá muchas mejores posibilidades de dar en el blanco.

¿Qué debemos saber, entonces, en cuanto a una audiencia determinada para poder comunicar el mensaje con efectividad? He aquí una lista tentativa:

1. Sus características generales:

En el momento de escribir estas páginas mi lugar de residencia era Estados Unidos de América. Describiendo a grandes rasgos a la sociedad americana uno bien podría decir:

- Goza de uno de los *standards* de vida más altos en toda la historia.
- Cuentan con más dinero y tiempo para divertirse que ninguna generación anterior.

- Tienen el liderazgo en casi todas las áreas tecnológicas.
- Pueden ofrecer la medicina más avanzada (a los que tienen dinero para pagarla...).
- Es el país líder del primer mundo.

Y paradójicamente esta es una sociedad donde:

- Un tercio del dinero se gasta en los mostradores de las cadenas de comida rápida.
- Millones dependen de la asistencia social del gobierno.
- 60% de las mujeres trabajan fuera del hogar.
- Los atletas profesionales ganan millones por años, y un científico centavos en comparación.
- Los adolescentes gastan dos mil millones de dólares por año.
- El 55% de los matrimonios termina en la corte de divorcio.
- El 50% de los crímenes ocurren dentro de las paredes del hogar.
- 1,3 millones de bebés son abortados por año en nombre de la libertad de elección.
- La TV (y los DVDs) llena 40 horas por semana en el 50% de las familias promedio.
- Se consumen 17 millones de toneladas de píldoras para dormir cada noche.
- «La tierra de los libres, ha llegado a ser la adicta número uno»[11].

Es obvio que las dinámicas, problemas y características culturales de la sociedad americana, no son exactamente las mismas de aquellos que viven en Colombia, España o Argentina. Las cosas que preocupan a una sociedad, no son problema para otra, y viceversa. Las características generales de una sociedad determinada: su idiosincrasia, sus valores colectivos, su modo de comunicarse, son el primer elemento a tener en cuenta en nuestra tarea de diseñar un sermón si esperamos que dé en el blanco de una audiencia específica.

---

[1] Estas son las palabras de Warren Bennis, profesor de Liderazgo en USC (Universidad de California del Sur). En su libro, *On Becoming a Leader* (*Llegando a ser un líder*).

2. Su composición social:

«Dios los cría y ellos se juntan», reza el refrán popular. Y con justa razón. Es notable ver como de acuerdo a los valores culturales que un cierto grupo de individuos adopta, así termina siendo la personalidad colectiva de las personas. El Nuevo Testamento refleja esta realidad. Los cretenses eran: «... siempre mentirosos, malas bestias, glotones ociosos» (Tit. 1:12), mientras que los de Berea «eran más nobles». Y de acuerdo a estos rasgos, Pablo le aconseja a Tito cómo debe tratar a los Cretenses: «Por eso, repréndelos duramente...», le aconseja. Todo predicador con corazón de pastor debe tener en cuenta estas cosas.

Dentro de todos los factores culturales, permítame recordarle que debemos tener mucho cuidado con las *sensibilidades raciales*. Estoy seguro que si usted es un caballero, más de una vez ha visto los partidos de futbol de nuestras selecciones nacionales. Permítame preguntarle entonces, ¿vio alguna vez algún jugador con rasgos africanos en el equipo nacional de Argentina? Nunca. Esto se debe a que los españoles no trajeron personas de África a nuestras tierras. Habiéndome criado en una sociedad racialmente uniforme, nunca me imaginé las sorpresas que tendría con el correr de los años al salir de las fronteras de mi país.

Hace años atrás comencé un sermón diciendo: «Félix era una oveja negra. Tan negra era, que hasta sus colegas en la política se daban cuenta...». Al usar la expresión una oveja negra, en mi mente no tuvo entonces, ni la tiene hoy, una connotación racial. Sin embargo, cuál no sería mi sorpresa cuando durante la semana, en una de las reuniones de células, un joven de rasgos africanos me llama aparte y me dice: «Dígame Pastor, ¿por qué siempre lo negro es sinónimo de malo?». Mi sorpresa no pudo ser mayor. Sin embargo, al escucharle contar durante varios minutos cómo siempre este joven sentía que los blancos los ponemos por debajo en nuestro modo de hablar, fue toda una lección con respecto al tema de las sensibilidades raciales. Desde ese momento, tuve que aprender que muchas expresiones inocentes en apariencia («lo negro del pecado», por ejemplo) pueden ser profundamente ofensivas para muchos de mis hermanos.

Al poco tiempo, un joven criado también en el hemisferio sur, no tiene mejor idea que decir en uno de sus sermones: «Se me sale el indio...». Al final de la reunión, un joven de descendencia indígena lo confrontó con el uso de esa expresión. Al hacerlo, me hizo pensar cuántas veces, por no saber mejor, decimos cosas que son profundamente ofensivas, y ni siquiera somos conscientes del error que estamos cometiendo.

Si usted predica a una unidad cultural y racial, su tarea es mucho más sencilla. En mi ministerio, tanto en Vancouver como en Pasadena (California), las congregaciones que

> *Cuántas veces por no saber mejor decimos cosas que son profundamente ofensivas, y ni siquiera somos conscientes.*

he tenido el privilegio de servir fueron un mosaico de casi todas las nacionalidades de nuestro continente. Además teníamos descendientes de europeos del norte y del sur, nativos, africanos y orientales. Y todas estas vertientes raciales se entremezclaban con decenas de sensibilidades culturales, para hacer un cóctel altamente explosivo para el predicador inexperto.

Inclusive, al mencionar los valores culturales, ¿nunca se dio cuenta cómo estos valores determinan el modo en que un cierto grupo racial escucha un sermón? Los «güeros» (los blancos, tal como les dicen los Centroamericanos) escuchan impávidos, sin que se les mueva un músculo en la cara. Para muchos de ellos, decir «amén», o «aleluya», es una señal de debilidad mental. Algo digno de la chusma inculta. Cuando me ha tocado predicarles, he sentido que sería más fácil predicarles a los gigantes de piedra de la *Isla de Pascua* y del *Monte Rushmore*, que predicarles a ellos. Por el contrario, los descendientes de las naciones africanas son el polo opuesto. Mientras el predicador habla, se ponen de pie, gesticulan, le hablan de regreso al predicador... Tener hermanos de origen afro en la audiencia en una bendición inmensa. Con sus amenes y aleluyas pueden despertar hasta al predicador más dormido y ponerlo en fuego. Por tanto, la regla siempre es la misma: cada grupo étnico o racial escucha de acuerdo a su modo favorito, y es el predicador que anhela comunicarse con efectividad quien debe aprender a adaptarse a ellos.

3. Su nivel de conocimientos bíblicos y experiencia cristiana:

Si tomáramos como muestra la audiencia en un culto evangélico «típico» de un domingo a la mañana, podríamos compararla con una pirámide.

El 20% de arriba son los creyentes comprometidos. Estos son los pilares del ministerio como consecuencia de años de servicio. Por regla general, son los de mayor conocimiento bíblico y han acumulado experiencias a lo largo de un proceso de décadas. Estos creyentes siempre tienen que ser desafiados a no estancarse, a continuar creciendo. De otra manera, la iglesia puede llegar a arruinarles el alma.

Dentro de ella, hay un 30% de creyentes que están creciendo en el discipulado, pero todavía no han llegado. Han dado pasos significativos en la dirección correcta, pero aún necesitan más conocimientos y mayor madurez personal para desarrollar todo el potencial que Dios les ha otorgado.

Un 40% conforma el grupo mayoritario, donde se entremezclan creyentes nuevos que van subiendo en la escalera del discipulado, y otros que van descendiendo por diversas razones (la mayoría de las veces por rehusar tratar con un pecado específico en sus vidas). Unos necesitan ser instruidos y alentados; los otros deben ser redargüidos, confrontados y corregidos (2 Tim. 3.16-17).

Por último, siempre hay un 10% de personas que no pertenecen todavía a la familia de la fe. Son los curiosos y convencidos que están dando los primeros pasos en la vida espiritual. Algunas de estas personas llegan de manera voluntaria, otros de manera involuntaria. Algunos son sinceros, otros no lo son. Estos necesitan de modo supremo volver a nacer, y es más que obvio que sus conocimientos bíblicos son nulos.

A todo esto debemos agregarle que cada individuo, no importa en qué nivel del discipulado se halle, está atravesando momentos y situaciones personales muy diversas en un momento determinado. En la misma audiencia se sientan el joven soltero, la pareja casada, las viudas y viudos, los divorciados. Algunos están tratando con el problema de la pérdida de trabajo, otros con un diagnóstico médico negativo, otros con una crisis en el hogar. Allí están los padres doloridos por un hijo rebelde, una señorita arrepentida que no sabe si abortar o no, un esposo que está engañando a su conyugue con la secretaria de la oficina, uno que quiere empezar a experimentar con la droga. Algunos llegan al culto victoriosos, otros derrotados y otros son un verdadero enigma. Pero lo cierto es que todos necesitan a Dios y una palabra que hable de modo apropiado y efectivo a sus vidas, si es que serán librados del desastre inmediato y la condenación final a largo plazo.

Esperar alimentar con el mismo plato a «clientes» tan diversos, ciertamente es un desafío no pequeño. Mientras un restaurante ofrece un menú para que cada cliente elija, nosotros con la misma dieta debemos satisfacer a todos. Es crucial, por lo tanto, que el predicador sea al mismo tiempo un buen pastor. **Siempre los buenos pastores son los mejores predicadores.** Debemos conocer de primera mano, entonces, en qué nivel de conocimientos bíblicos y en qué nivel de experiencia personal en la fe se halla nuestro rebaño. El consejo de Proverbios siempre será pertinente para el predicador que quiere ser efectivo en el ministerio en general, y a la hora de predicar en particular: «*Sé diligente en conocer el estado de tus ovejas y mira con cuidado por tus rebaños*» (Pr. 27:23).

4. Su actitud hacia la Palabra de Dios:

Recapitulando todo lo que hemos considerado, debemos agregar la actitud que un cierto grupo demuestra hacia la enseñanza que recibe. El apóstol Pablo se enfrentó a este problema concreto en la iglesia de Corinto, y condicionó de forma determinante su ministerio de enseñanza:

> «De manera que yo, hermanos, no pude *hablarles* como a espirituales, sino como a carnales, como a niños en Cristo. *Les di a beber leche, no alimento sólido, porque aún no eran capaces; ni son capaces todavía*, porque aún sois carnales. En efecto, habiendo entre vosotros celos, contiendas y disensiones, ¿no sois carnales y andáis como hombres?» (1 Cor. 3:1-3).

Este conglomerado de cristianos en lugar de formar un cuerpo armonioso, eran semejantes a un jardín de infantes, lleno de discordias. En lugar de impactar al mundo, el mundo los estaba conformando a su molde. Y todo como consecuencia de su actitud deficiente hacia la enseñanza bíblica que habían recibido. La consecuencia práctica para Pablo, fue que tuvo que aprender a seleccionar de forma correcta lo que debía enseñarles. Aquellos creyentes solo estaban preparados para recibir lo elemental. Lo mismo ocurre en el presente en muchas congregaciones.

El escritor de la Carta a los Hebreos se enfrentó con el mismo problema:

«Acerca de esto tenemos mucho que decir, pero es difícil de explicar, por cuanto os habéis hecho tardos para oír. *Debiendo ser ya maestros después de tanto tiempo, tenéis necesidad de que se os vuelva a enseñar cuáles son los primeros rudimentos de las palabras de Dios; y habéis llegado a ser tales, que tenéis necesidad de leche y no de alimento sólido.* Y todo aquel que participa de la leche es inexperto en la palabra de justicia, porque es niño. El alimento sólido es para los que han alcanzado madurez, para los que por el uso tienen los sentidos ejercitados en el discernimiento del bien y del mal» (Heb. 5:11-14).

A veces considero que sería útil usar la parábola del sembrador como medio para discernir el estado de preparación de una audiencia, preguntándonos: ¿Qué tipo de suelo es esta congregación? ¿Es terreno semejante al que está junto al camino, es terreno espinoso, está lleno de piedras, o es tierra fértil? ¿Qué actitud tienen frente al predicador y el mensaje que se les presenta? ¿Qué porcentaje está llevando fruto a 30, 60 y 100%? Muchos grupos humanos tienen una actitud muy negligente frente a la enseñanza que se les ofrece. En el otro extremo del espectro, se hallan aquellos que ya están tan llenos de letra, que solamente llegan para tomarle examen al Pastor. Por experiencia, debo confesar que en algunos casos, sería más fácil hablar frente al tribunal de la Santa Inquisición, y convencerlos de sus errores, antes que predicar e intentar lograr algún resultado concreto en una congregación como la que describo. Bajo el manto piadoso de mantener la pureza doctrinal, yace un espíritu soberbio que ha perdido toda sensibilidad a la voz de Dios. Qué fantástico sería que todas las audiencias fuesen tan inspiradoras como los creyentes en la casa de Cornelio. Tristemente, esas audiencias son la excepción a la regla.

Toda esta dinámica no debe tomarnos por sorpresa. En el texto que encabeza nuestra página (Mc. 4:33) encontramos que el mismísimo Señor Jesús encontró este problema humano tan real, y en consecuencia, adaptó sus enseñanzas de acuerdo al nivel de la audiencia. Y si él lo hizo, cuánto más debemos aprender nosotros a hacerlo también.

La última pregunta que nos queda por contestar en este capítulo, es: **¿Cómo determinamos las características de una cierta iglesia?**

En primer lugar, cuando somos invitados a predicar *en una iglesia que no conocemos*, o en una ocasión especial, debemos recabar la mayor cantidad de información posible de parte del pastor o de las personas que nos invitan. ¡No hay otra alternativa! En estos casos, el desafío puede ser más agudo, ya que la información que recibimos puede ser muy subjetiva y no precisa. O completamente veraz. En ese caso nuestra tarea se facilita. Sea como sea, es vital que el predicador que visita otra congregación abra bien los ojos una vez que el culto ha comenzado. Debe observar a los que presiden en la plataforma, y mirar con atención a quienes conforman la audiencia. Y usando la capacidad de intuición que Dios nos ha dado, tendrá que aprender a hacer ajustes a lo largo de la marcha.

En segundo lugar, *cuando se trata de nuestra propia iglesia*. Aquí el pastor debe estar de modo continuo con las antenas levantadas buscando captar todas las señales posibles. Las visitas pastorales, las personas que vienen a pedir consejo durante la semana, los diálogos al final del culto, las conversaciones informales, son fuentes muy importantes que siempre nos ofrecen datos valiosísimos.

Como lo diremos varias veces a lo largo de nuestra obra, *el predicador está siempre en preparación*. Siempre está a la búsqueda de encontrar nuevos medios para cumplir el cometido asignado por Dios con efectividad creciente. Esto incluye su tarea de conocer en qué mundo particular viven sus oyentes, ya que el predicador impacta a la audiencia con su persona y su mensaje, pero también la audiencia impacta al predicador.

Alguien preguntará, ¿y cómo terminó la historia del comienzo del capítulo? El versículo bíblico que me vino al corazón fue: «¿De qué

> *El predicador siempre impacta a la audiencia, pero también la audiencia impacta al predicador.*

aprovechará al hombre si ganare todo el mundo y perdiere su alma?» (Mt. 16:26). Mi tema fue: «Un olvido imperdonable». La idea central era no correr el riesgo de que ocupados con tantas ocupaciones legítimas, como es proveer a nuestra familia, terminemos perdiendo lo más importante: nuestra alma. Desarrollé un bosquejo simple:

1. **El valor incalculable del alma**: Un hombre puede ganar todo el mundo, pero esta riqueza palidece frente al valor que Dios le da a nuestra alma.
2. **El peligro de perder nuestra alma**: «Y perdiere su alma...», dice nuestro texto. ¿Cómo podemos perder el alma?
3. **Cristo murió para salvar nuestras almas**: Explicar de forma breve lo que nuestro Señor realizó a nuestro favor con su obra redentora en la cruz.

Rellené esta estructura con información bíblica, con datos actuales, traté de usar la mayor cantidad de ilustraciones que pude recordar... Y subí al púlpito. Comencé haciéndoles repetir el versículo varias veces en voz alta: a los hombres, a las damas, a los jóvenes, etc. Luego entregué el sermón con la pasión y la seguridad como si lo hubiera estado preparando durante varias semanas y meses. ¿El resultado final? El mismo que Pablo experimentó en Atenas: algunos no se interesaron; otros escucharon con atención, pero no respondieron; un grupo pequeño, cuando el pastor hizo la invitación al finalizar, tomaron la decisión de aceptar a Cristo en sus vidas. Un resultado excelente, si se tiene en cuenta lo sucedido.

La predicación se sustenta sobre cuatro elementos. El primero de ellos es la audiencia, y todo predicador debe conocer de antemano el mayor número de sus características primordiales, a fin de que al preparar su sermón pueda afinar al máximo la puntería y así dar de lleno en el blanco. Al hacerlo, estará imitando a su maestro, quien siendo el hombre que habló como ninguno otro ha hablado, nos dice el texto que encabeza este capítulo, que de acuerdo a lo que podían entender les enseñaba. Si el Hijo de Dios, empleó el sentido común, sabios seremos nosotros si imitamos su ejemplo.

En Irlanda del Norte, en una fría noche de invierno un caballero regresaba a su hogar después de terminar su trabajo, cuando de repente tres individuos encapuchados lo atrapan y lo arrastran por la fuerza al interior de un camión. Allí le colocaron un puñal al cuello y le preguntaron: «¿De qué religión es usted?». Conociendo el conflicto que por siglos ha existido entre protestantes y católicos, y como no estaba seguro de qué bando eran sus secuestradores, su mente se convirtió en un torbellino. Finalmente, se le ocurrió la salida perfecta: «Yo soy judío», respondió. Para su consternación escuchó que le respondieron: «Nosotros somos un comando de Alá...».

La moraleja de la historia es: **¡Conozca a su audiencia antes de hablar!**

Preguntas para repaso, reflexión y discusión

1. El autor comparte algunas de sus experiencias en relación a cómo la audiencia influencia el sermón en todas sus dimensiones. ¿Qué casos personales puede añadir usted para ilustrar este principio?

2. ¿Si un chef es contratado para preparar comida, puede con el mismo menú alimentar efectivamente al presidente de la nación, a los pacientes de un hospital, a los soldados de un regimiento, a los atletas de un equipo que competirá en las Olimpiadas de verano? ¿En qué se asemeja la tarea del chef y la del predicador? Comentar.

3. Sánchez afirma: «El predicador siempre impacta la audiencia, pero la audiencia también impacta al predicador». Explicar... Ilustrar...

4. ¿Por qué la mayoría de las personas que «aceptan a Cristo» lo hacen en un culto en la iglesia? ¿Cómo influye la audiencia en el proceso? Considerar 1 Corintios 14:24.

SECCIÓN III

El predicador y su sermón

Tema, texto y propósito

Los cuatro elementos que dan vida a la predicación cristiana son la audiencia, el sermón, el predicador y nuestro buen Dios. En el capítulo que acabamos de cerrar hemos analizado, aunque de forma breve, la relevancia que tiene conocer a la audiencia a la cual dirigimos el mensaje cristiano. A continuación comenzaremos a tratar el segundo componente del acto de la predicación cristiana, o sea, el sermón. Nuestro objetivo es mostrarles los pasos que se deben seguir para desarrollar un sermon efectivo. Este plan ocupará la mayor parte de nuestro libro, es decir, los capítulos 7 al 17.

La primera pregunta que debemos formularnos, como consecuencia, es: ¿Cuál es el primer paso en desarollar un sermón que impacte la vida de nuestros oyentes? Tenemos que entender la importancia que tienen el *propósito*, el *tema* y el *texto bíblico* que sustentará el sermón. Estos tres elementos son inseparables, sin embargo, no siempre nos llegan en el mismo orden.

Tomen por ejemplo el *propósito*. Tantas veces en nuestra interacción con los miembros de la congregación percibimos ciertas necesidades específicas. Hace un tiempo, prediqué el tema *La bendición de nuestros hijos*. ¿Por qué llegué a predicar este sermón? Al escuchar las historias personales de cómo ellos habían sido criados por sus padres y abuelos, y comprender los horrores a los cuales muchos habían sido expuestos, llegúe a la convicción que debía tratar este tema. El propósito era instruirles sobre el privilegio que significa desarrollar los hijos que Dios nos concede, cómo debemos hacerlo, y en consecuencia, alentar a la audiencia a dejar de cometer ciertos errores, y por el contrario, adoptar nuevas actitudes y acciones al hacer esta delicada tarea. En este caso, la necesidad origina el sermón buscando lograr un propósito bien definido y luego elegimos el tema que cubra todos los aspectos y buscamos el texto/s que nos ayude a entender lo que Dios tiene que enseñarnos al respecto.

Otras veces, sin embargo, el *texto* marca el comienzo del sermón. Muchas veces he sido invitado a predicar en otras iglesias para ocasiones especiales, y al extendérseme la invitación, el pastor me dice: «Tenemos un retiro de oración y quisiéramos que predicara tres sermones sobre el Padre Nuestro». En otra ocasión la invitación es: «Hemos organizado un Seminario para matrimonios y nos gustaría que presentara dos sermones sobre 1 Corintios 13, poniendo énfasis en las características del amor verdadero». En muchas otras oportunidades al estudiar nuestra Biblia, un texto nos salta de las páginas de las Escrituras diciendo: «¡Predica de mí!!!». Y cuando lo hacemos en obediencia a la guía del Espíritu Santo, esos sermones siempre producen resultados notables. En todos estos casos el texto inicia el proceso de la construcción del sermón.

En otras ocasiones todo se origina con el tema. De acuerdo a lo que acabamos de ver en cuanto a evangelismo y edificación (en el capítulo cuatro), si nuestro propósito final es hacer más y mejores discípulos para Jesús, entonces debemos trazar un programa de sermones que nos lleve hacia la meta establecida por Dios. Por lo tanto, es sabio establecer un calendario anual donde incluyamos de manera balanceada sermones de los dos tipos mencionados. Así presentaremos temas destinados a mostrar la grandeza y la suficiencia de Dios a los que están fuera del reino. Otras veces nuestro fin será edificar en la fe a los convertidos, por tanto, elegiremos temas que les ayuden a vivir la salvación en sus vidas diarias.

Siendo que el propósito, el texto bíblico y el tema son inseparables, y siempre marcan el principio de nuestra tarea, en las próximas páginas queremos mostrar verdades fundamentales que todos debemos saber con precisión en cuanto a estos componentes esenciales, si esperamos que nuestra tarea sea coronada con la bendición de Dios. Con todo, siendo conscientes que tantas veces estos tres elementos no nos llegan en el mismo orden, hemos elegido comenzar con el tema principal que sustenta todos los temas del predicador, luego veremos cómo elegir un texto/párrafo que ofrezca el cimiento para el tema elegido, y de allí pasaremos al destino final (propósito) que esperamos alcanzar con nuestro sermón.

CAPÍTULO 7

¿Cuál es mi tema?

El contenido del sermón hace o deshace a la iglesia

La iglesia estaba empantanada. Al igual que un carro sumergido en el barro hasta los ejes, no iba ni para atrás ni para adelante. Todos los esfuerzos del pastor chocaban contra un muro imposible de pasar. Los no cristianos no venían a la fe; los creyentes indiferentes seguían inconmovibles en su indiferencia; unos pocos mostraban algo de interés por el ministerio, pero en general, la congregación daba más señales de muerte que de vida. El cuadro era francamente depresivo. Fue entonces que el pastor se hizo la siguiente reflexión: «Si mi predicación no está produciendo resultados visibles, ¿cuál es la diferencia con los predicadores del primer siglo? A ellos los acusaban de «trastornar al mundo entero» (Hch. 17:6), en cambio, yo no puedo hacer ni siquiera un abolladura en la armadura de los miembros de la iglesia. ¿Qué predicaron ellos que produjo resultados tan extraordinarios? Voy a averiguarlo, si es posible».

El pastor tomó su Biblia, se dirigió al libro de Los Hechos, luego pasó a algunas de las epístolas, y estas fueron las conclusiones que sacó de su estudio.

Lo primero que observó fue aquello que los predicadores cristianos *no proclamaron*:

No atacaron la idolatría existente

El cristianismo no creció en un vacío. El imperio romano estaba plagado de idolatría en todas las direcciones. Las grandes ciudades estaban sembradas de templos colosales y millones de altares. Las villas pequeñas no eran muy diferentes. Se decía que en Atenas era más fácil encontrar un dios que encontrar un ser humano. Así y todo, nunca leemos que los apóstoles emprendieran un ataque contra Júpiter, Venus, o Diana. Tampoco intentaron entrar en diálogo con los cultos falsos.

No predicaron una idea o una teoría

No presentaron una idea producto de sus reflexiones, investigaciones o avanzados razonamientos. Más bien, Pablo enfatiza que por decisión propia evitó cualquier tipo de razonamientos que se parecieran a los de los filósofos griegos, «para que vuestra fe no descanse sobre la sabiduría de los hombres» (1 Cor. 2:5).

No proclamaron un plan de mejora personal

No ofrecieron una serie de enseñanzas éticas sobre cómo ser una mejor persona, un mejor esposo/a, un mejor padre/madre, un mejor ciudadano. Ni siquiera mencionaron el Sermón del Monte como el modelo ideal del ser humano feliz y perfecto.

Tampoco contaron su testimonio personal

Aunque sus vidas fueron dramáticamente impactadas, transformadas, e inspiradas por Jesús, nunca nos contaron los detalles de ese proceso. Nunca compartieron con las multitudes cómo ellos reaccionaron ante el ejemplo y las enseñanzas del Cristo viviente.

Cuando los apóstoles salieron a las calles, el corazón de su mensaje tenía que ver con los grandes hechos objetivos de Dios consumados en la historia humana a través de Cristo Jesús. Sus mensajes fueron una ampliación, explicación y aplicación del «mini evangelio» de 1 Corintios

> *Cada ser humano que vive en este mundo anhela conocer y gustar la gloria de Dios.*

15:3-4: «que Cristo murió por nuestros pecados, conforme a las Escrituras; que fue sepultado y que resucitó al tercer día, conforme a las Escrituras». Los predicadores se presentaron a las multitudes no como eruditos, sino como testigos oculares: «No podemos dejar de anunciar lo que hemos visto y oído» (Hch. 4:20). ¿Cuáles fueron exactamente las grandes realidades que proclamaron? ¿En qué consistía el *kerygma*? ¿Qué era el corazón del evangelio? Estos son los cuatro grandes eventos, temas, que anunciaron con denuedo:

El reino de Dios ha invadido a la historia humana

El reino del que hablaron los profetas de la antigüedad se ha hecho una realidad palpable a través de Jesucristo. La edad de oro, de la cual profetizaron los videntes, está en medio nuestro. Dios mismo ha venido a vivir entre los humanos como uno de nosotros. Su propósito es darnos a conocer el corazón de amor del Padre y destruir el reino de las tinieblas con su control sobre nuestras vidas. Las obras de poder que Cristo realizó, y que los predicadores de la iglesia continuaron, son el testimonio de que los poderes malignos han recibido un golpe mortal, y deben batirse en retirada. «Los ciegos ven, los cojos andan, los leprosos son limpiados, los sordos oyen, los muertos son resucitados y a los pobres es anunciado el evangelio» (Mt. 11:5) es la demostración práctica y final de que el Mesías ha aparecido y no debemos esperar a nadie más. Y aunque el reino espera su consumación final en el futuro, el nacimiento de Jesús marca el inicio de la nueva era en los planes de Dios.

La cruz es la respuesta al pecado y sufrimiento humano

Cada ser humano que vive en este mundo anhela conocer y gustar la gloria de Dios. Algo dentro de nuestra alma suspira por encontrar algo sublime e inexplicable, difícil de poner en palabras tantas veces, pero muy real y poderoso. En las palabras del predicador de la antigüedad:

«(Dios)… ha puesto *eternidad en sus corazones*, sin embargo, el hombre no descubre la obra que Dios ha hecho desde el principio hasta el fin» (Ec. 3:11). Agustín hizo eco de estas palabras cuando dijo: «Nos has hecho para ti y nuestro corazón está inquieto hasta que repose en ti»[1].

Sin embargo, contra esta sed de eternidad del alma humana se levantan dos dragones gigantes: el pecado personal y el sufrimiento humano. En cada corazón humano vive un héroe encadenado. El pecado es el poder que nos ata, que nos reduce a la impotencia, que roba nuestras mejores posibilidades, nuestro peor enemigo personal. Tristemente, todos por conocerlo en nuestra experiencia personal debemos darle la razón a Jesús cuando dijo: «El que comete pecado es esclavo del pecado» (Jn. 8:34).

El segundo dragón, es el dilema del sufrimiento humano. Desde el día que el pecado entró al jardín del Edén, hombres corrientes, filósofos y eruditos, han tratado de explicar el problema del sufrimiento. Todas aquellas cosas horribles que no tienen sentido y que llegan a nuestra vida sin que las pidamos, ni las merezcamos. Y mientras buscamos en mil direcciones respuestas que puedan satisfacer los cuestionamientos de la mente y traigan paz al corazón, el secreto de la victoria sobre el dolor nos elude.

Sobre este trasfondo oscuro del pecado y el sufrimiento humano los predicadores primitivos encendieron la luz refulgente de la cruz de Jesucristo. La cruz de Cristo, demostrando que el que más sufrió por nuestra redención es el Creador del universo, cargando el castigo de Dios y llevando sobre su cuerpo todos nuestros pecados, dolores y enfermedades. Esa cruz fue la vindicación de la justicia, la sabiduría y el poder infinito de Dios. Pero también, fue el altar donde el Cordero de Dios obtuvo eterna redención, desplegó su amor invencible, y nos ofrece perdón de pecados y gracia inmerecida a todo aquel que se vuelva hacia él en arrepentimiento y fe.

La resurrección de Cristo es la demostración de la victoria final de Dios

Si los humanos odiamos el pecado, y tratamos de evadir el sufrimiento, con todo hay un enemigo que es el último y el peor de todos, del cual

---

[1] San Agustín, *Confesiones*, Ediciones Paulinas, Buenos Aires, pág. 13.

nadie puede escapar. La fría muerte con su hoz siempre ha sembrado terror en el alma de nuestra raza (Heb. 2:14-15). Y la muerte de Jesús en la cruz hubiese sido la gran derrota cósmica, de no haber sido por la resurrección victoriosa de entre los muertos. En aquel primer día de la semana, nuestro Salvador se levantó como el Señor de la muerte, el sepulcro y el Hades, e introdujo la inmortalidad por el evangelio. La resurrección le dio el nombre que es sobre todo nombre y lo sentó en el lugar más encumbrado del universo, sobre todo principado y potestad.

Si hay una palabra que distingue el contenido de la predicación cristiana apostólica es la palabra resurrección. Los apóstoles siempre la presentaron como el evento que cambió sus vidas y el curso de la historia. Este hecho del cual ellos eran testigos marcaba la diferencia con todos los otros pretendidos salvadores. La resurrección era tan central en su prédica, que aún los paganos, aunque no alcanzaban a entender todo el mensaje, con todo, debían reconocer que este era el punto principal que anunciaban. Vaya como ejemplo el reporte que Festo le hace a Agripa en relación a Pablo, quien estaba detenido en Cesarea: «Levantándose los acusadores, presentaban acusaciones contra él, pero no de la clase de crímenes que yo suponía, sino que simplemente tenían contra él ciertas cuestiones sobre su propia religión, y *sobre cierto Jesús, ya muerto, de quien Pablo afirmaba que está vivo...*» (Hch. 25:18-19). ¡Qué testimonio! La resurrección de Jesús era la médula de lo que Pablo llamaba «la locura de la *predicación* (kerygmatos)» (1 Cor. 1:21). En este caso, tenía en mente el contenido del mensaje, no la forma de proclamarlo.

> *Si hay una palabra que distingue el contenido de la predicación cristiana apostólica es la palabra resurrección.*

Los humanos deben volver a Dios en arrepentimiento y fe

Si la resurrección de Jesús es la gran noticia y la mejor noticia que los humanos podemos oír, la otra cara de la moneda es que al mismo tiempo coloca sobre nuestros hombros la responsabilidad más inmensa, porque es el fundamento de que Dios ha establecido un día cuando juzgará al mundo con justicia (Hch. 17:31). Por tanto, en Jerusalén, en Atenas y donde quiera que predicaran los apóstoles, de manera indefectible terminaban el sermón con la necesidad de nuestra salvación individual. Frente a los grandes hechos de Dios en Cristo, los humanos debemos responder con verdadero arrepentimiento hacia Dios y fe en el Señor Jesucristo. De no hacerlo, somos moralmente culpables y permanecemos bajo la ira de Dios. Por el contrario, cuando nos volvemos a Dios en arrepentimiento, fe y amor, recibimos más de treinta beneficios[2].

Cuando el Espíritu Santo descendió en forma tan dramática en Pentecostés, los judíos que vieron lo que ocurrió exclamaron con asombro: «Les oímos hablar en nuestra propia lengua *las grandes obras de Dios*» (Hch. 2:11). Esto era lo que los judíos necesitaban oír aquel día distante en el pasado, y es lo que nuestra generación confundida y atemorizada necesita escuchar con vigor renovado en el presente. No un evangelio vago y difuso, sino una clarinada de atención que despierta al dormido; un flechazo que va directo a lo más íntimo del ser interior, y produce una reacción intensa: «Varones, ¿qué haremos?». No una aplicación evangelística al final de un sermón de edificación, sino una presentación clara y convincente de cómo Dios actuó de forma decisiva y poderosa en Cristo. No una invitación a pasar al frente, a recibir algo que el oyente no entiende lo que se le está pidiendo que haga. Cuando estos grandes hechos de Dios fueron anunciados bajo el poder del Espíritu Santo, se clavaron (ese es el término que se usa en el griego) en el corazón de aquella multitud (Hch. 2:37), y produjeron los resultados admirables que todos conocemos muy bien. Entonces, exactamente los mismos resultados podemos esperar nosotros en el presente, si recuperamos la fe en el evangelio y comenzamos a predicar con unción y convicción las mismas grandes obras de Dios que los apóstoles predicaron en el primer siglo. Si queremos que nuestras iglesias no sean como la del pastor del comienzo de este capítulo, sino más bien por la bendición de Dios aspiramos a tener un ministerio bíblico que crezca, que se expanda por todo el mundo haciendo más y mejores discípulos para Cristo, entonces debemos comenzar predicando el mismo mensaje que los apóstoles proclamaron.

El evangelio produjo una verdadera revolución desde su primer día. Los apóstoles, no obstante, sabían muy bien que ese era apenas el inicio

---

[2] El Dr. Lewis Sperry Chafer en su obra, *El plan de la salvación*, menciona 33 beneficios que el individuo recibe en el momento de su conversión a Cristo. Cada uno de ellos es digno de un estudio por sí mismo.

de la tarea inmensa que les aguardaba. En consecuencia, sin perder el tiempo, tan pronto los oyentes aceptaron el evangelio comenzaron la obra de edificación de los nuevos discípulos. Hechos 2:41-42 nos informa: «Entonces los que habían recibido su palabra fueron bautizados, y se añadieron aquel día como 3.000 personas. Y se dedicaban continuamente a las *enseñanzas de los apóstoles*, a la comunión, al partimiento del pan y a la oración». Y desde aquel día hasta hoy, la iglesia de Jesucristo ha seguido conquistando el mundo e impactando cada generación por el trabajo de personas que comprendieron con exactitud lo que demanda la Gran Comisión y predicaron el evangelio con denuedo y edificaron a los recién convertidos en la doctrina de Cristo. Si el *Kerygma* puso en movimiento la iglesia, ahora la *Didajé* debía conservar los frutos. Este programa de evangelismo y discipulado siempre ha dado los mejores resultados, y nos ofrece a cada uno de nosotros que ministramos en el siglo XXI varios desafíos concretos. Entre ellos:

○ *Defina el perfil de sus cultos*

Durante siglos la inmensa mayoría de las iglesias evangélicas funcionaron con el modelo de tres cultos durante la semana. Los evangélicos lo establecieron en los países protestantes y mediante los misioneros diseminaron esta estrategia por todo el mundo. Domingo a la mañana, Escuela Dominical y culto de adoración, o una combinación de los dos. El énfasis era la instrucción y edificación de los creyentes de todas las edades. Domingo a la noche, culto de evangelismo. Ahora los creyentes debían hacer el esfuerzo de traer a sus familiares y amigos a la iglesia para escuchar el mensaje de salvación. Miércoles, culto de oración y enseñanza. Esta era la oportunidad de practicar lo que nos enseña Hechos 2:42.

Este modelo, sin embargo, para una gran mayoría en la actualidad es cosa del pasado. El culto de los miércoles en el salón ha sido reemplazado por el ministerio de células, lo cual es una estrategia mucho más efectiva para el discipulado. Sin embargo, el culto que recibió el tiro de gracia, y terminó en su sepultura, fue la reunión de los domingos a la noche. El tiro de gracia a este se lo dio el «gran dios entretenimiento» con la aparición de la TV. Durante la década de los cincuenta y sesenta, cuando la TV no estaba tan difundida, el impacto que tuvo no fue tan marcado. Mas, cuando las trasmisiones vía satélite comenzaron a unir el planeta en la década de los setenta, poco a poco el culto de los domingos por la noche fue muriendo por asfixia. Este culto solamente sobrevive en ciudades y pueblos pequeños, donde la gente no tiene con qué entretenerse. Inclusive en Latinoamérica está desapareciendo por carencia de medios económicos y falta de seguridad.

La muerte de este culto de pronto ofreció un nuevo desafío a las iglesias. ¿Qué harían con los visitantes que llegaran a los cultos del domingo a la mañana? ¿Les predicarían un mensaje que ellos pudiesen entender? ¿O simplemente los ignorarían? ¿Modificarían el formato para que los visitantes se sintiesen parte de la acción, o los dejarían simplemente de espectadores? La gran mayoría de pastores, con ojos de murciélagos, decidieron cancelar el culto de los domingos por la noche y punto final. Problema resuelto. El domingo a la mañana siguió como de costumbre, diseñado para educar a los santos en la gloriosa fe. Si los nuevos no entienden nada y no vuelven más, es problema de ellos por no ser mejores teólogos y no entender Efesios 4:11. Una minoría de pastores, no obstante, tuvieron ojos de águila, adaptaron sus programas y sermones para responder efectivamente a la nueva realidad social, y sus iglesias no dejan de crecer e impactar a sus comunidades. Esta nueva realidad presenta un desafío y demanda una respuesta concreta. ¿Cómo hacerlo?

En nuestro ministerio actual, al preparar los sermones para el culto del día domingo, en mi mente tengo como punto de enfoque a los curiosos, convencidos y convertidos, tal como aprendimos en el capítulo cuatro. ¿Quiere decir esto que los comprometidos y consagrados son ignorados? De ninguna manera. Si usted sabe qué temas predicar, los más avanzados en la fe también recibirán beneficios de su predicación. ¿Qué hacemos con los convertidos, comprometidos y consagrados? Para ellos tenemos las células, donde se tratan temas de carácter pastoral, y una reunión de enseñanza durante la semana donde tratamos temas más avanzados de doctrina. En nuestro caso particular, los viernes a la noche es mi oportunidad de llevarlos por los libros y las doctrinas fundamentales de nuestra fe. En este tiempo estoy enseñando Romanos, la constitución del cristianismo. Siendo fiel a la predicación expositiva, ya he predicado 20 sermones, y recién hemos completado el capítulo 6. Cuando termine habré entregado cerca de setenta sermones. Los temas de Romanos están dirigidos hacia los de adentro, pero una vez más, si el predicador hace su trabajo bien, los curiosos y convencidos que aparecen ocasionalmente también son beneficiados. Esto me lleva al segundo desafío.

○ *El tema central de sus sermones debe ser Jesucristo*

Si nuestra primera obligación es predicar las grandes obras de Dios a los que están fuera del reino, y si estos llegan tantas veces sin ser invitados a nuestros cultos del domingo a la mañana, entonces, ¿qué temas en particular son preferibles para ellos?

«Todos los caminos conducen a Roma», rezaba el proverbio de la antigüedad. Aplicándolo a la predicación de la Biblia, debemos decir: todos los temas deben conducir a

La meta de nuestra existencia y la necesidad más apremiante de todo ser humano es conocer la gloria de Dios en la faz de Jesucristo.

Cristo. La meta de nuestra existencia y la necesidad más apremiante de todo ser humano es conocer la gloria de Dios en la faz de Jesucristo. Jesucristo es el centro del universo y el corazón de nuestra fe. La historia humana existe por él, y en la eternidad nuestra ocupación será gozar de su presencia. Sin Cristo, no hay salvación, ni evangelio, ni vida eterna, ni un nuevo nacimiento. Por tanto, especialmente en el culto del día domingo, hágase la meta de presentar a Jesús, y los de afuera serán salvos y los de adentro edificados.

Creo que todo predicador debería proponerse predicar como mínimo un evangelio completo en su ministerio. En mi caso he preferido, el evangelio de Marcos. Pero habiendo agotado un evangelio completo, todavía nos quedan los discursos de Jesús: El Sermón del Monte, el discurso sobre el reino de los cielos (Mt. 13), el discurso del Monte de los Olivos (Mt. 24–25) y el que entregó en el aposento alto (Jn. 14–17). Además podemos predicar sobre las promesas de Cristo, las siete afirmaciones «Yo Soy» del evangelio de Juan, los milagros de Jesús, las preguntas que hizo el Señor. Como verá, si un predicador quiere predicar sobre Jesús, tiene suficiente material para hacerlo durante décadas sin repetir nunca el mismo sermón.

Al recomendarle que predique sobre Jesús, quiero darle dos razones vitales. La *primera* la mencioné más arriba: todo el propósito de nuestra vida y la historia humana se centra en Jesús. Jesús debe ser glorificado en nuestras vidas, exaltado en nuestros cultos, y proclamado a través de nuestra predicación. Su persona, su vida y su obra son el corazón del evangelio. Una predicación sin Cristo, no es mejor que un discurso sobre historia, ciencias políticas o biología. Pero además, *la segunda razón* es que el nombre de Jesús es el arma de guerra más poderosa en la lucha contra el reino de las tinieblas. En estos días mucho se habla sobre guerra espiritual, y muchas cosas útiles ha aprendido la iglesia en los últimos treinta años. Con todo, muchos parecen ignorar que el acto de guerra más formidable, el arma más poderosa que podemos usar en contra de Satanás y sus demonios, es exaltar el nombre de Jesús cuando proclamamos el evangelio. Cuando leemos la vida de Cristo, vemos a los demonios reconociendo que Jesús es el Hijo de Dios, postrándose delante de él y suplicándole que no les expulse. Por tanto, cuando un predicador levanta en alto el nombre de Jesús, el reino del enemigo tiembla. Al exaltar a Cristo estamos trayendo la luz y quebrando el poder del maligno sobre las vidas, sobre la iglesia y sobre la comunidad a la cual ministra. Al diablo no le molesta en lo más mínimo que discurramos sobre los días de la creación, la vida de Abraham, las plagas del Apocalipsis o cualquier tema bíblico que ofrezcamos mientras no mencionemos a Jesús, porque entonces sus conquistas están aseguradas. Cualquier sermón que no comienza con el conocimiento de Jesús y termina con su gloria, no es más que una muestra de elaborada y exquisita ignorancia, y el diablo está muy feliz con tales tipos de sermones.

> *Jesús debe ser glorificado en nuestras vidas, exaltado en nuestros cultos y proclamado a través de nuestra predicación. Su persona, su vida y su obra son el corazón del evangelio.*

En una ocasión escuché al futbolista más destacado de mi país decir que «hay delanteros que se marcan solos». De la misma manera, hay predicadores que se marcan solos, que se derrotan a sí mismos con los temas que predican. Y después preguntan, ¿por qué no crece mi iglesia? Levantemos a Cristo en el culto principal mediante nuestra prédica[3]

---

[3] Y en todas las ocasiones, por supuesto, que se nos presenten fuera de la iglesia.

y dejemos la vida de Abraham para las reuniones de la semana, y tengamos plena certidumbre que estaremos construyendo sobre la roca de los siglos. La iglesia de Laodicea había dejado a Cristo afuera de la puerta, y mucho me temo que sus descendientes están muy vivos y saludables en nuestro medio.

Un día me invitaron a predicar en una misión de rescate a alcohólicos y drogadictos. Siempre recuerdo la experiencia, porque con muy buen criterio, alguien esculpió sobre el púlpito de madera las palabras de Juan 12:21: «Señor, quisiéramos ver a Jesús». Tal vez, usted también debería grabar las mismas palabras en su púlpito y en su conciencia, como un recordatorio que nunca debemos desviarnos del tema principal de nuestro ministerio. Pablo les recordó a los corintios: «Así que, hermanos, cuando fui a vosotros para anunciaros el testimonio de Dios, no fui con excelencia de palabras o de sabiduría. *Pues me propuse no saber entre vosotros cosa alguna sino a Jesucristo, y a este crucificado*» (1 Cor. 2:1-2). Excelente filosofía y ejemplo de lo que debe ser la predicación cristiana. Excelente consejo, por tanto, para todos nosotros.

○ *Que el tono de su ministerio sea el gozo*

Una pareja retornaba a casa después del culto, y él dirigiéndose a ella le dice: «Qué raro. Hoy no salí deprimido de la iglesia». Los evangélicos rechazamos el dogma del purgatorio, excepto que en forma práctica muchos, como resultado de la predicación condenatoria, viven en él a tiempo completo. La palabra evangelio significa *Buenas Noticias*, empero, muchos lo han tornado en malas noticias, en verdades deprimentes. Por no saber mejor, o por quien sabe cuántas razones, hay millares de predicadores que piensan que ellos son los jueces de los humanos y su misión es condenar al mundo, no salvarlo. La verdad de Juan 3:17: «Porque no envió Dios a su Hijo al mundo para condenar al mundo, sino para que el mundo sea salvo por él», nunca amaneció en sus corazones. Grave error. Ciertamente, no hay un tipo de sermón que demande menos inteligencia y menos corazón que un sermón condenatorio. Y estos abundan en los púlpitos.

Cuando uno lee la vida de Jesús encontramos que donde quiera que llegara las multitudes de buena gana le escuchaban enseñar. Después de su primer mensaje en la sinagoga de Nazaret leemos: «Y todos daban buen testimonio de él, y estaban maravillados de las palabras de gracia que salían de su boca» (Lc. 4:22). Cuando Isaías describe su persona, nos dice: «La caña cascada no quebrará, y el pábilo que humea no apagará, hasta que saque a victoria el juicio. Y en su nombre esperarán las naciones» (Mt. 12:20-21). Se nos enseña, que al ver las multitudes sintió compasión por ellas. Muchas veces alentó a sus discípulos con las palabras: «Tengan ánimo». Pienso que era muy difícil salir deprimido de la presencia de Jesús, a menos que fuésemos un fariseo arrogante y corrupto. Inclusive cuando leemos sus mensajes a las siete iglesias del Apocalipsis hallamos que a algunas de ellas las reprende con dureza por su pecados, con todo, a ninguna deja sin ofrecerle una solución y darle una nueva oportunidad.

Cuando decimos que el tono de nuestro ministerio debe ser el gozo, no estamos abogando por un mensaje aguado o distorsionado, sino uno equilibrado que refleje el espíritu de Cristo y la metodología del Nuevo Testamento. No estamos aconsejando un mensaje positivista, ni posibilista. Más bien aconsejamos el mensaje que Jesús predicó y los apóstoles repitieron. Uno que comenzaba con las demandas de la ley, pero luego pasa a la solución magnífica que hay en Cristo. Un mensaje, que al igual que la carta a los Romanos comienza en el abismo insondable de la ira de Dios, pero termina en la cumbre del Everest, recordándonos que nada nos podrá separar de amor de Dios que es en Cristo Jesús.

Un predicador cristiano que comprende la gracia de Dios, que ha gustado su misericordia de forma personal, y que comprende la misión de Jesús, nunca puede enviar a sus oyentes a enfrentar la semana con los cuatro neumáticos pinchados. Eso es pecaminoso. Tantas veces al predicar en otras iglesias, al percibir ciertas reacciones de los creyentes, uno se da cuenta que son golpeados sin misericordia y abusados verbalmente. Me sorprende que haya personas que acepten ese tipo de tratamientos semana tras semana. Por el contrario, cuando predicamos el verdadero evangelio, los oyentes salen con esperanza, con fe y amor a Jesús. Por tanto, señale el pecado en forma específica, pero termine siempre ofreciendo perdón y aceptación incondicional, y tendrá el gozo de ver que los creyentes vuelven semana tras semana a buscar más del amor de Dios.

El joven predicador salió a pedir ayuda. Notaba que su predicación no producía frutos y entonces fue a buscar el consejo de un pastor anciano que había sido utilizado poderosamente por Dios en el ministerio. Comenzaron a dialogar, y el pastor mayor le pregunta al joven: «Dígame, ¿por qué entró usted al ministerio?». Aquel pastor joven le respondió contándole una historia muy notable. Le relató cómo un día mientras araba los campos en la granja de su padre, notó que las nubes formaban dos grandes letras. Una P, y una C. Al ver esas dos letras entendió que Dios le decía: «Predica Cristo». Convencido que ese milagro era la obra de Dios, abandonó la granja, se enroló en un colegio bíblico y se preparó para entrar al pastorado. Ahora estaba en su primera iglesia, pero después de dos años, las cosas no marchaban. Al escuchar la historia del llamado al ministerio de predicación el viejo pastor le respondió: «Pero hermano, ¿no será que Dios le quiso decir, PC, Planta Cebollas…?».

El *Kerygma*, las grandes obras de Dios en Cristo Jesús, es el gran mensaje que la raza humana necesita escuchar. Son las buenas nuevas que nos ofrecen el regalo más caro del mundo al precio más irrisorio. El evangelio fue, es y será buenas noticias desde que fue anunciado por Jesús y hasta el fin de la historia cuando él regrese. Cuando ha sido proclamado con poder los resultados sobrepasan lo que podemos creer. Por tanto, bendito el predicador que es atrapado por la convicción de que Cristo es el fundamento de su ministerio; que el conocimiento de Cristo es el tema central de su predicación; que la gloria de Jesús es la motivación de su proclamación; y que la salvación de las almas es el propósito final por el cual trabaja. Semejante hombre, tal mujer, siempre será un abanderado en la causa de Jesús.

¿Conoce el evangelio de forma personal? ¿Ha sido transformado por su poder? ¿Sabe cuál debe ser su tema principal? ¿Entiende el contenido que sus sermones deben ofrecer? ¿Cuál es su plan de trabajo? ¿Es el gozo de Cristo el tono de su servicio a Jesús? Cuánta razón tenía San Pablo cuando afirmó: «Doy gracias al que me fortaleció, a Cristo Jesús nuestro Señor, porque me tuvo por fiel, poniéndome en el ministerio, habiendo yo sido antes blasfemo, perseguidor e injuriador; mas fui recibido a misericordia porque lo hice por ignorancia, en incredulidad. Pero la gracia de nuestro Señor fue más abundante con la fe y el amor que es en Cristo Jesús. Palabra fiel y digna de ser recibida por todos: que Cristo Jesús vino al mundo para salvar a los pecadores, de los cuales yo soy el primero. Pero por esto fui recibido a misericordia, para que Jesucristo mostrase en mí el primero toda su clemencia, para ejemplo de los que habrían de creer en él para vida eterna. Por tanto, al Rey de los siglos, inmortal, invisible, al único y sabio Dios, sea honor y gloria por los siglos de los siglos. Amén» (1 Tim. 1:12-17).

Preguntas para repaso, reflexión y discusión

1. Nuestro autor habla de *Kerygma* y *Didajé*. ¿Qué grandes diferencias hay entre ellos?
2. Sánchez menciona que los predicadores del libro de Los Hechos, proclamaron un mensaje basado en cuatro grandes realidades. ¿Cuáles son estas? Discutir.
3. ¿Cómo se ha adaptado su iglesia ante el cambio en el número de cultos que se hacen el día domingo?
4. Basado en la enseñanza que nos comparte, nuestro autor nos ofrece tres desafíos contemporáneos para cualquier ministerio. ¿Cuáles son? Discutir cómo pueden ser aplicados en su situación particular.

CAPÍTULO 8

¿Cuál es mi texto?

«Y (Esdras) leyó en el libro frente a la plaza que estaba delante de la Puerta de las Aguas, desde el amanecer hasta el mediodía, en presencia de hombres y mujeres y de los que podían entender; y los oídos de todo el pueblo estaban atentos al Libro de la Ley» (Neh. 8:3).

Alguna vez se preguntó, si a lo largo de la historia humana ¿hubo algún grupo de personas que recibiera a un profeta de Dios o a un predicador del evangelio con brazos abiertos? ¿Que le ofrecieran una recepción positiva, calurosa y entusiasta a la proclamación del mensaje del cielo desde el primer minuto?

Al recorrer las páginas del Antiguo Testamento, más bien, encuentro que Moisés fue resistido en forma permanente por el pueblo judío. Su persona no fue apreciada, su liderazgo resistido y su mensaje rechazado. Cuando Ezequiel fue llamado al ministerio se le advirtió: «Hijo de hombre, ve a la casa de Israel, y háblales con mis palabras. Porque no eres enviado a un pueblo de habla incomprensible ni de lengua difícil, *sino* a la casa de Israel... *Pero la casa de Israel no querrá escucharte, ya que no quieren escucharme a mí*» (Ez. 3:4,5,7). Cuando Jeremías fue comisionado el Señor le avisó de antemano: «Yo te he puesto hoy como ciudad fortificada… contra toda esta tierra, contra los reyes de Judá, sus príncipes, sus sacerdotes y el pueblo de la tierra. *Pelearán contra ti, pero no te vencerán…*» (Jer. 1:18-19). Jonás fue comisionado a predicar a una audiencia de 120.000 personas que no sabían distinguir entre su mano derecha y la izquierda (Jon. 4:11).

Cuando uno recorre las páginas del Nuevo Testamento, la situación no es mucho más alentadora que digamos. La audiencia del día de Pentecostés en Hechos 2, al ver los fenómenos sobrenaturales que acompañaron la llegada del Espíritu Santo, llegaron a la conclusión que todos los miembros de la iglesia estaban ebrios. Los oyentes que Pablo enfrentó en Corinto estaban divididos entre aquellos que exigían razonamientos filosóficos del más alto vuelo y aquellos quienes querían ver milagros portentosos a diestra y siniestra. Los gobernadores romanos apostados en Judea demostraron «gran aceptación» del mensaje… Félix, dejó para más adelante; Porcio Festo reaccionó diciendo: «Pablo, las muchas letras te vuelven loco» (Hch. 26:24). Más adelante Pablo le recuerda a Tito que los oyentes del grupo cultural de Creta eran malas bestias y glotones ociosos a quienes debía reprender con dureza. Muy buena materia prima para empezar una iglesia «exitosa»…

Si eso fue cierto en tiempos bíblicos, ¿qué hallamos al recorrer las páginas de la historia de la iglesia de Cristo hasta el presente? Para muestra basta citar el ejemplo de John G. Paton, que fue como misionero a las islas del Pacífico sur en el siglo XIX. Allí encontró que sus oyentes eran caníbales a quienes llegó a describir como: «personas supersticiosas, llenas de crueldad, de mentalidad barbárica, carentes de todo impulso altruista o de impulsos humanitarios». Uno podría multiplicar ejemplo tras ejemplo. Sin embargo, al leer las páginas de la Biblia y la historia sagrada hay un principio universal y eterno que emerge con meridiana claridad, y es que a lo largo de todos los siglos nunca hubo un solo grupo humano que tuviera una recepción positiva, favorable o amigable hacia el evangelio. Más bien, porque el dios de este siglo ha cegado la mente de los incrédulos (2 Corintios 4:4), los esclavos del enemigo siempre han reaccionado con violencia a los portadores de Buenas Nuevas. Y esto incluye, tristemente, a aquellos que a primera vista deberían ser sus aliados, tal como los sacerdotes en días de Jeremías, o los Escribas y Fariseos en tiempos de Jesús.

Con todo, los embajadores del reino siempre triunfaron. ¿Cuál fue el arma de guerra que les permitió conquistar los territorios inexpugnables del enemigo e implantar la simiente de vida en corazones tan depravados como los de los caníbales del Pacífico Sur? La respuesta es una sola, y siempre será la misma: «La espada del Espíritu, que es la palabra de Dios» (Ef. 6:17). Sí, esa palabra que «es viva y eficaz, y más cortante que toda espada de dos filos, que penetra hasta lo más profundo del alma y del espíritu… y es poderosa para juzgar los pensamientos y las intenciones del corazón humano» (Heb. 4:12).

Hoy en día la situación no es diferente para cualquier predicador que intente ser fiel a Jesús, a su llamado y a su mensaje. Aunque las audiencias contemporáneas se transporten en automóviles, se comuniquen mediante celulares, se vistan con ropas de Giorgio Armani, y se hayan educado en las mejores universidades del mundo, no por esas razones externas el «corazón engañoso y sin remedio» (Jer. 17:9) que habita en todo pecho humano ha sido regenerado, convertido y puesto bien con Dios. Porque el ser humano no cambia ni mejora de forma cualitativa mediante un supuesto proceso evolutivo, es que entonces nos vemos forzados a preguntar: ¿Con qué autoridad puede un ser humano enfrentar a un grupo de ciegos espirituales y enemigos en el pensamiento, para que vuelvan a Dios? ¿Con la autoridad de sus logros académicos? ¿Con la autoridad de sus vastos conocimientos de filosofía, las ciencias políticas y el arte? ¿Con la superioridad de su elocuencia humana, sus finos argumentos y razonamientos poderosos?

Si el primer paso en el desarrollo de un sermón excelente es tener bien claro el tema que me propongo presentar, entonces, el segundo paso es la elección del párrafo bíblico sobre el cual el predicador ha de fundamentar su mensaje. Ya sea que predique basado en un solo versículo, un párrafo o un capítulo completo, esta tarea es de suprema importancia. Es nuestro deseo, entonces, responder tres preguntas vitales en este capítulo:

Primero: *¿Cuáles son las razones por las cuales un heraldo de Cristo debe ser cuidadoso al elegir el texto bíblico sobre el cual ha de basar su sermón?*

Segundo: *¿Qué criterios empleará para llegar a elegir el párrafo correcto?*

Tercero: *¿Cómo organizar la tarea anual de predicación, a fin de ser útiles en las manos de nuestro Dios y que nuestros sermones cumplan el propósito por el cual los predicamos?*

En el capítulo tres de esta obra, establecimos como requisito indispensable para que nuestra predicación fuese aprobada por Dios, que debe ser de carácter expositivo. Insistimos en la necesidad de abrir el texto bíblico para demostrar su riqueza a los oyentes, de manera que sepan que es Dios quien les habla por medio de su mensajero. Si ese es nuestro cometido, por ende, en este momento, queremos ofrecer cuatro razones por las cuales la tarea de la selección del párrafo bíblico es de importancia fundamental.

○ *Sin el sustento de la Biblia, el predicador carece de autoridad:*

El mensajero ha pedido al pueblo que se reúna tal día en tal lugar y llega en nombre de... ¿quién? Si viene en su propio nombre, su suerte está echada de forma definitiva. Por el contrario, cuando el heraldo del Rey confronta a sus oyentes con lo que la Biblia declara, establece y afirma, entonces la audiencia se halla frente a frente con el Dios vivo, es forzada a oír su voz, y en ese caso deben hacer una decisión personal para bien o para mal, que acarrea consecuencias eternas. No hay escapatoria frente a la voz de Dios que resuena en nuestras conciencias. Mediante la lectura pública y proclamación de las Escrituras la palabra de Dios perfora con su luz la oscuridad espiritual anidada en nuestras mentes naturales. Antes de exhortarle a «Predicar la Palabra», Pablo le explica a Timoteo que la Palabra es útil para enseñar, para reprender, para corregir y para instruir en justicia. La autoridad para enfrentar a una audiencia receptiva u hostil, siempre depende de la «autoridad superior» que está por encima del ser humano que proclama el mensaje.

Quien escuchaba la palabra del heraldo del emperador en tiempos bíblicos, escuchaba la voz y la voluntad del mismísimo emperador. No había ninguna diferencia. Por tanto, cuando un predicador coloca delante de una audiencia el texto bíblico, anuncia de forma clara que su propósito declarado es que sus oyentes escuchen lo que Dios tiene que decirles mediante ese párrafo de su palabra. Cuando el predicador fundamenta su sermón en la Biblia, entonces puede predicar con autoridad, denuedo y convicción. Sabe que toda la autoridad de Dios está detrás de su persona, respaldando y dando vida a su mensaje.

○ **La exposición de un solo párrafo bíblico, ayuda al predicador a mantenerse centrado:**

¿Cuál es la plaga número 12 de Egipto? ¡Los predicadores que divagan! Qué tormento indecible es la persona que comienza a hablar y su sermón llega a ser como un avión sin rumbo. Comienza a dar vueltas en círculos, luego en un momento gira a la derecha y luego a la izquierda, y más tarde hacia abajo y luego hacia arriba, hasta que finalmente se queda sin combustible y el avión se desploma para gozo de sus oyentes. Cuántas veces he salido de la iglesia enfurecido, sabiendo que me robaron el tiempo y el predicador le faltó el respeto a la inteligencia de los oyentes.

Mientras un predicador no aprenda el arte de la exposición bíblica, siempre correrá el riesgo de divagar. Si su sermón es una serie de ideas y textos aislados que le vienen a la mente sin sentido y sin conexión entre ellos, el sermón siempre será confuso, aborrecible y despreciable. Por el contrario, cuando el predicador sigue los lineamientos lógicos y progresivos que el escritor bíblico ha plasmado en su texto, la audiencia gana en comprensión y puede seguir el desarrollo lógico del tema con facilidad.

○ **El análisis correcto del texto bíblico, ayudará a la iglesia a crecer en el estudio de la Biblia:**

Desde los primeros días de mi niñez, siempre recuerdo cómo el predicador al leer el párrafo de la Biblia en el culto público, del cual iba a predicar más adelante, me captaba la atención de forma inmediata. Tan pronto se anunciaba el párrafo, desde mi ser interior comenzaban a surgir preguntas. Pensando en Romanos 8:28 por dar un ejemplo: ¿Qué significa que todas las cosas ayudan a bien? ¿Quiere decir que si una madre joven muere de cáncer dejando tres niños en la edad de la primaria es algo que ayuda a bien? ¿Cómo es esto que todo ayuda para bien a los que son llamados? ¿Y a los de afuera, no les ayuda? ¿Cuál es el propósito de Dios? ¿Acaso todo lo que sucede en la Biblia responde a un plan maestro? Usted se puede identificar con este proceso, estoy seguro. Y lo mismo ocurre cada vez que usted lee la Palabra de Dios de forma pública. La Biblia se hace propaganda sola. Tan cautivante y poderoso es su mensaje para la mente y el corazón humano.

Cuando el predicador llega a ser un excelente expositor de la palabra de verdad, estará ayudando a sus oyentes a despertar en ellos la sed para que ellos también lleguen a ser estudiantes serios, sistemáticos y progresivos de la Biblia. La Biblia siempre nos presenta un desafío formidable a todos los que nos exponemos a su lectura. La práctica de la exposición cuidadosa, sistemática y lógica es crucial, más aún en estos días cuando todo tipo de palabreros y charlatanes abunda en la iglesia del Dios vivo. Bendita sea la congregación que cuenta con un enseñador que tiene la capacidad que hemos venido recalcando en esta obra. Es un regalo de Dios para ese grupo, y un regalo no muy común y frecuente, que debe ser apreciado en toda su verdadera dimensión.

Si las tres razones que acabamos de presentar son cruciales para que el predicador sea un hombre de la Biblia y que su pasión sea comunicar la Biblia con claridad, precisión y excelencia, entonces, la segunda pregunta que anhelamos contestar es: ¿cómo debe proceder para elegir los párrafos bíblicos que sustentarán el sermón, teniendo en mente de forma especial el culto principal del día domingo? Esta, ciertamente, no es una tarea sencilla. Mucho se ha escrito sobre el tema, no obstante, las respuestas no son muy satisfactorias. Las congregaciones y los pastores son tan diversos que lo que puede funcionar muy bien para uno, puede no funcionar para otro. Uno apenas se atreve a presentar algunos principios generales derivados de las experiencias positivas y negativas que ha acumulado en varias décadas de intentar esta tarea.

Debemos comenzar diciendo que muchos pastores no enfrentan el desafío de desarrollar desde cero un nuevo sermón cada semana. Por tanto, su tarea es mucho más liviana. Hay ciertas denominaciones, tales como los Presbiterianos, Luteranos, Anglicanos, Metodistas, etc., que siguen un leccionario. Es decir, un plan de lecciones de tres años para instruir a los fieles. En la elaboración del leccionario, los que dirigen el proyecto denominacional llaman a las mejores cabezas que tienen dentro de su área de labor y así elaboran un plan de lecturas bíblicas y sermones para que todas las iglesias de la denominación se sometan a sus dictados. Del lado positivo, se puede argumentar que cada lección ha sido elegida y desarrollada buscando lo mejor para el rebaño, basándose en la Biblia y la extensa experiencia ministerial de quienes preparan las lecciones. Del lado negativo, se puede argumentar que semejante método carece de flexibilidad y no puede responder a situaciones que pueden surgir de pronto y demandan un sermón diferente. O a necesidades sentidas que puede haber en la congregación en un determinado momento. Con todo, la tarea de predicar siempre será fácil.

Quienes no estamos atados a un leccionario, tenemos por delante un desafío formidable, y en este cometido de elegir el texto que sustentará nuestro discurso, lo mejor que podemos hacer es sugerir ciertas pautas generales que hemos descubierto que son efectivas. He aquí tres de ellas:

○ *Familiarícese con todo el contenido de la Biblia:*

Creo que toda persona que entra al ministerio cristiano tiene un sincero deseo de ser un predicador bíblico efectivo. Muchas veces he escuchado a mis colegas suspirar diciendo: «Ojalá tenga la oportunidad de predicar de todos los libros de la Biblia». Este es un excelente deseo, y un ideal digno de ser alcanzado. Desde el mismo comienzo de nuestras labores ministeriales, bien sabemos que la Biblia debe ser nuestra aliada inseparable. A su estudio le dedicamos horas, días y años. Lo alentador es que a medida que pasa el tiempo, nos acercamos una y otra vez al mismo libro, y vemos en cada línea cosas nuevas que nunca habíamos percibido anteriormente. La Biblia nos continúa hablando siempre de manera nueva, renovada y diferente. Tal es así, que al final de nuestra carrera, lógicamente, es cuando producimos nuestros mejores sermones porque disfrutamos del conocimiento más profundo, personal y espiritual de la palabra de Dios. Nuestro conocimiento creciente de las Escrituras nos da la capacidad de escoger párrafos más sustanciosos, si los comparamos con lo que podíamos digerir al comienzo de nuestra «carrera ministerial».

Habiendo dicho esto, permítame darle dos consejos. Primero, *si usted es joven en el ministerio predique de los libros fáciles de la Biblia*, es decir: los evangelios sinópticos; Los Hechos; la carta de Santiago,

Efesios, 1 Juan, Filipenses, etc. Deje para más adelante libros más complicados para el novicio, tales como Hebreos, 2 Corintios, Apocalipsis. Personalmente, hasta este día he resistido la tentación de predicar de Apocalipsis. Todos estos años lo he estudiado, y cada vez encuentro mayor valor en este libro magnífico que nos muestra la victoria final de Cristo. Con todo he decidido dejarlo para que sea el último libro que enseñe cuando termine mi ministerio. Sé que cuando lo haga el contenido de cada sermón tendrá la riqueza de la que carecen aquellos que se atreven a predicarlo o a escribir un comentario cuando tienen cuarenta años de edad y solamente son ventrílocuos de ideas ajenas. El segundo consejo es: *Sea especialista en algunos libros de la Biblia.* No se puede conocer a fondo todos los libros de la Biblia. Es muy difícil llegar a ser un erudito en Levítico y Ezequiel al mismo tiempo. Debemos hacernos amigos de los libros más fáciles al comienzo y luego, a medida que corre el tiempo, ir atacando los más complicados. Por ejemplo, en mi caso personal nunca pensé que algún día llegaría a predicar sobre el libro de Ezequiel. Lo consideraba demasiado oscuro y complicado. Uno lee la visión del capítulo primero y le dan ganas de salir disparado en dirección contraria. Con todo, en los últimos cinco años he predicado más de diez sermones y vaya mensaje relevante que tiene para nuestros días. «Ezequiel profetiza al siglo XXI», es como escogí llamar esta serie de sermones.

Por ende, en la medida que nuestro conocimiento general y particular de cada libro de la Biblia va creciendo, en la misma proporción será posible elegir con mayor facilidad párrafos que instruyan, impacten e inspiren al pueblo del Señor.

○ *Asegúrese de que el párrafo que elije sea de fácil comprensión para los novicios en la fe:*

Años atrás, en una de mis clases de Homilética, uno de los estudiantes trajo el video de un sermón que había predicado en su iglesia a fin de cumplir con los requerimientos académicos del curso. Para su sermón eligió predicar Romanos capítulo 6, uno de los párrafos más difíciles de toda la Biblia. Al ver el vídeo quedó evidenciado claramente que el estudiante nunca captó el sentido de esa sección cargada de conceptos muy complicados. El resultado fue el caos y el aburrimiento más completo. Y si el predicador estuvo aburrido, demás está preguntarse cómo de entretenido habrá sido para los oyentes...

Un primer principio que todos debemos seguir es que *el párrafo que elijo debe dar lugar a un sermón interesante*. Si el párrafo no es interesante para mí, ¿qué posibilidades hay de que llegue a ser interesante para quienes nos oyen? La Biblia está llena de textos e historias a cuál más apasionante que la otra. ¿Cómo es posible, entonces, que un predicador escoja algo que aburre y mata la fe del oyente?

El segundo principio es que, *aquello que resulta interesante para mí, no siempre es interesante para mi audiencia*. Este es un peligro formidable, por ejemplo, para quienes recién salen de las aulas de un colegio bíblico. En su gran mayoría regresan con la cabeza llena de pajaritos, pensando, «El ignorante del Pastor nunca trató las profecías mesiánicas de Isaías, ni el proceso de composición del Pentateuco, pero ahora si van a conocer que Apolos se ha reencarnado en mí...». Qué experiencia formidable es ver a estos súper ilustrados cuando regresan después de su primer encuentro con la realidad, y ahora comprenden que aquello que a ellos les quitaba el sueño, a sus oyentes los puso a dormir profundamente.

Un tercer principio es que, *el párrafo que escoja no sea muy corto o muy largo*. Un texto que demanda la atención del predicador por toda una semana y de la congregación por cuarenta minutos, debe ser equilibrado de manera que ni le falte ni le sobre. Si su sermón debe durar cuarenta minutos no intente exponer todo el salmo 119. Y si le han pedido dar diez temas sobre la vida cristiana, no intente usar «Jesús lloró» como base, porque le será extremadamente difícil sacar petróleo de un terreno tan poco adecuado.

○ *Confíe en la guía del Espíritu Santo:*

Si el predicador es humilde y se apoya en Dios, entonces tendrá a su disposición todos los recursos infinitos de Dios. Si nuestra actitud es: «Habla Señor que tu siervo oye...», «¿qué quieres que le enseñe a tu pueblo este próximo fin de semana?», entonces, el Espíritu Santo vendrá en nuestro auxilio una infinitud de veces.

Para mí, los sermones más difíciles de predicar, siempre son los sermones evangelísticos, precisamente, porque no pertenecen a ninguna serie. Más de una noche me he desvelado pensando, ¿Qué párrafo elijo? ¿Cuál será mi tema? De manera increíble, pero muy real y poderosa, el Espíritu siempre me susurra a la mente lo que quiere que haga. Una de esas noches en vela, sentí muy claro que debía dirigirme a Hebreos 2:3 «¿Cómo escaparemos si tenemos en poco una salvación tan grande?». Eso fue un martes por la noche. Esa semana trabajé duro en el yunque, pero sentí que al final el hierro candente tomaba una forma interesante. Bendito sea el nombre del Señor que ese sermón fue vindicado con numerosas conversiones. Los días siguientes a ese domingo muchos hermanos me llamaron para agradecerme el sermón. Lo mismo me ha ocurrido en más de una ocasión. La moraleja de la historia, parafraseando a Santiago, es: «Si alguno de ustedes carece de sabiduría, pídasela a Dios, el cual se la dará en abundancia...». Recordemos siempre que Dios tiene más interés en nuestro «éxito» ministerial que nosotros mismos. Después de todo, el Buen Pastor quiere que sus ovejas sean halladas para que haya gozo delante de los ángeles de Dios. Y él siempre está más dispuesto a ayudarnos en nuestras limitaciones, que nosotros en recibir su bendita y gloriosa ayuda. Nunca descarte la ayuda fiel del cielo en la elección del párrafo de las Escrituras que necesita para el próximo domingo.

La próxima pregunta a la que debemos responder en este capítulo es: ¿Cómo, pues, organizamos nuestra tarea? ¿Predicaremos temas aislados o enseñaremos mediante series? ¿Utilizaremos textos independientes o presentaremos bloques completos? Aquí siguen algunas convicciones que he seguido a lo largo de cuatro décadas de ministerio.

○ *Predique unidades literarias, bloques de pensamiento bíblico:*

C. H. Spurgeon fue considerado con justicia, como uno de los predicadores más brillantes en toda la historia de la iglesia cristiana. Desde su púlpito en Londres a mediados del siglo XIX tuvo un ministerio de alcance mundial y su influencia todavía continúa a través de sus escritos. Spurgeon jamás predicó una serie de sermones (en esto estaba en todo su derecho y lo respeto), solamente sermones aislados. Enseñaba con toda convicción que Dios es quien debe dar el texto del sermón al predicador para cada ocasión, y afirmaba: «Esperad aquella palabra escogida aun cuando tengan que esperar hasta una hora antes del culto»[1]. Debo confesar con toda honestidad que si yo adoptase este consejo, la mayoría de los domingos mis sermones serían un caos completo. Si Spurgeon recibía los textos en el último momento, y luego podía producir los sermones brillantes que predicaba con tan poco tiempo de preparación, ciertamente es digno de toda mi admiración. Lástima que no todos somos como él o no tenemos las mismas habilidades mentales.

Con todo, hubo algo en su metodología de encarar la tarea, que encuentro deficiente. Su convicción era que todo predicador debe predicar sermones independientes, basados únicamente en un solo versículo de la Biblia. A lo largo de todo su ministerio nunca se apartó de esta idea. Sin embargo, esta metodología lo llevó a cometer lo que considero algunos excesos desafortunados. Por ejemplo, predicando sobre la unidad literaria de Hebreos 2:1-4, escogió enfocar su telescopio únicamente en el verso segundo, dejando fuera el resto del material. ¿Por qué afirmo que Spurgeon cometió algunos excesos? Le pregunto: ¿Cuando la Biblia fue escrita, estaba su texto dividido en capítulos y versículos? La respuesta obviamente es NO. Los hombres guiados por el Espíritu de Dios escribieron empleando bloques de pensamiento, o unidades literarias. Las divisiones en capítulos y versículos fueron introducidas siglos más tarde a fin de facilitar la lectura privada y pública de las Sagradas Escrituras. Por lo tanto, al escoger qué texto será la base de nuestro sermón, es importante ver que no cercenamos algún miembro útil al cuerpo del sermón. Más bien, adoptemos el sano criterio de respetar los límites establecidos por el escritor inspirado divinamente. No obstante, cuando la unidad literaria es muy larga o compleja, como por ejemplo Efesios 1:3-14, es conveniente que demos varios sermones sobre ella, pero siempre asegurándonos de que cubrimos la totalidad del pasaje. Al adoptar esta metodología de predicar únicamente de un solo texto bíblico, Spurgeon se centraba únicamente en los versículos que le interesaban a él o que respondían al objetivo que buscaba alcanzar. Lamentablemente dejó sin explicar muchos versículos difíciles que componen párrafos vitales en la Biblia. No obstante, debo recalcar que el contenido de todos los sermones que predicó son oro de Ofir, refinado y de inestimable valor. Cualquiera que lea lo que nos legó este

---

[1] C. H. Spurgeon, *Discursos a mis estudiantes*, Casa Bautista de Publicaciones, El Paso, 1955, pág. 149.

hombre brillante, será inmensamente edificado en el conocimiento y la gracia de Dios.

○ *Elabore un calendario anual:*

Toda compañía que quiera tener éxito en lo comercial debe hacer un plan maestro de trabajo, y luego dividirlo en bloques trimestrales, mensuales, semanales y diarios. Lo mismo ocurre con la predicación y la enseñanza. Si nuestra meta es anunciar el evangelio y edificar a los discípulos, entonces cada año debemos elaborar un plan maestro de trabajo. Por los años que llevo en esta vocación encuentro que siempre es más fácil preparar un calendario anual cuando preparamos las enseñanzas destinadas a edificar a los creyentes. Si se trata de enseñar a una clase de Escuela Dominical, un culto durante los días de semana, o desarrollar una serie de estudios para los grupos pequeños, es siempre relativamente sencillo. Uno tan solo debe proponerse enseñar un tema determinado, ya sea una epístola del Nuevo Testamento, la biografía de un personaje del Antiguo Testamento, o una serie de temas doctrinales, luego toma el calendario, asigna a cada semana una de las unidades literales, y tarea concluida. De esta manera se puede cubrir fácilmente un semestre o un año entero, y no tener que preocuparse por interrupciones inesperadas.

La predicación para el culto principal de los domingos es mucho más desafiante porque de ella depende de modo primordial el crecimiento de la iglesia, y hay factores más allá de nuestro control que hacen las cosas mucho más complicadas. ¿Cómo procedemos entonces?

Primero, *comenzando por los bloques anuales inamovibles.* Si le pregunto, ¿Cuáles son los dos domingos del año cuando más personas visitan nuestros cultos? La respuesta es: El domingo de resurrección y el domingo anterior a Navidad. Esos dos domingos debemos producir nuestros mejores sermones, y vaya el desafío que implica. Semana Santa y Navidad siempre serán los dos bloques con los cuales comenzamos la tarea. Dependiendo de cada predicador, prácticas denominacionales o convicciones personales, nosotros podemos predicar un solo sermón sobre el tema, o una serie de sermones en anticipo del evento que viene por delante. A estos bloques inamovibles, debemos agregarles los de «segundo nivel»: Los hermanos Pentecostales celebran el día de Pentecostés; los Luteranos obviamente le dan énfasis al día de la Reforma (31 de Octubre). Usted decide si hará algo distinto en esos días. Luego vienen los bloques de «tercer nivel» en importancia, que son puramente culturales: día de la madre y día del padre. Una vez más, cada uno elige qué hacer en estos «días especiales» y qué sermón entregar. Otra vez, el predicar temas fijos, siempre presenta un desafío considerable a la creatividad del predicador.

A estos bloques inamovibles, en nuestro ministerio presente hemos agregado cuatro domingos extras que son prioritarios: el último domingo de marzo, de junio, de setiembre y de diciembre. En estos cuatro domingos es cuando damos la bienvenida a nuevos miembros y celebramos nuestros bautismos. Estos domingos implican predicar sermones de naturaleza evangelística, ya que aconsejamos a quienes se incorporan a nuestra congregación que inviten a todos sus familiares no cristianos a visitar la iglesia en este día especial.

○ *Predique libros completos:*

Una vez que colocamos las piedras inamovibles debemos «llenar» el resto del calendario. ¿Cómo lo haremos? Si somos llamados a predicar la palabra, y si nuestro texto bíblico es quien nos da la autoridad frente a los oyentes, estoy convencido que debemos presentar libros completos a nuestros oyentes. Si tuviese que comenzar un nuevo pastorado, volvería a hacer lo que he recomendado en el capítulo anterior: que el evangelio de Marcos sea el primer libro que predica, a fin de que los creyentes conozcan la persona, el plan y el poder de nuestro Señor Jesucristo. El resto llega por añadidura. Con todo, como se da cuenta, siendo que el evangelio de Marcos cuenta con 16 capítulos, y cada uno de ellos contiene tres o cuatro bloques dentro de sí, estamos hablando de un trabajo que nos demandará más de un año. En estos casos he aprendido que es útil presentar un capítulo completo y luego hacer un corte de un domingo, a fin de quebrar la barrera de la monotonía. Si este corte coincide con uno de los bloques inamovibles, tanto mejor.

Los evangelios son libros muy largos. Otros años puede considerar predicar libros más cortos, como Efesios, Santiago, Filipenses. Además, para ayudar a los nuevos a que se familiaricen con toda la Biblia, usted puede elegir alternar un libro del Nuevo Testamento con uno del

Antiguo Testamento. A Marcos le puede seguir un estudio de los capítulos principales de Éxodo; a Santiago que es más catedrático, árido y exhortativo, un estudio de Josué; etc.

Este método de ser siempre expositivo, y exponer bloque tras bloque, conlleva un reto formidable para el hombre de Dios, y es, *ser personas de integridad ministerial*. De no torcer la palabra de Dios con fines mezquinos. Todos, en nuestra humanidad, somos tentados a evitar los párrafos difíciles y desagradables. Después de todo, ¿a quién le gusta que le endilguen el adjetivo de ser «negativo»…? Cuando exponiendo el evangelio de Marcos llegué al relato de Herodes y cómo asesina a Juan el Bautista, debo confesar que debí esforzarme para predicar sobre semejante relato. Con todo, me propuse hacerlo. ¡Y cuánto me alegro de haberlo hecho! ¡Los resultados fueron sorprendentes!

El lado positivo de exponer libros enteros, es que nos dará una variedad interminable de temas. Muy difícilmente nos veremos forzados a repetir un sermón a lo largo de nuestra vida, si aprendemos el arte de exponer la Biblia, tal como venimos recalcando desde el principio. Y nuestras congregaciones estarán felices.

○ *Predique series temáticas cortas:*

Más arriba indicábamos que muchas veces al percibir necesidades sentidas en la congregación, el Espíritu Santo nos indica predicar sobre ciertos temas específicos. En estos casos aprendí que series cortas de tres a cinco sermones, es un medio muy efectivo para lograr el cometido. Así, por ejemplo, he predicado: «Jesús y el poder de la fe»; «Jesús y el poder de la oración»; «Jesús y el poder del perdón»; «El poder del amor verdadero», «Desenmascarando al enemigo», etc. Siempre en estos casos, inclusive Dios nos auxilia indicándonos en qué párrafos bíblicos fundamentar nuestra predicación.

Este método de predicar series temáticas es ciertamente digno de ser recomendado. Con todo, permítame recordarle que todo lo que excede los límites del sentido común, tiende a decaer y terminar apagándose. En mi práctica he aprendido que el límite natural para cualquier serie oscila entre los tres y los cinco sermones. No más allá. Inclusive, si al exponer la serie de pronto comprende que ha encontrado petróleo, es mejor que ofrezca un seminario suplementario sobre el tema, o lo haga el tema de una clase de escuela dominical por un semestre, antes que seguir agregando sermones sin un fin a la vista y terminar aburriendo a todos. Siempre es mejor que queden con el deseo de oír más, antes que se saturen y nos terminen aborreciendo[2].

○ *Sea flexible:*

Habiendo trazado el calendario, con todo, debemos recordarnos que nuestros mejores planes no son como la Ley de Media y Persia, que una vez establecida, no hay poder en el mundo que la pueda revocar. Por el contrario, debemos ser muy flexibles y estar abiertos a las interrupciones naturales que nos llegan de forma inesperada a través de un hecho conmovedor, ya sea a nivel congregacional, nacional o mundial. Por ejemplo, un terremoto, un Tsunami, la muerte de un/a líder notable, etc. Esas ocasiones siempre nos ofrecen una excelente oportunidad de mostrarles a las personas las riquezas de Cristo, porque habiendo sido conmovidas llegan a la casa de Dios con una actitud de humildad y apertura hacia Dios, buscando respuestas valederas. Si un predicador no sabe capitalizar esas ocasiones, francamente es difícil creer que pueda ser redimido del pecado de la insensatez.

Por ejemplo, ¿recuerda usted el domingo siguiente al 11 de septiembre de 2001? Si le pregunto, ¿Dónde estaba ese domingo? ¿Cuál fue el tema que presentó el Pastor? Estoy seguro de que usted me contesta de forma afirmativa y con absoluta precisión. Nadie podrá olvidar ese domingo. No sé cómo se habrá vivido fuera de Estados Unidos, pero aquí en Norteamérica los acontecimientos de ese día de horror enviaron a millones a las iglesias en busca de respuestas. Ese día, el santuario de la iglesia a la que concurríamos estaba que rebalsaba. No alcanzaron los asientos, muchos debieron observar el culto de pie. Y sin embargo, el pastor ignoró por completo lo que tuvo lugar ese martes anterior. Él estaba predicando una serie de estudios sobre Hebreos 11, y siguió impertérrito como si nada hubiese ocurrido. El domingo siguiente todavía llegaron muchos visitantes, aunque en menor número. Para el tercer domingo, la iglesia regresó a la normalidad.

---

[2] Si desea tener una idea de las series cortas que he predicado los domingos en mi último pastorado, le invito a visitar la página web de nuestro ministerio: realidadonline.com. Allí encontrará varios ejemplos de lo que decimos.

La gran oportunidad de hacer un impacto se desperdició por culpa de la carencia de sabiduría del líder.

Por el contrario, cuando llegan estas oportunidades y el predicador sabe hacer su trabajo con excelencia, el poder de impacto es tremendo. En el año 1997, cuatro jóvenes cristianos de la congregación canadiense de la cual éramos parte, un domingo a la tarde salieron rumbo a un punto en la costa para practicar buceo. El lugar que eligieron era extremadamente peligroso. Quien visitaba ese parque podía leer con toda claridad un cartel enorme donde se advertía de los peligros de fuertes corrientes submarinas. Se recomendaba que era prudente que solo personas en el grado más alto de la profesión se aventuraran en ese lugar. De los cuatro, dos eran instructores profesionales, los otros dos, novatos. Tristemente, esa tarde algo salió muy mal, y como resultado, uno de los instructores y los dos novatos perdieron la vida. Se puede imaginar el shock para toda la iglesia. Ese domingo siguiente la congregación estaba llena de pared a pared. Afortunadamente, el Pastor entregó un sermón hecho a medida, y docenas de personas respondieron a la invitación.

Otro factor a tener en cuenta en nuestra labor es que mientras fijamos un plan de trabajo, al mismo tiempo debemos estar abiertos a la guía y a las gloriosas interrupciones del Espíritu Santo. Aborrezco las improvisaciones, sin embargo, algunas veces Dios tiene propósitos diferentes. Siempre recuerdo un sábado por la noche, cuando Dios imprimió en mi espíritu que no predicase el sermón que había estado preparando durante toda la semana, sino que diese el que había compartido el miércoles de esa semana en un funeral. La impresión fue muy clara y fuerte, por tanto, decidí obedecer. Como se imaginará, ese domingo una docena de personas entregaron su vida a Jesús. Entre ellos, una familia completa, abuela, padres y tres hijos.

La lección es muy simple, por un lado, debemos ser extremadamente cuidadosos en preparar el mejor calendario anual para nuestros cultos del día domingo, y al mismo tiempo, ser flexibles al cumplirlo. Esas ocasiones e interrupciones inesperadas nos ofrecen oportunidades brillantes para hacer un impacto con el evangelio. Feliz quien tiene la sabiduría y la capacidad intelectual para adaptarse y capitalizar las oportunidades que Dios nos sirve en bandeja de plata.

Hace un tiempo leí un artículo de un reconocido profesor de predicación donde argumentaba que en el presente, debido a la mentalidad de escepticismo que prevalece en muchos como resultado de la postmodernidad, los predicadores ya no pueden contar con que las personas que llegan a los cultos crean en la autoridad de la Biblia. Cuando terminé de leer ese artículo, me vino a la mente el relato de Nehemías en el capítulo 8, el texto que encabeza nuestro capítulo. Allí encontramos el relato de un despertar espiritual gigantesco como resultado de que el predicador se propuso leerle la palabra de Dios lisa y llana a un pueblo desorientado. ¡Qué respuesta definitiva y terminante tiene este relato para muchos que en el presente están agitando la bandera de rendición! Lea los resultados que siguieron al experimento de leerle al pueblo la Ley de Dios desde el amanecer hasta el mediodía, y usted también hallará aliento para la tarea que Dios nos ha encomendado. Como argumentamos al abrir este capítulo, nunca ha existido un grupo humano que reciba de manera positiva y favorable el mensaje de Dios. No obstante, si usted en un predicador que valora la Biblia, siendo que tiene toda la autoridad y el poder del cielo detrás del texto sagrado, predique la palabra, seleccione sus párrafos con esmero, elabore su plan de trabajo bajo la guía de Dios, y prepárese para tener sorpresas tan gloriosas que excederán todas sus expectativas. Nunca olvide lo que San Pablo nos enseña: «Y Aquel que es poderoso para hacer todas las cosas mucho más abundantemente de lo que pedimos o entendemos» (Ef. 3:20) tiene mucho más interés en usarnos con poder ilimitado que lo que nosotros queremos ser usados.

Preguntas para repaso, reflexión y discusión

1. *La tarea de comunicar el evangelio no es difícil, es sencillamente imposible.* Sin el fundamento de la Palabra de Dios, nadie tiene esperanzas de triunfar en esta misión. Sánchez ofrece tres razones por las cuales todo predicador cristiano debe partir de la Biblia si espera gozar de la bendición del Padre. ¿Cuáles son esas razones? ¿Cuáles otras podría agregar usted de acuerdo a la Biblia y a su experiencia ministerial?

2. Con respecto a la elección de un párrafo para predicar, nuestro autor nos ofrece tres criterios de selección. ¿Cuáles son estos? ¿Qué otro podría agregar si tuviese que aconsejar a un predicador joven?

3. A fin de darle dirección a la predicación, nuestro autor nos aconseja seguir cinco criterios. ¿Prefiere usted predicar temas aislados? ¿O hacer series explicando una serie de versículos bíblicos? ¿Qué ventajas y desventajas tiene cada método?

CAPÍTULO 9

¿Cuál es mi propósito?

«Y salió Abraham sin saber a donde iba...».

Intente imaginar la escena por un momento. Usted acaba de subir a un avión comercial. Encuentra su asiento, acomoda el equipaje de mano, se sienta, se ajusta el cinturón de seguridad, y se prepara para disfrutar del vuelo. Sin embargo, a los dos minutos, por el sistema de intercomunicación escucha una voz que le dice: «Bienvenidos a bordo. Les saluda el comandante. Quiero darles la bienvenida a este vuelo especial. Es especial porque cuando se termine el combustible buscaremos, entonces, donde aterrizar...». ¿Qué haría usted en respuesta a semejante anuncio? Sale corriendo de forma inmediata... Y no es para menos.

Todas las semanas millones de personas asisten a nuestras iglesias buscando oír la palabra de Dios. Se acomodan en los bancos, se preparan para escuchar algo útil que les ayude a vivir mejor, y sin embargo, a medida que progresa el sermón se quedan con la convicción de que el piloto no sabe a dónde va, no sabe hacer aterrizar el avión, y finalmente lo estrella porque se le acabó el combustible. Estoy seguro que usted al igual que yo, muchas veces llegamos a la iglesia con grandes expectativas, pero cuando todo ha terminado nos retiramos preguntándonos: ¿Por qué nos habrá predicado hoy este sermón el pastor? ¿Qué esperaba de nosotros? Nos dio buena información, por momentos parecía muy apasionado, pero después de todo ¿qué diferencia hace lo que nos compartió? ¿Qué esperaba que hiciéramos con lo que nos enseñó?

A lo largo de este libro más de una vez repetiremos y enfatizaremos que todo sermón cristiano es semejante al vuelo de un avión: *debe tener un despegue, el vuelo en sí mismo y un aterrizaje*. Los tres elementos *deben* estar presentes. Si falta uno de ellos será una catástrofe, no hay vuelo posible. Nunca lo olvide.

Al comenzar el proceso de preparación de un sermón que impacte, al igual que en el desarrollo del vuelo de un avión, la primera pregunta que debo contestarme a mí mismo con claridad absoluta es: ¿A dónde quiero llegar con este vuelo? En otras palabras, ¿por qué predico este sermón? ¿Qué pretendo lograr con él? ¿Qué quiero que mis oyentes hagan como consecuencia de este encuentro con la palabra de Dios? ¿Cuál es, entonces, mi propósito? Cuando hablamos del propósito de un sermón cristiano, debemos comprender dos hechos fundamentales: que todo discurso debe tener como propósito final, *el cambio de conducta en la vida del oyente* y en consecuencia *debe ofrecer desafíos específicos que orienten su acción*.

1. El primer propósito de todo sermón bíblico es buscar el cambio en la conducta del oyente:

La comunicación del mensaje cristiano debe responder de manera esencial a tres grandes preguntas:

1- ¿Qué quiero que sepan?
2- ¿Qué quiero que sientan?
3- ¿Qué quiero que hagan?

Todo buen mensaje debe contener información que los oyentes deben conocer acerca de Dios y su plan para nuestra vida, este es el fundamento de la tarea. Verdades que debemos comprender, aferrar y discernir con el intelecto. Allí comienza todo. Además, a diferencia de una clase magistral en una universidad sobre astronomía, que puede ser entregada de manera desapasionada, un sermón debe procurar encender las emociones del oyente. Y finalmente, con el conocimiento ofrecido, más el fuego encendido, el predicador debe buscar que la persona se mueva en una nueva dirección. Y aunque la apelación a la acción es lo último que se presenta al predicar el sermón, no obstante, en la mente del mensajero debe ser lo primero que debe pensar al sentarse a estudiar, ya que el *objetivo primordial de su mensaje es procurar un cambio en la conducta del oyente.* Por esta razón debe responder con precisión y claridad a la pregunta: ¿Cuál es mi propósito? Sea para salvación o edificación, la meta final de todo sermón es asegurarnos que los recipientes dejen de hacer ciertas cosas que Dios no aprueba y comiencen a hacer otras que Dios bendice. Por lo tanto, un sermón contiene historia, pero es mucho más que educar para acumular datos, contiene información acerca de Dios, pero es mucho más que un tratado de teología y doctrina, contiene principios de comunicación, pero es mucho más que un deleite para el oído. Todo sermón debe conducir a una acción decisiva, específica y transformadora en la vida de los oyentes. Para ello es primordial contestarnos al interrogante: ¿Por qué predico **este** sermón, y no otro?

Antes de hablar sobre ¿por qué predico este sermón?, sería útil que recordásemos algunas razones por las cuales nunca debo predicar un sermón. Siempre será un mal mensaje si lo entrego porque:

* Quiero que el mundo sepa mis grandes conocimientos de todas las disciplinas del saber humano...
* El pastor está enfermo y me sacaron de la cama para que predique...
* La semana pasada estudiamos Efesios 1, hoy nos toca Efesios 2...
* Porque no hay otro que lo haga...
* Anhelo expresar mis convicciones políticas...
* Quiero exaltar a mi familia…
* Hay que poner por debajo a otros hermanos y denominaciones...
* Es mi trabajo, y me pagan para hacerlo. Y si no lo hago...
* Para que la iglesia universal sepa quien es el último profeta vivo en Jerusalén…
* La semana estuvo muy cargada, y anoche a las doce, encontré este versículo. Y como dijo Lutero: ¡Que Dios me ayude...!
* Me encanta escuchar mi propia voz…
* Porque quiero decirle algo a alguien que no me atrevo a decírselo en persona...

Estoy seguro que de acuerdo a su experiencia personal, usted podrá alargar esta lista de razones espurias, y que, sin embargo, abundan entre el pueblo evangélico.

Con todo, debido a la frecuencia con que ocurre y la gravedad que tiene, permítame un párrafo especial sobre la última de las razones que menciono. Como parte de los requerimientos de mi curso de homilética le pido a los estudiantes que me escriban un reporte del ministerio de predicación que, ya sea que ellos mismos (sin son pastores) o su pastor, están llevando a cabo. A lo largo de los años la queja más repetida, en cuanto al abuso de la posición pastoral, es: el pastor usa el púlpito para decirle a las personas lo que no se anima a decirles frente a frente. Esta práctica es una aberración ministerial y un abuso de la autoridad de que goza el predicador. Lo peor es que todos en la audiencia se dan cuenta de cuál es el propósito del sermón y para quién va dirigido el garrotazo.

Imagínese por un momento. Usted es un diácono en mi iglesia y yo soy el pastor. Por una y mil causas podemos tener un desacuerdo y nos «peleamos». Gracias a la ayuda de las hermanas Evodia y Síntique, que están en todas las congregaciones, el conflicto se corre de boca en boca, y muy pronto toda la iglesia sabe lo que pasó. Ese domingo, al comenzar el sermón, anuncio mi texto: «Hermanos, el pasaje de la Escritura sobre el que estará basada nuestra enseñanza se encuentra en 2 Timoteo 2:14-15: «Alejandro, el herrero, me ha causado muchos males; el Señor le pague conforme a sus hechos. Guárdate, tu también de él…». Honestamente… ¿cree usted que habrá alguno en la audiencia que no se percate de a quién le estoy predicando el sermón? Solamente algún desprevenido no se dará cuenta.

Como predicadores debemos ser muy cuidadosos de no prostituir nuestro llamado y nuestra vocación, desarrollando actitudes impropias y prácticas impías tal como utilizar el púlpito para fines mezquinos y cobardes. Todas las excusas y supuestas razones no serán más que paja, heno y hojarasca cuando tengamos que comparecer delante del tribunal de Cristo. Por lo tanto, permítame darle un consejo práctico para evitar esta tentación. Cuando esté atravesando una crisis ministerial (y todos las tenemos, porque es el plan de Dios para purificar nuestras vidas y a su pueblo), a fin de que nadie lo pueda acusar de abusivo, ¡predique un sermón evangelístico! Dele un mazazo al diablo en la cabeza y derrote sus artimañas con las que está buscando derrotarle. Más bien, siguiendo el consejo apostólico: «No seas vencido por lo malo, sino vence con el bien el mal» (Rom. 12:21), usted exalte a Jesús como Salvador y el adversario se tendrá que batir en retirada, y usted guardará intacta su reputación.

Cuando prediquemos o enseñemos, recordemos una vez mas, que somos llamados a buscar el bien supremo en la vida de los oyentes buscando un cambio en su conducta. Para ello debemos escribir nuestro mensaje y predicarlo con un propósito definido en mente. La Biblia abunda en ejemplos concretos de lo que decimos. El Apóstol Juan preparó cuidadosamente de antemano ese gran tratado evangelístico que llamamos el cuarto evangelio. ¿Y por qué lo escribió? ¿Para que conociésemos algo acerca de la vida inspiradora de Jesús? ¿Para que experimentásemos algo de la emoción que significa conocer a un Cristo resucitado y victorioso? Por supuesto. Pero, sobre todas las cosas, nos recuerda que su propósito primordial fue: «Hizo además Jesús muchas otras señales en presencia de sus discípulos, las cuales no están escritas en este libro. **Pero estas se han escrito para que creáis que Jesús es el Cristo, el Hijo de Dios, y para que, creyendo, tengáis vida en su nombre**» (Juan 20:30-31). Todo lo que escribió estaba encaminado a producir un efecto poderoso y bien específico en sus oyentes: que depositasen su fe personal y viviente en Jesucristo y como consecuencia obtuvieran la vida eterna.

Otro ejemplo bíblico digno de mencionar es Pablo cuando escribe su primera carta a Timoteo. Pablo tuvo que dejar a Timoteo en Éfeso para corregir varios problemas que habían surgido en la congregación. En consecuencia, en el capítulo 3:14-15 le recuerda: «Esto te escribo, aunque tengo la esperanza de ir pronto a verte, para que si tardo, **sepas cómo debes conducirte en la casa de Dios**, que es la iglesia del Dios viviente, columna y baluarte de la verdad».

Pablo escribió teniendo un propósito bien definido en mente. Y de la misma manera debemos predicar nosotros, buscando un objetivo final y decisivo.

¿Qué ocurre si el predicador no tiene un propósito claro en su mente desde el principio? Muy simple, *corre el peligro de llegar a ser un agente de información no de transformación.* Uno de los grandes peligros en la vida cristiana es la posibilidad cierta de convertirnos en oidores llenos de excelente información bíblica, pero que no hace la más mínima diferencia en el diario vivir. La Bilbia abunda en ejemplos de oyentes que escucharon solamente para su propia condenación, ya que no hicieron nada con el anuncio recibido. En tiempos del Antiguo Testamento, la generación a la cual Ezequiel debió ministrar sufría de este síndrome. Por esta causa Dios le recuerda: «En cuanto a ti, hijo de hombre, los hijos de tu pueblo se mofan de ti junto a las paredes y a las puertas de las casas, y habla el uno con el otro, cada uno con su hermano, diciendo: '¡Venid ahora, y oíd qué palabra viene de Jehová!'. Y vienen a ti como viene el pueblo, y están delante de ti como pueblo mío. **Oyen tus palabras, pero no las ponen por obra**, antes hacen halagos con sus bocas, y el corazón de ellos anda en pos de su avaricia. Y tú eres para ellos como un cantor de amores, de hermosa voz y que canta bien. **Ellos oyen tus palabras, pero no las ponen por obra**. Sin embargo, cuando eso llegue (y ya está llegando), sabrán que en medio de ellos hubo un profeta» (Ezequiel 33:30-33).

Santiago enfrentó el mismo problema en tiempos del Nuevo Testamento. A los lectores de su epístola les recuerda: «Por lo cual, desechando toda inmundicia y abundancia de malicia, recibid con mansedumbre la palabra implantada, la cual puede salvar vuestras almas. Pero sed **hacedores de la palabra** y no tan solamente oidores, engañándoos a vosotros mismos. Si alguno es oidor de la palabra pero no hacedor de ella, ese es semejante al hombre que considera en un espejo su rostro natural; él se considera a sí mismo y se va, y pronto olvida cómo era. Pero el que mira atentamente en la perfecta ley, la de la libertad, y persevera en ella, **no siendo oidor olvidadizo, sino hacedor de la obra**, este será bienaventurado en lo que hace» (Santiago 1:21-25).

Tanto en el caso de Santiago, como en el de Ezequiel, el problema radicaba en la actitud negativa que los oyentes adoptaron hacia el mensaje anunciado. El predicador no tenía la culpa de la respuesta inadecuada de los oyentes. Dios confirma a Ezequiel que está haciendo lo correcto, cuando le recuerda que llegará un día de juicio sobre el pueblo, pero ellos mirando retrospectivamente tendrían que reconocer que en medio de ellos vivió y ministró un verdadero profeta. No solo un buen palabrero que buscó endulzarles el oído. Tristemente, el mal que enfrentaron Ezequiel y Santiago todavía prevalece en nuestros días.

Muchas veces, sin embargo, la culpa por la falta de acción por parte de los recipientes del sermón no radica en una actitud negativa o pecaminosa de ellos mismos, sino en la carencia del predicador en comprender que su mensaje como meta final apunta a la voluntad humana a fin de impulsarlos a la acción.

El Dr. G. Campell Morgan, afirma:

«El predicador nunca debe dirigirse a una audiencia sin recordarse que la última fortaleza que debe conquistar es la de la voluntad humana. Puede viajar a lo largo de las emociones, pero su destino final es la voluntad. Puede comenzar a través de la línea del intelecto, pero su objetivo final es la voluntad. Cuando la predicación se convierte en una mera discusión en el reino de lo intelectual o lo emocional, el mensaje fracasa. Únicamente se puede considerar exitosa la predicación que puede asaltar la voluntad humana, y logra colocarla bajo la voluntad de Dios. El predicador llega con buenas noticias, pero no es un mensaje para jugar. Su mensaje contiene una demanda insistente porque viene del rey»[1].

2. El segundo propósito de un sermón bíblico es concluir ofreciendo un desafío específico:

Todo predicador no solo debe mover a la acción, sino además a una acción marcadamente específica. Por ejemplo, si usted predica un sermón sobre *La importancia de la lectura de la Biblia*, por supuesto, anhelará que como propósito final la gente lea la Biblia. Pero puedo preguntarle: ¿Qué objetivos específicos quiere que alcancen? ¿Qué desafíos concretos les piensa dar, de modo que se pueda saber con certeza absoluta que están leyendo la Biblia? Dependiendo de cada situación, he aquí una lista tentativa de desafíos específicos que podría incluir:

* Que compren una Biblia…
* Que comiencen a leerla diariamente…
* Que adopten un plan de memorización de versículos…

---

[1] G. Campbell Morgan, *Preaching*, Baker Book House, Grand Rapids, pág. 25.

- Que se enrolen en una clase especial de la escuela Dominical donde se ofrezca una introducción a los libros de la Escritura.

Si lo invitan a predicar sobre *La tarea evangelística de la iglesia*, tres desafíos específicos podrían ser:

- Que se enrolen en el curso de capacitación que ofrece la iglesia.
- Que aparten una noche a la semana para salir a visitar.
- Que comiencen a compartir su fe con los familiares y amigos.

Será mas fácil dar en el blanco si sabemos donde está. Si el predicador no conoce su destino final, si carece de un propósito claro y específico desde el mismo inicio de la preparación, las posibilidades de predicar un buen sermón son muy escasas. Y aunque transmita buena información y la entregue con pasión, si carece del elemento de desafío a la acción, no es un sermón completo. Al repasar los cientos y miles de sermones que he escuchado a lo largo de mi vida debo reconocer que muchos sermones eran como fuegos artificiales, vistosos y coloridos, pero no produjeron ningún cambio en mi vida.

En la Biblia hay un solo caso de alguien que disparando a la ventura logró un buen resultado: el arquero que mató al rey Acab. La batalla había llegado al fin. Y para su sorpresa aquel arquero del puebo enemigo se encontró con que le sobraba una flecha. Y dijo para sus adentros: «Ya que estoy, la tiro al aire». Y el resultado fue que ensartó al rey de Israel. Muchos predicadores modelan su ministerio de acuerdo a este ejemplo. La historia de este arquero es un lindo ejemplo del poder milagroso de Dios, pero un pésimo modelo para quien ha sido llamado a comunicar las Buenas Nuevas. Damos gracias a Dios por su misericordia y bondad, que a pesar de las carencias obvias de tantos de nuestro sermones, muchas veces ha bendecido la vida de los oyentes a pesar de nuestras notorias limitaciones, errores y pecados.

Sospecho que si hoy pudiéramos hacer una visita al infierno veríamos que allí se encuentran millares y millones que conocen versículos bíblicos de memoria, que saben las grandes doctrinas de la Biblia, que frecuentaban nuestras iglesias, que escucharon centenares de sermones, pero allí están, condenados por toda la eternidad, porque rehusaron tomar una decisión y comenzar una nueva vida hacia una meta diametralmente opuesta. En última instancia la responsabilidad recae sobre ellos mismos, ya que ellos se condenaron por su propio pecado. Pero usted y yo no quisiéramos ser de aquellos que por nuestra carencia de preparación adecuada, sellamos su destino final. Por el contrario, por la bendición de Dios y la obra regeneradora del Espíritu Santo, siempre debemos anhelar con fervor ser los instrumentos de Dios para su salvación, para que entren al discipulado cristiano y a disfrutar la vida de abundancia que Jesús nos ofrece.

El Pastor comenzó a recorrer los hogares de los miembros de la congregación que le habían invitado a ser su ministro. Al llegar a una de ellas, notó que el dueño de la casa había hecho toda una extensión a la propiedad, utilizando madera que tenía la estampa de la compañía ferroviaria donde trabajaba. Al visitar el taller mecánico de otro miembro, notó que muchas herramientas tenían la estampa del ferrocarril. Otro día, es invitado a pasar la tarde en la casa de campo de otro miembro, y descubre que toda la propiedad había sido hecha con madera de la misma compañía ferroviaria. Y estos eran solo tres ejemplos de una larga lista que descubrió.

Preocupado por esta situación, dejó pasar una semanas y predicó un sermón sobre el texto, 'No robarás'. Fue una buena exposición del tema que los cristianos no deben practicar el robo en ninguna de sus formas, pero nunca puso 'el dedo en la llaga'. Nunca denunció de modo concreto lo que había observado. Al final del culto, todos los que había visitado le estrecharon la mano diciendo: 'Gracias Pastor. Hoy predicó un buen sermón'.

Ante esta respuesta el próximo domingo volvió a la carga. Entregó la segunda parte del tema, pero esta vez fue bien específico. 'Robar incluye traerse a la casa cosas del lugar donde trabajamos. Por ejemplo, la compañía ferroviaria'. El lunes a la noche hubo una reunión de emergencia de los diáconos. El martes le pidieron la renuncia.

Ser profeta tiene sus riesgos. Pero predicar y concluir con la fórmula: «Que el Espíritu Santo aplique estas verdades a nuestro corazones...» es buscar la ruina total; la nuestra propia primero, y la de nuestros oyentes como resultado. Por lo tanto, comprenda «que todo comienza en la cabeza, luego debe bajar al corazón, y finalmente debe bajar a las piernas». Para lograrlo, **su sermón debe ser como un rayo laser, dirigido a un punto bien definido, y con un poder fulminante.**

Todo rayo láser para ser útil debe tener un blanco. Su sermón debe ser ese rayo láser; el própósito debe ser su blanco.

Puedo preguntarle, ¿está viendo cambios poderosos en la conducta de sus oyentes como resultado de su predicación? ¿Responden las personas cuando hace un llamado? ¿Vienen a buscarlo una vez que el culto ha terminado para hablar con usted porque necesitan su ayuda? ¿Lo visitan o lo llaman durante la semana para decirle que su ministerio de predicación les cambió la vida? ¿Está notando cambios significativos en la vida de los jóvenes, adultos y ancianos? Si usted hace su trabajo bien y cuenta con la aprobación de Dios, la tarea de anunciar las riquezas inescrutables de Cristo será una fuente de satisfacción creciente en lo personal y de bendiciones innumerables para aquellos que amamos y son el objeto de nuestro servicio.

El predicador se hallaba muy nervioso. Era sábado por la tarde y sentía que el sermón no avanzaba muy bien. Por tanto, decidió hacer un experimento. Llamó a su esposa y le pidió que lo escuchara. Si ella era tan amable, él le predicaría el sermón que había preparado para el día siguiente. La esposa accedió y así fue sometida, como tantas otras que han debido sufrir este purgatorio. Cuando finalmente, el esposo terminó con su sermón, le preguntó a la esposa: «¿Qué te pareció? Dime honestamente». La esposa hizo una pausa, y con todo el amor del mundo para no ofenderlo, le replicó: «Tiene muchas cosas buenas, sin embargo, si me permites, me hizo recordar la experiencia de Abraham que salió sin saber a dónde iba. Creo que a tu sermón le falta enfoque, un propósito definido». Ciertamente, el ejemplo de Abraham como hombre de fe es digno de imitar. No obstante, cuando de predicar se trata, el propósito central es el primer eslabón en la cadena que conduce al éxito en la comunicación del mensaje cristiano.

Por ende, cuando piense en su próximo sermón, pregúntese: ¿Por qué predico este sermón? ¿Qué cambios de conducta anhelo ver en mis oyentes? ¿Qué desafíos concretos les voy a ofrecer? Los humanos cambiamos lentamente, sin embargo, será más fácil emprender el camino angosto, si sabemos cuál es la meta final y qué se espera de nosotros como consecuencia del sermón que acabamos de escuchar. El ejemplo de Abraham cuando salió de Ur de lo Caldeos siguiendo el llamado de Dios es muy loable cuando hablamos del tema de la fe. No obstante, que nunca se diga de usted que es un digno imitador de

Abraham cuando hablamos del propósito que debe impulsar al sermón. Sería una reputación que nadie debe aspirar a obtener. Por lo tanto, antes de predicar su próximo sermón, pregúntese: «¿cuál es el propósito de este sermón?», y de esa manera habrá dado un paso muy significativo para que su sermón cause un impacto poderoso, transformador y perdurable.

Preguntas para repaso, reflexión y discusión

1. Nuestro autor nos enseña que todo sermón debe ser entregado con un doble propósito. ¿Cuáles son estos?
2. Muchas veces los pastores predican sermones con fines muy mezquinos. Sánchez menciona algunas razones por las cuales nunca debemos predicar un cierto sermón. ¿Cuáles otras le ha tocado vivir a usted?
3. Si tuviese que entregar un sermón sobre las razones por qué la iglesia siempre debe estar evangelizando... ¿Qué desafíos específicos le daría a sus oyentes?

CAPÍTULO 10

¿Cuál es la idea central?

«Hay oradores que no se sabe de qué van a hablar, mientras están hablando no se entiende lo que dicen, y cuando terminan uno se pregunta de qué hablaron» (*Winston Churchill*)

Imagínese por un momento. Usted llega a su casa agotado después de un día larguísimo en la oficina. Cuando entra, le recibe su esposa, y después de los saludos habituales, es hora de sentarse a la mesa. Allí ella le comunica, «Mi amor, el menú de esta noche es el siguiente. Empezaremos con una ensalada, luego gustaremos de una sopa hecha con carne de langostas de mar. El plato principal será carne a la parrilla con vegetales y arroz integral. El postre será torta (pastel) de chocolate con helado (nieve), y vamos a cerrar con un excelente café». Bueno... bueno. ¡Qué banquete! Si usted tiene una esposa que lo trata así un día de semana... ¡cuídela mucho! Usted es bienaventurado.

Ahora imaginemos otro día exactamente igual dos semanas más tarde. Usted regresa mascullando bronca. Y a la hora de cenar, su esposa toma una cuchara y le sirve de una olla una pasta de color indefinido. Y al hacerlo, le comunica: «Mi amor, hoy el menú es igual al que te serví hace dos semanas. Pero lamentablemente tuve un día de locos con los niños y la escuela, además se me rompió el lavarropas y debí llamar a un mecánico, y encima la vecina me vino a pedir ayuda por un problema que tiene con la madre. Como me quedé sin tiempo para preparar la cena, puse todos los elementos de la cena anterior en la olla, los cociné, y aquí están».

La gran pregunta es: Si a usted le dieran a escoger… ¿cuál de las dos cenas comería? Le ruego que piense. Las dos tienen el mismo valor nutritivo, sin embargo, ¿quién se atrevería a comer la segunda? ¿Tanta diferencia puede marcar la presentación en una comida? Con la predicación cristiana es exactamente igual.

Si yo le dijera: Usted tiene que predicar un sermón. Y estará basado en los siguientes textos:

> «Partos, medos, elamitas, y los que habitamos en Mesopotamia, en Judea, en Capadocia, en el Ponto y en Asia…» (Hch. 2:9).

> «Tenemos un altar, del cual no tienen derecho a comer los que sirven al tabernáculo. Porque los cuerpos de aquellos animales cuya sangre a causa del pecado es introducida en el santuario por el sumo sacerdote, son quemados fuera del campamento» (Heb. 13:10-11).

> «Mas ¿qué dice? Cerca de ti está la palabra, en tu boca y en tu corazón. Esta es la palabra de fe que predicamos: que si confesares con tu boca que Jesús es el Señor, y creyeres en tu corazón que Dios le levantó de los muertos, serás salvo. Porque con el corazón se cree para justicia, pero con la boca se confiesa para salvación» (Rom. 10:8-10).

¿Qué tal? ¿Se anima? Anote bien. Los tres textos también tienen un cierto valor nutritivo. Si predica de ellos, todos dirían que usted entregó un mensaje bien bíblico. Con todo, si usted logra sacar un buen sermón uniendo esos tres textos, usted es el Lionel Messi del ministerio. Más bien, si tiene un mínimo de inteligencia se dará cuenta que es imposible hacer un buen sermón incorporando esos tres textos. Intentarlo sería como preparar la cena donde se metió todo en la olla. ¿Por qué? Porque los tres textos no tienen conexión entre ellos. No tienen un tema central que los una. Son ideas sin relación entre ellas. No hay una idea común que demuestre que tienen sentido lógico. Si intenta hacerlo, lo mejor que puede lograr es predicar tres mini-sermones en uno.

A lo largo de seis décadas que llevo en la vida de la iglesia, con tristeza debo confesar, que la gran mayoría de sermones que he escuchado de los predicadores Latinoamericanos son como la cena donde se echa-

> *No hay elemento más importante en la creación de un sermón excelente, que aferrar la verdad que todo sermón debe ser el desarrollo de una sola idea central, de un tema único.*

ron en la olla todos los ingredientes al mismo tiempo. Un elevadísimo porcentaje de ministros predican sermones tratando de incorporar verdades no relacionadas entre ellas, al igual que los tres textos que acabamos de mencionar, y el resultado final es un potaje de sabor bíblico, pero imposible de tragar. Algo tan indescifrable como los jeroglíficos egipcios. Y cuando hay neblina en el púlpito, en consecuencia, hay llovizna en el auditorio.

Muchas veces he preguntado a mis estudiantes, ¿cuál es el componente más importante de un sermón? ¿Cuál es el elemento decisivo? La gran mayoría siempre me responde: «las ilustraciones», «los chistes»… y así vamos. Estas respuestas demuestran cómo los seres humanos reaccionamos frente a un discurso. Recordamos las cosas que nos impactan de forma personal, que son de nuestro interés. Y muchos predicadores comienzan su tarea partiendo de un buen chiste que escucharon esa semana, o quieren contarnos algo que les pasó. Lamentablemente, tales sermones están condenados al fracaso. Es como construir la casa empezando por el tejado, es como empezar con la pintura, cuando todavía no hemos levantado las paredes.

La parte fundamental de un sermón es su idea central, su enfoque específico, el tema principal que comunica. No hay elemento más importante en la creación de un sermón excelente, que aferrar la verdad que todo sermón debe ser el desarrollo de una sola idea central, de un tema único. De la misma manera que la parte más importante de un rascacielos es su estructura central, así también un sermón debe tener una estructura central, que una todos los componentes. Sin una idea central que está primero delineada de forma muy clara en la mente del predicador, el sermón desciende a ser un terreno vacío donde amontonamos todos los componentes para levantar el rascacielos, pero los materiales por sí solos nunca pueden formar un edificio.

Un reconocido predicador, Donald G. Miller, dice:

«Todo sermón debe tener una idea central. Las subdivisiones deben ser los componentes de este pensamiento principal. De la misma manera que los diferentes ingredientes conforman la comida, igualmente los puntos de un sermón, deberían ser los ingredientes de la idea central... **Cada sermón debe tener *un solo tópico*, y ese tema debe ser el tema central de la porción de la Escritura en la que está basado**»[1].

John H. Jowett, otro predicador notable que ocupó el púlpito de Westminster Chapel en Londres a comienzos del siglo XX, amplía este concepto con las siguientes palabras:

«Tengo la convicción que un sermón no está listo para ser predicado, hasta que podamos expresar su tema central en una oración clara como el cristal. Encuentro que la formulación de esta idea central es el aspecto más difícil de mi estudio. Forzarse a uno mismo a eliminar toda palabra ambigua e innecesaria, definir el tema central con exactitud y precisión, es el factor esencial en el desarrollo de un sermón. Y estoy convencido que ningún sermón debería ser predicado o escrito, hasta que esta oración ha surgido clara, definida y brillantemente como la luna en un cielo sin nubes»[2].

Estos autores coinciden totalmente en lo que venimos enunciando. Si las personas cuando salen de la iglesia pueden recordar el tema de su sermón, usted ya ha logrado un avance formidable en la escala de la efectividad en la comunicación. Si sus oyentes pueden decir, «El pastor hoy habló de la oración, del amor de Cristo, de la seguridad de la salvación», etc., usted ya ha logrado mucho. Tristemente, la gran mayoría de los predicadores y sus sermones encajan perfectamente en la descripción que hacía Winston Churchill, tal como citamos al comienzo de este capítulo.

---

[1] Donald G. Miller, *The Way to Biblical Preaching (El camino hacia la predicación bíblica)*, pág. 53.

[2] John Henry Jowett, *The Preacher: His Life and Work (El predicador: su vida y ministerio)*, pág. 133.

La importancia que tiene la idea central en un discurso va mucho más allá del ámbito de la predicación cristiana. Más bien es el corazón de toda comunicación efectiva, ya sea verbal o escrita. Donald Murray, quien fue periodista del diario *Boston Globe* durante varias décadas afirma:

«El problema mayor que enfrenta el editor de un periódico, es la nota que carece de un enfoque central. El periodista/escritor intenta decir muchas cosas de igual importancia. **Una nota periodística excelente tiene un significado dominante.** El escritor, el editor y el lector tienen que entender ese significado con absoluta claridad»[3].

Es más, Richard Zeoli, quien ayudó a muchos políticos y profesionales a desarrollar el arte de hablar en público, nos recuerda que la calidad del discurso determina el éxito en la carrera política. Y dentro del discurso la importancia de la idea central es críticamente decisiva. Así nos dice:

«Primero y principal, usted debe saber cuál es su mensaje. ¿Cuál es la idea que está intentando transmitir a la audiencia? Descubrir el tema central de su mensaje es el primer paso en el proceso… Antes de dar un discurso en público, de ofrecer una entrevista, de hablar frente a las cámaras, piense cuidadosamente en el punto central que quiere probar. Su mensaje es la idea central a trasmitir y todo lo que sigue está diseñado para demostrar y probar ese único punto. Su discurso tiene que sintetizarse en una línea. Y esa frase es la base de todo su discurso»[4].

Cuando dos predicadores cristianos notables que tuvieron ministerios de predicación reconocidos mundialmente; cuando un periodista que recibió el premio Pulitzer a la excelencia como escritor y un consultor de políticos profesionales, nos recuerdan que la idea central es el

---

[3] Donald M. Murray, *Writing to Deadline: The Journalist at work* (*Escribiendo con fecha tope: el periodista en su trabajo*), pág. 111.

[4] Richard Zeoli, *The Seven Principles of Public Speaking* (*Los siete principios de hablar en público*), pág. 153.

componente crucial de un discurso, de una tesis, de un escrito, entonces, es de personas sabias prestar atención y llevar, a la mente y al corazón, lo que nos enseñan estas autoridades.

Si definir el propósito con claridad es el primer eslabón en la cadena hacia un sermón efectivo, entonces, definir la idea central con absoluta precisión es el segundo eslabón. Al afirmar que todo escrito o discurso debe tener una idea central, no obstante, debemos entender que la tarea del predicador cristiano no es crear un mensaje, sino trasmitir el mensaje que el escritor tenía en mente cuando escribió lo que leemos en la Biblia. De la misma manera, cuando afirmamos que la idea central es el componente más importante que tiene un sermón, no estamos diciendo que debemos crear una idea central, sino identificar la idea central del autor de las Escrituras. Luego debemos exponer esa idea de tal manera que responda de forma específica a las necesidades de nuestros oyentes. Por lo tanto, la idea central de nuestro sermón debe reflejar la idea central de que quienes escribieron la Biblia procuraron comunicarnos.

Estoy seguro que alguien puede preguntar: ¿Qué pasa cuando predicamos un sermón temático? El principio de la idea central se mantiene y aun se puede ver con mayor claridad. En este caso es el predicador el que define el tema central. Por ejemplo: si deseo enseñar a mi congregación sobre el tema «¿Cómo orar para que Dios me oiga?», mi tema central debe ser la oración, y no debo mezclar durante el sermón ideas relacionadas con la segunda venida de Cristo, la santificación o la adoración, como ocurre tantas veces. Si mi tema central es impulsar a los cristianos a orar, entonces debo darle tres razones de peso por las cuales debemos orar. Así:

– Debemos orar en forma incesante: 1 Tesalonicenses 5:17
– Debemos orar en el nombre de Jesús: Juan 14:13-14
– Debemos orar con fe esperando recibir lo pedido: Marcos 11:24

Ahí tiene un bosquejo simple para desarrollar un sermón efectivo, donde se nota con claridad cuál es el tema central y cuáles son los ingredientes que forman la comida, tal como nos enseñaba Daniel G. Miller en la cita de más arriba. De esta manera se deben crear todos los sermones temáticos. Y qué bueno sería que todos pudiesen recordar que cuando se entrega el sermón no debemos movernos ni a diestra ni a siniestra del tema escogido.

Alguien preguntará con toda razón: Si el componente más importante de un sermón es su idea central, entonces, ¿cómo la reconozco?, ¿cómo lo identifico? La idea central de cualquier texto que estudiemos, sea de la Biblia o de un libro secular, se descubre contestando a dos grandes preguntas:

- ¿De qué habla el autor?
- ¿Qué dice de aquello que habla?

Veamos algunos ejemplos concretos. A usted le piden que entregue un sermón sobre el Salmo 23. Veamos este párrafo tan conocido:

El Señor es mi pastor, nada me faltará.
En lugares de delicados pastos me hará descansar.
Junto a aguas de reposo me pastoreará.
Confortará (restaurará) mi alma.
Me guiará por sendas de justicia por amor de su nombre.
Aunque ande en valle de sombra de muerte,
no temeré mal alguno, porque tú estarás conmigo;
tu vara y tu cayado me infundirán aliento.
Preparas mesa delante de mí en presencia de mis angustiadores.
Unges mi cabeza con aceite, mi copa está rebosando.
Ciertamente el bien y la misericordia me seguirán todos los
    días de mi vida,
y en la casa del Señor moraré por largos días.

El propósito general es que sea un sermón de edificación para el pueblo de Dios. Si el elemento fundamental de un sermón excelente es descubrir la idea central, entonces planteamos las dos preguntas que acabamos de presentar: ¿De qué habla David en el Salmo 23? La respuesta es más que obvia, todos la sabemos: David habla de que el Señor es nuestro Pastor. Bien. Un buen primer paso. Sin embargo, en el verso 5 presenta una segunda figura de lenguaje: la de un anfitrión que recibe a un amigo en su tienda. De esto no se habla muchas veces. No obstante, la figura del Pastor es la que predomina.

Ahora sabemos que David habla del Señor como nuestro Pastor, como nuestro anfitrión. ¿Qué nos dice en cuanto a eso? ¿Qué significa para nuestra vida que Jehová/Jesús es nuestro pastor? David nos responde, que porque «Yo soy» es mi pastor, en consecuencia, los creyentes podemos gozar de 10 beneficios: provisión (nada me faltará), descanso, cuidado personal (me pastoreará), renovación (restaura mi alma), etc. Le dejo a usted que complete la lista de bendiciones.

¿Cómo podemos resumir en una sola oración el contenido del salmo 23? Usted debe hacerlo con sus propias palabras. Aquí le ofrezco un ejemplo: «Quien conoce a Jesús como su Pastor, puede gozar de diez beneficios admirables».

Tomemos otro ejemplo. Vamos a 1 Pedro 4:7-11. Allí leemos:

«Más el fin de todas las cosas se acerca, sean pues sobrios y velen en oración.

Ante todo, tengan entre ustedes amor ferviente, porque el amor cubrirá multitud de pecados.

Hospédense los unos a los otros sin murmuraciones.

Cada uno según el don que ha recibido, minístrelo a los demás, como buenos administradores de la multiforme gracia de Dios.

El que habla, hable conforme a las palabras de Dios; si alguno sirve, ministre conforme al poder que Dios da, para que en todo sea Dios glorificado por Jesucristo, a quien pertenecen la gloria y el imperio por los siglos de los siglos. Amén».

Pedro contesta a nuestra primera pregunta en la frase que abre el párrafo. Así nos informa que, «se acerca el fin de todas las cosas». Esa es la idea central del párrafo. Pero no deja las cosas ahí. Nuestra segunda pregunta la podemos formular con el siguiente interrogante: ¿Qué nos dice que debemos hacer los cristianos a la luz de semejante evento? Pedro nos da 7 órdenes para vivir vidas productivas que agraden a Dios. La lista de mandamientos es: sean sobrios, oren, hospeden, usen sus dones espirituales, etc. Bien podríamos, entonces, sintetizar el contenido de este párrafo de la siguiente manera: Cómo vivir a la luz del fin de todas las cosas. Una segunda opción puede ser: ¿Qué hacer antes del fin del mundo? Las dos oraciones resumen el párrafo en forma simple y concreta. La segunda oración, bien podría usarse inclusive como un buen título para el sermón.

De la misma manera que descubrimos la idea central de estos párrafos, debemos hacer lo mismo con cada párrafo de las Escrituras. Debemos hacer esta tarea para nuestro propio beneficio al estudiar la Biblia, y además para predicar con claridad, sencillez y precisión.

Lógicamente, no todos los párrafos de las Escrituras son tan sencillos como los dos que acabamos de analizar. Las cosas se hacen mucho más difíciles con otros tipos de literatura que hallamos en la Biblia. Por ejemplo, las narrativas tanto del Antiguo Testamento como del Nuevo Testamento. ¿Cuál es la idea central de 1 Samuel 17, donde David mata a Goliat? ¿Cuál es la del relato de Hechos 27, donde Pablo viaja a Roma? La primera pregunta, ya está contestada. Cuando intentamos contestar, ¿qué dice de lo que nos habla?, hallamos demasiada información. Así, es casi imposible resumir en una sola oración la idea completa del pasaje. Con todo, el principio siempre se mantiene. Y siguiendo el consejo de John Henry Jowett, debemos luchar hasta que el corazón del sermón está sintetizado en esa oración que debe brillar como la luna en un cielo sin nubes.

Cierto día la esposa regresó a la casa después del culto del domingo. El esposo que se quedó en casa cuidando a uno de los niños que estaba enfermo, le preguntó: «¿De qué habló el pastor esta mañana?». La esposa le respondió: «De la segunda venida de Cristo». «¿Y qué dijo?», siguió el esposo. «Anda y pídele tú que te explique, porque yo no entendí nada. Habló de un caballo blanco y no sé qué vamos a hacer en las bodas del cordero». Honestamente, creo que la esposa contestó mucho más de lo que responden la gran mayoría de los creyentes si uno les preguntara el lunes por la mañana, ¿Cuál fue el tema del pastor ayer? Muchas veces no pueden responder con exactitud ni siquiera la primera pregunta.

Jesucristo nos enseñó que el primer mandamiento era: «Amarás al Señor tu Dios con todo tu corazón, con toda tu alma y *con toda tu mente*» (Mt. 22:37). Amar a Dios implica pensar. Usar las capacidades mentales que Dios no dio, como parte de su imagen en nosotros. Esto es cierto para todos los cristianos, pero adquiere una importancia fundamental para quien es llamado por Dios a comunicar su mensaje de salvación. Su tarea implica pensar desde el primer instante en que ponemos las manos al arado. El primer eslabón para desarrollar un sermón bíblico efectivo será saber con precisión cuál será mi tema; el segundo determinar el párrafo bíblico que sustentará mi exposición; el tercero, ¿cuál es mi propósito?; y el cuarto: ¿cuál es la idea central? Por tanto, ¿cuál es su tópico para el próximo domingo? ¿Cuál es el mensaje central que quiere comunicar con su sermón? Si usted lo aprende a delinear basándose en los cuatro pasos que hemos señalado hasta aquí con absoluta claridad, muy pronto su nombre aparecerá entre aquellos que se destacan por encima de la mediocridad que abunda en los púlpitos hispanos contemporáneos.

Preguntas para repaso, reflexión y discusión

1. El autor nos enseña que la idea central de un discurso es el componente principal para que un sermón tenga dirección y claridad. ¿Por qué?
2. La idea central de cualquier párrafo de la Biblia se descubre contestando dos grandes preguntas: ¿Cuáles son estas?
3. ¿Cuál es la idea central de Juan 5:24? ¿Del Salmo 1? ¿De Efesios 4:1-17?
4. La confusión en muchos sermones comienza cuando el predicador presenta ideas sin conexión. Discutir.

CAPÍTULO 11

¿Cómo estudio mi texto?

«Cuídate de ti mismo y de la doctrina...» (2 Timoteo 4:16).

«Señorita, ¿Jesucristo, comía en McDonald's?».

La maestra se irritó cuando el niño de segundo grado le hizo esta pregunta. Pensó que le estaba faltando al respeto. Sin embargo, el niño era absolutamente sincero e hizo la pregunta con toda seriedad. Acaso, ¿no tenía razón al hacerla? Los humanos tendemos a pensar que el mundo siempre fue, tal como es en el presente. Creemos que siempre hubo televisión a colores, que la gente siempre se transportó en aviones y automóviles, que todos llevaban *notebooks* a la escuela, que comían en restaurantes de comida rápida como McDonald's, que se comunicaban con celulares, que trabajaban en rascacielos de 100 pisos, que se vestían según las modas de los diseñadores europeos.

Qué difícil es, en consecuencia, cuando nos acercamos al mundo de la Biblia poder comprender todo lo que está pasando. Al abrir sus páginas encontramos relatos imposibles de comprender, hábitos culturales difíciles de explicar de forma racional; formas de hablar desconocidas, palabras extrañas. En el mundo de la Biblia, lo que se llaman ciudades, hoy serían un caserío insignificante. Nosotros medimos en metros y kilómetros, ellos lo hacían en estadios, codos y tiros de piedra. Nosotros comerciamos en dólares, euros y pesos, ellos lo hacían en talentos, denarios y dracmas. Nuestros cultos religiosos son precedidos por pastores y sacerdotes, ellos tenían escribas, doctores de la ley, sumos sacerdotes. Cuando Jesús enseñaba utilizaba parábolas, hipérboles, metáforas y símiles; nosotros dependiendo de qué profesión tenemos, debemos demostrar nuestra capacidad técnica usando un lenguaje lo más abstracto posible. Si usted está familiarizado con la Biblia, sabe muy bien que la lista de diferencias entre aquel mundo y este de ahora es interminable, y con cada día que pasa, debido al progreso tecnológico tanto más nos estamos alejando rápidamente del mundo de hace dos mil años atrás.

> *Si nuestros oyentes han de comprender el mensaje de las Escrituras, primero debemos comprenderlo nosotros con claridad absoluta.*

Si usted ha sido llamado a predicar, y quiere hacerlo de forma bíblica y relevante para el mundo contemporáneo, tal como hemos explicado en nuestro tercer capítulo, entonces nuestra misión como predicadores es hacer que el texto de la Biblia y todo el mundo que le rodea, llegue a ser algo viviente, claro y comprensible para nuestros oyentes. Esto es un reto formidable. Si nuestros oyentes han de comprender el mensaje de las Escrituras, entonces, somos nosotros mismos quienes debemos comprenderlo con claridad absoluta. Hasta aquí hemos visto que nuestra tarea comienza con la elección de un tema específico y la elección del texto que lo sustenta. Analizamos que el siguiente paso es definir el propósito del sermón. En nuestro capítulo anterior analizamos las dos grandes preguntas que nos permiten entender la idea central del párrafo bíblico, y al hacerlo ponemos el fundamento para un sermón que se puede presentar de manera lógica y la audiencia pueda al menos recordar su contenido básico. Ahora debemos dar un paso más adelante, y es analizar en detalle el bloque de la Biblia del cual vamos a predicar, ya sea un versículo aislado, o un párrafo de varios versos. Por esta razón, en este capítulo quiero ofrecerle nueve principios fundamentales para estudiar el párrafo del cual estará predicando, de manera que lo traiga a la vida y en colores vivientes.

1. Trate de comprender las circunstancias que rodean el pasaje:

Cuando leemos la Biblia, muchos de sus libros nos dejan la impresión de que estamos escuchando una conversación telefónica. Podemos oír lo que la persona dice, pero no alcanzamos a entender todo lo que está pasando del otro lado. El autor está contestando preguntas, pero ¿cuáles eran esas preguntas exactamente? Esto es especialmente cierto al estudiar las epístolas del Nuevo Testamento. Por tanto, al igual que un detective que llega al lugar de un crimen, como no sabe quien cometió el delito, entonces, debe reunir la mayor cantidad de evidencias posibles para recrear la escena y de ese modo llegar a resolver el caso. De la misma manera, nosotros también debemos hacer un esfuerzo por recrear cuanto más podamos la escena original para tratar de entender el libro o el párrafo que tenemos que analizar, y así poder predicarlo con claridad absoluta.

A partir de ahora, y para hacer el estudio más relevante, le invito a que usemos la carta de San Pablo a los Efesios como nuestro banco de trabajo. Cuando nos acercamos a la carta a los Efesios, ¿dónde comenzamos nuestro estudio? ¿En Efesios 1:1? De ninguna manera. Afortunadamente para nosotros en el libro de *Los Hechos* se nos cuenta el origen de esta iglesia. Así aprendemos que Pablo hizo una primera visita breve a la ciudad en el regreso de su segundo viaje misionero (Hch. 18:18-21). Luego en el capítulo 19 de Los Hechos se nos ofrece la historia de cómo esta iglesia fue establecida. Y más tarde, en el capítulo 20, cuando Pablo pasa retornando de su tercer viaje misionero camino a Jerusalén, leemos cómo se reunió con los líderes de esta iglesia amada para su corazón, para despedirse de ellos (Hch. 20:17-38). Estos tres párrafos nos ofrecen muchísima información valiosa que nos ayuda a entender el mensaje de la carta. Al tener esta información vital, podemos hacerle al relato de Hechos y a la carta las siete siguientes preguntas que nos ayudarán a tener un panorama más completo de nuestro tema.

- *¿Quién es el autor?*
  En este caso la respuesta es obvia, San Pablo, y de él tenemos una tonelada de información. Vale la pena notar su estrategia para alcanzar a las personas: primero la sinagoga, luego los gentiles.
- *¿Quiénes son los recipientes de la carta?*
  ¿Eran judíos, gentiles o una mezcla de ambos? ¿Eran ricos, pobres, educados? ¿Conocerían la Biblia? Los judíos sí, los gentiles no.

- *¿Qué relación hay entre ellos?*
  Pablo es el padre espiritual de ellos; es quien plantó esta iglesia. Tiene una relación cercana de amistad, casi familiar.
- *¿Dónde viven los recipientes de la carta?*
  Éfeso era un puerto importante. Una ciudad comercial. Una ciudad idólatra. Allí estaba el templo a Diana, una de las maravillas arquitectónicas del mundo antiguo, con todo lo que implicaba esa adoración.
  Ciudad oscura. ¿Qué nos dice Hechos en cuanto a la práctica de la brujería?
- *¿Cuáles son sus circunstancias presentes?*
  Esta es una iglesia en crecimiento. Necesitan instrucción sobre la fe que han abrazado y cómo vivirla de forma diaria.
- *¿Qué circunstancias/conflictos originaron esta carta?*
  En Éfeso no hay conflictos en el momento de escribir esta epístola. Pablo se preocupa por ellos como Pastor. En otras cartas del NT, como Corintios, Gálatas y Colosenses, los conflictos internos y peligros de doctrinas extrañas impulsaron a Pablo a escribir esas epístolas.
- *¿Cuál es el propósito principal del autor al escribir?*
  En el caso de Éfeso, Pablo los quiere llevar un escalón más arriba en el conocimiento de Dios y su plan para nosotros. En el caso de Romanos, Pablo escribe a creyentes que nunca ha visitado, para explicarles el evangelio y sus planes personales futuros. Cuando se trata de Colosas, es otra iglesia que tampoco conoce, pero les escribe para que no se dejen confundir por las falsedades del gnosticismo. Cuando escribe a Timoteo, su propósito es ayudar a su joven asociado a que sepa cómo debe conducirse en la casa de Dios (1 Tim. 3:14-15). Timoteo, varios años más tarde se hallará en Éfeso como Pastor. En el caso de los cuatro evangelios, el propósito era dar a conocer la vida y obra de Jesucristo con el fin de llevar las personas a la fe personal en él (Juan 20:30-31).

Como usted se dará cuenta, estas sietes preguntas nos ayudan a comprender muchas cosas que San Pablo escribirá en la carta. Por ejemplo, ¿no es notable acaso que es precisamente a esta iglesia que salió de la brujería que Pablo les enseña sobre cómo prevalecer en la guerra espiritual? (Ef. 6:10-20). Los efesios bien sabían lo que era el reino del enemigo y su poder. Mas ahora debían aprender a enfrentar a su viejo amo, con todos los recursos que Cristo les ofrece, y vencer en el conflicto.

2. Establezca los límites del pasaje a estudiar:

En la carta a los efesios este consejo parece estar de más. Sin embargo, debemos recordar que la Biblia cuando fue escrita no estaba dividida en capítulos y versículos. Eso se introdujo siglos más tarde para ayudarnos en el culto público. Esas divisiones nos son inspiradas divinamente, por lo tanto muchas veces el autor las hizo en lugares inadecuados cortando el pensamiento del escritor bíblico. Para buscar un ejemplo no debemos avanzar mucho en la Biblia. Basta con leer Génesis 1. Este primer capítulo de la Escritura, si prestamos atención, concluye en el verso 3 del capítulo 2. Allí se resume la obra de creación. Y para hacer la diferencia más notable, en el próximo párrafo el escritor sagrado cambia el nombre de Dios. En el capítulo 1 es *Elohim*; en el capítulo 2 es *Yahweh Elohim*.

Un caso mucho más triste es Isaías 53. En este caso el oráculo del *Siervo de Jehová* comienza en el verso 13 del capítulo 52. Este párrafo está compuesto de cinco estrofas simétricas de tres versículos cada una. Al hacer la división Esteban Langton cercenó la primera estrofa de forma total.

Volviendo a Efesios, si usted se propone predicar esta carta en el culto del domingo, o enseñarla en la Escuela Dominical a un grupo de adultos, usted debe establecer las divisiones del texto que gobernarán su tarea y determinarán el número de sermones a predicar. Para ello es recomendable que respete las unidades de pensamientos de los diversos bloques que conforman la carta. El Dr. Martyn Lloyd-Jones expuso esta carta versículo por versículo. Sus sermones son verdaderamente inspiradores. Sin embargo, este no es el plan que yo emplearía para enseñar a una congregación hispana en Norteamérica en el siglo XXI, donde las personas cambian con frecuencia su lugar de residencia. Cuando llegase al tercer capítulo, posiblemente el 50% de la iglesia no habría escuchado el comienzo del estudio porque son todas personas nuevas en la iglesia. Además, siendo que la división en versículos no pertenece al texto original, no es bueno segmentar las ideas del escritor sagrado de esta manera. Más bien, el mejor plan de exposición sería dividir los estudios usando las divisiones naturales de la carta. Por ejemplo, el capítulo primero está dividido en tres grandes bloques:

- La introducción (v. 1-2).
- La obra de la Santa Trinidad para nuestra salvación (v. 3-14).
- La oración de Pablo por los efesios pidiendo sabiduría y revelación (v. 15-23).
- Si usted usa estos bloques mayores, puede enseñar la carta en 12 semanas.

Con todo, tan pronto miramos al segundo y tercer bloque que señalamos, desde el punto de vista de la enseñanza, tienen demasiada información para que la mente humana la pueda aferrar en una sola explicación. Hay demasiadas palabras y conceptos nuevos que son muy difíciles de comprender para un cristiano nuevo, inclusive para muchos más avanzados. Por lo tanto, si queremos que estos párrafos cobren sentido debemos subdividirlos una vez más. ¿Cómo lo hacemos? Vamos al segundo bloque que trata la obra de Dios a nuestro favor.

Si prestamos atención, veremos que esta sección tiene tres divisiones naturales donde se nos habla de:

- La obra del Padre (v. 3-6)
- La obra del Hijo (v. 7-12)
- La obra del Espíritu Santo (v. 13-14)

De la misma manera, al analizar el resto de los bloques, si respetamos las unidades de pensamiento, podremos establecer límites bien demarcados al párrafo que debe ser estudiado y predicado a la congregación, y nos dará el plan de trabajo para la exposición de toda la carta. Utilizando este método necesitaremos, aproximadamente, unos 24 sermones o estudios. A continuación le ofrezco el plan que utilicé al enseñar Efesios a mi congregación:

- Introducción (Hechos 19)
- La Obra de Dios Padre a nuestro favor (1:1-6)

- La Obra de Cristo (1:7-12)
- El ministerio del Espíritu Santo (1:13-14)
- La grandeza de su poder (1:15-23)
- Muertos en pecado, vivos para Dios (2:1-5)
- Creados para buenas obras (2:6-10)
- No más divisiones (2:11-18)
- Un templo santo (2:19-22)
- El misterio de Cristo (3:1-7)
- La multiforme sabiduría de Dios (3:8-13)
- Llegando a conocer el amor de Cristo (3:14-21)
- La unidad del Espíritu (4:1-6)
- Capacitando a los santos (4:7-16)
- Renovación (4:17-24)
- No apaguen al Espíritu Santo (4:25-32)
- Imitadores de Dios (5:1-7)
- Despiértate dormilón (5:8-14)
- Aprendiendo a redimir el tiempo (5:15-20)
- El matrimonio cristiano: esposos y esposas (5:21-33)
- El hogar cristiano: padres e hijos (6:1-4)
- El cristiano y su trabajo (6:5-9)
- El cristiano y la guerra espiritual (6:10-17)
- Ministrando para Cristo (6:18-24)

Al emplear estas divisiones podemos cubrir la totalidad de la carta en medio año, lo cual es una duración «normal» para una congregación promedio. Lógicamente, sobre esta base podemos dividir los párrafos aún más. Por ejemplo, el tema de la guerra espiritual, podemos volver a dividirlo en dos partes: El conflicto del cristiano (6:10-12) y la armadura del cristiano (6:13-17). Usted puede dar un tema extra sobre la llenura del Espíritu Santo (5:18). Como ve, las opciones son múltiples.

3. Determine el texto del párrafo a estudiar:

Al comenzar esta sección quisiera dar dos consejos a quienes me leen. Si usted ha sido llamado por Dios a servirle a tiempo completo, si el ministerio cristiano será su vocación y ocupación por el resto de sus días, le recomiendo que se enrole en un colegio bíblico donde le puedan ofrecer un programa lo más amplio posible de capacitación ministerial. Y no importa de qué nivel sea, asegúrese de tomar al menos un año de estudio del griego del Nuevo Testamento. Por otra parte, si usted es maestro en la Escuela Dominical, es líder de una célula, o pastor que debe mantenerse con su propio trabajo, no hay diferencia. El consejo es el mismo, si usted anhela llegar a ser un enseñador y un predicador excelente, haga el esfuerzo y busque algún colegio donde pueda completar un curso de griego de dos semestres. Sé muy bien que estudiar griego es tan apasionante como masticar lana. Sin embargo, los beneficios a largo plazo exceden con creces el esfuerzo que debemos hace al estudiar la lengua de Alejandro Magno.

Le doy este consejo por dos razones, primero porque conocer el idioma original le dará acceso a muchos recursos de estudio (léxicos, diccionarios, comentarios) que no pueden consultar aquellos que están limitados a solo leer las traducciones. Mucho más importante aún, le hará una persona precisa al exponer las Escrituras. Por ejemplo, si estudia los frutos del Espíritu Santo (Gal. 5:22-23) verá que allí se menciona el amor. Pero, ¿cuál de ellos? En el Nuevo Testamento hay tres términos que se traducen con la misma palabra en nuestras versiones. Además, la versión del 60 menciona templanza… Si usted busca el significado de esta palabra en un diccionario común, puede llegar a ser muy distinto a lo que tiene en mente el escritor bíblico.

Ahora, si usted no estudia las lenguas originales, tendrá entonces que llegar a familiarizarse con las diferentes traducciones de la Biblia con que contamos los hispanos. Este paso de determinar el texto original es crucial para no llegar a decir cosas que los originales no dicen. Veamos un ejemplo. Usted quiere enseñar sobre las obras de la carne y los frutos del Espíritu.

Si compara las versiones del 60 y la Nueva Versión Internacional verá lo siguiente:

Reina Valera 1960	Nueva Versión Internacional
«Y manifiestas son las obras de la carne, que son:	«Las obras de la naturaleza pecaminosa son evidentes:
Adulterio	Inmoralidad sexual

Fornicación	
Impureza	Impureza
Lascivia	Lascivia
Idolatría	Idolatría
Hechicerías	Hechicería
Enemistades	Odio
Pleitos	Discordia
Celos	Celos
Iras	Arrebatos de ira
Contiendas	Rivalidades
Disensiones	Disensiones
Herejías	Sectarismos
Envidias	Envidias
Homicidios	
Borracheras	Borracheras
Orgías	Orgías
Y cosas semejantes a estas».	Y otras cosas parecidas».

Cuando comparamos las dos versiones hay dos hechos que saltan a simple vista: la versión del 60 tiene dos «obras de la carne» extra en comparación con la NVI. Una está en el comienzo de la lista, la otra casi al final, donde se menciona la palabra homicidios. ¿Qué versión está más cerca del original? La Nueva Versión Internacional. ¿Cómo se explica? La NVI es una nueva traducción que se hizo en la década de los setenta utilizando manuscritos que se hallaron en el siglo XIX. Esos manuscritos, tales como el Códice Sinaítico, son mucho más antiguos que los que se usaron para traducir la Reina Valera, y por lo tanto, los consideramos más cercanos y fieles a los originales. Por lo tanto, todas las nuevas traducciones son mucho más precisas que las hechas en 1600, como la Reina Valera.

Conocer los idiomas originales siempre nos será de mucha ayuda al buscar establecer el texto. Con todo, si no conocemos los idiomas aprendamos a comparar las versiones que tenemos, y si hay discrepancias, guiémonos por las versiones más nuevas.

4. Analice la estructura gramatical:

Volvamos al primer capítulo de Efesios, al segundo párrafo en particular (v. 3-14). Si lo leemos en el original veremos que es un bloque sin puntos seguidos, ni comas. En español sería algo así:

«Bendito sea el Dios y Padre de nuestro Señor Jesucristo que nos bendijo con toda bendición espiritual en los lugares celestiales en Cristo según nos escogió en él antes de la fundación del mundo para que fuésemos santos y sin mancha delante de él en amor habiéndonos predestinado para ser adoptados hijos suyos por medio de Jesucristo según el puro afecto de su voluntad para alabanza de la gloria de su gracia con la cual nos hizo aceptos en el Amado en quien tenemos redención por su sangre el perdón de pecados según las riquezas de su gracia que hizo sobreabundar para con nosotros en toda sabiduría e inteligencia dándonos a conocer el misterio de su voluntad según su beneplácito el cual se había propuesto en sí mismo de reunir todas las cosas en Cristo en la dispensación del cumplimiento de los tiempos así las que están en los cielos como las que están en la tierra en él asimismo tuvimos herencia habiendo sido predestinados conforme al propósito del que hace todas las cosas según el designio de su voluntad a fin de que seamos para alabanza de su gloria nosotros los que primeramente esperábamos en Cristo en él también vosotros, habiendo oído la palabra de verdad el evangelio de vuestra salvación y habiendo creído en él fuisteis sellados con el Espíritu Santo de la promesa que es las arras de nuestra herencia hasta la redención de la posesión adquirida para alabanza de su gloria».

Cuando alguien lee este párrafo sin ningún tipo de puntuación se queda sin aire a la mitad de camino. Usted y yo debemos dar gracias a nuestros hermanos que se quemaron las pestañas estudiando las lenguas originales, y nos permiten leer este bloque cargado de contenido con mayor claridad y sentido. No obstante, ¿cómo destrabamos un párrafo tan complejo? En este caso venimos al estudio de la estructura gramatical. «¿Gramática?», dirá alguien, «yo odiaba la gramática cuando la tenía que estudiar en la escuela. Eso no sirve para nada». Bueno, déjeme mostrarle la utilidad que tiene el estudiar la gramática al aplicarla a la Biblia. Le pregunto: ¿Cuál es la parte más importante en una oración? Usted responde, «El verbo». Correcto. Veamos entonces cómo el análisis de los verbos y las cláusulas dependientes nos traen la luz a Efesios 1:3-10.

«Bendito sea el **Dios y Padre** de nuestro Señor Jesucristo,

1- que nos <u>bendijo</u>
    con toda bendición espiritual en los lugares celestiales en Cristo,
2- según nos <u>escogió</u> en él
    antes de la fundación del mundo, para que fuésemos santos y sin mancha delante de él,
3- en amor <u>habiéndonos predestinado</u>
    para ser <u>adoptados</u> hijos suyos por medio de Jesucristo.
      según el puro afecto de su voluntad,
        para alabanza de la gloria de su gracia,
          con la cual nos hizo aceptos en el Amado,
4- en quien <u>tenemos</u> redención por su sangre,
    el perdón de pecados
      según las riquezas de su gracia que hizo sobreabundar para con nosotros en toda sabiduría e inteligencia,
5- <u>dándonos a conocer</u> el misterio de su voluntad, según su beneplácito,
    el cual se había propuesto en sí mismo,
      de reunir todas las cosas en Cristo,
        en la dispensación del cumplimiento de los tiempos,
          así las que están en los cielos como las que están en la tierra».

Nos detenemos aquí. Como ejemplo, creemos que es más que suficiente. ¿Ahora comprende por qué la estructura gramatical es tan importante? Al colocar el texto como lo hemos hecho, dándole la importancia debida a los verbos, el párrafo se hace comprensible, y en consecuencia prácticamente tenemos el bosquejo del sermón hecho. Si alguien pregunta: ¿Qué hizo Dios Padre por mí? Al ver el texto respondemos: Tres cosas: me bendijo, me predestinó y me escogió para ser adoptado. Lo mismo hacemos con el resto de los párrafos de la carta, y de cualquier pasaje que tengamos que enseñar.

5. *Esclarezca el significado de palabras desconocidas:*

Si asistiéramos como oyentes a un congreso de medicina, y escucháramos a los facultativos hablar en el lenguaje técnico que ellos emplean, nosotros que somos «profanos», ¿cuánto entenderíamos? Lo mismo ocurre al estudiar la Biblia. La palabra de Dios está cargada de palabras que no se emplean en nuestro vocabulario diario. Es por consiguiente nuestra tarea esclarecer el significado de esas palabras para poder explicárselas a nuestros oyentes.

En el bloque de Efesios 1:3-14 hallamos varias palabras nuevas para la mayoría de las personas:

- Bendijo
- Santos
- Beneplácito
- Dispensación
- Designio
- Arras

La mayoría de los párrafos bíblicos contienen palabras que son sánscrito básico para la persona que se acerca a las cosas de Dios. Es nuestro privilegio ayudarlos a descubrir la riqueza que contienen.

6. *Explique los términos teológicos:*

Este párrafo de Efesios que estamos analizando, no solamente tiene palabras desconocidas, sino también términos teológicos. Puede ser una palabra o varias palabras unidas que el autor usa dándole un significado que es particular únicamente a la Biblia. Cuando Pablo menciona «lugares celestiales», no creo que haga falta buscar en el diccionario el significado de cada palabra individual. Cualquiera las conoce a la perfección. Pero cuando se unen, ¿qué tiene en mente? ¿Las playas del Caribe?

He aquí una lista de los términos teológicos que encuentro en el primer bloque de Efesios:

- Bendición espiritual
- Lugares celestiales
- En Cristo
- Escogió en él
- Predestinados
- Adoptados
- Aceptos en el Amado
- Redención
- Riquezas de su gracia
- El misterio de su voluntad
- Dispensación del cumplimiento de los tiempos
- El designio de su voluntad
- Sellados con el Espíritu Santo
- Arras
- Redención de la posesión adquirida
- Alabanza de su gloria

¡Este párrafo de Efesios es uno de los más densos en todas las Escrituras! Cuesta creer que en tan poco espacio Pablo pueda haber empaquetado tanta información valiosa usando estos términos técnicos. Es nuestro privilegio llegar a conocer toda esta riqueza espiritual y pasarla a los demás.

7. Comprenda las figuras de lenguaje:

«Si alguno viene a mí, y no aborrece a su padre, y madre, y mujer, e hijos, y hermanos, y hermanas, y aun también su propia vida, no puede ser mi discípulo» (Lc. 14:26). Estoy seguro que usted leyó esta declaración del Señor en sus primeros días como cristiano y se quedó perplejo ante esta «contradicción notoria» por parte de Jesús. Realmente, si el que nos enseñó que los dos mayores mandamientos son el amor a Dios y al prójimo, ahora nos manda aborrecer a nuestros seres amados ¿Cómo es posible? Muchas veces cuando era más joven me preguntaba, ¿cómo funciona eso de que, «la sangre de Cristo nos limpia de todo pecado»? Yo jamás supe que alguien usara sangre para limpiar algo.

Ahora que uno ha estudiado la Biblia, este tipo de afirmaciones complejas y contradictorias a primera vista ya no nos causan ningún problema, porque hemos venido a ver que no son más que figuras de lenguaje que se usaban en aquel entonces. Sin embargo, cuán importante es llegar a manejarlas correctamente, porque de otra manera nos roban el gozo y la paz; primero a nosotros mismos y luego a nuestros oyentes. Jesús las usaba en forma continua al dialogar y al enseñar. Si quiere entretenerse haga un estudio de todas las que empleó en los evangelios y se quedará asombrado. Veamos algunos ejemplos:

- «Es más fácil que un camello pase por el ojo de una aguja...» *Hipérbole*: exageración deliberada. Este es el caso también de Lucas 14:26.
- «Ustedes son la luz del mundo... la sal de la tierra» *Metáfora*: comparación.
- «Sed astutos como serpientes y sencillos como palomas...» *Símil*: comparación que emplea la palabra *como*.
- «Porque el que quiera salvar su vida, la perderá, pero el que pierda su vida por causa mía, la salvará» *Paradoja:* Una contradicción aparente.
- «La sangre de Cristo nos limpia de todo pecado». (Esta no la dijo Jesús...). *Metonimia*: quiere significar la obra de Cristo, mas emplea un equivalente[5].

La lista de figuras del lenguaje es mucho más larga y compleja. En el capítulo 10 de Juan, el Señor comienza el discurso del Buen Pastor. Esta era una simple metáfora. Con todo, Juan 10:6 nos recuerda: «Jesús les habló *por medio de* esta comparación pero ellos no entendieron qué era lo que les decía». ¿Suena familiar? Si al Señor no le entendieron... hay esperanza para nosotros. Por tanto, procure ser un estudioso concienzudo de estos temas que nos dejan y dejan a la audiencia en medio de una densa niebla. Nuestra tarea es hacer la luz en la mente y el corazón.

---

[5] Este es un tema tan vasto y extenso, que está más allá del alcance de nuestro estudio en este libro. Para quienes deseen estudiar con mayor profundidad las figuras de lenguaje que hallamos en las Escrituras, les recomiendo leer *Hermenéutica bíblica* de José Martínez. Este libro tiene una excelente introducción al tema. Para los que quieran llegar a ser especialistas en este tema vital, les recomiendo la obra de D. Bullinger, *Diccionario de figuras de dicción usadas en la Biblia*.

8. *Considere el contexto bíblico y teológico del pasaje:*

Cada uno de los libros de la Biblia fue escrito con un propósito definido, a un grupo de personas de carne y hueso que vivían en un mundo muy real, en un momento bien específico de la historia. Los autores inspirados por el Espíritu Santo buscaban instruirlos, corregirlos, animarlos, desafiarlos, protegerlos, etc. Por esa razón, tantas veces les dicen cosas que para nosotros son incomprensibles. Muchas de las afirmaciones del Nuevo Testamento al ser tan disímiles, con el correr de los siglos han formado corrientes muy distintas dentro del pensamiento evangélico y en consecuencia han dado lugar a la formación de diferentes denominaciones. Las discusiones entre Calvinistas y Arminianos, entre Evangélicos y Liberales, entre Evangélicos y Pentecostales, son vientos muy fuertes que todavía siguen agitando el mar de las convicciones teológicas, y siguen siendo el fundamento de la fe y práctica de todos los creyentes genuinos en Cristo Jesús. Y de esas convicciones emanan para bien y para mal, maneras muy distintas de entender a Jesucristo, del significado de la fe cristiana y cómo vivirla en la vida práctica.

Dentro de todo el campo del estudio bíblico hay una ciencia que tiene una importancia crucial y es el de la hermenéutica. Es decir, cómo interpretamos las verdades eternas de la Palabra de Dios. Hay muchas oraciones en la Biblia que afirman cosas que nosotros debemos interpretar. Y depende de nosotros hacerlo correctamente, ya que carecemos de información completa. Y al hacerlo traeremos paz o desasosiego a nuestra alma primero, y luego a la de los demás como resultado. «Por tanto, nosotros también, teniendo en derredor nuestro tan grande nube de testigos...» (Hebreos 12:1), es un buen ejemplo de lo que decimos. El autor al hablar de la nube de testigos a nuestro alrededor, ¿está usando una mera figura de lenguaje para hacernos comprender que los hermanos del pasado son como los espectadores en el estadio donde se corre la carrera cristiana en el presente? ¿O acaso quiere decir que mientras nosotros vivimos para Cristo en este mundo, desde el cielo los héroes de la fe que nos han precedido nos están observando? Ese es un ejemplo relativamente sencillo y que no tiene consecuencias catastróficas para alguien que quiera creer cualquiera de las dos posibilidades.

En nuestro capítulo anterior echamos un vistazo al Salmo 23. ¿Se detuvo a pensar que cada uno de los beneficios que David menciona deben ser interpretados? ¿Qué quiso decir con «nada me faltará»? ¿Qué todos los creyentes vamos a vivir en Beverly Hills? Esta afirmación, ¿me da base para predicar el evangelio de la prosperidad? ¿Qué quiso decir con, «restaurará mi alma»? En la mente de David las cosas estaban bien claras; para nosotros no tanto.

En el párrafo de 1 Pedro 4:7-11, encontramos el mismo reto. ¿Qué quiso decir Pedro con «hospédense»? ¿Quiso decir que si un perfecto desconocido llega a mi puerta diciendo que es un hermano en la fe y necesita hospedaje, yo le debo abrir la puerta? ¿Quiere decir, que cuando invito a los hermanos a tomar café, estoy siendo hospitalario? ¿Qué implica ser hospitalario de acuerdo a la Biblia? ¿Qué significa en el día de hoy, en el lugar donde vivo, en medio de la cultura de la que soy parte? Estos casos son relativamente sencillos.

No obstante, hay otros párrafos que son críticamente importantes por las implicaciones doctrinales y prácticas que conllevan, y por tanto, al analizarlos, debemos estar muy atentos al contexto que rodea el escrito donde se hallan, para interpretarlos de forma adecuada. Usted recordará, por ejemplo, que Martín Lutero llamó a la carta de Santiago «una epístola de paja». ¿Cómo es posible? Muy simple. Lutero encontró por un lado Romanos 3:28 que afirma: «Concluimos, pues, que el hombre es justificado por fe sin las obras de la ley», y por el otro Santiago 2:24 que nos dice, «Vosotros veis, pues, que el hombre es justificado por las obras, y no solamente por la fe». ¡Lindo lío a primera vista! Para alguien como Lutero que se hallaba enfrascado con la iglesia de sus tiempos en la pelea monumental sobre cómo el ser humano es justificado delante de Dios, era lógico que Santiago 2:24 sonara como algo contraproducente. Sin embargo, la aparente contradicción se resuelve al considerar los oyentes a quienes se dirigen Pablo y Santiago.

La carta a los Romanos es la constitución del cristianismo, nuestra carta magna, y por la influencia que ha ejercido se reconoce como el fundamento de la civilización occidental. Pablo la escribió, como dijimos más arriba, a un grupo de hermanos a quienes nunca había visitado (aunque es evidente por el capítulo 16 que conocía a muchos de ellos) a los que quiere enseñar el corazón de la fe cristiana. Al hacerlo, Pablo demuele el modo de pensar tanto de judíos y gentiles en cuanto a cómo relacionarse con Dios, y termina presentando a la persona justificada por la fe, como resultado de la gracia y su unión con Cristo Jesús. Los recipientes de esta carta eran creyentes nuevos que habían vuelto a nacer por el poder del Espíritu Santo, quienes ya estaban llevando fruto para Dios, pero necesitaban mejor formación en cuanto a la doctrina.

Por otro lado, cuando leemos la carta de Santiago, descubrimos que el autor le escribe a un grupo de *judíos* en la dispersión (Stg. 1:1). El problema fundamental que Santiago ataca en el capítulo 2 es el del orgullo judío, quienes confiaban que por haber nacido físicamente en una familia de la nación de Israel, y siendo que eran la nación del pacto, en consecuencia ya eran hijos de Dios y estaban salvos para siempre. Santiago demuele ese modo de pensar, recordándoles que la relación con Dios no es cuestión de biología, sino que depende de una fe viviente que se manifiesta mediante acciones visibles y vigorosas. En la verdadera fe no hay lugar para el antinominianismo (una religión puramente de nombre) o el pasivismo, más bien debe evidenciarse «visitando a las viudas y a los huérfanos, y guardándose sin mancha del mundo» (1:27). Y vaya de paso, esta carta con su mensaje es muy relevante a la escena latinoamericana, donde tantos están atrapados en la falsedad de la religión popular y piensan que por seguir de lejos la religión de sus padres, y visitar una iglesia por Semana Santa o una boda, ya están tan seguros como Noé en el arca. Cuando entendemos la audiencia a quienes se dirige Santiago, entonces vemos que está enfatizando la otra cara de la misma moneda que Pablo establece en Romanos.

Al enfrentar la realidad de que mucho del mensaje bíblico demanda interpretación, permítame ofrecerle dos consejos que a mí me han ayudado enormemente con el correr de los años.

Primero, *despójese de los «anteojos teológicos» que le colocaron sus pastores y maestros*. Si usted está en el camino de la fe, dele gracias a las personas que lo ganaron y lo discipularon. Estoy seguro que sus predicadores eran hermanos buenos y sinceros, que le trasmitieron lo mejor que sabían. Sin embargo, la gran mayoría de los maestros que he conocido nos han pasado, entremezclado en su enseñanza, cosas que creíamos eran verdades bíblicas purísimas como el oro, cuando en realidad era oro entremezclado con escorias de opiniones personales que heredaron de otros maestros, y tenían un fundamento hermenéutico erróneo. Esta tarea no es simple ciertamente. Por esta razón, lo aliento a llegar una vez más a la Biblia pero con una nueva actitud, y es la de leerla como si fuera la primera vez. Olvídese de todo lo que sabe, deje que la palabra de Dios le hable con frescura, y se asombrará de las cosas nuevas que descubrirá y cómo también tendrá que repensar cosas que aferró por años. Y si es sincero y honesto con el texto y con usted mismo, muy pronto estará colocando un cimiento mucho más fuerte para su fe y su práctica ministerial.

El segundo consejo es, *trate de «colocarse en los zapatos» de los oyentes que recibieron estos escritos.* Trate de recrear la escena por un momento. Usted es un esclavo en la ciudad de Roma. Solamente los domingos por la noche le dan libertad de movimiento. Hace poco usted se convirtió a la fe cristiana, y su única salida semanal la emplea en juntarse a adorar con sus nuevos hermanos. Son tiempos significativos de gozo personal, de comunión espiritual con su nueva familia de la fe, de deleite genuino al conocer el poder de Dios y cómo se está manifestando en su vida y en la de sus hermanos. En este domingo participará del ágape como todos los domingos y luego será el momento de adorar, compartir la palabra y enseñarse unos a otros. Cuando comienza el tiempo de adoración el líder de la congregación anuncia: «Hemos recibido un escrito de nuestro hermano Juan Marcos, el ayudante en el ministerio de nuestro amado Apóstol Pedro. Es un relato de la vida del Señor Jesucristo, y quiero leérselo a ustedes para que también reciban la bendición». ¿Cómo habría reaccionado frente a la lectura de ese escrito? ¿Qué impresiones le habrían causado el escuchar las enseñanzas y las obras de Jesús? ¿A qué conclusión llegaría después de oír lo que se dice de él? ¿Era Cristo un «personaje de plástico» o era una persona viviente? ¿Era apenas un mero maestro? ¿Y qué de sus milagros? Estas acciones de poder, cuando sanaba a los enfermos y liberaba a los demonizados, ¿eran acciones que podían ayudarle a usted y a los suyos? ¿O acaso, estas obras de poder estaban reservadas de forma exclusiva para las personas que tuvieron el privilegio de vivir en Palestina cuando Cristo les visitó, pero para usted que vive en Roma treinta años más tarde no ha quedado nada? ¿Era Cristo un mero profeta, o era en verdad el Hijo de Dios que nos vino a enseñar con palabras y obras, cómo es Dios y qué siente por cada uno de nosotros?

Cuando tomamos la actitud de ser meros siervos que se reúnen con humildad frente a la Palabra del Dios vivo, la fe cristiana se transforma en una experiencia genuinamente revolucionaria, transformando la totalidad de nuestro ser y ofreciéndole posibilidades sin límites a todos lo que nos escuchen y acepten el Evangelio. Para ello debemos volver a la Biblia con una nueva actitud y al hacerlo, pondremos los fundamentos para una nueva enseñanza y forma de vivir nuestra fe. En última instancia, todas las diferencias que vemos en el millón de corrientes que conforman el movimiento protestante tienen su origen en una cuestión hermenéutica: ¿Quién es Jesucristo y qué implica su vida para mi vida en el siglo XXI?

9. Consulte obras de referencia:

Le preguntaron a Isaac Newton: «¿Cómo explica su éxito como científico?». Su respuesta fue: «Mucho de mi éxito se debe a que estoy parado sobre los hombros de otros gigantes». Newton daba a entender con su respuesta que se había beneficiado del trabajo de todos los científicos que le habían precedido, de Galileo Galilei especialmente, y que había aprendido de sus descubrimientos y capitalizado sus avances.

El consultar obras de referencia lo he dejado para que sea el último paso en nuestro método, para que comprenda que nada le debe robar el gozo del primer impacto. Debe ser usted mismo quien descubra los mejores tesoros que contiene la Palabra de Dios. No obstante, qué bendición saber que no estamos huérfanos en nuestra labor. Y que si tenemos la actitud correcta, nosotros también nos podemos parar sobre los hombros de otros gigantes que nos han precedido.

Nunca es recomendable consultar las obras de otros autores como primer paso en su estudio personal. Sin embargo, por más que hagamos nuestro mejor esfuerzo, casi siempre necesitaremos la ayuda de otros expertos. La mayoría de las veces hay cosas en la Biblia que son incomprensibles, por lo cual debemos estar agradecidos al esfuerzo de otros hermanos que nos dejaron lo que Dios les mostró a ellos para nuestra formación. En este último año que he estado enseñando Romanos a mi iglesia, créame que estoy muy feliz de tener la ayuda de los expertos.

Tristemente, hay vastos sectores del cristianismo protestante donde se considera que consultar libros es un error y falta de dependencia del Espíritu Santo. Entonces, con orgullo la persona anuncia: «Yo no leo libros, solo la Biblia». Tal modo de pensar es verdaderamente lamentable. Cuando completé mi doctorado, un anciano de la iglesia inglesa donde servía en Canadá me dijo: «Que lástima Jorge. Ahora perteneces a los sabios y entendidos, y esas son personas que Dios desprecia». Por respeto, me callé y no respondí nada. Mas por dentro me quedé pensando. «Si hubiera tomado un curso básico sobre métodos de estudio bíblico no habría dicho lo que dijo». Cuando el Señor habla de los sabios y entendidos (Mt. 11:25), no está hablando de sus hijos que han nacido de nuevo por la obra de iluminación y revelación del Espíritu Santo, sino de aquellos que se hallan fuera del reino por considerar que no necesitan de la ayuda de Dios para creer. Que en las cosas de Dios es todo cuestión de conocimientos, razonamientos y capacidad de filosofar. Tomar este versículo para atacar a quienes desean servir a Dios con efectividad creciente, y estudian en colegios bíblicos, es demostrar una falta de conocimientos bíblicos deplorable. Confío que nadie que lea estas páginas pertenezca a esta corriente. Y en caso de que lo sea, por favor, le ruego que lo considere y cambie su curso de acción. C. H. Spurgeon, a quien se considera el príncipe de los predicadores, llegó a tener 12.000 volúmenes en su biblioteca personal. Y él, al igual que Newton, se paró sobre los hombros de otros gigantes, los puritanos ingleses del siglo XVII, en particular. Si llegásemos a ser predicadores excelentes, estos son los modelos a quienes debemos imitar. Por lo tanto, tome la mayor cantidad de cursos posibles, lea y consulte la mayor cantidad de obras que pueda. Y así la calidad de su enseñanza se hará evidente a todos.

Exégesis es el arte de entender, explicar y exponer una palabra, una oración o una idea. Hermenéutica es el arte de interpretar con precisión la Palabra de Dios. Sobre estos dos pilares descansa la solidez de nuestra doctrina y cómo vivimos nuestra fe.

Y cuando consulte libros de estudio serios, le recomiendo que preste especial atención a los verbos. Más arriba vimos cómo los verbos nos ayudan a destrabar un párrafo complicado. Una segunda función importantísima que cumplen es, que los tiempos del verbo nos ayudan a construir las doctrinas centrales de la fe cristiana. Tome por ejemplo uno de los versos más conocidos de la Biblia, Juan 1:12: «Mas a todos los que le recibieron, a los que creen en su nombre, les dio potestad de ser hechos hijos de Dios». En esta afirmación nos habla de cómo podemos llegar a ser hijos de Dios. Y parte fundamental en este proceso son los verbos recibir y creer. El verbo «recibieron» apunta a una acción puntual en el pasado. Esto ocurre una sola vez y es una decisión humana. Si le interesa la gramática, el tiempo está en aoristo. Si lo quiere graficar, lo hacemos con un punto. Es decir, es una vez y para siempre. Este punto marca un antes y un después.

Cuando miramos al próximo verbo, «creen», hallamos que se encuentra en tiempo presente continuo. Si lo quiere graficar, en este caso debemos hacer una línea que tiene punto de comienzo, pero no fin. Bien podríamos traducirlo: «A los que creen... y continúan creyendo». Este creer tiene un principio, pero esa fe nos debe acompañar y ser nuestra posesión hasta el último día de nuestro peregrinaje en este mundo. Imagínese la importancia que tiene este segundo aspecto de la fe personal en Jesús. Hace un tiempo conocí a alguien que se formó en la iglesia cristiana evangélica. Siendo niño recibió a Cristo como su Salvador, en la adolescencia se bautizó, pero cuando llegó a los 22 años conoció a una chica hebrea de quien se enamoró perdidamente. Este joven le propuso matrimonio. Su novia, sin embargo, se mantuvo muy firme y estricta. Si quería matrimonio debía renunciar en público a su fe en Jesucristo. Este joven así lo hizo. ¿La pregunta es: puede este joven ser salvo si un día renunció a la fe que confesó poseer? ¿Si dejó de creer en el nombre de Jesús, le sirve de algo haberle recibido? Si digo: con Juana me casé hace veinte años, pero hace diez que estamos divorciados, ¿es eso un matrimonio? Como bien puede comprender los verbos y los tiempos en que se hallan juegan un rol muy crítico a la hora de formular nuestras creencias. Por tanto, cuando consulte los comentarios dele importancia suprema a los verbos que contiene el párrafo que quiere estudiar.

Exégesis es el arte de entender, explicar y exponer una palabra, una oración o una idea. Hermenéutica es el arte de interpretar con precisión la Palabra de Dios. Sobre estos dos pilares descansa la solidez de nuestra doctrina y cómo vivimos nuestra fe. Estas dos tareas son también en consecuencia el fundamento de nuestro sermón. En este capítulo de una manera simple y sencilla he intentado guiarle en los pasos a seguir para hacerlo de una manera honesta que respete la Palabra de Dios y sea de inspiración para nuestros oyentes. Ahora de usted depende que abrace este método, lo aplique de forma consistente, lo amplíe, y lo use con eficacia en sus estudios personales de la Biblia y en la construcción de todos sus sermones.

«Mis amigos, estas son mis últimas palabras para ustedes: Exégesis, exégesis, exégesis. Ese es el corazón de nuestra labor y la necesidad más urgente de esta hora». Estas fueron las últimas palabras de Karl Barth, el distinguido teólogo de la primera mitad del siglo XX. Cuando alguien de su calibre nos exhorta de esta manera, nosotros seremos muy sabios si escuchamos y llevamos al corazón y a la práctica sus palabras. Por tanto, «Procura con diligencia presentarte delante de Dios aprobado, como obrero que no tiene de qué avergonzarse, *que maneja con precisión la palabra de verdad*» (2 Tim. 2:15).

Preguntas para repaso, reflexión y discusión

1. Nuestro autor nos presenta nueve pasos para estudiar un pasaje de la Biblia de forma adecuada. Si nos pidiesen escribir un capítulo en un libro de estudio de la Biblia, ¿Cuáles serían sus diez Mandamientos? ¿Qué otro paso agregaría a la lista que se le ofreció en el capítulo?

2. Hay dos razones por las cuales debemos prestar especial atención a los verbos de cualquier párrafo a estudiar. ¿Por qué?

3. Exégesis y hermenéutica son dos palabras técnicas de tremenda importancia para cualquier estudioso de la Biblia. ¿Cómo las define?

4. Jesús cuando enseñaba usaba las metáforas de forma regular. ¿Cuántas metáforas hay en el Sermón del Monte? ¿Las puede identificar? Por ejemplo: «Ustedes son la sal de la tierra… ustedes son la luz del mundo».

CAPÍTULO 12

¿Cómo desarrollo mi sermón?

«La misión del maestro, ya sea por su simpatía, su ejemplo, o cualquier medio de influencia a su disposición es despertar la mente de sus estudiantes, estimular sus pensamientos. El mejor de los maestros dijo: «La semilla es la palabra... El maestro genuino siempre abre el suelo y planta la semilla» (John Milton Gregory).

«Eliminar la velocidad máxima en nuestras autopistas, es la forma más efectiva de reducir el número de accidentes».

Usted es invitado a participar en una reunión del ministerio nacional de transporte de su país. Allí el ministro ofrecerá una presentación delineando la estrategia que la nación debe adoptar de cara al futuro para solucionar los problemas de transporte que enfrenta su nación. El ministro se presenta, ofrece sus comentarios introductorios, y luego lanza la propuesta que usted acaba de leer. El ministro concluye diciendo: «Damas y caballeros, como sé que ustedes son personas muy ocupadas y yo valoro mucho su tiempo, les doy cinco minutos para que lo piensen, y luego haremos una votación. Si aprobamos la moción, la enviaremos al Congreso para que la hagan ley y se implemente a nivel nacional».

La pregunta es, ¿votaría usted a favor o en contra de esta idea? ¿Cree honestamente, que con la información que le dieron puede tomar una decisión sabia? ¿Se arriesgaría a tomar una decisión después de cinco minutos? La importancia de esta idea presentada por el ministro, usted se da cuenta, tendrá consecuencias y ramificaciones enormes en muchos niveles. Su decisión personal, por tanto, será muy significativa. Usted no querrá equivocarse, de modo que sea un bloque en el progreso de su país, o que por el contrario, termine agravando los males existentes.

¿Qué necesita usted para tomar una decisión inteligente? Lo primero que pedirá es: Necesito que me *expliquen*. Necesito más información. ¿Qué quiere decir con dejar la velocidad sin límite? ¿Cómo es posible que corriendo más riesgos, disminuya la cantidad de accidentes? A primera vista esto no tiene sentido. Es una contradicción, es algo ilógico.

Lo segundo que pedirá es: ¿Hay alguien que haya realizado un estudio sobre este tema? ¿Me pueden *demostrar* que si implementamos esta estrategia, tendremos los resultados que anhelamos, y no agravaremos lo que ya está mal? ¿Conocen algunas estadísticas que avalen esta idea?

Lo tercero que usted pedirá es: «*Deme un ejemplo*. ¿Hay algún país que haya hecho esto y las cosas le hayan salido bien? Necesito ver con claridad que esto será efectivamente así. Si a otro le fue bien, entonces será más fácil apoyar la iniciativa.

Otro día, usted que es cristiano desde hace un año, llega a su iglesia para el culto del día domingo. Cuando llega el momento del sermón, el pastor anuncia su texto para esa mañana:

> «*Y sabemos que a los que aman a Dios, todas las cosas les ayudan a bien, esto es, a los que conforme a su propósito son llamados*» (Rom. 8:28).

Usted escucha esta idea por primera vez. ¿Cómo reacciona frente a ella? Una vez más, estamos frente a una afirmación que parece contener una contradicción. ¿*Todas* las cosas ayudan a bien? ¿Realmente? ¿Ayuda a bien cuando un esposo después de veinte años abandona el hogar para irse con otro? ¿Puede ayudar a bien que alguien pierda el trabajo y, en la misma semana, le diagnostiquen una grave enfermedad a la esposa?

Al igual que en el caso de la idea que presentó el ministro de transporte, para que usted aceptara ese curso de acción, aquí también necesita tres cosas. Que le *expliquen* qué quiere decir esa idea; que le *demuestren* de qué forma todas las cosas ayudan a bien y, que a fin de entenderlo con toda claridad, se le ofrezcan algunos ejemplos concretos que *ilustren* la idea que le presentaron.

Otro día, *Juan Pagano*, visita la iglesia por primera vez. El Pastor pasa al frente y, después de todos los trámites del culto, y anuncia: «Les pido que busquen en sus Biblias. Hoy vamos a predicar del verso más conocido de la palabra de Dios, Juan 3:16:

> *«Porque de tal manera amó Dios al mundo, que ha dado a su Hijo unigénito, para que todo aquel que en él cree, no se pierda, mas tenga vida eterna».*

Cuarenta minutos más tarde, el predicador comenzará a meter presión para que todos los que no conocen a Jesús de forma personal, tomen una decisión al finalizar su extraordinario sermón. ¿Comprende ahora usted, la situación que debe vivir un visitante a un culto cristiano? Esa persona se encuentra en el mismo predicamento que se hallaría usted si lo invitaran a una reunión en el ministerio de transporte. La persona escucha las ideas de Juan 3:16, y al igual que usted en el ministerio de transporte, también pide: *Explíqueme...* ¿qué es el mundo? Un Hijo Unigénito, ¿qué es eso? Yo nunca vi uno así. ¿Cree? Yo siempre creí en Jesús... ¿No se perderá? Para eso me compré un GPS. ¿Vida eterna? ¿De qué me hablan, de reencarnaciones? Además, ¿puede alguien *demostrarme* que lo que se promete es realmente verdad? Mejor aún, ¿puede alguien *ilustrarme* lo que están tratando de decirme?

El objetivo de un orador al hablar en público, es lograr que la audiencia acepte la idea/s que se le presenta. Ya sea en el ámbito secular o en el religioso, al comunicarnos buscamos que las personas se aferren a las ideas que presentamos, las hagan propias, y actúen en consecuencia. Para el orador, con todo, el desafío es que en la gran mayoría de los casos las ideas son abstractas y difíciles de comprender. Como acabamos de ver en los ejemplos que ofrecimos, las ideas que deseamos que los oyentes acepten, muchas veces contienen palabras y términos desconocidos, muchas veces parecen contradecirse mutuamente, otras veces hacen referencia a un mundo lejano y extraño. Por esta razón, cuando alguien prepara un discurso, debe comprender que conoce muy bien las ideas que presentará a los oyentes, ese es el comienzo del viaje, porque estas serán el corazón del mensaje. Pero también debe trabajar con suma dedicación con los materiales que ofrecerá para sustentar sus ideas, porque de otra manera todo quedará en medio de una niebla espesa. Y lo notable es que, como dijimos en el capítulo 10, lo que hace o deshace un sermón es la idea central y las ideas que se correlacionan con ella, sin embargo, lo que lo hace comprensible, fácil de entender y que impacte, son los materiales que echan luz sobre las ideas. Por esta razón, cada vez que pregunto: ¿Cuál es la parte más importante de un discurso? La gran mayoría responde, ¡las ilustraciones! Y tienen razón, porque son ellas las que tantas veces hacen que en nuestra mente penetre la luz de la comprensión y que las ideas de otra manera imposibles de entender, cobren finalmente sentido.

Si el mundo del predicador es el mundo de las ideas, entonces, nuestra próxima pregunta es: ¿Cómo desarrollamos una idea? ¿Cómo hacemos para que *Juan Pagano* acepte las ideas que se le presentan en Juan 3:16 y vuelva a nacer por el poder de Dios? ¿Qué debemos hacer para que las personas que escuchan Romanos 8:28 salgan del culto aferrándose de corazón a la verdad cierta de que todas las cosas ayudan al bien a los que aman a Dios? Todos debemos recordar que con una idea se pueden hacer solamente tres cosas, que ya hemos subrayado en los ejemplos que ofrecimos. *Una idea puede ser explicada, demostrada e ilustrada.* Nada más. Por esta razón, es fundamental que el predicador aprenda, primero, a desarrollar un bosquejo excelente del tema que presentará, y segundo, a utilizar con eficacia los materiales con que puede sustentar las ideas principales que ofrece.

> *El objetivo de un orador al hablar en público, es lograr que la audiencia acepte la idea/s que se les presentan.*

De la misma manera que el esqueleto es el sustento del cuerpo humano, y que la estructura de concreto y acero es el corazón de un rascacielos, el bosquejo es el corazón del sermón. En nuestro estudio hasta aquí hemos visto la importancia que tiene la idea central, y el estudio de las palabras y términos que componen el pasaje a predicar. Al contestar a la pregunta, ¿cuál es la idea central?, al analizar los ejemplos que ofrecimos, el bosquejo quedó completado como consecuencia.

En el caso del Salmo 23, porque Jehová es mi Pastor, entonces yo gozo de ciertos beneficios... En el caso de 1 Pedro 4:7-11, es muy parecido. Porque el fin de todas las cosas se acerca, entonces, yo debo hacer esto o aquello. Al igual que en estos dos párrafos que vimos, hay un millón de bloques dentro de la Biblia, que al contestar a las dos preguntas de nuestro capítulo 10, el bosquejo brota de forma natural como consecuencia. Veamos un ejemplo más. Tomemos el Salmo 1.

Cuando hacemos la pregunta, ¿de qué habla el Salmo 1? La respuesta es: El Salmo 1 ofrece un contraste entre dos individuos. En este caso, el justo y el malo. Cuando contestamos a la segunda pregunta, ¿Qué nos dice de lo que habla?

> *Una idea puede ser explicada, demostrada e ilustrada.*

Encontramos que en los tres primeros versículos, se nos dicen tres cosas del justo:

- Es una persona bienaventurada, porque *no* hace tres cosas (v. 1)
  - No anduvo en consejo de malos
  - No estuvo en camino de pecadores
  - No se sentó en la silla de los burladores.

- El secreto de su prosperidad *es* la Ley de Jehová... (v. 2)
  - En ella está su deleite
  - Ella es su meditación continua

- Tres beneficios que recibe el justo (v. 3) siendo como un árbol...
  - Da su fruto a su tiempo
  - Su hoja está siempre verde
  - Todo lo que emprende, prospera

En contraste, el malo:
- Es el polo opuesto del justo (v. 4)
  - Mientras el justo está plantado... el malo es como el tamo

- Los malos pagan dos consecuencias muy feas (v. 5)
  - No se levantarán en el juicio
  - No tendrán parte en la congregación de los justos

El verso 6 resume el salmo, dándonos dos palabras de seguridad.

Al igual que en este salmo, hay millones de bloques de pensamientos dentro de la Biblia, donde el escritor inspirado por Dios ya hizo el trabajo por nosotros. Y como decíamos en nuestro capítulo 10, la tarea del predicador no es fabricar una idea central, sino descubrir la que ya está hecha. Y al hacerlo, como consecuencia, tenemos un bosquejo lógico y progresivo.

Sin embargo, hay otros párrafos que no son tan simples. ¿Cómo descubrimos la idea central y el bosquejo en una narrativa, tal como Abraham ofreciendo a Isaac? ¿Cómo lo hacemos al presentar una parábola? ¿Cómo bosquejamos un sermón temático? Sobre el tema del perdón, por ejemplo. ¿Cómo predicamos del libro de Proverbios, cuando son una serie de ideas muchas veces desconectadas entre sí?

En estos casos, somos nosotros los que debemos crear un *bosquejo homilético*, es decir, un esqueleto que nos ayude a sustentar el sermón. En estos casos, permítame ofrecerle cuatro consejos que aprendí durante mis años de trabajo.

El predicador debe hacer un esfuerzo por presentar el número adecuado de ideas secundarias:

La regla es: cuantas menos ideas secundarias, tanto mejor. C. H. Spurgeon, ya lo hemos mencionado varias veces en nuestro libro, fue un elocuente predicador. Si leemos sus sermones, veremos que todos ellos tenían un tema central y era sustentado con un bosquejo de tres ideas secundarias. Si el tema era la oración, Spurgeon siempre ofrecía tres verdades en cuanto a la oración. Este modelo, es el que más han utilizado los predicadores en la historia de la iglesia: «el sermón de tres pisos». ¿Por qué tres pisos? Porque parece ser el número ideal de verdades que puede retener la mente sin esfuerzos. Tal vez, porque Dios es una Trinidad, nosotros llevamos algo de eso en nuestra mente. Si yo anuncio, «Mi tema para esta mañana es: 'Diez secretos para tener un matrimonio feliz'», ¿cree usted que alguien recordará las diez verdades al salir del culto? Lo dudo. Son demasiados conceptos. Por el contrario, hasta el más desmemoriado puede recordar tres verdades simples.

Cuando diseñamos un sermón, lo ideal es que la idea central esté sustentada por un mínimo de dos y un máximo de cinco ideas secundarias. Con todo, siempre puede haber excepciones, como veremos más abajo. Lo importante es, más que hacer un bosquejo de cierto tipo, respetar la integridad del párrafo de la Biblia a predicar.

Las verdades deben ser presentadas de forma lógica y progresiva:

Un día le pregunto a uno de los líderes de mi iglesia, «¿Cómo estuvo el sermón que trajo el pastor visitante el último domingo?». «Cómo Génesis 1:2… desordenado y vacío». Menos mal que Dios no es como algunos predicadores, de otra manera nuestro universo sería un caos completo. Por el contrario, cuando leemos la Biblia aprendemos que Dios construyó todo en forma progresiva. Cuando abrimos el relato de Génesis encontramos que cada día de la creación fue siguiendo en secuencias un plan de trabajo. Su obra creadora fue por etapas lógicas de desarrollo. No hizo primero los árboles y luego el planeta tierra. Si todavía no está convencido, mire la vida de sus hijos. Su bebé no nació persona adulta y completa, más bien Dios nos va desarrollando por etapas lógicas y sucesivas. El mismo principio rige cuando vemos la obra de Dios al revelarnos la gloria de su persona a los humanos. Primero, los gentiles, luego Israel, luego la iglesia, finalmente Jesucristo, quien será todo en todo. Nuestra mente es exactamente igual, y cuando se nos enseña, todos apreciamos al buen profesor que sabe guiarnos con pasos progresivos.

De la misma manera que al construir un edificio comenzamos por los cimientos, nuestros sermones deben ir de lo general a lo específico, de lo grande hacia lo pequeño. Si observamos el bosquejo que usa Pablo en Efesios, veremos que siempre sigue el mismo patrón en sus escritos. En sus epístolas «educativas», tales como Romanos, Efesios y Colosenses, comienza enseñándonos qué hizo Dios por nosotros. Entonces, a la luz de lo que hizo Dios a nuestro favor, nosotros debemos conducirnos por ciertas maneras específicas.

Más arriba mencionaba el libro de los Proverbios. Este libro es una colección de dichos de los sabios, de entre los cuales Salomón hizo la mayor contribución. Dentro de este libro hay secciones que se prestan a la exposición, tal como venimos enseñando. Sin embargo, cuando llegamos a la sección central del libro (10:1–22:16), los proverbios se suceden unos a otros sin ninguna conexión entre ellos. El autor puede tratar hasta quince temas diferentes en un mismo capítulo. Intentar predicar un sermón cubriendo un capítulo entero sería una frustración. Nunca podríamos responder a las dos preguntas básicas para hallar la idea central. ¿Qué hacemos en ese caso? Considero que lo mejor es enseñar Proverbios en forma temática: ¿Qué nos enseña Proverbios sobre las riquezas, el perezoso, el enojo, el uso de la lengua, etc.? En esos casos el predicador debe desarrollar su propio bosquejo, de acuerdo al material que ha escogido.

Una vez que tenemos los materiales reunidos, entonces los presentamos de forma lo más lógica posible. Lo mismo hacemos con cada sermón temático que ofrecemos.

Las verdades deben ser fraseadas de manera que sean fáciles de memorizar:

Una vez más, los misterios de la mente humana. Como parte de mi predicación del evangelio de Marcos, llegó el día que tenía que predicar sobre la muerte del Señor. Nunca antes había predicado sobre el párrafo de Marcos 15:20-41. Aquí me encontré con un serio dilema, ¿cuántos sermones predicar? El bloque era una unidad de pensamiento. Dividirla, era restarle fuerza al impacto que nos da el relato. Predicar el párrafo en un solo sermón, era tener que presentar demasiado material y violar mi primer principio en cuanto a los puntos que debe tener un sermón, si quería respetar la unidad del pasaje. En este caso decidí mantener la estructura del pasaje, y hacer una excepción a mi propia regla. Después de estudiar todo el párrafo, el título que me vino a la mente fue: «La hora de las horas». Entonces, siguiendo esta idea central, estas fueron mis ideas principales.

- La hora de la burla   (v. 20)
- La hora de la infamia   (v. 22-28)
- La hora de la barbarie   (v. 29-32)
- La hora del abandono   (v. 33-36)

- La hora del triunfo   (v. 37)
- La hora de los milagros   (v. 21, 38, 39)
- La hora de la identificación   (v. 40-41)

Como puede ver, fueron siete las ideas que sustentaban la idea central. Algo muy lejos del número ideal que sugiero en el primer consejo. Prediqué el sermón, y esa misma tarde, después de nuestro culto teníamos una reunión especial de oración. Cuando llegó el tiempo de compartir, uno de los diáconos dice: «Hoy el pastor nos habló de...» y repitió de memoria los siete puntos principales. Me quedé muy gratamente sorprendido. Parece ser que siempre podremos recordar mejor aquello que está unido por un cordón común. En este caso las frases comunes, ayudaron a lograr lo que uno quería: que sin violar el contenido del pasaje, el bosquejo ayudara a recordar la idea central uniendo los conceptos de forma progresiva, lógica y fácil de memorizar.

Al ofrecer este ejemplo, debo advertir que no estoy a favor de las *aliteraciones*. Si usted lee ciertos libros sobre la predicación, verá que en el pasado se enseñaba que los puntos principales del bosquejo debían comenzar todos con la misma letra. Por ejemplo, leyendo la historia de David y Goliat en 1 Samuel 17, alguien salió con el siguiente bosquejo: *Las siete características de un líder*:

- Cooperador   (17:17-24)
- Curioso   (17:25-27)
- Consecuente   (17:28-30)
- Corajudo   (17:31-37)
- Cuidadoso   (17:38-40)
- Confiado   (17:41-47)
- Concluyente   (17:48-51)

Todo muy ingenioso. Con todo, si presta atención, verá que las cualidades de «cooperador», «consecuente» y «cuidadoso», no reflejan con precisión lo que relata el relato de 1 Samuel 17. Imponerle al texto bíblico un bosquejo artificial de esta manera es una práctica que va en contra de todo lo que hemos dicho sobre la predicación expositiva.

Las ideas principales deben ser presentadas en forma vívida y atractiva, teniendo en cuenta a la audiencia

Tantas veces escucho a los predicadores anunciar, «Hoy voy a hablar de cuatro puntos…». «Mi primer punto, es…». Grave error. El esqueleto es quien sustenta el cuerpo, pero no se ve. La estructura de acero es el sustento del edificio pero está cubierta por las paredes. De la misma manera ocurre con el sermón: los puntos, o verdades principales que sostienen la idea central, deben ser anunciados de manera que capten la atención y creen interés por lo que viene.

Por ejemplo, si debemos predicar la historia de Daniel capítulo 1 podemos anunciar:

- El relato de un castigo muy severo   (1:1-2)
- El relato de una gran oportunidad   (1:3-7)
- El relato de una decisión ejemplar   (1:8-13)
- El relato de una gran bendición   (1:14-21)

Ahí están las ideas, sin embargo, al presentarlas es bueno hacerlo en forma de preguntas. Por ejemplo:

- ¿Cuál era la escena?   (1:1-2)
- ¿Cuál fue la prueba a que fueron sometidos?   (1: 3-7)
- ¿Cuál fue la decisión personal de Daniel?   (1: 8-13)
- ¿Cuál fue el resultado?   (1:14-21)

Entonces, respondemos a nuestro propio interrogante, ofreciendo las ideas principales que conforman el bosquejo del sermón.

Cómo desarrollar un buen bosquejo es un tema vasto, al cual muchos autores han dedicado largos volúmenes[1]. Nosotros creemos que con estos cuatro principios tenemos material excelente para comenzar la tarea. Luego, a medida que vamos estudiando y vemos cómo otros predicadores han hecho la tarea, nosotros también aprendemos y

---

[1] Para ampliar este tema recomiendo la obra de Donald R. Sunukjian, *Volvamos a la predicación bíblica*, Editorial Portavoz, Grand Rapids, Michigan, 2010, pág. 396.

vamos refinando nuestra técnica. Por tanto, cuando tenga su bosquejo listo, hágase las siguientes preguntas y construirá sobre terreno firme.

- ¿Están las ideas principales bien elegidas, de modo que sean pocas en número y correlacionadas con la idea central?
- ¿Están las ideas principales ordenadas de forma lógica y progresiva, de manera que el oyente pueda seguir el fluir del tema con claridad?
- ¿Están las ideas principales presentadas de tal manera, que sea posible memorizarlas?
- ¿Las ideas principales, son presentadas con claridad y viveza, teniendo en cuenta a la audiencia?

Antes de pasar al próximo punto en el desarrollo de nuestro sermón, quiero ofrecerle un consejo en cuanto a la proporción que debe tener su bosquejo, y el sermón en consecuencia.

Durante dos años pude escuchar a un pastor que anunciaba, «Mi tema de hoy tiene cinco puntos». Comenzaba a exponer el primero de ellos y le consumía 25 minutos. Se imagina la ansiedad que creaba… «Si en el primer punto se fueron 25 minutos y todavía quedaban cuatro puntos más, ¿hasta cuándo tendremos que estar aquí, entonces?». Luego, cubría las cuatro ideas que le quedaban en diez minutos. Y eso, todos los domingos. Este modelo es francamente deficiente. No es bueno para el visitante. Los que lo conocíamos, ya no nos preocupábamos, pero las primeras veces, no era una experiencia positiva. Por tanto, asegúrese que el tiempo que le dedica a cada idea principal esté balanceado. En el ejemplo de Daniel 1, creo que el primer punto puede consumir quince minutos, ofreciendo información muy valiosa en cuanto al trasfondo de la historia, pero no es lo correcto. En ese caso no debe pasar de dos o tres minutos, a fin de darle más tiempo a las secciones más ricas del relato sobre la vida de este joven notable. Como en tantas áreas en la vida, lo mejor que podemos hacer es ofrecer consejos generales, y que Dios le dé sabiduría al aplicarlos en la práctica.

Los puntos, o verdades principales que sostienen la idea central, deben ser anunciados de manera que capten la atención y creen interés por lo que viene.

Una vez que hayamos decidido cuál será el bosquejo que usaremos como estructura principal del sermón, entonces ha llegado el momento de levantar las paredes del edificio. La pregunta es, por tanto, ¿qué materiales usamos para sustentar las ideas principales? ¿Cómo logramos que el esqueleto cobre vida? Dijimos que una idea puede ser explicada, demostrada e ilustrada. Por tanto, a continuación mencionaremos varios recursos que nos ayudarán a darle vida a los huesos secos.

○ *Explicaciones:*

Si el primer paso al desarrollar una idea es explicar esa idea, entonces, quienes enseñamos la Biblia al pueblo, tenemos trabajo asegurado para toda nuestra vida. Cada idea que contiene la Biblia en la gran mayoría de los casos debe ser explicada. En los capítulos anteriores vimos los ejemplos del Salmo 1, del Salmo 23, de 1 Pedro 4:1-7, de Efesios 1.

¿Cuánto debemos explicar en cada uno de esos párrafos? Imagínese si ofrece un estudio de las obras de la carne y los frutos del Espíritu. Cada una de esas palabras debe ser explicada. Y así es con cada libro de la Biblia, y con cada idea que conforma esos libros.

Ahora se da cuenta por qué debemos estudiar cada párrafo de la manera que indicamos en los capítulos que nos precedieron. Primero, ganamos para nosotros mismos la comprensión del texto, y al hacerlo, se lo podemos enseñar de forma adecuada a las personas que nos oyen.

> *Las estadísticas deben ser presentadas de manera que capten la atención y logren un impacto.*

○ *Estadísticas:*

Las estadísticas ayudan a darle credibilidad a nuestro sermón. Al usar las estadísticas traemos la palabra de los expertos para que nos ayuden. Es muy difícil que alguien rechace la evidencia provista por una estadística. Con todo, las estadísticas deben ser presentadas de manera que capten la atención y logren un impacto.

Tomemos como ejemplo, el tema del aborto. Esto es un drama social que en silencio está comiendo el alma de Norteamérica y tristemente Latinoamérica está siguiendo el ejemplo de su vecino del Norte. De acuerdo a las estadísticas provistas por *The Center for*

Bio-Ethical Reform (El Centro para la Reforma Bioética) en Estados Unidos se cometen 3.700 abortos[2] por día. Este es un número escalofriante que debería lanzarnos a los cristianos en una campaña abierta contra las fuerzas satánicas que operan detrás de las escenas. Sin embargo, 3.700 bebés por día es un número relativamente incomprensible por sí mismo. Por tanto, es nuestra tarea darle vida a esas estadísticas.

Usted conoce el horror que se vivió el 11 de septiembre de 2001, cuando tres mil personas perdieron la vida en el mayor atentado terrorista en toda la historia de la humanidad. Como consecuencia de ese día, desde entonces, Estados Unidos está en guerra abierta contra todas las fuerzas que quieren atacar este país. Sin embargo, un nuevo 11 de septiembre se repite cada día y nadie alza la voz. Piense por un momento la violencia que se está haciendo contra los indefensos. 3.700 bebés pierden la vida por una decisión de la madre.

Si todavía no ha visto la gravedad de este genocidio, permítame ofrecerle otra forma de ver estos números. Usted sabe lo que pasa cuando se estrella un avión. De forma instantánea la noticia corre por todo el mundo. No hay un diario, una radio, o un noticiero de TV que no anuncie el evento. Ahora, tome un Boeing 747 con 370 pasajeros a bordo, y ese avión se estrella matando a todos los tripulantes y pasajeros al intentar aterrizar. Y durante el resto del día nueve Jumbos más vuelven a estrellarse con otras 370 personas. Pregúntese, si en un solo día se estrellaran 10 jumbos, matando 3.700 personas en total, ¿qué haría el gobierno y todas las instituciones que regulan la industria aeronáutica? Simplemente cancelarían todos los vuelos alrededor del mundo hasta que se estableciese la causa de semejante desastre. Con todo, la misma tragedia está teniendo lugar en la oscuridad en un solo país y muy pocos levantan la voz para detener esta ola de crímenes.

Si una idea debe ser demostrada, entonces, muchas veces las estadísticas pueden ser un arma muy poderosa en el arsenal del predicador.

> *A la excelencia nunca se llega por accidente.*

---

[2] Le recomiendo visitar el sitio de esta organización en Internet para que pueda tener estadísticas mucho más amplias sobre este tema tan doloroso para el corazón de Dios.

○ *Testimonios:*

Aquí entran nuestras historias personales. No hay nada tan poderoso como una historia personal que ilustre con precisión la verdad que estamos enseñando. A mí me encanta aprender de lo que los demás aprendieron bajo las mismas circunstancias. Esto nos da sabiduría para vivir. Los ejemplos de los demás, me ayudan a guiar mis pasos. Alguien dijo correctamente, «Una persona con una experiencia nunca estará a la merced de un hombre con un argumento». Esto es verdaderamente así.

Las historias personales, si son auténticas, si ilustran bien el punto, y nunca buscan exaltarnos a nosotros mismos, deben ser usadas sin temor. Como en todas las cosas, siempre debemos tener un sentido de proporción (una vez más) para que no nos pase lo de aquel predicador de aquella iglesia a la que venían sus feligreses, todos felices, a escucharle contar la telenovela de su vida, a un capítulo por semana. Los predicadores vivimos en una vitrina, pero no exageremos el sentir de nuestra propia importancia. Debemos ser transparentes y honestos, pero eso no nos debe llevar al extremo de querer robarle la gloria a Cristo llegando a ser los héroes de la película.

Un consejo extra que quiero pasarle en este tópico, es que debemos capitalizar los testimonios de las personas que componen nuestra iglesia. Si somos buenos pastores y conocemos de cerca nuestro rebaño, lo que Dios ha hecho en la vida de nuestros hermanos le dará riqueza a nuestro sermón. Para ello, me gusta de tanto en tanto, que si el testimonio de una persona tiene una fuerte relación con el tema que voy a presentar, pedirle que comparta su historia con la congregación antes del sermón. Eso sí, por favor, si usted toma esta iniciativa no lo haga a micrófono abierto, dejando que la persona diga lo que le viene en gana. Esto es suicida. El 99% de esos testimonios terminan en desastre completo. Cuando pido un testimonio, lo hago en forma de reportaje, y al candidato lo preparo con un mes de anticipación. A la excelencia nunca se llega por accidente.

○ *Noticias del momento:*

Llevo décadas predicando el evangelio, y mentiría si les digo que en una semana determinada las noticias del día no me ayudaron a ilustrar mi sermón. Voy a repetir hasta el cansancio que el predicador siempre está en preparación, siempre con las antenas desplegadas buscando captar información relevante que le ayude a que su sermón sea dinámico, atractivo e interesante. Al escuchar las noticias en la radio mientras conduce su automóvil, al sentarse a la noche a mirar un noticiero de la TV, si tiene la actitud correcta siempre recogerá información valiosa para la hora del sermón.

Cuando un predicador demuestra que está informado, su autoridad crece como consecuencia. Si vamos a enseñar a un grupo de jóvenes, por ejemplo, es crucialmente importante informarnos de antemano sobre los eventos más importantes que están teniendo lugar en el mundo y en la cultura que envuelve a nuestros muchachos. ¿Quiénes son sus modelos a imitar; quiénes son sus ídolos en el deporte, la música y las películas? Y cuando uno llega, y dice: «El otro día leí una entrevista a Bill Gates…», uno percibe que el nivel de atención se incrementa al mil por ciento. Lo mismo ocurre cada semana con los mayores en el culto.

Aprovechemos la ayuda que nos ofrecen las noticias del momento. No obstante, una vez más, cuidado con dejar la impresión de que en nuestra vida no hacemos otra cosa más que mirar TV, porque eso tampoco nos será de ayuda. Aprovechemos las noticias y seamos selectivos al compartirlas.

Citas de autoridades

Esto es lo que Pablo hizo en Atenas al predicar en el areópago; trajo la palabra de uno de sus poetas. Nosotros debemos imitarlo en esto. A la hora de explicar un concepto, de ilustrar una verdad oscura, hay otras personas que nos ayudan con lo que ellos destilaron. Vayan algunos ejemplos:

- «Hacer las cosas que siempre hicimos, exactamente de la misma manera, y esperar resultados diferentes». Así definen los chinos a la demencia.
- «Fe no es creer sin pruebas, sino confiar sin reservas» (*Elton Trueblood*).

- «En el momento que un esclavo decide que ya no será un esclavo, caen sus cadenas… libertad y esclavitud son estados mentales» (*Mahatma Gandhi*).
- «Dios nos susurra en la prosperidad, nos habla en la adversidad y nos llama a gritos en el dolor. El sufrimiento es el megáfono que Dios utiliza para despertar a una humanidad dormida» (*C. S. Lewis*).

A todo esto le podemos agregar la sabiduría de los proverbios populares:

- «No hay peor ciego que el que no quiere ver…».
- «Dime con quién andas y te diré quién eres…».
- «En casa de herrero, cuchillo de palo…».
- «Más vale pájaro en mano, que cien volando…».

Aunque no conocemos quienes fueron sus autores, estos proverbios siempre ayudan a levantar el índice de interés.

Además en nuestras lecturas hallamos millares de frases excelentes:

- «Tus brazos son muy cortos para boxear con Dios…».
- «El camino al infierno está sembrado de buenas intenciones…».
- «Quien comienza con oración, termina con alabanza…».
- «La meditación es el mejor comienzo de la oración, y la oración es la mejor conclusión de la meditación…».

Cuando no existía internet, uno debía buscar con intensidad los libros que nos pudiesen ayudar en todos estos aspectos, y conseguirlos no era sencillo. En el día de hoy, por el contrario, hay millares de sitios en la web que nos facilitan recursos admirables sin costo alguno. Todo al alcance del clic de un ratón. Por tanto, ser en el presente un predicador aburrido es algo imperdonable.

Humor

El humor es una bendición de Dios para ayudarnos a hacer la vida feliz. Sin el humor nuestra existencia sería un viaje interminable, monótono y chato por el Sahara. Reconocemos que el sermón cristiano trata con temas muy serios y solemnes. Nadie quisiera crear una atmósfera «light» (liviana) en la casa de Dios, o dar la impresión que tratamos temas baladíes. ¿Quién puede sorprenderse de que la misma Biblia esté llena de humor? Por si no lo había visto, lea los siguientes proverbios a ver qué reacción le causan:

- «El que pasando se deja llevar de la ira en pleito ajeno, es como el que toma al perro por las orejas» (26:17).
- «Como zarcillo de oro en el hocico de un cerdo, es la mujer hermosa y apartada de razón» (11:22).
- «Mejor es encontrarse con una osa a la cual han robado sus cachorros, que con un fatuo en su necedad» (17:12).

Me imagino que el mismo Señor Jesús, estando tan lleno de vida como estaba, se debe haber reído en más de una ocasión a mandíbula batiente. Ya lo puedo ver, llamando a Juan y Jacobo, «Eh… Boanerges, vengan aquí; vayan para allá». Era su forma cariñosa y humorística de recordarles que debían seguir cambiando y creciendo.

El humor es útil cuando nos ayuda a explicar, clarificar o ilustrar una idea. Las ventajas del humor son, que cuando se hace bien, capta la atención de forma inmediata y eleva el nivel de interés en la persona y el tema que se está presentando. Además, predispone de forma favorable a los oyentes hacia el orador. El sentido común nos dicta que es imposible enojarse con quien nos reímos juntos.

> *El humor legítimo siempre predispone en forma favorable a los oyentes hacia el orador. El sentido común nos dicta que es imposible enojarse con quien nos reímos.*

Las características del humor sano son, que debe estar de acuerdo a la ocasión y a la audiencia. Un sermón cargado de chistes no es bueno en un funeral. Además, lo que puede hacer reír a un grupo de jóvenes puede aburrir a los mayores, o no ser entendido.

El humor, asimismo, debe ser usado con cuidado. Al igual que la sal, que si nos pasamos en la dosis arruinamos toda la comida, el humor también tiene el potencial de destruir todo. Creo que nadie querrá ganarse la reputación de ser el payaso en el circo de Dios. Si una persona, lo único que quiere es crearse la fama de ser chistoso, sería mejor que busque empleo como comediante en la TV, pero que no ponga sus pies en el púlpito. Hay una diferencia enorme entre usar y abusar del humor. Si nuestros sermones están cargados de humor llegarán a ser un mero entretenimiento.

Además, recordemos que es de muy mal humor lo que pone por debajo a los miembros del sexo opuesto, a los miembros de otra raza, a los practicantes de otra religión, a los nacidos en otro país, a las personas con cierto tipo de problemas. Un domingo mientras saludaba a todos los hermanos que iban entrando a nuestro culto, de golpe me vino a la mente, «Este hermano estuvo en *Alcohólicos Anónimos…*». A los dos minutos, la misma idea… Cuando finalmente entré al servicio, el Espíritu Santo me imprimió en la mente y el corazón que el 50% de los hombres de mi congregación habían estado involucrados en el alcoholismo hasta las narices. ¿Cómo, entonces, yo podría hacer un chiste sobre los borrachos? Imposible. La lección es que debemos conocer a quienes servimos y ajustar nuestras tácticas en consecuencia. Cuidado con rebajarlos al usar un humor que no corresponde.

El buen humor es aquel con el que logro que las personas se rían de mí mismo. De mis tonteras y errores. Al único que puedo poner por debajo con mis chistes es a mí mismo, a mi nación, a mi raza, a mi religión. A nadie más. Hacerlo de otra manera es pecar y engendrar resistencia hacia mi persona. Reiteramos, el humor es valioso, pero usémoslo únicamente si es necesario.

Ilustraciones

Usted conoce el valor de una buena ilustración. Un día escuchó una historia y le quedó grabada. Cincuenta años más tarde, todavía la recuerda, y hasta puede señalar la hora, el lugar y de quien la escuchó. Las buenas ilustraciones graban de por vida en nuestra alma lecciones vitales, que siempre nos bendicen al recordarlas.

Hasta aquí hemos considerado que las ideas son los pilares de un sermón, pero ahora debemos agregar que las ilustraciones son las ventanas que traen la mejor luz. «Un edificio sin ventanas, se asemeja más a una cárcel que a una casa», decía C. H. Spurgeon. Y recomendaba, «no tengamos temor de echar la sal de las ilustraciones sobre la carne de nuestras doctrinas».

Cuando de ilustraciones se trata, ¿quién fue el mejor en usarlas sino el mismo Señor Jesucristo? Sus enseñanzas las recordamos porque empleó historias simples para explicar ideas muy complicadas. Aprendemos más de Dios y su obra en una sola de sus historias que en mil volúmenes de teología actuales. Sus parábolas eran tan elementales como historias para niños y tan espontáneas como los lirios que brotaban en los valles de Israel. Notemos que Jesús nunca utilizó las leyendas del Talmud, ni cuentos de hadas de Persia, y no leemos que haya importado historia de más allá de los límites del Mediterráneo. Más bien, sus enseñanzas revelan que vivió como uno más entre su pueblo y sus historias provenían del mundo en que vivía. Sus enseñanzas nunca fueron estiradas, o traídas por los pelos. Más bien, a uno le parece ver al sembrador esparciendo la semilla en el campo, mientras el Señor predicaba a las multitudes.

Al igual que con todas las otras herramientas que hemos citado en este capítulo, al hablar de ilustraciones debemos entender cuáles son las ilustraciones que podemos usar con seguridad de que serán útiles para nuestros oyentes.

Las buenas ilustraciones son las que:

* Verdaderamente ilustran, hacen comprender con mayor claridad el tema expuesto.
* Son fáciles de entender.
* Son convincentes.
* Están de acuerdo al nivel de comprensión de los oyentes.

Además de estas buenas características debemos mencionar tres cualidades que debemos evitar. Si la ilustración es una historia que es tan prominente que atrae la atención sobre sí misma, entonces, no es una buena ilustración. Es una ventana pintada que refleja la luz, en lugar de permitirle que entre. Asimismo, no deben ser negativas. El negativismo siempre sopla aires de muerte sobre nuestros oyentes. Cualquier cosa que remotamente huele a negativismo debe ser descartada de plano. Por último, que nuestras ilustraciones sean limpias. «Todas nuestras ventanas deben estar abiertas hacia Jerusalén y no hacia Sodoma», decía Spurgeon. En una frase lo dijo todo, y estamos absolutamente de acuerdo. Una casa con ventanas sucias siempre es un desprestigio.

Antes de salir de este territorio tan vasto y fecundo, le ofrezco una fuente más de ilustraciones que cada vez que las he usado han sido de gran provecho: *las fábulas de los sabios de la antigüedad*. Esopo, por ejemplo, escribió fabulas notorias. Usando animales, creaba situaciones de las cuales extraer lecciones de vida perennes. Podría citar muchas de ellas de memoria, sin embargo, para muestra basta un botón.

Esopo cuenta que un día un burro vio venir un lobo. Sabiendo que sus minutos estaban contados se le ocurrió un plan de acción. Cuando el lobo llegó a donde estaba, le dijo: «Lobito, se me clavó una espina en esta pata. ¿Por qué no me la quitas? Entonces me podrás comer mejor». El lobo accedió, y tan pronto le acercó el hocico, el burro le dio una patada que le hizo volar todos los dientes. En esos momentos, alguien escuchó decir al lobo: «Me lo tengo merecido. Si mi padre me hizo carnicero, ¿quién me mandó a practicar la medicina?». ¿No le parece una ilustración muy útil a la hora de hablar de dones espirituales?

O esa otra del sapo que quería conocer el mundo... Claro, siendo sapo, y a la velocidad que se movía, descubrió que nunca podría conocer mucho del mundo. Entonces diseñó un plan. Buscó un pedazo de madera, y le pidió a dos gaviotas que tomaran cada una de ellas una punta del palo en el pico. Y cuando les diera la orden comenzarían a volar. Al arrancar las gaviotas, el sapo se prendió al palo, y comenzó el vuelo. Así pudo realizar su sueño de conocer el mundo. Todo anduvo de maravillas, hasta que un día, un granjero que trabajaba la tierra, al ver al trío volando, preguntó: «¿Pero quién tuvo esa idea tan brillante?». Y el sapo inflado de orgullo, respondió: «Yoooooo». Y fue el final de sus días. Excelente historia para ilustrar la esencia del pecado.

Una pregunta que mis estudiantes hacen en forma reiterada es: ¿Dónde encontramos ilustraciones buenas? Mi respuesta es siempre la misma. Primero, no compren un libro evangélico de ilustraciones, porque por lo general las que ofrecen están pasadas de moda, están demasiado trilladas, y son demasiado conocidas. Más bien confiemos que «basta a cada día su propio afán», y que el diario vivir nos ofrecerá un ramillete de flores frescas cada semana. Si esto no es suficiente, miremos al telescopio y al microscopio, a toda la naturaleza a nuestro alrededor, al mundo de la historia, de los deportes, del cine, etc. Aquí,

en Estados Unidos, cuando uno hace la fila para pagar en los super-
mercados, allí le esperan todos los pasquines sensacionalistas. Con solo
leer sus titulares, uno recibe una educación más completa que la de una
universidad... El mundo está lleno de historias para el que tiene ojos
para descubrirlas.

Antes de cerrar esta sección en nuestro estudio, permítame que le
aconseje construir su propio archivo de materiales que sustenten las
ideas de sus sermones. Hace treinta años atrás, cuando empecé mi propio archivo, debí usar un gabinete de cuatro cajones. Todavía lo tengo,
sin embargo, ya no lo uso más. Las computadoras son un medio mucho más eficiente para organizar un excelente archivo de ilustraciones
e ideas para futuros sermones. Recuerde que si no es disciplinado en
archivar las cosas, todo lo que hoy le impacte no sirve de nada mañana,
si no sabe dónde lo guardó. Por lo tanto, acumule todo lo que encuentre, en un futuro le será de increíble
utilidad, pero sea lógico y ordenado
al guardar la información. Llegará el
día en que su propia colección valdrá
más que todos los libros que los demás hayan publicado.

> Si no es disciplinado en archivar las cosas, todo lo que hoy le impacte no sirve de nada mañana, si no sabe dónde lo guardó.

Cuando comenzamos este capítulo, hablamos del valor de las ideas
y cómo desarrollarlas para que lleguen a ser de utilidad para nuestros
oyentes. Vimos los pasos para hacer que las ideas lleguen a ser un
esqueleto, y luego, consideramos los medios que podemos usar para
poner carne a esos huesos. Usted, después de leer todos los pasos que
hemos estado ofreciendo para el desarrollo de un sermón excelente,
es probable que a esta altura del viaje se pregunte, «¿pero vale la pena
semejante esfuerzo? Sacar un sermón decente demanda un trabajo de
hormigas». Usted está en lo cierto. No le debe caber la menor duda que
la predicación es lo más difícil y extenuante del ministerio cristiano.
Por esa razón, muchos abandonan la carrera, y otros, por holgazanes la
dejan para lo último de la semana, pensando que si se demoran hasta
el último momento tal vez los salve un rapto de inspiración. Pero eso
raras veces ocurre. Por tanto, déjeme ofrecerles dos desafíos concretos.

El primero es que, *comience temprano en la semana el estudio de su
sermón para el próximo domingo.* Nunca espere sacar un sermón que
cautive a la audiencia, si empieza a estudiar el sábado por la noche. Ya

hablamos en el capítulo 8 de la necesidad de hacer un plan de predicaciones para todo el año. Eso es necesario para darle dirección a la tarea, pero también para ir leyendo los párrafos bíblicos de los cuales predicaremos. Al hacerlo, la «computadora» se pone en marcha. Y en la meditación de lo leído comienzan a aparecer ideas que el Espíritu Santo quiere que transmitamos. Luego, los domingos por la noche, eche un vistazo una vez más a lo que viene para la semana que está por delante. Además, si el lunes es su día de descanso, el martes debe ser su día de estudio pesado. Cuando termine ese día, al menos debe tener el bosquejo delineado claramente en su mente. Si se disciplina en hacer esto, verá que en los ratos libres durante el resto de la semana, el cerebro con sus increíbles dotes naturales se pondrá a «rumiar» y de muchas direcciones volarán los pensamientos que vienen en nuestra ayuda. Pero nada nos vendrá, a una mente vacía. Sea disciplinado en sus hábitos.

Aprendí siendo joven del Dr. Lloyd-Jones y del Dr. W. A. Criswell, la necesidad de reservar mis mañanas para el estudio de la Biblia y el desarrollo de mis sermones.

Ciertamente, agradezco a Dios que puso a esos siervos eminentes en mi camino, porque sus ministerios de predicación fundamentaron el mío. Y los hábitos de estudio que me recomendaron, puedo dar testimonio fehaciente, son dignos de imitar. De la misma manera que los trabajadores salen a la mañana hacia su lugar de empleo a buscar el pan diario, ustedes y yo también debemos salir a buscar el pan de vida cuando podemos contar con nuestras mejores energías. Quiero reiterarle que siempre el estudio esforzado y disciplinado le dará un kilometraje excelente y finalmente la aprobación de Dios en lo que emprenda.

El segundo consejo es que, *deberá aprender el arte de la sagrada omisión*. Sherwood Wirt en su biografía de Billy Graham, cuenta que cuando Billy sintió que Dios lo llamaba al ministerio, preparó cuatro sermones. ¡Y cuando fue invitado a predicar por primera vez, predicó no uno, sino los cuatro juntos en ocho minutos! Tal vez esto fue lo único bueno de la experiencia. Recuerdo vivamente mis primeros pasos en esta tarea, y entonces la pregunta era: «¿Cómo hago para llenar 20 minutos de predicación?». Parecía una meta imposible de alcanzar. Hoy las cosas son diametralmente opuestas. El desafío es, que estudiando un solo versículo, demasiada información llega a nuestra mente, por tanto, si seguimos fielmente todos los pasos que recomendamos para el estudio de un párrafo bíblico, vamos a terminar con suficiente material para predicar más de un sermón. ¿Qué nos conviene hacer en esos casos? Aprender a seleccionar lo estrictamente relevante, lo que ayude a la idea central y a las ideas secundarias que quiero comunicar. Si es algo que distrae del propósito final, descártelo. Eso se aplica a todo lo que estuvimos analizando.

Cierto Pastor nos contaba a un grupo de estudiantes acerca de su primer pastorado en una zona rural de Canadá, que un día, mientras visitaba a una de las familias de la iglesia, este granjero le dijo: «Pastor, el día domingo es mi día favorito de la semana. Me gusta llegar a la iglesia, sentarme cómodamente en el banco, estirar las piernas, y como no tengo nada en que pensar, me echo a dormir…». ¡Nada importante que pensar en la iglesia…! Esta persona puede ser un caso especial de ignorancia y miopía espiritual. Sin embargo, en su descargo debo confesar que muchas veces los predicadores somos los culpables de que las personas lleguen a esa funesta conclusión. Los temas que se tratan son irrelevantes tantas veces…, las ideas que se presentan son pobres, están mal elaboradas, no progresan lógicamente y, los materiales que las sustentan no son atractivos y oscurecen en lugar de clarificar. ¿Quién puede sorprenderse entonces de que algunos lleguen a la conclusión de que después de todo, la iglesia es el banco en el parque donde pueden hacerse una hermosa siesta porque no hay nada de valor en lo cual emplear la mente? Por el contrario, usted por razones de su llamado, de sus convicciones bíblicas, y la excelencia con que presenta sus temas, será uno de aquellos que los fuercen a pensar con absoluta seriedad. Y al hacerlo, es mi deseo que digan de usted lo que dijeron de Juan el Bautista: «Vino un hombre de Dios llamado… No era él la luz, sino que vino para dar testimonio de la luz, para que todos creyesen por él» (Juan 1:6-8). Si aquellos a quienes predicamos nos evaluaran y recordaran de un modo tan elevado, podremos estar muy satisfechos. Por ende, a seguir trabajando que todavía nos falta mucho camino por recorrer.

Preguntas para repaso, reflexión y discusión

1. Solamente se pueden hacer tres cosas con una idea determinada. ¿Cuáles son estas?

2. Sánchez nos ofrece siete elementos para llenar la estructura de nuestros sermones. ¿Cuáles son? ¿Qué otro elemento aconsejaría agregar a alguien más joven?

3. ¿Dónde trazamos la línea entre el uso y el abuso del humor? ¿Es necesario incorporar el humor en cada sermón? Discutir.

4. Aquí en Norteamérica es costumbre de muchos predicadores empezar su presentación con una serie de chistes, no importa cuál sea la ocasión. ¿Es esta práctica algo positivo o negativo? Discutir.

CAPÍTULO 13

¿Cómo despego?

*El propósito del sermón es producir ciertos cambios en la vida de los oyentes. Pero para que puedan cambiar, antes deben creer lo que decimos; y para creer lo que decimos, antes deben entender lo que hablamos; y para entender lo que hablamos, antes deben oírnos; y para que nos oigan, antes **debemos captarles la atención.***

Simón Wiesenthal es un nombre desconocido para muchos, pero muy temido por los criminales de guerra nazis. Después que terminó la Segunda Guerra Mundial, Wiesenthal dedicó su vida y todos sus esfuerzos a llevar a la justicia a quienes habían asesinado a millones de sus hermanos de sangre. Su obra fue muy notable, y duró casi hasta el final de su vida.

La decisión de luchar para llevar ante la justicia a los criminales nazis, la tomó como consecuencia de un evento que marcó su vida de forma indeleble. Este judío, fue atrapado durante todo el fermento de la segunda guerra mundial. Tristemente, junto con sus familiares fue arrastrado a los campos de concentración de los alemanes, donde murieron 89 de sus seres queridos. En su libro *Girasol*, cuenta que un día mientras se hallaba en el campo de concentración, fue llamado a presentarse en el hospital que estaba en ese lugar. Esto le causó sorpresa, ya que el hospital estaba reservado solamente para los alemanes. Fue escoltado hasta la cama de un soldado moribundo y allí este hombre que nunca había visto antes le relató un incidente que había tenido lugar poco tiempo antes. Le contó que siendo soldado llegaron a un pueblo donde el comandante ordenó arrestar a todos los judíos conocidos.

«Adultos y niños fueron llevados a un edifico de dos plantas y luego les prendimos fuego», fue su relato escalofriante. «Mientras esto ocurría, de pronto se rompieron los vidrios de una ventana del segundo piso, y un padre saltó con un niño en cada brazo. Tan pronto tocó el suelo los soldados los ametrallamos a los tres». Tiempo más tarde, continuó relatando el soldado alemán, «fui herido mortalmente, y ahora tengo que saltar a la eternidad y no puedo hacerlo en paz a menos que un miembro de la familia judía me perdone. ¿Me puede perdonar?». Simón Wiesenthal miró al soldado a los ojos, dio media vuelta y salió del hospital.

¿Qué hubiera hecho usted, de haber estado en el lugar de Wiesenthal? Después de todo, ¿qué significa perdonar? ¿Cuándo debemos perdonar? ¿Cómo debemos perdonar?

Hasta aquí hemos avanzado en el desarrollo de nuestro sermón. Finalmente hemos terminado la etapa del «vuelo», hemos completado el cuerpo del sermón, aquello que queremos enseñar a nuestros oyentes. Ahora nos toca trabajar en el «despegue», o sea en la introducción al sermón.

Y para eso, en este capítulo, debemos aprender tres hechos vitales en cuanto a la introducción al sermón. Para eso debemos que responder las siguientes preguntas: ¿Por qué la introducción es importante? ¿Cuáles son las características de una buena introducción? ¿Cómo la hacemos?

Para contestar la primera pregunta le ruego que considere el desarrollo de un culto evangélico «normal». Por no pensar, es fácil estimar que el 99% de las iglesias protestantes siguen el mismo modelo. Cuando llega el momento en que usted comienza a predicar…

- La congregación ha estado reunida, dependiendo del formato del culto de cada congregación, posiblemente durante más de una hora. Los asistentes han tenido que participar de un período de alabanza, que puede durar desde 15 minutos hasta 2 horas.

Según el nivel de ignorancia de los músicos, los oyentes han sido tratados con respeto o aturdidos, apabullados y abusados por el volumen de la música. Los visitantes han tenido que soportar este suplicio, no conociendo las canciones y limitándose a mirar. Si los dejan de pie todo el tiempo que dura la alabanza, la mayoría quedan agotados físicamente al concluir el período; a los mayores y ancianos les duelen todas las articulaciones...

- Después de la «alabanza ungida» los asistentes tienen que escuchar una lectura bíblica (esto está cayendo en desuso), una oración pastoral, anuncios, la ofrenda, un número de música especial, una dedicación de niños, un bautismo, oración por un grupo de jóvenes que salen en un proyecto misionero, etc. Mil cosas diferentes.

- En el santuario hay niños que lloran, personas que entran y salen, amigas que charlan muy animadamente entre ellas ignorando por completo lo que pasa en la plataforma. Hay adolescentes mirando sus celulares y poniendo mensajes de texto, otros jóvenes divirtiéndose con sus juegos favoritos. Ciertamente la audiencia no es un museo de cera, estático y sin vida.

- Cada persona que conforma la audiencia llega con un mundo propio a cuestas. Algunos llegan con los brazos levantados en señal de victoria, otros habiendo «empatado», y otros con el rostro y los brazos abatidos, completamente aplastados por un sentir de derrota. Hay jóvenes que vinieron arrastrados a la fuerza por sus padres, visitantes que llegan por cumplir con un compromiso que no se pudieron sacar de encima, curiosos que vienen a probar y a ver si esto del cristianismo vale la pena, personas desesperadas por una crisis familiar, una mujer preguntándose si debe abortar ese bebé indeseado, otro a quien le anunciaron que el tumor es maligno. Usted sabe muy bien que la lista de posibilidades es interminable.

- La actitud de muchos hermanos fieles hacia el predicador, es que han venido para escuchar y esperan que usted haga un buen trabajo y ellos reciban bendición. Este grupo dentro de la congregación por lo general abarca al 25% de los oyentes. Por lo general son los que se sientan en las cinco primeras filas de bancos. Luego hay otro 25% que son ambivalentes, les da lo mismo que usted haga un buen trabajo o un mal trabajo. Si presenta un tema interesante le escuchan. Si no da un sermón atractivo… buenas noches. Al 50% restante… vea sus rostros, lea su lenguaje corporal, y comprenderá que usted y su sermón no les importa en lo más mínimo.

- Todos los oyentes tienen un control remoto en la mente. Cuando algo no les gusta, aunque estén en la iglesia en forma física, cambian de canal y a otra cosa. En mis clases de Homilética conduje una encuesta personal con más de 300 estudiantes. La pregunta era: ¿Cuántos minutos escuchan ustedes antes de «desenchufarse»? ¿Cuántos minutos le dan a un predicador para que les capte la atención y decidan si vale la pena escucharle? Dependiendo de cada persona, las respuestas fueron: *entre 3 y 7 minutos*. Usted dice amén, porque es exactamente igual a mis estudiantes… Personalmente me inclino a creer que 30 segundos es el tiempo que tenemos. No más.

Y a esta audiencia, de seres de carne y hueso, usted es llamado a entregarles su «brillante» sermón… En el momento en que usted comienza, la audiencia y el púlpito están separados, no por uno o dos metros, sino por un espacio emocional y experimental tan ancho como el canal de La Mancha que divide a Francia y Gran Bretaña (y creo que me quedo corto). Desde el instante en que usted pasa a hablar, las personas ya lo están evaluando. Al mirar su rostro, su modo de caminar, su manera de vestir, ya están tomando decisiones con respecto a usted. Y tan pronto abra sus labios, al cabo de unos cortitos minutos darán su veredicto de forma irreversible. Además, no olvide otra verdad muy obvia: que todos los púlpitos tienen piso de hielo (aunque estén construidos de madera y recubiertos con una alfombra…), un patinazo y se puede desnucar. Un error en el comienzo y… hasta la vista. Ahora comprende por qué la introducción del sermón es críticamente valiosa. Si usted no sabe hacer su trabajo con excelencia en esos primeros minutos, su suerte está echada de forma definitiva. Y todo lo bueno que pudo haber preparado es como el tamo del salmo 1, que lo arrebata el viento. Esos primeros segundos deciden todo lo que viene a continuación. Por tanto,

Todos los oyentes tienen un control remoto en la mente.

¿cómo podemos hacer para que los espectadores pasen a ser participantes? ¿Cuáles son las características de una buena introducción?

Toda buena introducción debe cumplir tres propósitos. Estos tres pasos, para su propio bien, debe memorizarlos el resto de su existencia.

Primero, *debe captar la atención*:

En el párrafo del encabezamiento de este capítulo describimos el proceso que sigue un sermón y lo que el predicador debe hacer si espera tener éxito en la tarea. Y todo comienza con la introducción. Si no logramos que escuchen de entrada, es lo mismo que si salimos a clamar al desierto. El predicador pierde su tiempo, y hace perder el tiempo a sus oyentes. Eso es pecaminoso.

La introducción debe despertar el interés en escuchar nuestro tema. Además, cuando está bien hecha, dispone favorablemente a la audiencia hacia el predicador.

Segundo, *debe crear una necesidad*:

Desde el punto de vista del oyente, la gran pregunta es: ¿Por qué debo yo escuchar su sermón? ¿Qué diferencia marcará este tema en mi vida? ¿Vale la pena que le dé mi tiempo y atención durante los próximos cuarenta minutos? La introducción debe demostrar que nosotros estamos por tratar un tópico que les concierne a ellos, que no pueden dejar de escuchar. Y que si tal vez no les concierne en el momento actual, de todos modos, les afectará en el futuro de forma indefectible.

Tercero, *debe introducir el tema*:

La introducción debe introducir el tema, valga la redundancia. Debe orientar la mente del oyente hacia el tema que vamos a presentar; es una síntesis del tópico que vamos a compartir. Es como ofrecerles el bosquejo del sermón, para que puedan seguirnos mejor más adelante y sepan a donde queremos llegar. En la historia de Simón Wiesenthal que he utilizado como ejemplo de introducción en el comienzo de este capítulo, las tres preguntas que planteo: ¿Qué significa perdonar? ¿Cuándo debemos perdonar? ¿Cómo debemos perdonar?, constituyen el bosquejo del mensaje. Son las preguntas cruciales que el sermón contestará durante su exposición.

Por tanto, nunca deben introducirse ideas o preguntas que después no contestemos. Además, una buena introducción sirve para un solo tema. Encaja a la perfección con este único tema. Si se puede usar para otros temas, no es buena para ninguno.

Si la introducción al sermón es críticamente decisiva, y debe tener estas tres características, cómo entonces logramos que el sermón despegue del modo correcto.

Primero, hay errores que **no debemos cometer**, cosas que nunca se deben hacer, pecados imperdonables que la gran mayoría de los predicadores cometen todo el tiempo. Aquí va una lista de los más notorios:

• Anunciando: «Estoy nervioso… No me pude preparar en forma adecuada». Esto es el colmo de la necedad. A nadie le importa esta información y ciertamente predispone negativamente a los oyentes hacia el mensajero. Nunca vi algo tan doloroso como un día en la iglesia de habla inglesa de la cual formé parte en Canadá. Un domingo decidieron hacerle un acto de homenaje y aprecio a la policía nacional. En Canadá se tiene a la policía en muy alta estima. Cuando están vestidos con su uniforme de gala, las personas piden sacarse fotos con ellos. Ese día los pastores prepararon un programa excelente. El coro de más de 100 voces, invitó a uno de los policías a cantar como solista. Invitaron a predicar al Sr. Bob Vernon, un excelente predicador que durante mucho años fue el segundo jefe de la policía de Los Ángeles. Ese día llegaron más de 200 policías, y toda la plana mayor de las autoridades. Era una ocasión de lujo. Todo el programa fue excelente, excepto por un solo punto. El pastor le pidió a un joven que dijera unas palabras de aprecio a los policías. En esta ocasión, súper excepcional, este chico comienza anunciando: «Anoche el Pastor me llamó a las 11 de la noche y me pidió que les dijese unas palabras, pero no he tenido mucho tiempo para prepararme…». ¡Qué horror! ¡Qué necedad!

Este pecado los predicadores lo cometen todo el tiempo, de forma especial los que recién se inician. Me pregunto, ¿por qué lo hacen?

¿Quieren que la audiencia comprenda que no son tan torpes como parecen a simple vista? ¿Esperan congraciarse con los oyentes? Si el predicador necesita que los que le escuchan le tengan misericordia, sería mejor que no subiese al púlpito. Por el contrario, como hablo en el capítulo 16, el verdadero predicador siempre trasmite autoridad. Inclusive, cuando no se haya podido preparar de forma adecuada, como los demás no lo saben, es muy probable que nunca se den cuenta. Solamente una o dos personas que lo conozcan bien, y sepan mucho de predicación, se darán cuenta de su error. Por favor, nunca cometa este pecado. Si usted hace este anuncio, la gente exclama, «A tus tiendas, oh Israel...», y lo dejan solo.

- Anunciando: «A mí me gusta predicar sermones que hacen sentir bien a la gente. Pero hoy me toca predicar uno de los otros, por favor, estén atentos de todas maneras».
- Comenzar con un mal chiste. Diciendo algo negativo de otros.
- Poniendo por debajo a la audiencia, o mucho peor aún, atacándola. Piense, ¿cómo comenzó Pablo su discurso en Atenas? No empezó retándolos, acusándolos de ser idólatras. Por el contrario, tomó el hecho que eran religiosos como algo positivo, para de allí llevarlos a la realidad de que adoraban al dios equivocado. Que el objeto de su adoración era uno ficticio.
- Empezar gritando a voz en cuello. Si usted hace esto espanta a los oyentes, y ellos se ponen a la defensiva.

Por el contrario, **lo que debemos hacer es**:

- Subir al púlpito de manera normal, caminando con un paso tranquilo, teniendo una sonrisa en el rostro.
- Comenzar a hablar de un modo natural. Debemos darles a los oyentes tiempo para que se familiaricen con nuestra voz. Y si empezamos tranquilos, ellos también se van a tranquilizar, y a predisponerse de forma positiva hacia usted. Además, nunca olvide que si usted arranca en quinta velocidad, muy pronto se quedará sin aire en los pulmones.
- Recuerde siempre que la introducción del sermón debe tener la duración adecuada.

Muchas introducciones que he escuchado me recuerdan a alguien que tiene que saltar en alto, pero corre una distancia tan larga para llegar a la pista que no le quedan fuerzas para saltar. Una buena introducción debe durar entre 2 y 3 minutos.

¿Cómo empezamos, entonces, para captar la atención de nuestros oyentes?

- *Empleando palabras que impacten*: Si usted fuera periodista, y hubiese tenido que reportar lo que pasó el 11 de septiembre del 2001, ¿cómo lo habría hecho? El predicador habitual hubiera empezado diciendo: «Ayer por la mañana dos aviones se estrellaron contra las torres del Centro Mundial de Comercio en Nueva York. Más tarde otro avión se estrelló en el Pentágono…». Chato… Insípido. El buen periodista comienza diciendo: «¡Horror! ¡Muerte! ¿Quién podrá olvidar las escenas que hemos visto en este día?». Nuestras primeras palabras deben ser como ese cartel que dice, «¡Atención!», cada vez que nos acercamos a un cuartel militar.

- *Utilizando frases y citas llamativas*: «La mujer es el segundo error de Dios…». «Tus brazos son demasiado cortos para querer boxear con Dios». «Nunca podré olvidarla después de haberla visto».

- *Relatando una historia poderosa*: Ya sea personal, tomada de la historia general, o de la vida diaria. Si utiliza una historia que no es personal, entonces, es recomendable que sea de alguien relativamente conocido, que tiene alguna conexión con la audiencia, y que ha ocurrido no hace mucho tiempo. No creo que capte mucho la atención de una congregación hispana si empezamos con, «El rey Simeón de Bulgaria en el año…».

- *Usando preguntas penetrantes*: Las preguntas siempre nos fuerzan a pensar, a involucrarnos en el proceso de aprendizaje. «¿Cuáles son sus metas personales para este nuevo año? ¿Cómo piensa llegar a ellas? ¿Será este nuevo año el comienzo de algo nuevo en su vida o una mera continuación de lo

> *El tema de la introducción y la importancia que tiene exige que seamos creativos y que empleemos nuestra capacidad de oratoria en su máximo nivel.*

que ya fue?». Si no estamos convencidos, recordemos que Jesús usaba todo el tiempo las preguntas retóricas como un método efectivo para captar la atención.

- ○ «¿Qué te parece, Simón? ¿De quiénes cobran tributos o impuestos los reyes de la tierra, de sus hijos o de los extraños?» (Mateo 17:25).
- ○ «Pero, ¿qué les parece? Un hombre tenía dos hijos, y llegándose al primero, *le* dijo: 'Hijo, ve, trabaja hoy en la viña' (Mateo 21:28).
- ○ «¿Cuál es la opinión de ustedes sobre el Cristo (el Mesías)? ¿De quién es hijo?» (Mateo 22:42).
- ○ «¿Piensan que estos Galileos eran *más* pecadores que todos los *demás* Galileos, porque sufrieron esto? (Lucas 13:2).
- • *Haciendo una encuesta en el momento*: «Si les pidiera que me dieran cinco razones por las cuales tenemos derecho a estar descontentos, ¿Qué me dirían?...». Luego les hablamos del secreto del contentamiento (Fil. 4:10-13).

Hay muchas más maneras con las que podemos empezar un sermón. Ciertamente, el tema de la introducción y la importancia que tiene, exige que seamos creativos y que empleemos nuestra capacidad de oratoria en su máximo nivel.

Hace un tiempo charlaba con una buena amiga de nuestra familia que trabajaba para una de las casas editoriales más grande de Estados Unidos. Su tarea es decidir, de todos los «libros nuevos» que recibe, cuál debe ser publicado. Le preguntaba, «¿Cómo haces para decidir cuál debe ir a la imprenta y cual no? Algunos son bastante voluminosos, debe llevar mucho tiempo leerlos...?». Su respuesta fue: «Es muy simple, si un autor en los primeros párrafos de la introducción no me capta la atención, es muy probable que todo lo que sigue después no sea digno de consideración». Ya ve, sea en el púlpito, en una casa editorial, en un periódico, en un programa de radio, en un programa de TV, siempre es el mismo principio: La introducción es críticamente importante y lo decide todo.

Antes de cerrar este tema permítame recordarle algo críticamente vital en relación a la introducción. Aunque tiene que ver más con la entrega del sermón, tal como veremos en el capítulo 17, con todo, debido a la importancia que tiene lo voy a mencionar en este momento.

El sermón no es una carrera de 100 metros. Más bien, es una maratón *cross country*. Estas dos competencias requieren dos estrategias diametralmente opuestas. Es obvio que en una carrera de 100 metros hay que quemar «todos los cartuchos» en 10 segundos. ¿Pero qué pasaría si empleamos este modo de correr en una maratón? Usted conoce la respuesta. Sería un fracaso completo. Debido a que la maratón es muy larga, el atleta tiene que aprender a regular el aire si es que quiere llegar a la meta. Con el sermón es exactamente igual.

¡Tantas veces he dicho que la tarea principal del predicador es aprender a pensar! Y en este punto es donde tantos fallan. Cierto día volvía a mi casa escuchando la radio en el automóvil y había sintonizado una emisora cristiana. En el programa se avisó que el predicador daría su sermón. Este joven hermano comenzó gritando a voz en cuello, descargando toda su energía como si fuera un rayo. Mi pregunta fue: ¿cuánto le durará el aire? ¡La respuesta la tuve a los cinco minutos! A partir de allí bajó el volumen de la voz y a medida que iban pasando los minutos, la respiración se le hacía cada vez más difícil. Las pausas eran cada vez más prolongadas. Finalmente, arrastrándose llegó al final. Como veremos en el próximo capítulo, el sermón no concluyó, simplemente se apagó. Esto nunca es productivo.

¿Qué debemos hacer en consecuencia? Primero, recuerde que tal vez en la audiencia hay personas que visitan el templo por primera vez. A usted no lo conocen. Su primera obligación es hacer que los oyentes se sientan cómodos en su presencia. Si usted comienza a gritos, ¿cómo espera que reaccionen ante su ataque? ¿Cómo reacciona usted mismo si es agredido verbalmente? ¡Poniéndose a la defensiva, clavando los frenos! Por lo tanto, la lección es bien simple, al comenzar su sermón usted debe usar su tono de voz más normal. El mismo que usa para conversar cada día. Nada de gritería en este punto.

Segundo, siendo que el sermón durará más de 30 minutos, usted debe ser consciente de su estado físico y de acuerdo con esa realidad aprender a regular el aire. Comience tranquilo. A medida que van pasando los minutos hace los ajustes necesarios. Idealmente cuando llegue a la conclusión, confío que tenga toda la energía para poder hacer una apelación final. Pero sobre este tema vital hablaremos en el capítulo 17.

Se dice que en este mundo hay únicamente tres tipos de predicadores:

- Aquellos que no podemos escuchar
- Aquellos que podemos escuchar
- Aquellos que no podemos dejar de escuchar

Este próximo domingo, cuando usted se levante a predicar, el jurado que se sienta en los bancos de la iglesia tomará una decisión y dará un veredicto con respecto a usted y su ministerio de proclamación en pocos segundos. Mi oración es que lleguen a la conclusión de que usted pertenece a la tercera categoría, a esa selecta minoría. Todo depende únicamente de nosotros, de nuestra actitud hacia la tarea y si estamos dispuestos a trabajar durísimo para lograr llegar a ser predicadores excelentes y dignos de ser escuchados. Para ello, la introducción al sermón es decisiva. Cómo la entregamos, qué «anzuelos» usamos.

San Pablo le recomendaba a Timoteo: «Sé diligente en estos asuntos; entrégate de lleno a ellos, de modo que todos puedan ver que estás progresando» (1 Timoteo 4:15). Pablo en ese párrafo repleto de excelentes consejos sobre el servicio a Dios, enfatiza a su hijo espiritual que debe tener una actitud excepcional y sobresaliente. Especialmente a la hora de enseñar. La pregunta para nosotros es: ¿Hemos sido diligentes en nuestra labor de enseñanza? ¿Hemos puesto lo mejor de nuestro tiempo y habilidades mentales en la tarea que nos ocupa? ¿Quienes nos conocen de años, pueden decir que hemos hecho progresos evidentes? Confío que usted pueda contestar afirmativamente. Dios y sus oyentes estarán muy felices… Que así sea.

Comentarios adicionales

Hay dos temas estrechamente relacionados con el tema de la introducción al sermón que merecen nuestra atención: La lectura en el culto del párrafo que vamos a exponer y el título de nuestro sermón.

Con respecto a *la lectura de la Biblia en el culto*. Pablo urgía a Timoteo, «Entre tanto que llego, ocúpate en la lectura pública de las Escrituras, la exhortación y la enseñanza» (1 Tim. 4:13) Tristemente esta es una práctica que no existe en muchas iglesias. En el primer siglo, como la gran mayoría de la población no sabía leer, una buena parte del culto cristiano estaba dedicado a la lectura de las Escrituras Sagradas. Durante el culto regular se leían partes de la Ley, de los Salmos, de los Profetas y del Nuevo Testamento. Hoy los cristianos tenemos docenas de Biblias al alcance de nuestras manos, ya sea de forma impresa o digital. De todas maneras, la lectura de la Biblia está en niveles *record* por lo bajo. Es parte del mandato del pastor hacer que el pueblo se familiarice, conozca, y le «tome el gusto» a la lectura de la Biblia. En nuestro culto comenzamos con una lectura bíblica antifonal usando alguno de los salmos; leemos otro párrafo al finalizar el tiempo de alabanza, y luego leemos el pasaje del cual voy a predicar.

En relación al párrafo del cual se va a predicar, es necesario darle dos consejos: Lea ese pasaje en su casa en voz alta. Si tiene que hacerlo varias veces, no dude. No se pueden cometer errores o tropezar al leer la Biblia. Si comenzamos de esta manera, ¿a qué conclusión llegan los oyentes? Si de entrada fallamos, ¿qué pueden esperar de lo que viene a continuación? Si usted le pide a otro hermano que lea el texto, rigen los mismos principios: que sepa leer con excelencia; que sea el mejor que tiene la iglesia. El culto del domingo no es para que los novatos vayan ganando experiencia. Para eso están los programas durante la semana.

Cuando la Biblia se lee en el culto como se debe, los efectos benéficos que produce son incalculables. Hace años atrás fui invitado a predicar en una iglesia en Winnipeg, Canadá. El Pastor me preguntó si quería que alguien me leyera el párrafo de la Biblia. «Con gusto», fue mi respuesta. Le di el pasaje bíblico, y lo dejamos ahí. Durante el culto, pasa a leerlo alguien que no conocía, y lo hizo con tanto «poder» que fue impactante. Para mis adentros pensé, «El sermón ya ha sido predicado». Realmente sentí que todo lo que tenía que decir, no podía compararse con esos cinco minutos de oír la voz de Dios. Después del culto le pregunté al pastor, «¿quién es ese hermano que lee tan bien?». «En su país era locutor de radio y presidía todos los actos públicos en los cuales participaba el presidente de la nación... fue la respuesta. Eso lo explicaba todo». Leer la Biblia de ese modo abre el camino para mayores bendiciones.

Con respecto al *título del sermón*. Estoy seguro que a usted le debe haber pasado lo que a mí me ha pasado más de una vez. Un día entra en una librería para comprar algo que necesita. Sin embargo, en un momento, el título de un libro que nunca había visto antes le capta la atención, comienza a hojearlo, y termina comprando algo que no pensaba comprar en el momento de entrar a dicha librería. Ese es el poder de atracción de un buen título.

Cuando llega el momento del sermón muchos pastores no anuncian ningún título. Simplemente empiezan a hablar. Y les toca a los oyentes hacer el esfuerzo por descifrar de qué está intentando hablar el «palabrero de nuevos dioses». Otras veces, los títulos son tan pobres, que espantan. Aquí en Norteamérica muchas iglesias tienen grandes carteles en la vereda de la calle donde anuncian el tema del sermón del domingo; otros lo anuncian en el periódico de la ciudad. Muchas veces, al leer los títulos, me he preguntado, «¿y de qué pensará hablar ese predicador?». «Las instrucciones del Creador», «Canciones en la noche», «Siendo como David», son algunos de los títulos que recuerdo. ¿Cree usted honestamente, que algún no cristiano estará dispuesto a saltar de la cama un domingo por la mañana para escuchar algo así?

Permítame, por lo tanto, ofrecerle tres consejos para que lo guíen en la tarea. Primero, *el título debe reflejar la idea central del sermón y resumir su contenido*. Por ejemplo, cuando analizamos el tema de la idea central en el capítulo 10, tomamos como ejemplo el párrafo de 1 Pedro 4:7-10. Cuando finalmente, y luego de considerar múltiples opciones, el título debió ser plasmado, la versión final fue: «¿Qué hacer antes del fin del mundo?». En mi mente, eso es lo que enseña el párrafo que analizamos. Segundo, *el título debe complementar el contenido del sermón*. Muchas veces al exponer el Evangelio de Marcos, me encontré con que era muy difícil hallar un título que ofreciera un resumen adecuado del párrafo a estudiar. Por ende, me incliné por usar una frase del texto que indicara la lección principal del pasaje. Cuando expuse la transfiguración del Señor, el título fue: «A él, oíd». Cuando el Señor calmó la tempestad, el título fue: «¿Qué clase de hombre es este?».

Tercero, el título debe ser atractivo y despertar un interés hacia el tema que será presentado. Los títulos son difíciles de lograr porque hay que ofrecer algo que capte la atención del «cliente». Cuando usted entra en un restaurante y le entregan el menú, ¿qué encuentra en él? Los que escriben los menús, pasan largas horas buscando un título atractivo para el plato que se ofrece. Saben que si logran captarle la atención, entonces, una breve explicación del contenido del plato vendrá a ampliar y clarificar el concepto. Y es casi seguro que la venta está hecha. Cuando expuse la historia de Herodes «el grande» en un sermón navideño, el título fue: «Herodes, el espantapájaros de la Navidad». Evidentemente el título logró su efecto, ya que de todos los sermones que hemos subido a «You Tube» ha sido uno de los más vistos.

Al igual que en todos los temas que hemos expuesto hasta aquí, en todo lo que hacemos para Dios se requiere el máximo esfuerzo y poder de concentración. Únicamente así se logran resultados admirables. Sigamos intentado en consecuencia.

Preguntas para repaso, reflexión y discusión

1. El predicador excelente es quien logra mantener la atención de la audiencia desde el primer segundo hasta el final. ¿Cuántos predicadores conoces que tengan esta habilidad?

2. De la misma manera que nosotros sabemos de memoria nuestro nombre y apellido, todo predicador verdadero debe saber a ojos cerrados las tres características de una introducción excelente. ¿Cuáles son estas?

3. Nuestro desarrollo de un sermón comienza con el estudio del párrafo bíblico que debemos exponer a la congregación. Después de haber completado el estudio debemos pensar en el despegue del vuelo. ¿Será por esta razón, que siendo que la hacemos al final, que muchas veces la introducción no exista en tantos sermones?

4. ¿Cuál fue la introducción más efectiva de otro predicador que usted recuerde? Fue tan poderosa que nunca más la pudo olvidar. ¿Cuál de sus introducciones es la que considera más poderosa?

5. ¿Cuántos títulos de sermones recuerda que hayan sido atractivos; que le hayan dado ganas de escuchar lo que el predicador iba a compartir? ¿Cuáles han sido sus mejores títulos?

CAPÍTULO 14

¿Cómo aterrizo?

«Enseñar es una necesidad,
inspirar es algo agradable,
pero mover a alguien es una victoria».

Hace un tiempo atrás miraba en TV la entrevista a uno de los chefs más reconocidos de Nueva York. Durante el curso de la charla con el reportero mencionó cómo la crisis

> *El factor más importante para mover a las personas a la acción diseñada de antemano, es la impresión final.*

económica que ha afectado al mundo entero desde 2008, también le obligó a hacer cambios dramáticos en los diferentes platos que ofrece. Así, debió dejar de ofrecer muchas alternativas lujosas para poder hacer coincidir su menú con el presupuesto más limitado de la gran mayoría de las personas. Con todo, cerca del final de la entrevista afirmó: «Un área, no obstante, dónde no pienso economizar, es en la calidad del café, porque después de todo, es el gusto final que los clientes se llevan en la boca».

La predicación cristiana y la buena comida tienen mucho en común. Un investigador de las ciencias de la comunicación, analizando los factores que hacen de un discurso algo excelente, descubrió algunas variables tales como: la importancia de la claridad de la idea central, la repetición de esa idea, la frecuencia con que es repetida, captar la atención mediante una buena introducción, la importancia de la última impresión. El factor más importante, sin embargo, para mover a las personas a la acción diseñada de antemano fue, la impresión final. Su estudio mostró que la sugerencia a tomar un curso definido de acción tiene muchas más posibilidades que se acepte al final del discurso, antes que en cualquier otro momento a lo largo de la presentación. En otras palabras, estaba diciendo que las conclusiones son muy importantes.

En nuestro estudio de cómo desarrollar un sermón excelente, hemos llegado finalmente al momento del aterrizaje. Hasta aquí hemos analizado los diferentes pasos que son necesarios para desarrollar un tema interesante y efectivo, mas ahora el tema debe concluir dejando una impresión duradera en el alma de los oyentes de modo que los impulse a la acción. Tristemente la mayoría de los sermones evangélicos nunca aterrizan. Muchas veces el avión se queda sin combustible, otras veces simplemente se desploma estrellándose, otras veces aterriza con las ruedas para arriba. Tales sermones me hacen recordar al diálogo entre el padre y un niño de diez años durante un culto:

- «Papá, ¿cuándo termina el Pastor?».
- «Ya terminó hace media hora, pero no sabe qué hacer para bajarse».

Por el contrario, le pido que piense en la última vez que escuchó una composición musical de Beethoven, Mozart, Strauss… Si usted presta atención, todos los grandes compositores, en la conclusión siempre hacen sonar a la orquesta «en pleno» y terminan de golpe, a fin de arrancar el aplauso de la audiencia.

Si el sermón cristiano es información que debe llevar a la acción, entonces, al igual que un chef excelente, al igual que un compositor musical destacado, debemos aprender a trabajar con esmero en nuestras conclusiones si esperamos mover a las personas a que hagan lo que establecimos en el comienzo de nuestro estudio cuando decidimos el propósito de nuestro sermón. Tantas veces las vidas son cambiadas por Dios en esos últimos minutos decisivos del discurso. Por lo tanto, en este capítulo le invito a considerar tres preguntas fundamentales en relación a la conclusión: ¿Cuáles son los propósitos de la conclusión? ¿Cuáles son sus características primordiales? ¿Cómo hacemos una buena conclusión?

En nuestro último capítulo enfatizamos la importancia suprema que tiene la introducción al sermón, como un elemento destinado a captar la atención del auditorio y a crear interés en lo que vamos a decir. Este elemento de captar la atención y crear interés debe extenderse a lo largo de todo el sermón y alcanza su punto más elevado en la conclusión. Si a la hora de terminar, nuestros oyentes al igual que Eutico están sólidamente dormidos, ¿qué esperanza tenemos de hacerles algún bien duradero?

¿Por qué, entonces, nuestro sermón necesita una conclusión? Cuando la conclusión está bien hecha, cumple cinco propósitos importantes:

- Refuerza los conceptos claves del sermón.
- Fuerza a los individuos a pensar sobre lo que han oído.
- Ayuda al autoexamen de los oyentes.
- Produce internalización; hace que el contenido del mensaje penetre al corazón.
- Mueve a las personas a la acción; produce el cambio esperado.

¿Cómo reconocemos una buena conclusión? Toda buena conclusión debe reunir cuatro elementos:

Concluye el tema expuesto:

En la introducción presentamos nuestro tema, durante la exposición lo explicamos y demostramos su relevancia. Ahora debemos unir todo lo que precedió con lo que viene, que es el llamado al cambio. Toda buena conclusión debe atar todos los cabos que pudieron quedar sueltos, y al igual que una lupa que recoge los rayos del sol y los reúne para quemar un papel, la conclusión debe llevar a los oyentes a hacer algo definido con lo que oyeron. Por tanto, si durante el sermón se olvidó algo que pensaba decir, por favor, no lo presente en este momento porque arruina todo.

Hace un repaso del tema:

Esto es algo breve. Queremos volver a repetir las verdades principales que presentamos, la idea central, el bosquejo de nuestro sermón, el conocimiento básico que queremos que se lleven en la mente.

Ofrece un desafío específico:

Cuando hablamos del propósito del sermón, establecimos que el predicador sabe muy bien *por qué* predica ese sermón, cuál será el desafío específico que le ofrecerá a los oyentes al concluir. Si estuvo hablando del arrepentimiento, este es el momento de desafiarlos a arrepentirse de uno o varios pecados conocidos. Si su tema fue «La importancia de la lectura de la Biblia», ahora llegó el momento de retarlos a comprar una Biblia, a leerla todos los días, a enrolarse en un grupo de estudio bíblico de la iglesia.

Debe ser entregada con pasión:

Cuando hablamos de la introducción, es recomendable que sea hecha con tono de voz normal y ánimo tranquilo para hacer que los oyentes no se sientan amenazados. Ahora, sin embargo, volviendo a la sala de conciertos, la «orquesta debe sonar en pleno». Esta es la hora cuando bajamos el detonador, cuando las cargas de dinamita y los fuegos artificiales deben estallar con toda su fuerza.

> *Toda buena conclusión debe atar todos los cabos que pudieron quedar sueltos y al igual que una lupa que recoge los rayos del sol y los reúne para quemar un papel, la conclusión debe llevar a los oyentes a hacer algo definido con lo que oyeron.*

Los profesores de oratoria, utilizan el término *peroración* para describir una apelación final cargada de emoción, la cual, siendo que está destinada a mover las emociones, debe ser breve. La intención de la peroración es fijar la idea central del sermón de la manera más fuerte en la mente de los oyentes. Como ejemplo de lo que decimos, vean lo que relata la esposa del gran C. H. Spurgeon:

«Recuerdo con extraña viveza después de tanto tiempo, la noche del domingo que predicó del texto: 'Sea su Nombre bendito por siempre'. Era un tema en el que se gozaba muchísimo. Su principal deleite era ensalzar a su glorioso Salvador, y en aquel discurso parecía estar vertiendo su mismísima alma y vida en homenaje y adoración ante su misericordioso Rey. ¡Y yo creí que de veras podría haber muerto allí, frente a toda la multitud! Al final del sermón hizo un tremendo esfuerzo para recuperar la voz, pero la pronunciación casi le fallaba, y solo pudo oírse con acento entrecortado la patética exclamación: '¡Que perezca mi nombre, pero sea para siempre el nombre de Cristo! ¡Jesús! *¡Jesús!* ¡Jesús! ¡Coronadle Señor de todos! No me oiréis decir nada más. Estas son mis últimas palabras en Exeter Hall por esta vez. ¡Jesús! *¡Jesús!* ¡Jesús! ¡Coronadle Señor de todos!'. Y entonces se desplomó, casi desmayado, en la silla que había detrás de él».

Quintiliano afirmaba: «Es preciso reservar para la peroración las más vivas emociones del sentimiento. Es ahora o nunca cuando está permitido abrir todas las puertas de la elocuencia y desplegar todas sus velas».

Si una buena conclusión reúne estas cuatro características, entonces, ¿cómo lo logramos?

Al igual que en casi todos mis capítulos anteriores, entonces permítame recordarle primero, lo que *no debemos hacer*. Evite las siguientes frases infames de los malos predicadores:

- «Se me acabó el tiempo…»
- «En conclusión…»
- «¿Me pueden dar cinco minutos más?»
- «Para terminar…»
- «Me quedé sin municiones…»

Si queremos llegar a ser predicadores excelentes, *debemos poner en práctica* los siguientes consejos:

Escriba la conclusión del sermón al principio:

Durante años las conclusiones de mis sermones eran los puntos más débiles. Esto tiene una explicación lógica. Como la conclusión es el final del sermón, al desarrollar el sermón y al escribirlo, dejamos la

281

conclusión para que sea lo último que hacemos. La consecuencia práctica es, que tantas veces nos quedamos cortos de tiempo y el aterrizaje no se planea. Y así también, sale en consecuencia. Por el contrario, si usted es sabio, debe aprender a escribir la conclusión al principio, debe ser lo primero que tiene en mente y lo expresa con claridad meridiana desde el mismo comienzo de su tarea. Inclusive, si usted es pastor de una iglesia con dos o más servicios, tiene la gran ventaja que después del primer servicio puede corregir algo que no salió como se esperaba.

Utilice todos los recursos que ya hemos mencionado:

Ya sea una:

- Historia personal
- Ilustración
- Cita
- Poema
- Himno

Lo importante es que lo que utilice tenga contenido emocional intenso. Esta es la hora de la pasión que debe causar una impresión indeleble en el alma de los oyentes.

Emplee las preguntas retóricas:

El Dr. D. Martyn LLoyd-Jones acribillaba a sus oyentes al final de sus sermones con las preguntas retóricas. Era su manera de cumplir las cuatro buenas características de toda buena conclusión. Veamos un ejemplo de su serie sobre *El Sermón del Monte*. Enseñando sobre nuestra necesidad de brillar, concluye:

> «Los cristianos, ustedes y yo vivimos en medio de personas que viven en crasas tinieblas. Nunca encontrarán ninguna luz en este mundo si no es en ustedes y yo, y el evangelio que creemos y enseñamos. ¿Ven algo diferente en nosotros? ¿Son nuestras vidas un reproche silencioso a sus vidas? ¿Vivimos de tal modo que los induzcamos a venir a nosotros para preguntarnos: por qué

parecen siempre tan felices? ¿Cómo se muestran siempre tan equilibrados? ¿Cómo pueden aceptar las cosas como lo hacen? ¿Por qué no dependen como nosotros de ayudas y placeres artificiales? ¿Qué tienen que nosotros no tenemos? Si lo hacen así, entonces podremos comunicarles esas nuevas tan maravillosas, y sorprendentes (aunque tantas veces denegada) de que 'Cristo Jesús vino al mundo a salvar a los pecadores...' y para dar a los hombres una nueva naturaleza, una nueva vida, y hacernos hijos de Dios. Solo los cristianos son la luz del mundo de hoy. Vivamos y actuemos como hijos de la luz»[1].

Hablemos en forma personal:

Durante el sermón, por dar un ejemplo, usted les predicó sobre el tema: «Aprendiendo a enfrentar las pruebas», basado en el párrafo de Santiago 1:2-12. A lo largo del sermón

> *«Una persona elocuente debe hablar para enseñar, debe deleitar y debe persuadir».*
> **Cicerón**

debemos hablar en forma plural, dando a entender que todos estamos sujetos por igual a estos períodos de dificultades diseñados por Dios para nuestro bien, y debemos aprender ciertas lecciones cuando llegan a nuestra vida. «Santiago, quiere que aprendamos que: 1) La pruebas son inevitables; 2) Las pruebas demandan una actitud de gozo; 3) Las pruebas están diseñadas para desarrollar virtudes vitales; 4) Son un desafío a nuestra fe; 5) Hay una promesa especial de bendición por parte de Dios para todos los que prevalezcan en las pruebas». Si este es su bosquejo, a lo largo del tema, usted se coloca junto a los oyentes, ya que todos somos alumnos por igual en la escuela de la gracia.

Al final, no obstante, a fin de hacer el tema personal, usted debe cambiar del plural al singular: «¿Comprende usted que las pruebas son inevitables para el creyente en Cristo? ¿Cuál ha sido su actitud cuando han llegado: dudó del amor de Dios hacia usted o las aceptó con gozo? ¿Qué virtud que le hace semejante a Cristo, ha desarrollado como consecuencia de la última prueba que enfrentó? ¿Ha pasado las pruebas con los brazos en alto? ¿O es de aquellos que se desalientan

---

[1] Lloyd-Jones, D. Martyn, *Estudios sobre el Sermón del Monte*, pág. 228.

y abandonan?». La conclusión es el momento de «poner el dedo en la llaga», y de esta manera forzarlos a pensar, examinarse, y cambiar de actitud y conducta.

Cicerón afirmaba que: «Una persona elocuente debe hablar para enseñar, debe deleitar, y debe persuadir». Agustín, siguiendo en la tradición de Cicerón decía: «Un predicador cristiano debe iluminar la mente, inspirar las emociones y mover la voluntad». Según Rick Warren, «Un sermón sin conclusión es un sermón sin propósito». Sean los autores del pasado lejano o del presente bien contemporáneo, todos coinciden de forma unánime. Un discurso para ser excelente demanda trabajo intenso, y la conclusión adquiere una importancia que nos obliga a ser cuidadosos al hacer nuestra labor. Ahora sabemos, porque la conclusión es importante, cuáles son sus características primordiales y qué debemos hacer para que nuestros sermones terminen con una nota bien alta, y no con los oyentes mirando el reloj en actitud de súplica.

Un pastor amigo, contaba que nació y se desarrolló en una granja en la provincia de Alberta en Canadá. Y como a todo niño nacido en el campo, su padre a los 12 años le enseñó a cazar. Él contaba que al principio del aprendizaje, disparar el rifle era toda una novedad, y con el solo hecho de apretar el gatillo y escuchar el ruido, se daba por feliz. El único problema, es que no cazaba nada. No fue sino hasta que aprendió a enfocar el rifle, y disparar con precisión, que finalmente los resultados demostraron que era un verdadero cazador.

De la misma manera, los predicadores cristianos al comienzo de nuestras labores ministeriales nos conformamos con haber dado el sermón. Sin embargo, con el correr del tiempo queremos que nuestros estudios y vida produzcan resultados concretos para el reino de Dios. Por lo tanto, debemos memorizar los pasos que llevan a desarrollar un sermón con elocuencia y excelencia, y a usarlos semana tras semana hasta que lleguen a ser parte de nuestra propia naturaleza. Puedo preguntarle entonces, ¿Cómo aterrizan sus sermones? ¿Está «cazando algo, o simplemente está disparando al aire»? ¿Salen sus oyentes del culto con un sentir que sus vidas han sido impactadas por la Palabra de Dios? Aprender a crear una buena conclusión es materia obligatoria en la construcción de un sermón excelente. Por lo tanto, habiendo puesto las manos en el arado sigamos avanzando hacia la meta de la excelencia en la predicación bíblica.

Preguntas para repaso, reflexión y discusión

1. Todo sermón excelente debe concluir, no apagarse meramente. Nuestro autor nos señala cinco razones por las cuales la conclusión es vital. ¿Puede nombrarlas? ¿Hay alguna otra que podríamos agregar?

2. ¿Qué desafíos específicos le ofrecería a su congregación después de haber predicado un sermón sobre Efesios 4:1-6? En este párrafo Pablo enfatiza la unidad en el cuerpo de Cristo.

3. El predicador de Eclesiastés concluye su sermón con una exhortación específica.
   La conclusión, cuando todo se ha oído, es esta:

   > Teme a Dios y guarda sus mandamientos,
   > porque esto concierne a toda persona.
   > Porque Dios traerá toda obra a juicio,
   > junto con todo lo oculto, sea bueno o sea malo.

   ¿Qué debemos aprender de su ejemplo? Discutir.

4. En el momento de comenzar nuestro sermón debemos hablar con el tono de voz más natural y normal. Cuando concluimos, ¿debemos hacerlo con la voz lo más bajo posible para crear cierta atmosfera emocional?

5. Uno de los grandes peligros al desarrollar el sermón es que siendo que la conclusión del sermón es lo último que preparamos, muchas veces ni siquiera pensamos en la importancia que tiene. ¿Cómo ha cumplido el consejo de que lo primero que debemos escribir del sermón es su conclusión? Comentar.

CAPÍTULO 15

Aprendiendo a predicar como Jesús

«Y la gran multitud lo escuchaba de buena gana» (Mc. 12:37b).

La forma que toma el sermón

«Pastor, ¿cuál es la diferencia entre predicar y enseñar?».

«Volumen, hijo, nada más que volumen. Cuando predicamos, hablamos a gritos; cuando enseñamos, podemos hablar más tranquilos porque nos dirigimos a los convertidos».

¿Es esto realmente así? ¿Es el tono de la voz la única diferencia entre predicar y enseñar? Honestamente, el pastor que dio semejante explicación evidentemente no tenía ni la más pálida idea de las diferencias abismales que existen entre predicar y enseñar. Sería muy fácil que todo pudiese reducirse a un solo punto tan trivial, como es el volumen de la voz. Cuando uno analiza en la Biblia, sin embargo, en qué consistía la predicación y la enseñanza, en qué se asemejaban y en qué se diferenciaban, comprendemos que entre las dos actividades hay diferencias notables, porque tanto una como otra están fundamentadas sobre propósitos, premisas y filosofías diametralmente opuestas.

Cuando hablamos de predicación y enseñanza, tenemos que entender lo que significan las dos actividades. Predicación es la comunicación del mensaje cristiano a personas que lo desconocen, con el objetivo de que lo entiendan, lo crean, lo acepten, cambien sus vidas y en consecuencia alteren su destino eterno. Cuando hablamos de enseñanza, tenemos en mente la trasmisión del conocimiento de la verdad y el plan de Dios para aquellos que ya tienen una relación personal con Jesucristo, a fin de que sean edificados en la fe y alcancen la plenitud de Dios en sus vidas y en el servicio. Cuando hablamos de diferencias entre predicación y enseñanza, por tanto, tenemos que entender que nos dirigimos a dos grupos completamente distintos, que tienen necesidades muy disímiles y por ende requieren una forma específica en cuanto a la presentación del tema que compartimos.

Es aquí donde debemos introducir dos conceptos nuevos para algunos, que tienen que ver con la forma en que razonamos y presentamos la verdad que queremos comunicar. Esos dos términos son: los *razonamientos deductivo e inductivo*. En el razonamiento *deductivo*, el orador comienza anunciando una tesis y luego ofrece evidencias para sustentarla, con el propósito de que cuando ofrezca una conclusión final, los oyentes acepten su tesis como la verdad. Por el contrario, el método *inductivo* comienza ofreciendo diversos hechos y evidencias, que luego el orador une a fin de llegar a una idea central que también es la conclusión que anhela que los oyentes acepten. Veamos un ejemplo de cómo se aplican estos conceptos.

Digamos que usted es invitado a enseñar a un grupo de jóvenes cristianos universitarios el tema: «La Biblia es la palabra de Dios».

Si son jóvenes cristianos, partimos del punto de arranque de que podemos dar por sentado que ya conocen la Biblia, que la han leído aunque no sea más que en parte, y es casi seguro además, que aunque tal vez no puedan ofrecer muchas razones sólidas para demostrar su origen divino, con todo, creen que la Biblia es en efecto la palabra de Dios porque en algún sermón escucharon al Pastor que hizo esa afirmación. En este caso, con ellos bien podemos emplear el método deductivo para desarrollar nuestro sermón.

El orador, en este caso, comienza presentando su *tesis*: La Biblia es la palabra de Dios. Luego tiene que ofrecer *evidencias* que sustentan esa afirmación. «Creo que la Biblia es la palabra de Dios por dos líneas de evidencias: Las internas y las externas».

I. La Biblia ofrece evidencias *internas de* que es la Palabra: En 2 Timoteo 3:15-16, afirma que es «inspirada» por Dios.
II. También hay evidencias *externas* que así lo demuestran:
   a. La unidad de la Biblia.
   b. La Biblia es el único libro que contiene profecías.
   c. La Biblia ha sobrevivido a los ataques más feroces.
   d. La Biblia tiene poder para transformar a las personas con solo leerla.

Habiendo presentado estas evidencias, entonces, el orador finalmente concluye su tema ofreciendo tres desafíos concretos:

1. La Biblia es digna de nuestra confianza, por tanto, confiemos en ella sin reservas.
2. Leámosla con devoción para conocer a Dios.
3. Proclamemos su mensaje para salvación de las personas.

En este caso, nuestro modo de razonar es «de arriba hacia abajo». Comenzamos con lo general, para luego ir hacia lo particular, y finalmente unimos todos los cabos sueltos para sustentar la tesis que presentamos al principio.

Pero imaginemos por un momento, que estoy invitado a ofrecer ese mismo tema en una universidad secular. Cuando comparta el tema, en la audiencia habrá jóvenes judíos, musulmanes, budistas, cristianos, agnósticos y ateos. La gran mayoría no saben qué es la Biblia, no la han leído, y pueden tener hacia ella una actitud negativa, positiva, o de total indiferencia. En este caso, uno debe partir literalmente de cero. No podemos dar nada por sentado. Las diferencias con el grupo anterior son bien marcadas. ¿Cómo hacemos entonces?

«Aquí tengo en mi mano un libro que ha sido escrito hace más de dos mil años. Ha sido traducido al mayor número de idiomas y dialectos del mundo. Es el libro más vendido en la actualidad. Muchos lo leen diariamente, otros de vez en cuando, otros nunca lo han leído. Con todo, creo que a todos nos interesa saber qué es este libro, ya que contiene información valiosa sobre nosotros mismos, el mundo en que vivimos, y mucho más importante aún, sobre la vida en el más allá. Cuando nos acercamos a la Biblia, la gran pregunta que todos alguna vez nos hemos hecho es: ¿Es la Biblia un libro como cualquier otro libro? ¿O es acaso un libro de otro orden, que demanda algo de nosotros? Ciertamente es un libro escrito por hombres, ¿pero es ese el comienzo y el final de la historia? Permítanme, entonces, ofrecerles algunos hechos y evidencias en cuanto a este libro para que las evaluemos, y de esa manera, confío que todos podamos formarnos una mejor opinión sobre este libro singular.

En primer lugar, le invito a pensar. Si yo le preguntara: ¿Dónde se fabrican los aviones Boeing en los cuales ustedes y yo hemos volado tantas veces? La respuesta es... en varios puntos del mundo. Hay componentes que se fabrican en Japón, otros en Europa, otros en Australia, otros en Canadá, otros en Estados Unidos. La próxima pregunta es: ¿Dónde se ensamblan los aviones de la Boeing? En las plantas que la compañía tiene en el estado de Washington. ¿Cómo es posible, entonces, que partes que se fabricaron en lugares tan distantes entre sí, puedan encajar con precisión absoluta a la hora de ser ensamblados? Hay una sola explicación, todos esos componentes responden con exactitud al plano original del ingeniero que diseñó el avión. Un avión comercial no es el producto de la casualidad, ni del azar, ni de la inspiración del momento; sino que responde a un plan maestro delineado por la mente de un ingeniero muy experto en el tema de aeronáutica y que le dio las pautas exactas a cada uno de los fabricantes de los componentes.

De la misma manera, cuando ustedes y yo nos acercamos a la Biblia, descubrimos que fue escrita por manos humanas. Por hombres que vivieron separados por 1500 años, que tenían profesiones muy diversas, que vivieron en épocas muy diferentes de la historia humana. Sin embargo, sus escritos poseen una unidad notable. Pablo no contradice a Moisés, ni Juan a Isaías. Ni Pedro a Jeremías. Más bien lo que cada escritor plasmó es semejante a un peldaño que nos lleva un paso más arriba en la meta de conocer el mundo del espíritu y a Dios que es quien está detrás de todo, revelándose a nosotros. Si la Biblia hubiera sido una colección de escritos meramente humanos, muy fácilmente podría estar plagada de errores históricos, científicos y de todo tipo. Con todo, el hecho de su unidad es algo que asombra y nos lleva a pensar, que de la misma manera que no conocemos quien es el ingeniero de la Boeing que diseñó el 787, pero sin embargo, vemos una pieza de ingeniería asombrosa, la Biblia también responde al plan de una mente muy superior a todo lo imaginable...

Además, ¿quién puede predecir el resultado de la próxima Copa Mundial de Futbol? ¿Quién puede predecir quién será el próximo presidente de su país? ¿Quién puede profetizar cual será la tasa de interés en el año 2044? ¿Habrá alguien que se atreva?

Cuando ustedes y yo nos acercamos a la Biblia, encontramos un distintivo que la separa del resto de todos los libros de origen puramente humano, y es que la Biblia contiene profecías, es decir predicciones exactas en cuanto a hechos que tendrán lugar en el futuro. Muchas de ellas tienen que ver con el futuro cercano, otras para un futuro distante. Muchas de ellas ya se han cumplido con exactitud milagrosa, otras todavía están esperando su cumplimiento...».

Y así seguiremos ofreciendo las evidencias de forma sucesiva, hasta que al final presentamos la conclusión... «Con todas estas evidencias, a ustedes y a mí nos queda una de dos posibles conclusiones. Primero, la Biblia es un libro igual a todos los demás. Si es verdaderamente así, entonces, su valor no es mayor que el de una novela de cinco centavos que podemos comprar en cualquier negocio de libros usados. Segundo, si las evidencias que analizamos son verídicas, en consecuencia, mientras aseveramos que la Biblia fue escrita por hombres, al mismo tiempo debemos reconocer que su origen está en la mente del gran arquitecto del universo; en la mente infinita de Dios. Si es así, entonces, el mensaje de la Biblia toma una importancia trascendental para toda la humanidad en general y para mi vida, de forma particular».

«El profeta Oseas, citando palabras de Dios, nos recuerda: 'Les escribí las grandezas de mi ley y ellos las tuvieron por cosa extraña'»; este es un peligro grave que todos debemos evitar: hacer oídos sordos a la voz de Dios. Por otro lado, el presidente Lincoln afirmó: «Creo que la Biblia es el mejor regalo que Dios ha dado a la humanidad. Todo el bien que el Salvador del mundo realizó a nuestro favor, se nos comunica por medio de este libro». Nuestras convicciones con respecto a este libro hacen toda la diferencia, en el tiempo y en la eternidad. Jesucristo dijo: «El cielo y la tierra podrán pasar, pero mis palabras no pasarán» (Mt. 24:35). Agregó además: «El que me rechaza, y no recibe mis palabras, tiene quien le juzgue; la palabra que he hablado, ella le juzgará en el día postrero» (Jn. 12:48).

«Por lo tanto, ¿cuál es tu veredicto con respecto a este libro? Te recomiendo que lo consideres como verdaderamente es: la voz de Dios en forma escrita. Dios hablándote en forma personal para que le conozcas y puedas llegar a vivir la clase de vida que él aprueba y puede bendecir. Para que la hagas el fundamento de tu existencia, el manual de vida para todas tus decisiones, y el cimiento de todas tus acciones».

Cuando contrastamos las necesidades y disposiciones naturales de los dos grupos que acabamos de mencionar, es algo lógico deducir que el mensaje debe ser presentado de maneras opuestas. *Para enseñar a los creyentes, el método deductivo es el ideal.* Nuestra intención, en esta instancia, es fijar en la mente de los oyentes ideas y conceptos que deben aceptar aunque a primera vista parezcan contradictorios. Presentamos nuestra tesis de forma dogmática y luego la sustentamos con razones y evidencias. Por el contrario, *cuando nos dirigimos a los de afuera del reino de Dios, el método inductivo es el más efectivo*, ya que buscamos construir puentes mediante elementos que tenemos en común, para luego llevarlos al terreno que yo deseo.

Si usted analiza el Nuevo Testamento comprobará que se emplean los dos métodos, dependiendo de la audiencia a quienes el maestro o predicador se dirige. En el caso de la enseñanza a los nuevos cristianos, tome por ejemplo, el libro de Santiago, y analice lo que hace el escritor bíblico. Cuando abrimos el libro, verá que el autor tiene como propósito principal enseñarles a vivir como cristianos a los creyentes salidos del judaísmo. De forma básica, Santiago, trata con doce temas a lo largo de su epístola. Cada uno de esos bloques de pensamiento, comienzan con una tesis, y luego ofrece razones para demostrarlo. Por ejemplo, en el capítulo 1 tenemos tres bloques.

En el primer bloque, Santiago quiere enseñarles a cómo enfrentar las pruebas. Por ende, comienza estableciendo su tesis: «Hermanos tengan por sumo gozo cuando se hallen en medio de pruebas multicolores...» (v. 2). Luego, para demostrar la validez de esta idea que para los creyentes nuevos siempre raya en el absurdo, nos ofrece las razones por las cuales deben aceptar semejante propuesta. Cuando llegan las pruebas, los creyentes en Cristo debemos considerarnos sumamente dichosos porque:

- Las pruebas producen cualidades cristianas (v. 3-4).
- Las pruebas son una oportunidad para acercarnos a Dios (v. 5-8).
- Hay una promesa para quienes triunfan en medio de las pruebas (v. 12).

En el segundo bloque, Santiago vuelve e emplear el mismo método. Primero, nos ofrece su tesis: «Cuando alguno es tentado no diga que es tentado de parte de Dios...» (v. 13a). ¿Cuáles son las razones por las cuales no debemos pensar de semejante manera? Porque:

- Dios no puede ser tentado por el mal (v. 13b).
- Dios no tienta a nadie (v. 13c).
- La tentación es un proceso interno (v. 14).
- Las tentaciones siguen un proceso universal (v. 15).

Conclusión: «Hermanos amados, por favor, no se equivoquen» (v. 16) en este punto tan importante.

Si seguimos analizando cada uno de los párrafos principales que componen la epístola, veremos que Santiago siempre emplea el mismo método, y hace muy bien en utilizarlo porque está enseñando a personas que deben ser moldeadas en la fe cristiana. Permítame, entonces, ofrecerle un doble desafío: Analice los párrafos que siguen en esta carta y descubra como empleaba Santiago el método deductivo. Más adelante, cuando acabe con esta epístola llena de instrucciones prácticas, le invito a que analice la carta a los Efesios y descubra cómo Pablo emplea el mismo método. Si lee cada una de las cartas del Nuevo Testamento, verá que los escritores guiados por la mano de Dios, hicieron razonar a sus lectores empleando el método deductivo.

Sin embargo, los apóstoles y evangelistas cuando buscaron comunicar el mensaje cristiano a los que estaban fuera del reino, sean judíos o gentiles, ¿qué método emplearon? Al leer las páginas del Nuevo Testamento descubrimos que el método inductivo fue el preferido por los apóstoles para comunicar el mensaje cristiano de forma oral a aquellos que lo desconocían por completo. Tome por ejemplo el caso del Apóstol Pablo en Atenas. En Hechos 17:22-31 leemos:

[22] Pablo se puso entonces en medio del Areópago, y dijo: «Varones atenienses, he observado que ustedes son muy religiosos. [23] Porque al pasar y observar sus santuarios, hallé un altar con esta inscripción: 'Al Dios no conocido'. Pues al Dios que ustedes adoran sin conocerlo, es el Dios que yo les anuncio. [24] El Dios que hizo el mundo y todo lo que en él hay, es el Señor del cielo y de la tierra. No vive en templos hechos por manos humanas, [25] ni necesita que nadie le sirva, porque a él no le hace falta nada, pues él es quien da vida y aliento a todos y a todo. [26] De un solo hombre hizo a todo el género humano, para que habiten sobre la faz de la tierra, y les ha prefijado sus tiempos precisos y sus límites para vivir, [27] a fin de que busquen a Dios, y puedan encontrarlo, aunque sea a tientas. Pero lo cierto es que él no está lejos de cada uno de nosotros, [28] porque en él vivimos, y nos movemos, y somos. Ya algunos poetas entre ustedes lo han dicho: 'Porque somos linaje suyo'. [29] Puesto que somos linaje de Dios, no podemos pensar que la Divinidad se asemeje al oro o a la plata, o a la piedra o a esculturas artísticas, ni que proceda de la imaginación humana. [30] Dios, que ha pasado por alto esos tiempos de ignorancia, ahora quiere que todos, en todas partes, se arrepientan. [31] Porque él ha establecido un día en que, por medio de aquel varón que escogió y que resucitó de los muertos, juzgará al mundo con justicia».

Bien sabemos que aquella audiencia en Atenas era un grupo de humanos con ojos espirituales de murciélagos. Eran excelentes filósofos, es decir, como no tenían la revelación de Dios se dedicaban a especular con respecto a las cosas del tiempo y la eternidad. Sin embargo, estaban llenos de arrogancia en cuanto a sus creencias. A este grupo tan peculiar, en nada diferente a cualquier audiencia contemporánea, Pablo debe presentarles a Jesucristo y sus demandas para nuestra vida. ¿Cómo lo hizo Pablo, entonces? ¿Utilizó el método deductivo? ¿Comenzó diciendo, «Jesucristo es el Dios verdadero que llegó a este mundo y ustedes deben creer en él como su Salvador personal»? De haber tomado esa estrategia, los oyentes no le hubieran prestado la más mínima atención. Al cabo de semejante introducción, se hubieran desenchufado mentalmente de forma inmediata. No, al leer el relato de este sermón notable vemos que Pablo empleó el método inductivo.

El apóstol empezó su discurso buscando establecer un puente entre él y sus oyentes. Para eso apeló a una experiencia común para todos los que caminaran por las calles de Atenas, y es que la ciudad estaba llena de dioses. Como dijo un historiador, «En las calles de Atenas en aquellos días era más fácil encontrar un dios que un ser humano». Pablo, no los atacó por ser idólatras, sino aprovechando que tenían un fuerte espíritu religioso tomó este hecho para construir puentes y presentarles ciertas características del Dios verdadero. Después de mostrarles varios atributos de Dios, volvió a apelar al conocimiento que tenían en común, ofreciendo la cita de uno de los poetas de Grecia. Luego finalmente los condujo a la persona de Cristo, su resurrección y la necesidad del arrepentimiento personal. Un mensaje puramente inductivo. Pablo empleó este método para llevarlos de lo conocido a lo desconocido, de lo visible a lo invisible, de lo tangible a lo intangible, de lo que se puede percibir con los sentidos a aquello que es invisible y solo se puede aferrar únicamente mediante la fe.

¿Es este ejemplo de Pablo, el único caso de sermón inductivo que hallamos en el Nuevo Testamento? Le ruego que lea con atención el mensaje de Pedro en el día de Pentecostés (Hechos 2:14-42), el sermón que Pablo entregó en la sinagoga de Antioquía de Pisidia (Hechos 13:16-41), o el resto de los sermones de los apóstoles que hallamos en el libro de Los Hechos, y verá que el principio siempre se mantiene. Los apóstoles sabían cuál era el mejor método para razonar con los incrédulos: el método inductivo. Esta fue la práctica apostólica cuando predicaban el evangelio.

Además, ¿se detuvo a pensar cómo Juan utilizó el método inductivo al componer su evangelio? El cuarto evangelio es un sermón escrito con el propósito de alcanzar una audiencia de individuos que desconocen a Jesús a fin de que crean en él. ¿Cómo ordenó, entonces, Juan los materiales? Es suficiente ver lo que contiene cada uno de los capítulos para darnos cuenta que son evidencias que en forma progresiva nos llevan a sacar una conclusión definitiva en cuanto a Jesús, y como resultado, tomar una decisión que nos traiga vida en su nombre. Así podemos ver:

- Capítulo 1: Los primeros discípulos encuentran a Jesús.
- Capítulo 2: Primer milagro en las bodas de Caná de Galilea.
- Capítulo 3: Un líder religioso encuentra a Jesús: Nicodemo.
- Capítulo 4: Una mujer socialmente despreciable encuentra al Salvador.
- Capítulo 5: Un enfermo desahuciado recibe la sanación.
- Capítulo 6: Una multitud es alimentada de forma sobrenatural.
- Capítulo 7: Los adoradores en el templo escuchan la enseñanza de Jesús.
- Capítulo 8: Jesús ofrece perdón incondicional a una mujer.
- Capítulo 9: Un ciego de nacimiento recibe la vista.
- Capítulo 10: Jesús es el Buen Pastor.
- Capítulo 11: Lázaro vuelve a la vida.
- Capítulo 12: Entrada triunfal en Jerusalén. Profecías cumplidas.
- Capítulo 13: Última cena y lavado de pies (Lecciones sobre los valores del reino).
- Capítulo 14: Voluntad y testamento.
- Capítulo 15: La unión de Jesús con su pueblo: vid y pámpanos.
- Capítulo 16: Jesús y su pueblo en el futuro: la obra del Espíritu Santo.
- Capítulo 17: Jesús intercediendo por su iglesia futura.
- Capítulo 18: Comienza la pasión: Getsemaní.
- Capítulo 19: Crucifixión y muerte de Jesús.
- Capítulo 20: Victoria completa: la resurrección de Jesús.

Después de haber presentado todas estas evidencias, Juan llega a la conclusión que tuvo en mente desde el mismo principio y que es al mismo tiempo su desafío final e invitación para todos sus lectores: «Hizo además Jesús muchas otras señales en presencia de sus discípulos, las cuales no están escritas en este libro. Pero estas se han escrito *para que crean que Jesús es el Cristo, el Hijo de Dios, y para que, creyendo, tengan vida en su nombre*» (Juan 20:30-31). Cuando estudiamos los evangelios vemos que Mateo escribió para los judíos, cuando analizamos el cuarto evangelio vemos que Juan tuvo en mente una audiencia universal. Mientras Mateo escribe para una audiencia bien familiarizada con los escritos sagrados del Antiguo Testamento, Juan se dirige a una audiencia donde no puede dar nada por sentado. Por esa razón, buscando captar su atención, que se involucren en el viaje y que puedan llegar al punto de destino deseado, empleó el método inductivo.

Con todo, vale la pena preguntarse: ¿Hubo alguien más que utilizó esta metodología en el Nuevo Testamento? Sí, nuestro ejemplo supremo: el Señor Jesucristo. Nunca se preguntó: ¿Cómo predicaba Jesús? Marcos 12:37b nos ofrece un hecho muy instructivo: «Y la gran multitud (la gente común) *lo escuchaba de buena gana, con gusto*». Esto es algo muy revelador. Marcos nos informa que las personas estaban dispuestas a dar su tiempo, y hacer un esfuerzo con tal de escuchar a Jesús. Y que no lo hacían arrastrados por la fuerza, sino por voluntad propia. Además, la experiencia no era un calvario, sino algo gozoso y alegre. ¿Nunca se preguntó, que hizo Jesús para lograr semejante éxito como predicador? Es interesante que todos los libros de Homilética no mencionen a Jesús como modelo de predicador excelente. Es notable que valoramos cada palabra de Jesús, y las empleamos para construir nuestras doctrinas, sin embargo, cuando se trata de la comunicación del mensaje Jesús ha sido ignorado por completo en su propia casa y por sus amigos, ¿Cuáles son las razones de semejante negligencia? Algunos razonan, «Bueno, Jesús era Dios y tenía cualidades sobrenaturales. Yo soy humano, cargado de limitaciones y en consecuencia no me puedo comparar con él». Otros dicen, «Jesús poseía conocimientos que yo no tengo. Él sabía de Dios, entendía la psicología humana mejor que nadie, y por lo tanto, hacía lo que hacía». Francamente, todas estas excusas son cisternas que no contienen agua. Más bien, debemos preguntarnos, ¿cuál fue la clave del éxito de Jesús como predicador? Cuando uno lee los sermones del Señor, descubre varios hechos que debemos destacar:

- Jesús era plenamente humano y conocía muy bien las costumbres diarias del pueblo a quien enseñaba. Así hablaba de «poner remiendo nuevo en vestido viejo…, esconder levadura en una masa…, salir a buscar una oveja que se extravió…, etc.
- Su lenguaje era bien sencillo. No empleaba palabras difíciles, términos oscuros, o lenguaje abstracto. Él hablaba el lenguaje del pueblo, no la terminología de los filósofos griegos, o los eruditos de la sinagoga.

- Utilizaba las figuras de lenguaje de forma abundante. Empleaba metáforas/analogías: «Ustedes son la sal de la tierra… La luz del mundo… Yo soy la vid verdadera…». Apelaba a las hipérboles de forma continua: «El que no aborrece a su padre, madre y familiares no puede ser mi discípulo…, si tu ojo te es ocasión de caer, arráncatelo…, es más fácil que un camello pase por el ojo de una aguja…, etc. Y así podríamos dar muchos más ejemplos de distintas figuras del lenguaje que Jesús utilizó para comunicar sus «palabras de Vida Eterna» con total eficacia.

- Jesús sabía que la mejor manera de presentar una verdad espiritual difícil de comprender era utilizando una historia sencilla. Por esa razón apelaba a las parábolas. Hechos de la vida diaria que todos podían visualizar y comprender con facilidad. Hay más de treinta parábolas en los evangelios y Jesús no las empleaba como entretenimiento barato, sino como el medio de dar a conocer el ser de Dios y su mensaje.

- Jesús utilizaba las preguntas retóricas para forzar a las personas a pensar: «¿De qué le sirve a un hombre que gane todo el mundo y pierda su alma? ¿Cuánto más dará vuestro Padre Celestial el Espíritu Santo a quienes se lo pidan? ¿A qué compararé esta generación?». Los evangelios registran más de 150 preguntas que Jesús lanzó a sus oyentes.

- Mientras los fariseos demandaban que las personas vinieran a ellos, Jesús se acercaba a la gente. Muchas veces permitió que las preguntas de quienes le oían fueran el inicio de sus sermones. Así, la interrupción del hombre que había sido defraudado de su herencia, fue el comienzo de su sermón sobre el Rico Necio y los peligros de la avaricia (Lucas 12).

Con todo, algo que muchos no han visto es lo que venimos afirmando a lo largo de todo este escrito, y es que Jesús unía todos estos elementos con suma eficacia al utilizar el *método inductivo*. Le ruego que se tome tiempo y analice el sermón más conocido de Jesús: *El Sermón del Monte*. Si usted lee en voz alta el *Sermón del Monte* verá que no dura más de 25 minutos, sin embargo, este sermón cambió el curso de la historia humana, porque ha cambiado millones de vidas desde que fue predicado. ¿Cómo está estructurado el sermón? ¿Comenzó Jesús aclamando: «Yo soy el Hijo de Dios y por lo tanto, tengo autoridad, no como los escribas»…? No, esa fue la conclusión a la que llegaron sus oyentes después de oír las evidencias que Jesús les presentó. ¿Comenzó amenazando a los oyentes con consecuencias calamitosas en caso de que no escucharan o que respondieran de forma negativa a sus demandas? No. Más bien el sermón se puede resumir de la siguiente manera:

I. Analogías: 5:3-16
    Los pobres, los que lloran, los mansos, los misericordiosos, los puros de corazón, los pacificadores, los perseguidos, la sal de la tierra y la luz del mundo.

II. Actitudes: 5:17–7:12
    Justicia propia, odio, lujuria, respeto, honestidad, venganza, amor, ofrendas, oración, ayuno, avaricia, ansiedad, juzgar, fe, elección.

III. Alternativas: 7:13-29
    Puertas, ovejas, lobos, frutos, árboles, servicio, cimientos.

A lo largo de su ministerio, Jesús, en más de una ocasión empleó el proceso inductivo de manera que los recipientes de su mensaje pudiesen progresar de forma lógica desde lo simple a lo complejo; desde lo concreto, conocido y personal hasta lo desconocido, lo abstracto y lo universal. Bien podríamos resumir su método de la siguiente manera:

1. Presenta una idea principal
2. Usa ilustraciones básicas
3. Razona
4. Demuestra
5. Aplica

«Ya estoy harto de mi Pastor. Cada uno de sus sermones son un asalto verbal contra los oyentes. Siempre nos quiere hacer tragar la píldora por la fuerza. Es un débil mental. Como no tiene nada para decirnos que valga la pena, como no tiene una sola razón de peso para ofrecernos, entonces lo quiere disimular con su gritería». Así se expresó, uno de los jóvenes universitarios de cierta iglesia. Qué diferencia abismal, cuando consideramos cómo predicaba Jesús. El nunca obligó a nadie a tragarse algo por la fuerza. Más bien, con la gracia y la mansedumbre de un padre amoroso, tomaba a los humanos de la mano y los guiaba como un pastor experto a las aguas de reposo de manera que pudiesen descansar en la revelación de Dios. Conocía mejor que nadie el corazón de sus oyentes y cómo hablar una palabra al cansado. ¿Quién puede sorprenderse entonces, que aquellos pobres alguaciles del templo que fueron enviados a aprehender al Señor hayan vuelto con las manos vacías? Más bien, el prisionero los atrapó a ellos, de manera que debieron confesar: «**¡Jamás hombre alguno ha hablado como este hombre!**» (Jn. 7:46). No me cabe la menor duda, que cuando aquellos alguaciles escucharon a Jesús, notaron cada una de las características en su prédica que mencionamos más arriba, pero también, siendo que Jesús fue quien formó nuestro cerebro, y sabiendo cómo razonamos y procesamos la información que se nos ofrece, no hubo nadie mejor que él a la hora de emplear el método correcto para hacernos pensar y llevarnos a la fe personal en él.

Hace un tiempo les pedí a mis estudiantes que una de las tareas para la clase de predicación sería producir un sermón evangelístico de 5 minutos que debía ser subido a *You Tube*. Esas fueron todas mis instrucciones. No les dije nada más. No les di ninguna guía específica. Los dejé que trabajaran de acuerdo a lo que ellos mismos sabían. Y los resultados fueron muy notables. La gran mayoría produjo un sermón como la gran mayoría de los sermones que se escuchan los domingos en la iglesia, utilizando el *método deductivo*. Sin embargo, una minoría de ellos produjo un trabajo excelente empleando el método inductivo. Lo más interesante, es que cuando les pregunté: «¿Qué método emplearon? ¿El deductivo o el inductivo?». Todos respondieron, «No sé». No obstante, qué cosa tan increíble, que aunque no podían mencionar el nombre de la teoría, con todo la habían empleado con toda eficiencia en la práctica. Simplemente habían seguido los lineamientos de la lógica y el sentido común, y aun sin saber su nombre, emplearon el método inductivo.

Cuando Dios me llamó a predicar hace ya más de cuatro décadas, supe de entrada que era invitado a seguir las pisadas de aquel de quien se dijo que fue el mejor orador en la historia humana. Nunca se me ocurrió entonces, que alguien podría llegar a decir de mí lo que se dijo de Jesús. Y todavía, considero que semejante honor es sencillamente inalcanzable. No obstante, si ustedes y yo somos fieles a Dios, si mantenemos ardiendo la llama del aprendizaje, si trabajamos arduo en el desarrollo de nuestros sermones, si sabemos pensar a quiénes nos estamos dirigiendo, y en consecuencia cuál es el método más efectivo para alcanzarlos, nadie llegará a decir de nosotros lo que los alguaciles dijeron de Jesús. Con todo, las personas escucharán el mensaje, lo entenderán, y lo aceptarán en su corazón de manera natural y no forzada. Y la consecuencia es que serán salvos por siempre jamás por el poder de Dios, serán introducidos al discipulado cristiano, y quién sabe todas las cosas que llegarán a hacer para Dios como resultado del nuevo nacimiento. Y a ustedes y a mí nos corresponderá el gozo y la dicha de haber sido sus padres espirituales. Por tanto, aprendamos del ejemplo de Jesús y sus apóstoles. Cómo predicaron, cómo enseñaron, de manera que si alguien nos pregunta: «Pastor, ¿cuál es la diferencia entre enseñar y predicar?», podamos contestar de un modo correcto y preciso. Luego, habiendo practicado, pulido y refinado los talentos intelectuales, afectivos y de oratoria que hemos recibido, esperemos confiados la recompensa que tendremos de Dios en esta vida y en la eternidad. Ustedes y yo podemos y debemos aprender a predicar como Jesús. Él nos dio el ejemplo para que sigamos sus pisadas. Bienaventurados seremos si lo hacemos.

Preguntas para repaso, reflexión y discusión

1. Nuestro autor nos introduce dos métodos a fin de comunicar la verdad: El deductivo y el inductivo. ¿Cuál ha utilizado usted con mayor frecuencia? ¿Recuerda algún sermón que haya oído cuando el predicador empleó el método inductivo?

2. Si le pidiese que produjese un vídeo evangelístico de cinco minutos para subirlo a *You Tube* partiendo de la afirmación de Marcos 8:36 «¿De qué le sirve a un hombre ganar el mundo entero y perder su alma?». ¿Cómo procedería?

3. ¿Qué ventajas ofrece el método inductivo sobre el deductivo?

4. San Pablo en la carta a los Efesios nos da en la segunda parte cinco bloques de pensamiento. En cada uno de ellos el apóstol comienza el párrafo exhortándonos a *andar* de cierta manera: 4:1; 4:18; 5:2; 5:8 y 5:15. ¿Por qué hace esto? ¿Qué método de comunicación está empleando?

CAPÍTULO 16

¿Cuál es mi estilo?

«Cada uno les oímos hablar en nuestra propia lengua...» (Hechos 2:8).

«¿Por qué las personas se quedan dormidas mientras predico?». El pastor estaba francamente preocupado. Notaba que a pesar de sus mejores esfuerzos, la mayoría de los oyentes no lo escuchaban y muchos directamente caían dormidos. Entonces se propuso averiguar por qué razones ocurría esto. El próximo domingo pidió que grabaran su sermón, y cuando el culto terminó le dieron una copia en audio del mensaje. Esa noche se puso a escucharlo y nunca pudo descubrir por qué las personas se dormían, ¡porque hasta él mismo cayó dormido!!!

Si bien es cierto, que cuando escuché la primera grabación de uno de mis sermones la experiencia no fue tan catastrófica como la del predicador que acabamos de contar, no obstante, fue un despertar poderoso que me ayudó a tomar un curso de acción diferente. Al escuchar mi presentación noté que no me faltaba dinamismo en la entrega del tema, pero sí muchas veces carecía de orden en los pensamientos y

> *Eva fue creada mientras Adán dormía, pero nadie podrá ser transformado a la semejanza de Cristo durante su sueño, aunque sea en los bancos de la iglesia.*

claridad en la ideas. Algunas de mis oraciones eran semejantes a un avión que sale de Los Ángeles hacia Moscú y al final aterriza en Tokio. Además, percibí que al no haber escrito mi sermón, en el momento de predicarlo me faltaban las palabras adecuadas para expresar con precisión los conceptos que anhelaba comunicar. El tercer defecto es que, al no haber escrito un manuscrito, mi lenguaje era mucho más limitado. Las conjunciones (por tanto, no obstante, etc.) que unen las ideas brillaban por su ausencia. Estas tres limitaciones me enseñaron siendo joven la importancia de escribir el sermón en su totalidad, si esperamos que nuestros oyentes estén atentos y nuestro tema les pueda ser de alguna ayuda. Eva fue creada mientras Adán dormía, pero nadie podrá ser transformado a la semejanza de Cristo durante su sueño, aunque sea en los bancos de la iglesia. El libro de los Proverbios nos recuerda: «Manzana de oro con figura de plata es la palabra dicha como conviene» (25:11).

Hasta aquí hemos trepado por la escalera de la efectividad en la construcción y desarrollo de un sermón bíblico. El próximo peldaño que debemos escalar es aprender el arte de elegir las palabras correctas para comunicar las ideas. *Esa selección de palabras exactas es lo que en la ciencia de la comunicación se llama estilo.*

En un discurso es muy importante tanto el tema que vamos a tratar, como el contenido que vamos a comunicar. Y las palabras que elijamos ayudarán a presentar el tema con claridad, precisión y relevancia, o lo tornarán en algo incomprensible, aburrido y estéril, que producirá los efectos opuestos a lo que deseamos. Recuerde que lo que vamos a aprender, tiene relación estrecha con lo que hemos venido enseñando en todos los capítulos anteriores: la necesidad de ser interesantes a fin de mantener la atención de los oyentes, no solo en el despegue y en el aterrizaje del sermón, sino también durante todo el vuelo. En consecuencia, en este capítulo le invito a comprender la importancia que tiene alcanzar un estilo efectivo y cómo podemos lograrlo.

En el capítulo 18, cuando analicemos el perfil de un predicador excelente, voy a exponer con mayor detenimiento el ministerio de Apolos, sin embargo, permítanme dar un anticipo en esta sección. La primera virtud que caracterizaba a Apolos como predicador, nos dice el relato de Hechos 18, es que era «elocuente». Esta es la cima que debe aspirar alcanzar toda persona que está involucrada en la educación en general, aquellos que deben hablar en público sin importar su área de labor y mucho más aun, el predicador cristiano.

¿Qué es elocuencia? Los diccionarios ofrecen distintas definiciones:

- Facultad de hablar o escribir de modo eficaz a fin de deleitar, conmover o persuadir.
- Capacidad de persuasión.
- Habilidad de expresión clara, pertinente, bella, fluida y convincente.

Podríamos agregar varias definiciones más, con todo, las que presentamos son suficientes para ayudarnos a dibujar en nuestra mente con nitidez el perfil de un hombre o una mujer que han cultivado un estilo elocuente. Siempre es un deleite escucharlos, y al final sentimos que nos han levantado, inspirado a la grandeza, y nos terminan convenciendo de que su punto de vista es el correcto. A lo largo de mi vida he escuchado a varios «comunicadores» elocuentes tanto en el ámbito de la fe, como fuera de los límites del reino.

Cada cuatro años, cuando llegan las elecciones presidenciales aquí en USA, me encanta mirar por TV las convenciones nacionales de los Republicanos y Demócratas. En ellas, los dos partidos coronan al candidato elegido como su representante para las próximas elecciones nacionales. Cada vez que se celebran, es casi una semana entera de discursos políticos uno tras otro. Me encanta ver este evento para aprender, ya que los que escriben los discursos son los mejores especialistas en el arte de escribir un «sermón» político. En treinta años que llevo mirando estos eventos he visto desde los fracasos más rotundos hasta las victorias más resonantes. Y si alguien me preguntara, ¿quién fue el más brillante al que escuchó en tres décadas? Sin ninguna dudo respondo: Ronald Reagan.

Cada vez que Reagan hablaba, el país entero prestaba atención. Le llamaban «The Great Communicator» (El Gran Comunicador), y se han escrito varios libros donde se analiza y explica su capacidad como orador brillante. Aunque tenía personas que le escribían los discursos, sin embargo, la versión final que presentaba siempre venía de su propia pluma. Cuando hablaba combinaba entusiasmo, trasmitía optimismo, sonaba como si estuviese hablando con uno mismo, y sus palabras tenían la virtud de transformar el oído en ojo. Eso es el corazón de la elocuencia: poder hacer «ver» a los oyentes lo que les decimos. Y aunque vivieron separados por siglos y sus ámbitos fueron muy disímiles, Apolos y Reagan ejemplifican lo que queremos enfatizar en este capítulo: la necesidad imperiosa de llegar a ser elocuentes.

Alguien puede preguntar con toda razón, ¿por qué es vital llegar a ser elocuentes? Quiero ofrecerle tres razones:

Por el poder inherente que tienen las palabras:

El uso de la palabra, afirmaban los antiguos, es lo que nos distingue de los animales. El uso del lenguaje no es algo secundario a nuestra condición de humanos, más bien, es la esencia de nuestra humanidad. En la milenaria tradición de las ciencias de la educación, las palabras son las herramientas que hemos usado para esculpir los pensamientos y valores de una cierta cultura sobre el alma humana. Asimismo, las palabras son centrales en la revelación de Dios hacia nosotros, partiendo desde la creación del universo que llegó a ser por el poder de su palabra, hasta la redención mediante la encarnación de la «Palabra Divina», nuestro Señor Jesucristo.

El predicador en Eclesiastés 12:11, afirmaba: «Las palabras de los sabios son como *aguijones, y como clavos hincados* las de los maestros de las congregaciones, pronunciadas por un pastor». Todos sabemos por experiencia propia que lo que Salomón describe es absolutamente cierto. Tantas veces al escuchar a un heraldo de Dios en el púlpito, y a las personas comunes al dirigirnos la palabra fuera del templo, hemos sentido que sus palabras eran aguijones. Y algunas de ellas fueron clavos que se nos hincaron en el alma y nunca más las hemos podido olvidar.

Todos hemos sido testigos de cómo las palabras curan o enferman nuestras almas; atraen o alejan a las personas; entretienen o aburren a los oyentes; aclaran o confunden los conceptos; exaltan los ánimos o calman la pasión; elevan a una persona o la rebajan; crean aceptación o rechazo hacia un determinado curso de acción; impulsan a la violencia o tranquilizan los ánimos. El curso de la historia humana puede trazarse al uso de una u otra forma de la palabra con todo su poder de creación y destrucción.

Haddon W. Robinson afirma:

«Hay palabras tan brillantes como un amanecer tropical, y hay palabras tan poco atractivas como una mujer anémica. Hay palabras duras que nos golpean como un peso pesado, y palabras tan débiles como un té hecho con un saquito usado. Hay palabras semejantes a una almohada que confortan a las personas, y palabras frías como el acero que las amenaza. Hay palabras que transportan a los oyentes a la corte del cielo, y hay otras que los envían directamente a una zanja. Vivimos por la palabra, amamos mediante palabras, oramos con palabras, y morimos por ellas»[1].

Le preguntaron al presidente de una gran corporación, cuál era el requisito indispensable para promover a un individuo a una posición de *manager*. Su respuesta fue: «Capacidad de hablar en público; no tenerle miedo a una audiencia. Cuando un ingeniero viene a nosotros, es contratado por sus conocimientos técnicos. Pero si espera hacer una carrera, tendrá que aprender a tratar efectivamente con seres humanos, no con maquinarias solamente. Y para ello, la capacidad de comunicarse a nivel personal y en público con elocuencia, es mandatorio». El valor de saber usar las palabras correctas es el corazón de la comunicación y la acción destacada.

Porque las palabras son el vehículo de transmisión del conocimiento:

La retórica, decían los antiguos, apunta a usar las palabras con exactitud y precisión. Eso es correcto también en el presente. Si alguien tiene ideas tan brillantes como las de Einstein, pero no las puede comunicar a los demás, esas ideas terminarán siendo de su propiedad exclusiva y nunca podrán beneficiar a nadie más. Si alguien tiene acumulado en su cerebro conocimientos tan grandes y ricos como las reservas de oro de los países petroleros árabes, pero no los puede comunicar con claridad,

> *El valor de saber usar las palabras correctas es el corazón de la comunicación y la acción destacada.*

---

[1] Haddon W. Robinson, *La predicación bíblica*, pág. 277.

nunca podrá producir ni un cambio de cinco centavos en la vida de sus oyentes. Usted como predicador del evangelio tiene en su mente y su corazón el mensaje más poderoso y glorioso que hombres y mujeres de todas las generaciones necesitan escuchar. Con todo, tal como ha sido testigo en más de una ocasión, la ineptitud del embajador del cielo neutraliza con sus palabras y acciones todo el poder de Dios.

Por el contrario, cuando alguien tiene «lengua de oro», como se decía de Crisóstomo, las posibilidades son ilimitadas. Las personas son transformadas por el conocimiento y el poder de la Palabra; los hogares se sanan, las relaciones interpersonales florecen, las iglesias crecen en calidad y cantidad, el reino de Dios se establece sobre toda una región, una nación y no tiene límites físicos. Jesucristo nos advirtió en Mateo 12:37: «Por tus palabras serás justificado y por tus palabras serás condenado» y aunque el contexto del pasaje no está relacionado con la predicación, con todo, el principio es válido a la hora de la comunicación del mensaje. Nuestra elocuencia demuestra nuestra capacidad de pensar.

Porque las palabras traen la presencia de Dios o del demonio a la escena:

Cuántas veces hemos estado en un culto, y cuando el predicador comenzó a abrir sus labios, mediante sus palabras y la vida espiritual que respalda el mensaje, sentimos como si una nube de gloria llenara la casa de Dios al igual que en los tiempos del templo del Antiguo Testamento. Esos momentos son inolvidables para el resto de nuestros días. Tristemente también esos momentos son la excepción a la regla y no ocurren con frecuencia. Inclusive, para la gran mayoría de evangélicos, me temo que estoy hablando de algo completamente desconocido. Si estos momentos de visitación de lo alto ocurren, depende de forma exclusiva de la vida espiritual del ministro y su capacidad de comunicación.

Por el contrario, también me temo que todos hemos estado en cultos, y estos sí son mayoría, donde el sermón era de un corte tan negativo y condenatorio que daba la impresión de que «El acusador de los hermanos» se había adueñado del púlpito y apoderado en consecuencia de la escena. En esos casos hubiésemos querido salir corriendo cuanto antes.

Mucho peor aún. En los últimos veinte años he tenido el privilegio de impartir la clase de Homilética en varias instituciones teológicas, y entonces aprovecho para hacer encuestas con mis estudiantes. Una de las preguntas que siempre les presento es: ¿Cuál es la práctica negativa que más les ofende/molesta en relación a la predicación? La respuesta del 95% fue: «Cuando el predicador usa el púlpito para decirle a los hermanos algo que no se atreve a decirles en persona». Las respuestas indican que esta práctica infame está muy difundida a lo largo y ancho de todo nuestro continente. Muchos cristianos se preguntan al leer la Biblia, ¿qué es la «abominación desoladora»? Esta es la respuesta: cuando el predicador cambia la gloria de Dios, por la miseria humana, y elige usar el púlpito para fines mezquinos y degradados. En esos casos, siempre esta abominación termina desolando la iglesia. En consecuencia, no degrade su llamado utilizando el púlpito para fines inapropiados, porque con sus palabras terminará dándole una brillante oportunidad al enemigo para arruinar su ministerio. Por el contrario, usted es heraldo de buenas nuevas, y este debe ser su enfoque exclusivo al elegir y preparar sus temas.

Uno de los episodios de la vida de Cristo que mejor ilustra lo que decimos, se halla en Juan capítulo 6. El Señor había alimentado a los cinco mil, y esto le dio la oportunidad de enseñarle a esta multitud lo que debían ser las prioridades humanas a la luz del conocimiento de Dios. El discurso sobre el «Pan de vida» terminó con una nota que muestra de manera elocuente la condición humana. Cuando los oyentes escucharon las demandas de Jesús respondieron, «Dura es esta palabra, ¿quién la puede oír?» (Jn. 6:60), y como resultado muchos le dieron la espalda y dejaron de seguirle. Este hecho decisivo le dio la oportunidad de probar al Señor el nivel de compromiso que tenían sus apóstoles hacia su persona y su ministerio. Y fue Pedro con sus palabras inmortales, que nos da el modelo de lo que todo predicador debe llegar a ser por la gracia de Dios: «Señor, ¿a quién iremos? Tú tienes palabras de vida eterna» (Jn. 6:68). Pedro está declarando que cuando Jesús enseñaba, sus palabras elevaban las personas al mismo cielo y la vida de Dios fluía a las almas con su poder transformador. Fueron las palabras de Jesús que pegaron el corazón de Pedro al corazón del Mesías. De la misma manera, es el gran privilegio de todo hombre y mujer que anuncia a Cristo, ser heraldo de vida eterna. Por lo cual, las palabras que usamos en nuestros sermones tienen una importancia suprema si queremos hacer bien a las personas que Dios nos llama a bendecir.

Alguien preguntará, *¿cómo puedo llegar a ser un orador elocuente?* Antes de ver lo que debemos hacer, primero tenemos que considerar las trampas que debemos aprender a evitar. La profesión de ser orador, en cualquier orden que nos toque desenvolvernos, tiene varios vicios que no deben entrar en nuestro repertorio:

Debemos evitar ser un mero palabrero:

Esta fue la evaluación errónea que los atenienses hicieron de Pablo cuando le escucharon predicar. Pensaron que era un mero «charlatán de mercado». En el caso de Pablo estaban equivocados, sin embargo, ¿a qué conclusión llegarían al escuchar a tantos de la escena actual? Me temo que a muchos bien le cabría lo que se dijo de Graciano: «Graciano habla una infinidad de nadas. No hay otro igual a él en este respecto en toda Venecia. Sus razones son como dos granos de trigo escondidos entre dos toneladas de hojas. Pueden buscarlas todo el día sin hallarlas; y cuando las hayan encontrado, verán que no valen el trabajo que costó buscarlas».

Cierto día un grupo de hermanos líderes de varias congregaciones, se acercaron a un reconocido predicador con el fin de invitarlo para tener una serie de reuniones evangelísticas en su ciudad. En el curso de la conversación, le preguntaron: «¿Con cuánto tiempo de anticipación debemos invitarle?». «Eso depende de cuánto tiempo quieren que duren mis sermones», fue su respuesta. «Si quieren que predique cinco minutos, necesito un mes de preparación; si quieren que predique diez minutos, necesito dos semanas de preparación; si quieren que predique media hora, necesito dos días; y si quieren que predique una hora puedo empezar ya mismo».

El evangelista estaba en lo cierto. Cuanto más compacta sea la presentación, tanta mayor y mejor selección de palabras demandará a quien prepara el tema. Por el contrario, la

> *Hay una diferencia abismal entre subir al pulpito para decir algo, y subir a la plataforma porque tenemos algo importante que comunicar.*

tentación para los indoctos es meramente llenar los minutos con madera, heno y hojarascas cuando tenemos mayor tiempo para presentar el tema. *Hay una diferencia abismal entre subir al púlpito para decir algo, y subir a la plataforma porque tenemos algo importante que comunicar.* Pablo nos enseña que en su prédica en Corinto de forma voluntaria escogió dejar a un lado los modos de razonar y hablar de los eruditos griegos (1 Cor. 2:14). El filósofo griego y el escriba judío no son modelos que los descendientes de los profetas debemos imitar.

No querer llamar la atención sobre nosotros mismos:

La arrogancia humana tiene mil facetas diferentes y nuestro deseo de vanagloria nos seguirá hasta el mismísimo momento de la predicación. Triste la persona que quiere fabricarse la reputación de que habla de forma erudita, que es un diccionario verbal, que emplea términos que sus oyentes no pueden entender ni apreciar.

Cierto día, un colega en el ministerio me dijo, «Mis sermones están dirigidos a la élite intelectual». En estos casos las iglesias que tales hermanos llegan a pastorear siempre son minúsculas. Cuidado asimismo con irse al otro extremo y jactarnos de que «yo sé hablarles a los campesinos humildes», y terminamos haciendo algo chato, pobre y mediocre.

No confiar en nuestros talentos naturales:

Conocí a un hermano que decía tener el don de hablar de forma espontánea, sin ninguna preparación. Para él todo era cuestión de abrir las compuertas y dejar que fluya el agua. Lástima que no todos estaban de acuerdo con él. La gran mayoría de veces que lo escuché, más bien me hacía recordar a los ríos de Babilonia donde los judíos del exilio se sentaban y lloraban.

Como en todas las áreas del quehacer humano, reconocemos que también a la hora de hablar en público hay individuos dotados por Dios de talentos naturales extraordinarios. En estos casos, al igual que un futbolista dotado técnicamente tiende a descuidar su preparación física, un predicador no debe confiar en aquello que le ha sido otorgado por Dios para la bendición de los demás y prostituirlo llegando a descuidar su don. Al que más se le ha dado, más se le exigirá.

No emplear expresiones deficientes:

Esta es la lista que he acumulado a lo largo de los años, y que podría extenderse como el Nilo. Vayan algunos ejemplos notorios:

- El Pastor le hablará a los jóvenes sobre el *seso* (sexo)...
- Señor te pedimos que *hayga* (haya) bendición...
- El levita pensó que tal vez era un *cadáver muerto*...
- Los cristianos deben *eyecular* alabanzas...
- Y el *cardumen de peces* se metió en la red y hubo pesca milagrosa...
- El endemoniado *ganadero*...

En unas de mis clases le asigné a los estudiantes diferentes párrafos de la carta de 1 Corintios, de la cual deberían preparar y predicar un sermón. Al que le correspondió el pasaje de 9:19-23, donde Pablo habla que con el fin de ganar a algunos se hizo «judío a los judíos... débil a los débiles», salió a decir que Pablo era un Camaleón!!! Reconocemos que el camaleón como medio de defensa cambia su piel de colores, no obstante, cuando aplicamos esa expresión a un ser humano tiene una connotación muy negativa. Un «camaleón humano» es sinónimo de falso, de adaptarse según sus conveniencias, de cobardía. Perdónalos Pablo, no saben lo que hacen.

Cuando estudiaba en Vancouver, llegó la hora de hacer la práctica del curso de Homilética, y todos los estudiantes debíamos predicar dos sermones. Uno de mis compañeros escogió como texto Juan 14:1-3. Allí Jesús nos enseña que en la casa de su Padre hay muchas mansiones, etc. Lástima que este cráneo en lugar de usar la palabra moradas, mansiones o habitaciones, eligió la manera para nada bíblica, de «la cámara de la luna de miel». «Jesús ha ido a preparar la cámara de la luna de miel... Y llevará a su iglesia a la cámara de la luna de miel...». Usó la expresión no menos de cinco veces. Ya se imagina las connotaciones. Cuando llegó el tiempo de las evaluaciones, el profesor cerró ese tiempo diciéndole a este joven pastor: «Mire... yo no soy un depravado moral, pero no me quiero imaginar lo que Jesús le hará a la iglesia en la cámara de la luna de miel. ¡Nunca más use esa expresión!».

En otra ocasión, llego de visita a una iglesia que no conocía, para el culto del día miércoles. Allí se congregaba uno de mis primos. Me siento al lado de él, y cuando comienza su trabajo el enseñador de esa noche, él saca papel y lápiz, y también se pone a trabajar. Pensé que iba a tomar notas, pero no fue así. Con su lápiz marcaba cuatro palotes verticales y luego los cruzaba con un quinto horizontal. Ese era el método que me enseñaron para contar *stocks* en la fábrica donde tuve mi primer empleo. Me picó la curiosidad, «¿qué estará contando?», me pregunté a mí mismo. Pero no pude descubrir de qué se trataba el asunto. La enseñanza fue buena, pero tan pronto terminó la reunión le pregunté: «¿Qué estabas contando?». «Setenta y dos veces dijo '¿No es cierto?'». Las famosas muletillas que hacen perder el respeto al predicador.

San Pablo le recomendó a Tito: «Preséntate tú en todo como ejemplo de buenas obras; en la enseñanza, mostrando integridad, seriedad, *palabra sana e irreprochable*, de modo que el adversario se avergüence y no tenga nada malo que decir de ustedes» (Tito 2:7-8). Pensemos entonces en las palabras que usamos si no queremos violar este mandamiento.

No caigamos en la trampa de la jerigonza[2] teológica evangélica:

Es necesario que como predicadores crezcamos en el conocimiento de Dios, su palabra y las doctrinas de la gracia. Si usted asiste a un colegio bíblico, es lógico que los profesores le enseñen un nuevo lenguaje técnico, de la misma manera que un estudiante de medicina debe aprender uno propio a su profesión para poder funcionar de forma adecuada. Nuestro ministerio demanda que nos formemos como teólogos, pero habiendo adquirido el lenguaje de las cumbres excelsas del mundo académico, es menester que el día domingo descendamos una vez más al llano de donde un día partimos. Nuestra tarea es semejante a trepar una escalera de dos hojas. Por un lado subimos y aprendemos de soteriología, neumatología y angelología, sin embargo, el domingo bajamos, y cuando llegamos al púlpito hablamos de salvación, la obra del Espíritu y los ángeles. Si usted es invitado a dar una charla magistral en el programa doctoral de la Universidad de Oxford, está muy

---

[2] Jerigonza: lenguaje especial de algunos gremios. Lenguaje de mal gusto, complicado y difícil de entender (Real Academia Española).

bien que diga que Pablo era supralapsariano, tricótomo y trinitario, pero hacer eso el domingo en un culto de madres solteras, personas humildes y novatos en la fe, es una muestra acabada de inexperiencia, necedad y arrogancia.

Todos los que alguna vez han cursado estudios teológicos en una institución académica (y muchos que no lo han hecho también caen en esta trampa) salen educados a un nivel mucho más alto que lo que se han levantado en la escala de la sabiduría. Si usted quiere impresionar a los hermanos con sus grandes conocimientos, entonces, le recomiendo que cuelgue su diploma al frente de la plataforma. Así todos podrán informarse de la brillante luminaria que se para delante de ellos. Y si mi consejo le parece absurdo, entonces, no cometa el ridículo aun mayor de venir con el griego original, los tiempos aoristos y los dativos de causa. En el capítulo 6 hablo de la necesidad de conocer nuestra audiencia y este principio lo debemos tener siempre presente, inclusive al seleccionar nuestras palabras al escribir. Los creyentes del día de Pentecostés dijeron una verdad que describe la reputación que yo quiero para mí mismo: «Al Pastor le oímos hablar en nuestra propia lengua». Esto requiere grandes dosis de humildad, mansedumbre y madurez.

No olvidar que hay diferencias abismales entre escribir un libro y un sermón:

En uno de mis safaris de lectura encontré el párrafo que le comparto a continuación. Léalo, y después me hace un *email* con sus impresiones...

«El hombre, entre múltiples manifestaciones: aclama, apellida, aspa, balbucea, barbulla, bartola, bartulea, bellaquea, berrea, bisbicea, boquea, brama, bufa, canta, canturrea, casca, cecea, clama, clamorea, crida, cuchichea, cuchuchea, chacharea, chapurrea, charla, charlatanea, charlotea, chichisbea, chifla, chilla, chirla, chirría, chista, chuchea, se desgañe, desgañifa, desgañita, desgarganta, desgaznata y despepita, despotrica, gargaliza, gime, gargarita, gorgea, grazna, grita, gruñe, guaya, harbulla, jalea, gigea, se lamenta, llantea, llora, masculla, mista, perora, picotea, plañe, platica, pregona, proclama, prorrumpe, se queja, querella, raja, refunfuña, regaña, respira, resuella, reza, rezonga, riñe, rumia, secretea, sisea, susurra, tararea, tartajea, ulula, verraquea, vocea, vocifera, zollipa y a veces habla»[3].

Ya me puedo imaginar su reacción... «¡Pero a quién se le ocurrió escribir algo semejante!!!». Ahora usted comprende la diferencia abismal que existe entre escribir un libro y predicar un sermón. Cuando leemos algo que no entendemos, podemos volver a atrás y leer lo que no entendimos tantas veces como sea necesario. Por el contrario, en el sermón si el predicador pierde la atención del oyente por usar una palabra desconocida, entonces, con cuánta más razón las personas le darán la espalda si emplea una colección de palabras desconocidas.

Vamos entonces a lo que debemos aprender a hacer si queremos alcanzar la meta de la elocuencia:

○ *Cultivemos nuestro vocabulario*:

Para enseñar y predicar con elocuencia es necesario poseer un vocabulario lo suficientemente amplio, que nos brinde la oportunidad de expresar nuestras ideas, creencias y doctrinas con claridad y precisión. Cuanto mayor sea nuestro vocabulario, por ende, tanto mayor será la oportunidad de hallar el término adecuado para expresar nuestros pensamientos con exactitud. Este vocabulario amplio se desarrolla y se enriquece leyendo y oyendo a los que son maestros del lenguaje. No estamos pidiendo que la gente salga con la impresión de que somos un diccionario oral, sino que abogamos para que mediante el contenido exacto de nuestro mensaje podamos pasar los conceptos de nuestra mente a la de los escuchas y al mismo tiempo levantar su nivel intelectual.

Al decir que debemos leer a los maestros del lenguaje, es necesario que usemos libros que no pertenecen necesariamente al ámbito de nuestra fe. Dios me llamó a su servicio en el amanecer de la década de los setenta, por tanto, para poder formarme y enriquecerme teológicamente tuve que aprender a leer inglés. En aquellos años, había muy pocos libros teológicos escritos por hispanos. Los pocos títulos que

[3] Mariscal, Enrique & Inés Mariscal, *El poder de la Palabra Creadora: Oratoria para nuevos líderes*, p. 34.

uno podía conseguir, eran casi todos traducciones del inglés. Más tarde vine a Norteamérica para cursar mis estudios bíblicos y debí hacer todo en el idioma de Shakespeare. La consecuencia es que en los últimos treinta años, el 95% de los libros evangélicos que he leído han sido en inglés. Por esta razón he procurado mantener la frescura y riqueza de nuestra lengua leyendo *El Quijote* y otras obras clásicas semejantes.

○ *Escribamos cuanto más podamos de nuestro sermón*:

Cuando hacemos esta recomendación al mundo de habla hispana, entramos en zona de fuertes turbulencias. Por nuestra formación educativa, no somos inclinados a escribir, y cuando llegamos a la construcción del sermón, la idea de sentarnos a escribirlo en su totalidad nos suena a locura y castigo. La queja que más escucho entre mis colegas en el ministerio es, que con la variedad de tareas que implica ser pastor, que se nos pida pasar un día entero escribiendo un sermón, es una disciplina demasiado dura. Sin embargo, en forma ideal si ustedes y yo hiciéramos las cosas como se debe, al cabo de una semana de labor tendríamos que tener un capítulo de un nuevo libro, listo para ser publicado. ¡Uhhhh!

Personalmente, debo confesar que yo escribo un 80% de mi sermón del domingo. Cualquiera que lea mis notas personales verá que siempre escribo entre 6 y 9 páginas por semana. ¿Cuáles son las cosas que dejo sin escribir? Las historias personales y las ilustraciones. Si son cosas que yo mismo he vivido, no veo la necesidad de ponerlas palabra por palabra. Sí, las repaso en mi mente para comunicarlas con exactitud, pero aquí es donde trato de ahorrar preciosos minutos. Lo mismo ocurre con las ilustraciones. Si las conozco bien, ¿para qué ponerlas por escrito? No escribirlas porque las domino perfectamente, es una manera efectiva de ahorrar tiempo.

Al recomendarles la disciplina de poner por escrito todo cuanto podamos del sermón, estoy simplemente pasándoles la práctica que aprendí del gran Kohelet (predicador) del Antiguo Testamento. Salomón nos dice en Eclesiastés 12:9-10: «Cuanto más sabio fue el Predicador, tanto más enseñó sabiduría al pueblo. Escuchó, escudriñó y compuso muchos proverbios. Procuró el Predicador hallar palabras

El Predicador se sentó y produjo un manuscrito.

agradables y *escribir rectamente palabras de verdad*». Traducido, significa que el Predicador se sentó y produjo un manuscrito.

Al recomendarle este hábito no quisiera que algún día le pasara lo que leí en una revista cristiana: «Estaba todo preparado para ser una boda inolvidable. El parque resplandecía con las flores de la primavera, la grama parecía haber sido cortada y terminada por una manicura. Los novios con sus atuendos elegantísimos parecían fotos recortadas de una revista de modas de París.... Tristemente, todo cambió en un instante cuando una ráfaga huracanada de viento que nadie esperaba se abatió sobre la escena, llevándose las notas del sermón del Pastor y varios tipos de basura...». Escribir, escribir, y volver a escribir, es fundamental para producir un sermón intachable.

Leer mucho nos dará mayores conocimientos e incrementará nuestro vocabulario. Aprender a escribir nos hará precisos, exactos y claros, tres cualidades fundamentales de todo buen orador.

○ *Usemos palabras simples:*

Abraham Lincoln recomendaba: «Hablen de tal manera que hasta el más humilde les entienda, y el resto no tendrá problemas». Billy Graham decía: «Yo predico un mensaje tan sencillo que hasta un PhD (el título doctoral de mayor nivel en Norteamérica) lo puede entender». Spurgeon afirmaba: «Suban hasta su nivel, si los oyentes son ignorantes; bajen al nivel de su entendimiento, si son instruidos». Estos tres oradores brillantes coinciden en que aprender a hablar con sencillez a los menos educados requiere mucho más trabajo que hablarle con dificultad a los educados y eruditos. No importa qué digamos, o qué palabras usemos, los educados nos entenderán, pero hacerle entender las doctrinas cristianas a los simples, demanda un esfuerzo enorme.

Al recomendar el uso de palabras simples estamos diciendo que si tenemos la posibilidad de usar una palabra corta siempre es preferible a una muy larga. Esta semana uno de mis estudiantes tuvo que predicar sobre Daniel 1, y el pobre se tropezó mil veces con Nabucodonosor.

Cada vez que lo nombraba le salía «*Nacudonosor*». Cuando he predicado sobre Daniel me he quitado el problema de encima de la siguiente manera: «Ustedes ven mis hermanos, este rey tiene un nombre tan largo y difícil de pronunciar que perderíamos la mañana entera con solo intentarlo. Por tanto, de la misma manera que aquí en América a los que se llaman Robert les dicen Bob, y a los que se llaman Timothy les dicen Tim, les propongo que a este rey de aquí en adelante lo llamemos Nabu». ¿Quién necesita palabras tales como coadyuvar, preconizar, serendipidad, Mesopotamia, Constantinopla, Evil-Merodac, Senaquerib, que nos pueden enredar y mandarnos al suelo para gozo de los espectadores?

ᴑ *Empleemos oraciones cortas*:

Cuando escribimos para ser leídos, podemos usar oraciones más largas, pero cuando escribimos para predicar, las oraciones más cortas siempre captan mejor la atención y aumentan el poder de impacto. En el capítulo anterior presentamos al Dr. Lloyd-Jones. Volvamos al mismo sermón, y veamos cómo escribe para predicar:

> «Teniendo esto presente, considerémoslo ahora de forma práctica. ¿Cómo ha de mostrar el cristiano que es realmente la 'luz del mundo'? Esto se transforma en una pregunta sencilla: ¿Cuál es el efecto de la luz? ¿Qué hace en realidad? No cabe duda que lo primero que hace la luz es poner de manifiesto las tinieblas y todo lo que pertenece a las tinieblas. Imaginemos una habitación a oscuras y luego de repente se prende la luz. O pensemos en las luces delanteras de un automóvil que avanza por una carretera a oscuras. En un sentido no somos conscientes de las tinieblas hasta que la luz aparece... Siempre necesitamos algo que nos muestre la diferencia y la mejor manera de revelar una cosa es por contraste. Esto hace el evangelio y lo mismo hace cada cristiano...»[4].

ᴑ *Usemos la mayor cantidad posible de figuras del lenguaje*:

«Una figura, vale más que mil palabras», dice el proverbio chino. Nuestro Señor usaba las figuras del lenguaje de forma constante. Lea el Sermón del Monte, y se quedará asombrado de cuantas emplea: hay

---

[4] D. Martin Lloyd-Jones, *Estudios sobre el Sermón del Monte*, pág. 222.

personas que tienen «hambre y sed de justicia»; otros que son la «sal de la tierra», «la luz del mundo», «una ciudad asentada sobre un monte». Algunos son lobos disfrazados de ovejas; otros semejantes a árboles que dan frutos buenos y malos. Todos debemos decidir entre «la puerta ancha» y la puerta «angosta»; entre construir «sobre la roca» o «sobre la arena». Y así podríamos seguir un buen rato más. Vea la lista de parábolas que nos dejó Jesús para que pudiéramos entender de manera gráfica y sencilla verdades espirituales profundas y abstractas que de otra manera serían incomprensibles. Y si quiere ver la importancia que tienen las parábolas como medio de revelarnos cómo es Dios, y qué siente hacia nosotros, calcule qué porcentaje ocupan las parábolas en todo el cuerpo de enseñanzas que tenemos de Jesús. De esa manera tendrá una mejor perspectiva de cómo enseñaba Jesús, y por qué la «Gente común le escuchaba de buena gana».

Si el ejemplo del Señor le parece imposible de alcanzar, entonces le invito a familiarizarse con el príncipe de los predicadores: C. H. Spurgeon. Todos sus sermones están llenos de figuras del lenguaje, y son las que los hacen atractivos, fáciles de seguir e inolvidables. Veamos un ejemplo:

«Al mismo tiempo, debemos evitar todo lo que se parezca a la ferocidad del fanatismo. Hay en nuestro entorno personas religiosas que sin duda nacieron de mujer, pero parecen haber sido amamantadas por un lobo. No les hago ninguna deshonra con esta comparación, pues, ¿no fueron Rómulo y Remo, fundadores de la ciudad de Roma, alimentados así? Algunos hombres guerreros de este orden han tenido poder para fundar dinastías del pensamiento, pero la bondad humana y el amor fraternal armonizan mejor con el Reino de Cristo. No hemos de estar yendo siempre por el mundo en busca de herejías, como los perros que husmean en busca de ratas; ni estar siempre confiados de nuestra propia infalibilidad, de manera que montemos hogueras eclesiásticas en las cuales asar a todos los que difieren de nosotros, utilizando carbones consistentes en prejuicios extremados y sospechas crueles»[5].

[5] C. H. Spurgeon, Un ministerio ideal, pág. 75.

San Pablo enseñaba a los creyentes de Colosas: «Sea vuestra palabra siempre con gracia, sazonada con sal...» (Col. 4:6). En este caso hablaba de nuestras conversaciones personales. No obstante, si esto debe ser cierto en el diálogo uno a uno, ¿con cuánta más razón adquiere tanta más importancia al dirigirnos a un grupo mayor de personas? Las figuras del lenguaje son un medio muy eficaz de ponerle salsa Tabasco a nuestros sermones[6].

○ *Elijamos una versión contemporánea de la Biblia para el culto público*:

Los lenguajes humanos son algo viviente. Evolucionan, cambian, se adaptan, se amplían de modo continuo con el correr de los años[7]. Palabras que siglos atrás se escribían de una manera, ahora se deletrean de otra. Palabras que significaban una cosa, ahora ya no son tan precisas o han caído en desuso. Las oraciones se fraseaban de otra manera. Le ofrezco a continuación, como ejemplo, un corto párrafo de la versión de Ferrara, que fue traducida por los judíos de España en el año 1500 (aproximadamente). Fue la primera traducción del hebreo que se hizo a nuestra lengua.

«Quien creo a nuestra oyda? Y braco de .A. sobre quien fué descubierto? Y subira como ramo delante de el y como rayz de tierra seca no forma a el y no fermosura; y vimoslo y no vista y cobdiciarloemos? Menospreciado y vedado de varones varon de dolores y vsado a enfermedad; y como encubrien fazes del menospreciado y no lo estimamos. De cierto nuestras enfermedades el las lleuo y nuestros dolores los soporto: y nos lo estimamos llagado ferido del Dio y afiligido. Y el adoloriado por

---

[6] Para quienes no la conocen, la salsa Tabasco se hace con los chiles y pimientos más picantes que se conocen en Centro y Norteamérica. Bastan un par de gotitas sobre la comida y el sabor cambia de forma dramática. Si se pasa de la dosis, tiene que llamar a los bomberos para que vengan a apagar el fuego.

[7] Como ejemplo de la necesidad que los idiomas tienen de añadir nuevos términos, piense por un momento cuántos anglicismos ha tenido que recibir nuestra lengua en los últimos treinta años, desde que apareció la computadora personal. Y esto no se detiene, por el contrario va en aumento constante. Hoy publicamos un diccionario, y seis meses más tarde ya casi está obsoleto. Y los términos técnicos son apenas uno de los muchos ríos que fluyen hacia el océano de nuestro lenguaje.

nuestros rebellos majado por nuestros delitos: castigo de nuestra paz sobre el y por su tolondro fue melezinado a nos. Todos nos como ovejas erramos cada uno a su carrera catamos. Y .A. fizo ocurrir el a pecado de todos nos. Apretado y el afligido no abrira su bocacomocordero al degollio es llevado y como oveja delante de sus trasquilantes enmusdecio: y no abrira su boca».

¿Pudo reconocer el párrafo? Le ayudo si es que no pudo. Es Isaías 53:1-7. No, no cometí ningún error al copiarlo, fui ultra cuidadoso. Cuesta creer los cambios que tuvieron lugar en 500 años. El lenguaje no parece ser el mismo.

Tenía diez años de edad cuando «la versión del 60» apareció en el horizonte de las iglesias evangélicas. La primera reacción fue bien negativa. Los comentarios que recuerdo de mis mayores iban, desde el extremo de aquellos que decían que no les gustaba, hasta el otro extremo, donde hermanos advertían con solemnidad profética que esta versión era un intento satánico de infiltrar la iglesia y destruirla desde adentro. Nada de eso fue cierto, como se puede dar uno cuenta. La versión se impuso a lo largo y ancho de todo el continente latinoamericano, y en todas las denominaciones. Sin embargo, en mi caso particular creo que ha llegado la hora de reemplazarla.

Al ministrar a una iglesia hispana en Estados Unidos, encuentro un problema doble. Por un lado, en nuestra congregación están los adultos que fueron criados al sur del Río Grande. Estas personas leen el español de corrido y las versiones hispanas no les ofrecen ningún inconveniente. Por el otro lado, se encuentran todos los jóvenes que nacieron aquí, y como en la escuela pública son educados en inglés, la gran mayoría por consiguiente no puede leer el español. Para hacer las cosas más complicadas aún, todo Latinoamérica en su diario hablar hace tiempo que abandonó la segunda persona del plural. Solamente los españoles emplean el «vosotros diréis... prestad atención». Esto nos coloca en doble desventaja. Para los visitantes y para los jóvenes, la Reina Valera revisión 60 es bastante incomprensible.

El desafío es ¿con qué versión la reemplazamos? En estos últimos treinta años han aparecido varias versiones nuevas. Palabra más, palabra menos, todas son fieles a los originales. Con todo, ninguna es perfecta, cada una tiene sus pros y sus contras. La mayoría de las reservas que tengo con algunas de ellas, no tienen nada que ver con el texto bíblico, sino por decisiones erróneas que hacen las casas que las publican. En consecuencia, uno debe descartarlas para el uso público. Hace un año, introdujimos la versión *Nueva Biblia Latinoamericana de Hoy*. Ahora entiendo por qué mis mayores decían las cosas que decían cuando se introdujo la versión del 60. Ahora a mí me toca rememorizar todos los versículos, y cuando leo los salmos y los proverbios, no me parecen ser mis viejos amigos. Sin embargo, los creyentes nuevos y los jóvenes me han agradecido el cambio. Por tanto, hagamos lo imposible por remover cualquier barrera que impida a las personas entender con absoluta claridad el mensaje de Dios. Busque entonces una traducción que sea la que mejor se adapte a su situación específica, y adelante con la buena obra.

○ *Aprendamos en todo del maestro supremo*:

El fin de semana largo terminó siendo un viaje hacia la desilusión, la depresión y la desesperación. La injusticia de los gobernantes, la brutalidad de los soldados y los clavos de la cruz, habían acabado de forma terminal con todos los sueños de los discípulos de Cristo. Cuando vieron al maestro descender muerto de la cruz, comprendieron con la fuerza de un mazazo feroz, que haber seguido a Jesús durante tres años había sido un gran error, después de todo. Como perros lastimados lamiéndose las heridas, Cleofás y su esposa regresaban a Emaús. ¿Qué les esperaba de aquí en adelante? Volver a lo de antes; a la oscuridad absoluta. La luz de la esperanza que Cristo había encendido en sus pechos, se había extinguido de manera irreversible.

Sin embargo, un perfecto desconocido se une a su marcha. Qué individuo tan ignorante... ¡no sabe nada de todo lo que pasó en Jerusalén en esos tres últimos días! Admirable la condescendencia de nuestro Dios. Les pide que le cuenten lo que tuvo lugar, cuando él mismo había sido el protagonista principal de la historia... Entonces, Cleofás comienza su relato: «De Jesús Nazareno, que fue varón profeta, poderoso en obra y en palabra delante de Dios y de todo el pueblo...». Pobre Jesús, lo habían bajado de rango. No era el Hijo de Dios, apenas un profeta. Sin embargo, como profeta tuvo dos cualidades notables, fue **poderoso en obra y** *en palabra*... La evaluación de Cleofás habla volúmenes enteros. ¿Qué más podemos agregar? ¿No le gustaría a usted también ser reconocido por esas cualidades?

Hasta aquí hemos dado todos los pasos que llevan al desarrollo de un sermón excelente. Sabemos cómo despegar, aterrizar y hacer el vuelo entre los dos extremos. En este capítulo hemos visto que debemos llegar a ser en nuestra profesión personas elocuentes como Apolos y poderosos en la palabra como Jesús. Aprendimos algunas cosas que debemos evitar, y hábitos que debemos cultivar y desarrollar. Por lo tanto, hacia arriba siempre en la escalera de nuestra profesión. ¿Estamos dispuestos a dar este nuevo paso? ¿Estamos listos para aceptar este nuevo desafío?

Si hemos escrito un manuscrito, finalmente el sermón está terminado. Sin embargo, ahora llega el momento más difícil y decisivo: ¡predicarlo! ¿Cómo podremos hacerlo con efectividad, persuasión y excelencia? Ese es el tema de nuestro próximo capítulo.

Preguntas para repaso, reflexión y discusión

1. Uno de mis profesores nos decía que escribía la totalidad de cada uno de sus sermones. De esa forma, nos contaba, que cuando estaban listos para ser predicados, también estaban listos para ir a la imprenta. Tuvo más de cincuenta libros publicados. ¿Cómo le ha ido a usted hasta aquí? ¿Qué porcentaje del discurso logra poner por escrito cada semana?

2. Sánchez nos enseña seis prácticas que debemos evitar y seis prácticas que debemos cultivar si queremos llegar a ser predicadores elocuentes. ¿Puede enumerarlas?

3. ¿Qué nombres puede dar de oradores elocuentes fuera y dentro del ámbito de la fe? ¿Entraría usted en esa categoría tan selecta?

4. En nuestro capítulo anterior consideramos que de nuestro Señor se dijo: «Nunca un hombre ha hablado como este hombre». Cuando leemos los discursos del Señor en los evangelios, ¿qué aprendemos en cuanto a su estilo?

CAPÍTULO 17

¿Cómo entrego mi sermón?

«Él era antorcha que ardía y alumbraba» (Jn. 5:35).

Me entregaron el boletín al entrar al santuario y después de ubicarme en el banco de siempre, al leerlo me enteré que ese domingo no predicaba nuestro Pastor. Se informaba que se hallaba ministrando en otra ciudad y su lugar sería ocupado por uno de los pastores asociados. Llegó la hora de la predicación, y este pastor, a quien escuchaba por primera vez, demostró que en la construcción de su sermón había empleado exactamente los mismos elementos que hemos analizado hasta aquí en este libro. Excelente introducción, desarrollo y conclusión. Idea central bien clara, bosquejo lógico y progresivo, contenido atractivo y estilo de primer nivel. Sin embargo, de principio a fin fue algo totalmente chato, aburrido e insípido. A nivel intelectual y de preparación, entre el Pastor habitual y su asociado, no había ninguna diferencia; a la hora de la entrega, los dos predicadores estaban separados por un abismo sin límites. El pastor asociado no comprendió que el éxito de un sermón se apoya sobre dos grandes columnas: la calidad del contenido y la forma en que se entrega.

En nuestro estudio hemos considerado hasta aquí un método de trabajo cuyo fin es producir un sermón bíblico excelente. El sábado hemos concluido con toda nuestra labor de preparación, y la mesa está finalmente puesta. Pero ahora es domingo, y debemos servir la comida. Y como bien ilustra nuestra historia del comienzo, según cómo entreguemos nuestro discurso, todo lo que preparamos puede llegar a ser algo que informa, inspira y transforma, o algo que aburre, aplasta y molesta. Según cómo prediquemos el sermón, las personas saldrán diciendo: «Qué pérdida de tiempo...», o «Qué experiencia inolvidable».

Por lo tanto, ¿qué debemos saber en cuanto a la entrega del sermón? ¿Qué nos ayudará a hacerlo en la forma debida? A continuación les ofrezco tres realidades que todo predicador debe comprender y cinco maneras de hacerlo con efectividad.

> *Un sermón es un mensaje que viene de Dios, a través de un instrumento humano, y se dirige a otros humanos, que deben tomar una decisión vital que determinará su destino eterno.*

La primera realidad que debemos entender es, *la diferencia que hay entre un discurso y un sermón*.

En un discurso hallamos a un ser humano dirigiéndose a otros seres humanos sobre un tema de común interés. Sea el estudio de la fisión nuclear, un análisis de la economía nacional o el funcionamiento del cuerpo, cualquier tema fuera del evangelio, por más importante que sea trata únicamente con cuestiones del tiempo. Para ello, el que hace la presentación reúne los materiales que quiere compartir, los ordena según lo considera mejor y los comparte con un nivel de energía de acuerdo a su personalidad o lo que considere que el tema demande.

Un sermón es un mensaje que viene de Dios, a través de un instrumento humano, y se dirige a otros humanos, que deben tomar una decisión vital que determinará su destino eterno. Mientras que en la presentación de un tema secular el predicador y la audiencia tienen un interés común, en el caso de nuestra tarea siempre tenemos una audiencia mixta. Los verdaderos creyentes vienen por un interés genuino de aprender; empero, muchos obligados y curiosos llegan sin el menor aprecio por lo que diremos. Mientras nuestro objetivo final es buscar el bien y un cambio en los oyentes, con todo, no debemos olvidar que el primer gran objetivo de la predicación es glorificar a Dios. Nuestro sermón

> *Un sermón leído deja la impresión que el predicador está más interesado en lo que dice, y no en el bienestar de aquellos a quienes se dirige.*

debe dar a conocer la grandeza de Dios; le debe abrir las puertas para que invada nuestros cultos con su presencia, y revele su persona con majestad, poder y gloria. De ese modo el ministerio de Cristo Jesús se reproducirá en nuestro medio con sus posibilidades infinitas. Nuestra tarea, por tanto, no puede ser una casual y sin importancia, sino una solemne, seria y decisiva, que demanda todo lo mejor en pensamiento y acción del embajador de Cristo.

La segunda realidad que debemos entender es, *que hay cuatro maneras de entregar un sermón*:

○ *Leyéndolo:*

Esta manera es la más inefectiva y aburrida. Siempre recuerdo los presidentes de mi país; cada vez que se dirigían a la nación leían el discurso y qué soporíferos que eran. He conocido muchos predicadores que también leen todo el sermón, y cosechan los mismos resultados. Reconocemos que al leer el sermón, si el predicador ha hecho su trabajo de la manera que enseñamos, la calidad de su contenido y su calidad de oratoria siempre pueden ser mayores que la de alguien que le da lugar a la inspiración del momento. Con todo, las pérdidas son siempre mayores que las posibles ganancias. Un sermón leído deja la impresión de que el predicador está más interesado en lo que dice, y no en el bienestar de aquellos a quienes se dirige. Además, al perder el contacto visual con los oyentes, destruye un puente natural que obliga a los oyentes a prestar atención. Cuando el predicador me mira por dos segundos, me hace sentir que me está hablando de forma personal y que mi atención es importante para él.

○ *Repitiéndolo de memoria:*

Esta es la forma más antinatural y artificial de hacerlo. El predicador produce un excelente sermón, y luego lo memoriza en su totalidad.

Esta manera de entregarlo está plagada de problemas. Primero, algunos no tienen una memoria tan buena para grabarse todo el sermón. Si muchos se quejan de que no pueden memorizar ni un versículo de dos líneas, cuánto menos entonces un sermón de 10 páginas. Segundo, si desarrollar un sermón siguiendo los pasos que describimos requiere una cantidad considerable de tiempo, ¿cuánto más debemos agregar a la preparación si vamos a memorizar el sermón? Tercero, la mente con sus «lagunas» naturales nos puede dar un tremendo dolor de cabeza. Un joven predicador se enteró que llegaba a la ciudad su predicador favorito, por tanto, fue a escucharlo a la iglesia donde estaba de visita. Este predicador de la radio era excelente en la comunicación, y empezó su sermón esa noche diciendo: «Uno de los días más felices de mi vida, fue cuando tuve en mis brazos la mujer de otro hombre...». Hizo una pausa bien larga para dejar que la audiencia absorbiera el impacto de sus palabras y entonces continuó diciendo: «Quiero decirles que esa mujer era mi madre. Ella tuvo una operación quirúrgica muy grande, y cuando fue dada de alta del hospital, como no podía caminar, cuando llegamos a casa, la saqué del automóvil, la cargué en mis brazos y la transporté hasta su dormitorio...». Al joven la historia le pareció fascinante, y se propuso utilizarla en su próximo sermón. Y así fue. El próximo domingo comenzó diciendo: «Uno de los días más felices de mi vida, fue cuando tuve en mis brazos la mujer de otro hombre...». Pero en ese momento algo de la audiencia lo distrajo, y se olvidó por completo de cómo seguía el cuento. Entonces, no tuvo mejor idea que decir: «Uy... ¿cómo seguía la historia? Me olvidé completamente». ¿Qué tal? Lindo problemita se creó para sí mismo. Depender de la memoria de esa forma es siempre un riesgo. Pero además, como decíamos más arriba, las personas percibimos cuando alguien está leyendo su sermón desde las paredes de su mente, y suena a algo espurio y antinatural.

Para hacer las cosas peor aún. Conocí a un predicador que memorizaba sus sermones y luego los repetía con los ojos mirando al techo. Si hubiese predicado frente al mar, mientras miraba la luna, daba lo mismo. Otro, memorizaba su sermón y luego lo repetía con los ojos cerrados. Muy bueno, si hubiese estado en una radio, pero nosotros siempre predicamos frente a dos cámaras de TV que están en los ojos de cada oyente.

El predicador evangélico no es ni un actor que repite de memoria un libreto, ni una impresora a la cual le aprietan un botón y empieza a largar páginas impresas. Es un ser vivo a través de cuya personalidad el Espíritu de Dios está buscando llegar al corazón de las personas con un mensaje fresco y genuino.

○ *Improvisando el discurso*:

El fundamento teológico de esta práctica (según dicen las malas lenguas) se halla en Génesis 1:2, donde se nos recuerda que la tierra estaba «desordenada y vacía». El predicador confía que Dios le llenará la boca al momento de hablar, pero lo que sale por los labios es caos, confusión y neblina.

> *Nosotros siempre predicamos frente a dos cámaras de TV que están en los ojos de cada oyente.*

Lo notable es que este tipo de entrega tiene sus miles de seguidores. Cuando un no-cristiano llega por primera vez a una iglesia y le sirven ensalada, con el correr del tiempo piensa que todos los restaurantes solo sirven ensalada. Además, si el oyente no tiene mucha educación, la improvisación es aceptable. Más si el oyente tiene estudios cursados, es raro que quiera permanecer en un restaurante de comida tan rudimentaria como es una ensalada. Por un corto tiempo la comida pobre será suficiente, pero a su debido tiempo va a buscar algo más sólido y sustancioso.

Reconocemos que a veces el ministerio nos puede forzar en alguna ocasión excepcional a tener que hablar «de golpe», sin haber podido prepararnos. Le pasó a Pedro en casa de Cornelio, y también nos puede pasar a nosotros. Dos veces, en mi último pastorado invité a predicadores visitantes y al final no llegaron, y ni siquiera avisaron que no venían. El culto seguía avanzando y el predicador brillaba por su ausencia. ¿Qué hacemos en ese caso? *Use su sermón favorito.* Todo predicador debe tener un puñado de sermones favoritos que ha grabado en su mente y en su corazón y, entonces, cuando una emergencia lo demanda, echa mano de cualquiera de ellos sin dudar. Y como los conoce tan bien y ya son parte de su misma naturaleza, nadie se dará cuenta de que es algo improvisado.

○ *Predicándolo*:

Es decir, preparando el sermón con mucha dedicación, esmero y calidad, y luego entregarlo sin leerlo, sin memorizarlo, ni siquiera llevando las notas al púlpito. Reservándome la libertad para que la «inspiración del momento» pueda venir en mi auxilio. Esta es la estrategia que los predicadores excelentes han empleado durante siglos y es la más efectiva a la hora de los resultados.

En muchas ocasiones, visitando congregaciones con múltiples servicios en la mañana del domingo, el pastor me ha pedido que predique el mismo sermón en cada uno de los cultos. Si usted escuchara la grabación de esos sermones, ¿qué hallaría? ¿Que son idénticos, palabra por palabra? ¡De ninguna manera! Porque nunca leo, ni memorizo el sermón como si fuera un actor. Si los escuchara notaría que es el mismo sermón. Misma introducción, mismo desarrollo, misma conclusión. Con todo, nunca son absolutamente idénticos. Uno cambia palabras, hace comentarios diferentes, explica algo que había pasado por alto. Por sobre todas las cosas, la mente y el corazón, están muy activos al momento de predicar.

Muchas veces en mis clases cuando le digo a los estudiantes que deben predicar sus sermones sin notas, enseguida saltan las voces de protesta. «Yo sin notas me pierdo», «es demasiado difícil memorizar todo el contenido», etc. Todas estas excusas para mí son un sin sentido. Si yo soy quien crea el sermón, quien le da forma, quien elije las palabras, quien selecciona las ilustraciones necesarias, quien diseña la conclusión, ¿cómo es posible que necesite leer mis notas para poder predicarlo? Al ir pensando lo que voy a comunicar el domingo, en ese proceso durante la semana uno ya va internalizando el contenido del tema. Uno de los problemas que encuentro en mis clases es que, si quienes predican no se acuerdan de aquello que van a decir es porque lo copiaron. Lisa y llanamente. Muchos sermones que he escuchado son un mero «*copy and paste*» (copiar y pegar) con la computadora. Por esta razón, como el contenido es de otro autor, quien debe predicarlo no se acuerda lo que quiere decir...

Por el contrario, cuando el sermón es nuestro «hijo», uno no necesita mirar las notas para poder entregarlo. De la misma manera que a nuestros hijos biológicos los llamamos por su nombre y de memoria... cuando el sermón es mi propia creación nunca necesitaré el auxilio de mis notas. Cuando el sermón es creado por el pastor, el sermón llega a ser parte de la vida misma del predicador y al compartirlo suena como una conversación animada y de carácter personal con el oyente. Siempre un discurso «predicado» será la forma más efectiva, útil y poderosa a la hora de comunicarnos. Esto me lleva a la próxima realidad.

La tercera realidad que le presento es que, *todo predicador debe establecer un vínculo emocional con la audiencia sin caer en el emocionalismo.*

Usted ha visto como los cantantes profesionales «ponen el alma» al cantar. Saben que una vez que los oyentes se han conectado con ellos a nivel emocional, el aplauso viene como consecuencia, y el concierto ha sido un éxito rotundo. Usted ha visto a los buenos oradores políticos dejar la vida en la plataforma. Saben, que si logran atrapar las emociones de las masas, entonces las multitudes serán como arcilla en sus manos y las pueden lanzar hacia las metas que a ellos les interesa que alcancen.

En el capítulo anterior le mencionaba mis estudios de las convenciones de los dos partidos políticos de Estados Unidos. Nunca las cosas fueron tan pobres como en el año 1999. Los comentarios de todos los periodistas especializados fueron que, al cabo de las dos convenciones nacionales los candidatos a la presidencia nunca lograron conectarse con el pueblo. Y con razón. Uno de ellos jamás mostró ni un miligramo de pasión. Si hubieran traído uno de los gigantes de piedra de la isla de Pascua, tal vez hubiera sido más productivo. El otro candidato era tan limitado en la palabra que cuando finalmente llegó al poder, dio lugar a toda una nueva escuela de errores de dicción e incompetencia al hablar en público. Durante los ocho años de su presidencia los cómicos tuvieron material de sobra para hacer reír al público con los horrores verbales del presidente. ¡Patético!

Viniendo a lo positivo, si quiere escuchar un discurso inspirador busque «Yo tengo un sueño», del Dr. Martin Luther King Jr. ¡No hace falta que entienda inglés para recibir el impacto! Este discurso, por sus características notables hizo historia en su momento y se lo considera el

> *Sea blanco, afro, oriental, o nativo; hombre o mujer; joven o viejo; el principio siempre se mantiene: las personas que logran conectarse a nivel emocional con la audiencia siempre se destacan como predicadores excelentes.*

modelo a imitar, el patrón de medida para cualquier tipo de discursos[1]. Es un verdadero modelo de excelencia en la preparación y en la entrega. Ciertamente leyendo solamente su texto ya quedará impactado. El

[1] «I have a dream» speech (discurso). Si habla inglés y desea verlo, lo puede hallar en *You Tube* y también en muchos sitios en internet donde se enseña a hablar en público. Yo lo uso en mis clases cuando trato este tema.

Dr. King incluyó en él todos los principios que hemos venido considerando. Mucho más valioso aún, cuando fue entregado por este líder notable con corazón en fuego, el texto en sus labios cobró brillo, poder y vida, de manera que quedó registrado en la galería de los discursos famosos en la historia humana.

Si esta necesidad de conectarse a nivel emocional es importante para los cantantes y políticos, cuánta más trascendencia adquiere para el predicador cristiano. Cuando tomé la clase de homilética en el colegio, llegó el momento de la práctica. Y uno de los estudiantes predicó su primer sermón. Lo hizo de una manera aburrida, sin ninguna emoción, sin ningún cambio en la voz, sin usar ningún gesto. Más bien, con una voz monótona, sin mirar a la audiencia, leyó su sermón. El profesor, como todos los profesores aquí en Norteamérica, con mucha cordialidad le hizo ver que para el próximo sermón debía ponerle vida a la cosa, echarle sal y pimienta a la comida. Tres semanas más tarde, le vuelve a tocar el turno al mismo estudiante, y fue una fotocopia del sermón anterior: frío, desapasionado y aburrido. Los compañeros ofrecimos nuestras opiniones y sugerencias, y una vez más el profesor cerró la sección. Y mirando al estudiante a los ojos le dice: «Pero dígame, ¿usted alguna vez ha besado a una mujer?» (el estudiante era casado, conste). Costaba creer que alguien pudiera ser tan desapasionado, que su alma no pudiera registrar ni la más mínima emoción ni entusiasmo.

En su edición del 17 de septiembre de 2001, la revista TIME, en su portada hacía la pregunta: «¿Es este hombre el próximo Billy Graham?». La foto de la portada mostraba al pastor T. D. Jakes. El artículo central presentaba los nombres y ministerios de varios pastores más jóvenes que alcanzaron notoriedad a nivel nacional en la década de los 90. Sin embargo, el grueso de los expertos mencionaba el nombre de T. D Jakes como el más notable y digno de ser tenido en cuenta. Uno de los factores que le hacía destacar por encima de los demás colegas, mencionaban varias personas que entrevistaron, era la pasión y la energía con que el pastor Jakes entregaba sus sermones. En la nota, uno de los líderes bautistas dijo: «Lo que pasa es que los predicadores de descendencia afro, por su genética emplean un nivel de emocionalismo elevadísimo. El mejor predicador blanco, comparado con los hermanos de color, parece enfermo». El Dr. Patterson estaba en lo cierto.

Sea blanco, afro, oriental, o nativo; hombre o mujer; joven o viejo; el principio siempre se mantiene: las personas que logran conectarse a nivel emocional con la audiencia siempre se destacan sobre los demás. Para eso, todo predicador si quiere que su sermón cobre vida y lo consideren «el próximo Billy Graham», debe tener muy en cuenta los factores que mencionamos a continuación[2].

Procuremos crear una primera impresión favorable:

Primera impresión, es última impresión. Desde el momento en que subimos a la plataforma, las personas que no nos conocen ya comienzan a formarse una opinión de nosotros como personas. Aún antes de decir la primera palabra, nuestra apariencia personal ya está enviando un mensaje poderoso. Y una vez que hayan dado su veredicto, cambiarlo será muy difícil. La persona que habla en público, con su porte personal comanda respeto, o que lo tengan en poco.

En nuestros cultos, siempre trato de dar participación a otros pastores y hermanos de la congregación, y me reservo para mí solamente el sermón y el tiempo de ministración

> *Desde que llegué a mi iglesia actual decidí dejar la santidad a un lado, es decir, nunca más usé la corbata.*

que le sigue. Todo lo que precede al sermón (alabanza, lectura bíblica, oración pastoral), y lo que sigue a la ministración (adoración, ofrenda, anuncios), siempre busco delegarlo a personas calificadas. Y el consejo que le doy a todos los pastores jóvenes es: hagan lo mismo de ser posible. Traten de delegar lo más que puedan, a fin de reservar sus energías para aquello que es verdaderamente importante, es decir, la entrega de nuestro mensaje. Sin embargo, debemos tener en cuenta que, en muchas iglesias incipientes en nuestro continente esto no es posible. Conozco un sin fin de congregaciones donde el pastor está forzado a dirigir la alabanza, hacer los anuncios, etc. Cuando la iglesia es nueva, es perfectamente comprensible. No obstante, cuando un pastor tiene que recoger hasta la ofrenda, envía el mensaje de que ese hombre no ha comprendido su misión: «equipar a los santos para la

---

[2] En nuestro próximo capítulo agregaremos varios factores más a tener en cuenta cuando hablemos del perfil de un predicador excelente.

obra del ministerio» (Ef. 4:11). No considero que sea productivo que el culto del domingo sea el campo de entrenamiento para los novatos, sin embargo, las personas mejor capacitadas que tenga la iglesia deben ser puestas a servir y el pastor debe reservarse para sí mismo el corazón del culto público. Si usted es uno de esos «pastores múltiple uso», debe prestar aún más atención a lo que estamos diciendo.

Si crear una impresión favorable es importante, entonces, debemos cuidar dos aspectos vitales: nuestra indumentaria y nuestra apariencia personal. En cuanto a la indumentaria, reconocemos que la gran mayoría de predicadores, con nuestro «gran poder adquisitivo», no podemos comprar nuestro vestuario en las boutiques de Beverly Hills. Por tanto, hagamos lo mejor dentro de nuestros recursos limitados. Además, aprendamos a leer a la comunidad a la cual servimos. Los misioneros que nos trajeron el evangelio, nos dieron un mensaje envuelto en hábitos culturales del hemisferio norte. Así, nos forzaron a usar el saco y la corbata, ya sea en las selvas tropicales o en el frío polar. Ya sea en una comunidad de indigentes o en una comunidad de sólidos recursos económicos. En la actualidad sirvo a una congregación de inmigrantes en la ciudad de Los Ángeles, donde la gran mayoría de las personas hacen trabajos de servicio. Sumado al clima del sur de California con su calor, nunca he visto un caballero que venga a uno de los cultos vestido de saco y corbata. Por tanto, desde que llegué a esta iglesia decidí dejar la santidad a un lado, es decir, nunca más usé la corbata. Eso sí, uso el saco de vestir para cubrir el pecho caído. Lo que todos debemos aprender es a balancear nuestros recursos por un lado y la comunidad a quienes servimos por el otro. En cuanto al modo de vestir de las damas, el principio es el mismo, y que Dios les dé la gracia para ser culturalmente relevantes, sin generar una impresión negativa o que distraiga.

En cuanto a la apariencia personal, rigen los mismos principios. Durante los cuatro años que viví en un Instituto Bíblico, tuve el privilegio de conocer a muchos pastores que visitaban el lugar. Siempre recuerdo a un individuo que cada vez que lo veía era casi imposible reconocerlo. Una semana llegaba con cabellos color negro intenso. Semanas más tarde parecía un sueco y hasta se

> *¡Tantas veces los predicadores dan la impresión de que los domingos se desayunan tomando varios litros de vinagre!*

ponía lentes de contacto color azul. Otra vez, parecía un escocés con su cabellera rojiza. Y esto lo combinaba con bigotes y patillas de diferentes modelos. Cómo no preguntarse, en consecuencia, ¿qué valora una persona que tiene estas prácticas? ¿Qué reputación quiere fabricarse para sí mismo? No hay diferencia si somos caballero o dama, nuestra apariencia personal engendra respeto o desprecio. El predicador debe ser consciente de este factor crucial, de otra manera antes de salir al combate ya estará derrotado.

Utilicemos un lenguaje corporal correcto:

Nuestro lenguaje corporal es tan elocuente como nuestro sermón, ya que deja saber con exactitud nuestro estado de ánimo y cuáles son nuestras actitudes. Con nuestro modo de caminar, nuestros gestos, los movimientos de nuestra cabeza, el tono de la voz, revelamos con precisión quiénes somos y cómo nos sentimos en el momento de hacer la tarea.

Dentro de este campo hay dos factores a tener muy en cuenta. El primero es, *nuestra expresión facial.* ¡Tantas veces los predicadores dan la impresión de que los domingos se desayunan tomando varios litros de vinagre! Al ver su expresión facial, dan la impresión que se están dirigiendo a la iglesia de Laodicea, que serían vomitados de la boca del Señor.

Según estudios realizados, durante un discurso los humanos recibimos:

> el 7% mediante las palabras,
> el 38 % mediante los tonos de voz,
> y el 55% por la expresión facial del orador[3].

El predicador cristiano debe hacer lo imposible por ganarse a la audiencia. Nuestros oyentes deben llegar a ser, más que nuestros hermanos en la fe, nuestros amigos de por vida. Por tanto, si usted tiene una de esas personalidades muy serias, aprenda a sonreír; y si usted es de naturaleza *light* (liviana), aprenda a ser un poco más serio sin llegar a ser agrio.

---

[3] Sunujkian, Donald, *Volvamos a la predicación Bíblica*, pág. 33.

El segundo factor a tener en cuenta es, *nuestra distancia a la audiencia*. Todos los santuarios cristianos, desde Santa Sofía en el siglo V, hasta los mega santuarios de la actualidad, pasando por los edificios más pobres, siempre han seguido el mismo patrón en el diseño. Los bancos donde se sienta la congregación en un mismo nivel, y la plataforma un poco más elevada para poder ver con claridad a los que dirigen el culto. A partir de la reforma protestante en el siglo XVI, el púlpito pasó a ocupar el centro de la plataforma, como un recordatorio de que toda la congregación se reunía alrededor y bajo la autoridad de la Palabra de Dios. Desde entonces, y dependiendo de la personalidad del predicador, algunos se mantienen fijos detrás del púlpito, otros se mueven con más libertad. El Dr. Lloyd-Jones cuenta que en su iglesia, uno de sus predecesores hizo colocar una baranda alrededor de la plataforma y la hizo cubrir con cortinas, porque se sentía muy incómodo con las personas pudiendo mirar todo su cuerpo. El próximo Pastor que llegó a Westminster Chapel hizo quitar todo eso, porque según él predicaba con todo el cuerpo. El púlpito ha sido un lugar de refugio para algunos y una barrera para otros. La plataforma y el púlpito siempre ocupan un lugar de privilegio dentro del santuario.

Otra función que cumple la plataforma es mantener una distancia prudente entre el orador y la audiencia. Es un hecho muy conocido que dependiendo de la distancia que nos separa de nuestro interlocutor, nuestra conversación puede ser algo agradable o incómoda. Por esa razón, cuando se trata del culto cristiano, entre la plataforma y los bancos siempre hay una distancia de entre uno y tres metros, en proporción directa al tamaño del santuario. Con todo, gracias a la aparición de los micrófonos inalámbricos en los últimos años surgió una nueva moda digna de ser enterrada: la del predicador que se baja de la plataforma, y comienza a caminar o correr por los pasillos, o a entremezclarse con los oyentes.

En una de mis clases de predicación, uno de los estudiantes comenzó a predicar su sermón. Diez minutos más tarde, durante la entrega, se salió de detrás del púlpito y se acercó a una de las damas de la audiencia. Se paró frente a ella, a aproximadamente un metro de distancia, y mirándola a los ojos continuó entregando su sermón. Esto duró unos 20 segundos. Sus palabras en ese momento no tenían nada de malo. No fueron agresivas, ni un ataque personal, ni algo para ofender o poner incómoda a una persona. Siguió moviéndose, se dirigió a otros estudiantes y volvió al púlpito. A los pocos minutos vuelve a repetir la rutina. Se sale del púlpito, se acerca a la misma dama, le habla, se dirige a los demás y regresa una vez más al púlpito. Y finalmente, unos pocos minutos más tarde terminó su predicación. Llegó el momento de la evaluación, y los estudiantes comentaron las cosas buenas del sermón, pero ninguno notó el incidente que describo. Fue entonces, que yo debí tomar la aguja e introducirla en el globo...

Le pregunto a la dama que les menciono: «Dígame hermana, ¿cómo se sintió cuando X se acercó a usted mientras hablaba?». Ni yo mismo estaba preparado para el estallido que hubo. Los que escuchamos su respuesta no lo olvidaremos durante el resto de nuestros días. Con voz bien enérgica, y cargada de fastidio y enojo, aquella mujer respondió: «¡Creí que me violaba!». El predicador pidió disculpas, y todo quedó en el pasado como una experiencia muy valiosa en el aprendizaje. Sin embargo, las implicaciones de este episodio son muy bastas.

Si usted es uno de estos «inteligentes» contemporáneos que se bajan de la plataforma, permítame preguntarle: ¿Conoce usted de forma personal e íntima a cada persona en su audiencia? ¿Sabe usted los dramas que han vivido y los traumas que cargan? Después de esta clase hablé con esta estudiante que se había incomodado tanto con el predicador que no supo respetar la distancia prudente, y me contó que en su niñez un miembro de su familia había abusado de ella repetidas veces. Ahhh, ahora tiene sentido, ¿correcto? El Dr. Ray C. Stedman decía que, «algunas iglesias deberían mantener un registro de todas las personas que ayudaron a llegar al cielo; y de todas las personas que enviaron al infierno». Lo mismo deberían hacer unos cuantos predicadores.

La lección de esta historia es muy simple: manténgase detrás del púlpito o si se sale de detrás de él, muévase todo lo que quiera sobre la plataforma, pero nunca se baje de ella.

> *Dios no nos creó para ser estatuas de mármol, sino para expresar vida, poder y acción.*

Si camina, perderá el contacto visual con los oyentes y si pierde su atención, es muy probable que sea por el resto del sermón. Si su presencia llega a poner incomoda a una sola persona, es una pérdida demasiado grande para afrontarla. Usted trabaja durísimo para ganar las almas no para perderlas. No obstante, muchos ministros por no pensar o consultar, terminan confeccionando una lista de personas que pierden para siempre. Por favor, no sea usted uno de ellos.

Aprendamos a utilizar gestos que sean una extensión natural de nuestra personalidad:

Una parte inseparable de nuestro lenguaje corporal son los gestos que hacemos. Dios no nos creó para ser estatuas de mármol, sino para expresar vida, poder y acción. Por tanto, los buenos gestos son valiosos, ya que:

* Clarifican y dan vida a las palabras
* Dramatizan las ideas
* Enfatizan acción
* Son ayudas visuales poderosas
* Son fácilmente visibles para todos
* Estimulan la participación de la audiencia

Al decidir qué gestos usar, debemos tener en cuenta:

* El tamaño del auditorio
* El énfasis de la presentación, el tema del sermón
* La distancia entre el predicador y la audiencia
* El tamaño de la audiencia
* Si hay TV interna

Como en todas las cosas, hay ciertos gestos que debemos evitar por la mala impresión que crean. Veamos algunos de los más conocidos:

* Billy Graham: Mano izquierda en la cintura y brazo derecho extendido, apuntando con el dedo índice a la audiencia. Billy tiene «copyright» (derecho de autor) sobre este gesto. Si usted lo emplea dirán que es un vulgar imitador.
* Brazos cruzados sobre el estómago
* La mano sobre el corazón: les aseguro hermanos que les quiero...
* Rascarse la cabeza

- Las manos en el bolsillo
- El dedo acusador
- Las aspas de molino
- Los golpes de Karate
- El puño cerrado

Por el contrario, gestos buenos y adecuados son aquellos que:

- Son el resultado natural y la extensión de nuestra personalidad
- Son espontáneos
- Son suaves y a tiempo
- Son convincentes
- Corresponden exactamente a las palabras y a la ocasión

Al hablar de los gestos, hay una realidad que debemos volver a recordar. La TV ha condicionado mucho cómo se entrega un discurso. Cuando usted mira un noticiero o un programa periodístico le ruego que preste atención, ¿cómo usan sus brazos los que leen las noticias o quienes entrevistan a un invitado especial? La respuesta es: tienen los brazos «atornillados» al escritorio. No hay nada más ridículo que ver a alguien usando gestos ampulosos en la TV. La moraleja es que, sus manos cuando está en el púlpito nunca deben rebasar el nivel de su cabeza, de otro modo sus gestos pasan a ser un elemento de perturbación.

Debemos aprender a modular nuestra voz para que sea atractiva:

Siempre recuerdo un lunes a la tarde en Vancouver. Era mi día de descanso y decidí poner el televisor. Iba recorriendo los canales con el control remoto cuando de pronto veo a Julio Iglesias. En Canadá en aquellos años, el mundo hispano «estaba muy lejos». Raras veces uno podía enterarse de algo relacionado con nuestro continente (todavía no había internet). Me despertó el interés, y decidí mirar el programa. Allí estaba el gran artista contando sobre su vida y grandes hazañas en el canto y en el amor. Lo entrevistaba una pareja de chicos jóvenes. Y hacia el final de la nota, el periodista le pide a Iglesias: «Julio, ¿podríamos cantar la canción que haces a dúo con Willy Nelson?». «Por supuesto», fue la respuesta de Julio. Y empezaron. En este caso comenzó el joven periodista, cantó un par de líneas, y es mejor que se haya dedicado al periodismo. Pero entonces, entró Julio en acción... Abrió su boca y en dos segundos estaba prendido. ¡Qué calidad! Ese día Julio Iglesias me dejó una impresión indeleble sobre el poder que tiene la voz. Una realidad que todo predicador debe tener muy en cuenta.

Si nuestro sermón ha de cobrar vida y ser de bendición, el uso de nuestra voz adquiere una importancia fundamental dentro de la entrega. Todo predicador debe aprender a modular su voz si espera que su sermón sea escuchado con mayor atención. Hay predicadores que por naturaleza, al igual que Julio Iglesias, han sido dotados de una voz muy poderosa, que capta la atención de forma inmediata; otros por el contrario, tienen una voz que parecen una abeja encerrada en un frasco. En estos casos, tanto más debe trabajar el predicador en aprender a desarrollarla.

Si espera desarrollar su voz, permítame recomendarle que tome una clase de canto o que consulte a un terapeuta que trate con temas del habla. Lo importante es que aprenda *a respirar correctamente*. No le propongo que llegue a ser un cantante como Julio Iglesias, pero si hace lo que le digo ocurrirán dos cosas: primero, que su voz le durará por el largo de toda su vida; y segundo, que podrá modularla, con todas sus posibilidades.

Cuando era joven (ayer nomás), recuerdo a mis mayores hablar y decir: «Hoy Dios vino con poder sobre mí. A la mitad del sermón ya estaba afónico...». Me quedaron grabadas esas palabras. Pensaba que quedarse afónico era el epítome de la espiritualidad y la clara señal de que Dios había vuelto su rostro hacia su ungido y lo había bendecido de una manera sobrenatural. Hoy veo que fue una de las tantas muestras de «folklore evangélico» basadas en la ignorancia de cómo funciona nuestro cuerpo, que abunda entre nuestro pueblo.

Cuando tenía cuarenta años, un lunes amanecí afónico. Pensé que se pasaría el problema en pocos días, por lo cual no le presté mucha atención. Sin embargo, los días se hicieron semanas y meses, y la voz no regresaba. Decidí entonces ir al médico. Ya no me quedaba otra alternativa. Para hacer la historia corta, me refirieron a un especialista, y ahí aprendí que mi afonía no tenía ninguna relación con la unción. Más bien, me informaron que había abusado de la voz durante años por no saber respirar, y que ahora debía aprender a cuidarla aprendiendo a respirar usando el poder del diafragma. Eso es exactamente lo primero que se aprende en una clase de canto. Cualquier persona cuya profesión consiste en usar su voz (locutores de radio, periodista de la TV, oradores políticos) lo primero que hacen es poner en práctica lo que le estoy recomendando. Por tanto, si usted quiere honrar a Dios en su ministerio de predicación, comience aprendiendo a administrar y a cuidar la maquinaria que le dio.

El segundo beneficio que trae aprender a respirar correctamente, es que cuando aprendemos a hablar usando la potencia del aire que está siendo exhalado de los pulmones, entonces podemos modular la voz de un modo mucho más efectivo. Así podemos usar toda la riqueza y gama de posibilidades que ofrece. Algo que para nuestra profesión es obligatorio.

Para aprender a modular nuestra voz a fin de que nuestro sermón cobre vida, entonces, tendremos que balancear cuatro elementos:

Volumen:

Cuando hablamos en público siempre, en proporción al tamaño del auditorio, debemos elevar *un poco* el volumen de nuestra voz. Reconocemos que hoy, con la ayuda de los equipos de sonido, nuestra tarea es mucho más fácil que en el pasado. Siempre me pregunto cómo habrá hecho C. H. Spurgeon para hablar a diez mil personas sin un sistema de amplificación... Verdaderamente increíble. Le recomiendo, no obstante, que el volumen del equipo de sonido no sea puesto a un nivel que ensordezca y apabulle a la audiencia. Lo importante es que las personas que se sientan en los últimos bancos lo oigan con claridad, y usted no tenga que esforzarse en demasía. Y si de equipos de sonido se trata, asegúrese que tiene un operador de sonido que sepa hacer la tarea con eficiencia.

Cuando predicamos, el primer elemento a tener en cuenta es el volumen de nuestra voz. Dependiendo del momento del sermón, y las verdades que estamos presentando en un determinado instante, debemos subir y bajar el volumen de nuestra voz para acentuar aquello que queremos destacar y enfatizar. Eso sí, por favor, aprenda la diferencia inmensa que hay entre ser intenso y ser gritón. Le ruego que imagine a un profesor de historia que nos contase el descubrimiento de América tal como lo haría un predicador «ungido»; que a grito pelado nos dijera: «¡Sí, sí, sí... Cristóbal Colón descubrió América. El 12 de

Octubre de 1492, Cristóbal Colón, Cristóbal Colón, Cristóbal Colón, halló América!». Si alguien enseñara en el aula como algunos predicadores lo hacen en el culto, diríamos que están dementes. Debemos ser intensos, mas nunca cruzar la línea que nos separa de la gritería.

Si quiere hacer un ejercicio, para ver cómo usaría diferentes volúmenes de voz, tome Romanos 11:33-36. ¿Cómo leería este pasaje? (Versión Reina Valera 1960).

> «¡Oh profundidad de las riquezas de la sabiduría y de la ciencia de Dios! ¡Cuán insondables son sus juicios, e inescrutables sus caminos! Porque ¿quién entendió la mente del Señor? ¿O quién fue su consejero? ¿O quién le dio a él primero, para que le fuese recompensado? Porque de él, y por él, y para él, son todas las cosas. A él sea la gloria por los siglos. Amén».

Además, debemos aprender a modular la voz y el volumen para que nos ayuden a enfatizar una cierta parte del texto bíblico y de nuestro sermón. Tome como ejemplo Juan 3:16. Usted con su voz puede enfatizar:

- **«Porque de tal manera amó Dios al mundo,** que dio a su Hijo único, para que todo aquel que en él cree, no perezca, sino que tenga vida eterna».
- «Porque de tal manera amó Dios al mundo, **que dio a su Hijo único**, para que todo aquel que en él cree, no perezca, sino que tenga vida eterna».
- «Porque de tal manera amó Dios al mundo, que dio a su Hijo único, **para que todo aquel que en él cree**, no perezca, sino que tenga vida eterna».
- «Porque de tal manera amó Dios al mundo, que dio a su Hijo único, para que todo aquel que en él cree, **no perezca sino que tenga vida eterna»**.

Velocidad:

Durante el sermón hay momentos que requieren que aceleremos el paso, hay otros que demandan que vayamos más lento. Tome por ejemplo Santiago 1:19-20:

«Por esto, mis amados hermanos, todo hombre sea pronto para oír, tardo para hablar, tardo para airarse, porque la ira del hombre no obra la justicia de Dios».

¿Dónde aceleraríamos? En «todo hombre sea pronto para oír...». ¿Dónde iríamos más despacio? En «taaaaaaardo para hablar, taaaaaaardo para airarse...». La diferencia en la velocidad ayuda a marcar el contraste.

Pausas:

Las pausas las podemos usar con mucha efectividad para enfatizar una verdad que requiere acción inmediata. Por ejemplo: «¡Esta práctica destructiva debe parar ya mismo! Nunca más palabras deshonestas pueden salir de nuestra boca». Al final de las dos oraciones hacemos una pausa más larga con el fin de permitir que la seriedad de esta afirmación aferre la mente y el corazón del oyente. Esos segundos extras de silencio le dan tiempo para reflexionar al oyente, esa breve pausa le da tiempo «para respirar» e internalizar lo oído.

Al considerar el uso de su voz de manera apropiada le ruego que piense: Un día mientras lee el periódico o internet encuentra el aviso de una radioemisora que busca locutores. ¿Se presentaría usted para llenar esa posición? Los locutores son maestros consumados en el uso correcto de la voz. Cuidar la voz y usarla al máximo potencial de lo que les permite, es el corazón de su profesión. ¿Podemos los predicadores ser menos que ellos?

> *El predicador al entregar su mensaje, lo crea o no lo crea, está ocupando el lugar de Dios cuando habla a las personas.*

No olvidemos la importancia del contacto visual con los oyentes:

En el comienzo de este capítulo dijimos que hay cuatro maneras de entregar un discurso, y que leerlo es la peor de todas. Debemos ampliar estos conceptos.

La predicación cristiana busca alcanzar diferentes metas: dar a conocer la gloria de Dios a todos sin distinción, ofrecer el mensaje de

> *El pastor que lee su sermón ha abdicado su profesión, ha renunciado a la grandeza de su vocación.*

salvación a las personas que están fuera del reino, edificar a los creyentes en la fe, impulsar a los discípulos a la acción en Jerusalén y hasta lo último de la tierra. A través de todo este proceso Dios está buscando establecer una relación personal con cada ser humano para poder cumplir de esa manera planes que tiene trazados desde antes de la creación del universo. El predicador al entregar su mensaje, lo crea o no lo crea, está ocupando el lugar de Dios cuando habla a las personas. Pablo lo expresa con claridad cuando dice: «Como si Dios rogara por medio de nosotros...» (2 Corintios 5:20) No hay en el mundo una profesión que tenga mayores posibilidades de impactar la vida de los humanos, como ser predicador del evangelio de la gracia de Dios. Y es en esos momentos de acción, cuando entregamos nuestro sermón, que Dios habla con poder al corazón de las personas.

¿Pero qué ocurre cuando el predicador entierra su cabeza en las notas y lee el sermón de principio a fin? Peor aún, ¿qué mensaje recibe usted cuando el predicador sube con una Laptop al púlpito y desde allí lee su escrito? Dependiendo de nuestra personalidad y del nivel de paciencia y respeto que tengamos por la posición que ocupa el pastor, usted y yo nos quedamos a escuchar. Con todo, nunca escuchamos con mayor interés a una persona que se dirige a nosotros de este modo. Personalmente, si yo llego de visita a una iglesia y el pastor es uno de los que lee el sermón de cabo a rabo, no regreso nunca más. Esa iglesia podrá tener la mejor alabanza, los mejores programas para niños, jóvenes y ancianos, pero el pastor leyendo su sermón ha abdicado su profesión, ha renunciado a la grandeza de su vocación. Ha rebajado al sermón transformándolo en un mero discurso.

El predicador cuando entrega su sermón les habla a todos en general, pero al hacer contacto visual con cada individuo logra que ese sermón sea algo personal. ¡Es Dios hablándole a usted! Y no hay un medio más poderoso para comunicar esta sensación que mirando a las personas a los ojos.

Eso sí, que su contacto visual sea de la duración adecuada. En otra de mis tantas encuestas a mis estudiantes, les he preguntado: «¿Cuánto debe durar el contacto visual entre el predicador y un oyente?». El 99% respondió: «Entre uno y dos segundos». Absolutamente de acuerdo. Más de allí es intimidar y poner incómoda a la persona. Es dejar la sensación de que a uno la ha marcado y es el blanco de mis dardos verbales. Por ende, cuando predique recorra con sus ojos todo el salón, hablando a diferentes personas a su derecha y a su izquierda, a los que están adelante, en el medio y a «los santos de los últimos bancos».

Otro beneficio importante de hacer contacto visual con nuestros oyentes, es que nos permite «leer» a nuestra audiencia a medida que vamos predicando. Mediante las reacciones de los oyentes percibimos si nos entienden, si el tema es interesante, si ese chiste fue bueno o malo, si nos hemos conectado o no.

Por tanto, recordemos siempre que si queremos predicar de esta manera ideal, tendremos que preparar nuestro sermón con mucho cuidado y esfuerzo. Si gozamos de libertad al proclamar el mensaje, será en la misma proporción al esfuerzo que hicimos durante la semana. Trabaje durante toda la semana, el sábado a la noche lea su manuscrito por última vez antes de retirarse a dormir, y durante la noche el cerebro estará trabajando y lo dejará listo para el día siguiente. Y el domingo vaya confiado, y Dios le ayudará; nunca tendrá que preguntarse: «¿De dónde vendrá mi socorro?».

Si usted está haciendo sus primeras armas en esta tarea, le ruego que preste mucha atención a lo que decimos, porque si usted comienza formándose malos hábitos luego le será mucho más difícil corregirlos. Una vez que el cemento se endurece... El contacto visual adecuado con los suyos, siempre será una manera poderosa de hacer que su misión de proclamar a Cristo llegue a ser lo que debe ser en verdad: un encuentro personal con el Dios vivo.

Aprendamos a utilizar las ayudas visuales correctamente:

Cuando enseñamos a los niños tratamos de emplear la mayor cantidad posible de elementos visuales porque les captan la atención, los ayuda a entender conceptos difíciles y a recordar lo que queremos que aprendan. Los adultos no somos diferentes. Lógicamente, las ayudas visuales deben estar al nivel intelectual de la audiencia.

Antes que existieran las transparencias y el *Power Point*, uno debía ser creativo a la hora de emplear medios visuales. Y a pesar del paso de los años, muchas de las ayudas que he utilizado todavía son válidas. Por ejemplo:

Un domingo estaba predicando sobre el tema: «El problema fundamental del hombre». Dentro del sermón presenté el versículo de Jeremías 17:9: «Engañoso es el corazón y perverso, ¿quién lo conocerá?». Fue entonces que pedí a los oyentes: «Aquí tengo mi llavero. Y les quiero pedir a cada uno de ustedes que hagan lo mismo. Sáquenlo de su bolsillo, o de su bolsa (cartera para las damas mejicanas), y pónganlo en alto». Luego que lo hicieron, seguí: «Hablando con un caballero, me dijo que él pensaba que el ser humano es bueno por naturaleza. Que ninguno de nosotros tiene un corazón inclinado al mal. Si eso es verdad, ¿por qué entonces, esta mañana, cada uno de nosotros tenemos este llavero en la mano...? Estos llaveros son un triste recordatorio de que Jeremías 17:9 es verdad. Llevamos estas llaves para proteger nuestra casa, nuestro automóvil, nuestra oficina, y un millón de cosas más que consideramos de valor....».

Otro día estaba enseñando sobre las ofrendas. El párrafo a estudiar era 2 Corintios 9:6-15. Y para visualizar el verso 6, llevé un dedal y un tambor de 20 litros a la plataforma. Mis palabras fueron: «Aquí tengo un dedal... ¿lo alcanzan a ver? Esto es lo que usan las damas para empujar la aguja cuando están cosiendo. Este es un tambor de 20 litros. Si un granjero siembra un dedal de semillas, y otro siembra un tambor de semillas, ¿hace falta que les pregunte a ustedes quién cosechará más a la hora de la siega? No creo que haga falta. Todos sabemos muy bien la respuesta. El que siembra más, recoge más. Eso es lo que nos recuerda Pablo en 2 Corintios 9:6. 'El que siembra escasamente, también segará escasamente; y el que siembra generosamente, también cosechará generosamente'».

> *En esta vida no hay temas aburridos, solamente oradores y maestros aburridos.*

Uno de mis párrafos favoritos de los evangelios es el relato de la mujer que tocó el manto de Jesús. Un rabino mesiánico me explicó que ese manto, no era la túnica que su madre María había cosido para el Señor. Era un «manto de oración» que usaban todos los rabinos en tiempos de Jesús. Para mi bendición, mi amigo me trajo de uno de sus viajes a Israel uno de esos mantos. Cuando he predicado sobre ese relato, me he colocado en el momento preciso sobre los hombros el manto, y créanme que en ese momento no hay un solo rostro que no mire a la plataforma.

Estos métodos de graficar las verdades, de hacerlas visibles y fáciles de entender son tan antiguos y efectivos como la misma Biblia. Le ruego que lea el relato de Jeremías capítulo 19, y allí verá que Dios le ordena al profeta que vaya a la casa del alfarero y compre una vasija, y luego la rompa delante de los ojos del pueblo. El propósito era ilustrar que de la misma manera serían quebrantados bajo el juicio y el castigo que vendrían de Dios. Y si quiere un ejemplo mucho más dramático, elocuente, y poderoso, le invito a leer Ezequiel capítulo tres, y después me avisa del impacto que le deja.

Además de todas estas técnicas visuales de la antigüedad, debemos estar agradecidos de vivir en una época donde el progreso tecnológico ha colocado en nuestras manos herramientas muy valiosas para ayudarnos a hacer nuestro trabajo mejor aún. Desde que salieron al mercado las presentaciones en *Power Point*, estas han llegado a ser unas de mis aliadas favoritas al predicar. Cuando predico el evangelio prefiero no usar presentaciones audiovisuales, a menos que deba mostrar algo críticamente importante. Cuando enseño al pueblo de Dios, sea el domingo o entre semana, siempre me apoyo en las presentaciones visuales. Encuentro que *Power Point* (o su equivalente) es muy útil para mostrar mapas, gráficos, fotos, vídeos, y un sin fin de recursos informáticos. Mucho más importante aún es, que ayuda a que las personas vean y puedan seguir con facilidad el bosquejo del tema. Además, si necesitamos que la congregación conozca cierto versículo, al ponerlo en la pantalla nos ahorramos la gimnasia bíblica con sus distracciones correspondientes. En el pasado trabajaba mucho en formar mi propio archivo, hoy internet con sus vastísimos recursos nos ofrece posibilidades ilimitadas si sabemos qué buscar. Y cuando lo pasamos a la presentación de *Power Point* (o su equivalente) el sermón cobra vida. Hace dos años enseñé el libro de Josué y qué lindo fue poder pasear a la iglesia por todos los lugares de la tierra de Israel mostrando las fotos de los lugares por donde pasó el pueblo durante la conquista. Eso si… al recomendarle que use estos medios visuales déjeme advertirle que no se le vaya la mano. He visto presentaciones tan súper elaboradas que el final uno se distrae y se olvida de lo que le están tratando de decir. He visto presentaciones donde la frase que entraba en la pantalla hacía tantos firuletes y daba tantas vueltas que finalmente distraía llamando la atención sobre sí misma en lugar de llevarme al concepto que debía aferrar. Como siempre y en todas las cosas, sentido común por favor.

Estoy plenamente convencido que en esta vida no hay temas aburridos, ¡solamente oradores y maestros aburridos! Cuando hablamos en los capítulos anteriores sobre la importancia de las introducciones, las conclusiones, la idea central y el estilo, y ahora en este capítulo sobre la forma en que predicamos nuestro sermón, hay un principio que unifica todo lo que decimos: la necesidad imperiosa de siempre saber captar la atención de nuestros oyentes desde el principio hasta el final del sermón. De comandar atención con nuestro porte, con nuestro lenguaje corporal, con el uso de nuestros gestos, con el empleo de nuestra voz, con el uso de las ayudas visuales. Si la meta de la predicación cristiana es introducir a las personas a la presencia de Dios y que allí frente a la luz de su gloria sean transformados por el poder del Espíritu Santo, entonces los mensajeros debemos prestar atención a un millón de detalles que pueden dar brillo o apagar nuestro sermón. Debemos ser estudiantes cuidadosos cuando desarrollamos nuestro tema durante la semana, pero también debemos aprender a usar con efectividad creciente aquellas técnicas que añaden vida y poder al sermón a la hora de predicarlo.

Finalmente llegó el gran día en el que un joven recién egresado del colegio bíblico debía entregar su primer sermón. Con todos los nervios de la ocasión pasó al frente y anunció: «Creo que tengo algo muy importante para predicar, porque mis rodillas ya empezaron a aplaudir...». Todos los comienzos, incluyendo la tarea de predicar, siempre son difíciles y causan pánico a cualquier principiante. Sin embargo, si tenemos la actitud correcta y buscamos aprender de todas y cada una de las ocasiones que se nos presentan, la predicación será siempre de modo creciente una experiencia siempre desafiante y gozosa. Pablo afirmaba: «Nuestro evangelio les llegó no solo con palabras, sino también con poder, es decir, con el Espíritu Santo y con profunda convicción» (1 Ts. 1:5).

Hasta aquí hemos aprendido lo que debemos hacer en el estudio cuando desarrollamos el sermón y sobre el púlpito cuando lo predicamos. Sin embargo, aun así todo este esfuerzo puede terminar en nada, ya que puede llegar a ser mera letra que mata. Por lo tanto, si esperamos que las personas que nos oyen sean transformadas y bendecidas, tendremos que contar con el auxilio poderoso de lo alto. El bendito Espíritu Santo debe descender en medio del pueblo reunido para vivificar la palabra, y para que eso ocurra primero debemos mirar a la persona del mensajero, ya que él o ella es el conducto de oro por el cual desciende la bendición de Dios. Muchas veces he preguntado a mis estudiantes: «¿Qué es más importante, el predicador o el sermón?». La inmensa mayoría replica: «el sermón». Sin embargo, en el plan de Dios el predicador es más importante que el sermón, porque es el mensajero quien bajo la guía de Espíritu Santo le da forma, vida y poder al sermón. Ese es el tema de nuestro próximo estudio.

Preguntas para repaso, reflexión y discusión

1. Nuestro autor nos presenta en este capítulo tres realidades que todo predicador enfrenta en el momento de entregar su mensaje y cinco consejos prácticos para hacer la tarea con excelencia. ¿Puede recordar esas realidades y consejos? ¿Qué otro consejo añadiría a la lista ofrecida?

2. Sánchez nos enseña que hay cuatro maneras de entregar un discurso, ¿cuáles son estas? ¿A cuál de los custro grupos pertenece usted a la hora de predicar?

3. El uso de ayudas visuales como *Power Point* tiene sus ventajas y desventajas. De acuerdo a su experiencia, ¿en qué pueden ser de ayuda las presentaciones visuales y en qué pueden ser de detracción? ¿Cuáles fueron las virtudes de una presentación que captó su atención y llegó a considerarla excepcional?

4. ¿Cuál es la diferencia entre ser intenso y ser gritón? ¿Cuál es la diferencia entre ser intenso y parecer enojado?

SECCIÓN IV

El predicador: sus
cualidades personales y su
preparación personal

CAPÍTULO 18

El retrato de un predicador excelente

«Denme cien predicadores que no teman a nada sino al pecado y no deseen nada más que Dios, y no me importa que sean clérigos o laicos, estos hombres sacudirán las puertas del infierno y establecerán el reino de Dios en la tierra» (Juan Wesley).

¡Inaguantable! Francamente intolerable.

Con cada palabra que salía de los labios del predicador uno percibía como si densas nubes de anestesia descendiesen sobre la audiencia. Varios abandonaron la lucha y se rindieron en los brazos del sueño. Los adolescentes y jóvenes sacaron sus *I-pods* y celulares, y se dedicaron a otros quehaceres. Otros, más espirituales, leían sus Biblias. Y en medio de ellos, allí estaba yo haciendo un esfuerzo sobrehumano para prestar atención y así apoyar a mi estudiante. Ciertamente era una tarea muy difícil y con cada minuto que pasaba el tormento era cada vez mayor.

¿Qué había ocurrido? Había llegado el momento en que mis estudiantes de la clase de Homilética debían entregar su primer sermón. Para hacer la experiencia más real, le pedí a un pastor amigo si era posible que los estudiantes pudiesen predicar en el culto de su iglesia de los miércoles a la noche. Este buen amigo accedió. Hasta este día fatídico la experiencia había sido francamente muy alentadora. Todos los estudiantes habían demostrado dedicación y esfuerzo en la preparación del sermón y competencia al predicarlo. Pero esa noche, este muchacho había sido chato, insípido, y totalmente aburrido. Estaba predicando sobre la parábola de las 10 vírgenes; una historia con la cual es muy difícil predicar un mal sermón, y sin embargo... Ya había hablado durante 50 minutos y recién iba por la mitad del pasaje. El suplicio parecía interminable.

Fue en esos momentos que comencé a preguntarle a Dios y a reflexionar para mis adentros: ¿Cuál es el retrato de un predicador bíblico excelente? ¿Cómo podemos reconocerlo? ¿Cuáles son algunas de sus características distintivas? ¿Hay algún ejemplo viviente al que todos deberíamos aspirar llegar para ser iguales que él? ¿Cómo reconocemos el patrón de medida al que todos deberíamos hacer un esfurezo por conformarnos? ¿Cómo hago para mostrarles a mis estudiantes el modelo bíblico de un heraldo cristiano al cual todos tendríamos que emular? Para mi sorpresa, Dios no tardó mucho en contestarme. Al día siguiente, mientras hacía mi estudio personal de la Biblia, la historia de ese brillante cometa llamado Apolos, me dio la impresión que saltaba de las páginas de las Escrituras. Al analizar sus cualidades notables fue que nació el tema que comparto a continuación. Le ruego, entonces, que lea esta historia singular, y luego analizaremos las cualidades que Apolos demostró, y que usted y yo debemos aspirar a desarrollar en plenitud si aspiramos llegar a ser predicadores cristianos excelentes tal como él llegó a ser[1].

En Hechos 18:24-28 leemos:

«Llegó entonces a Éfeso un judío llamado Apolos, natural de Alejandría, hombre elocuente, poderoso en las Escrituras. Este había sido instruido en el camino del Señor, y siendo de espíritu fervoroso, hablaba y enseñaba diligentemente lo concerniente al Señor, aunque solo conocía el bautismo de Juan. Comenzó, pues, a hablar con valentía en la sinagoga, pero cuando lo oyeron

---

[1] Entre las nueve cualidades que presentamos a continuación mencionamos principalmente las que provienen del párrafo que describe el ministerio de Apolos. No obstante, como el tema es mucho más amplio, incluimos también una cualidad que proviene del ministerio del Señor y una que el Apóstol Pablo recomendaba a Tito.

Priscila y Áquila, lo tomaron aparte y le expusieron con más exactitud el camino de Dios. Cuando él quiso pasar a Acaya, los hermanos lo animaron y escribieron a los discípulos que lo recibieran. Al llegar allá, fue de gran provecho a los que por la gracia habían creído, porque con gran vehemencia refutaba públicamente a los judíos, demostrando por las Escrituras que Jesús era el Cristo».

La primera cualidad que debe distinguir a un predicador bíblico excelente, según leemos en este relato de la vida de Apolos, es: *Elocuencia*.

Esto no nos debe sorprender en el caso de Apolos. Se había criado en Alejandría que era un centro de cultura griega en el medio oriente. Y los griegos valoraban como fundamento y meta de la educación la capacidad de comunicarse con elocuencia y llegar a ser oradores poderosos.

Aristóteles sostenía que un discurso para ser atractivo y persuasivo debía reunir tres componentes: *Logos* (el contenido intelectual, la calidad y precisión de las palabras), *Pathos* (la vivencia emocional que el orador utilizaba al presentar su tema) y *Ethos* (si la vida del orador respaldaba lo que proclamaba). Es evidente que Apolos se había criado en esta tradición y ciertamente tenía un plus a la hora de hablar en público.

La elocuencia debe ser una meta a la cual todo predicador joven debe aspirar y una cualidad por la cual debe hacer un esfuerzo por crecer y progresar en ella, ya que nadie nació elocuente. Y para llegar a ella, el camino más corto es ser lectores voraces de todo tipo de literatura, y aprender a escribir con precisión, claridad y sencillez.

> *"La predicación del mensaje cristiano tiene como fundamento la palabra de Dios y su objetivo primordial es conducir los oyentes a un conocimiento personal de Jesucristo como el Señor y Salvador de sus vidas".*

En esta segunda área, los que nacimos en Latinoamérica debemos hacer un esfuerzo extra, ya que los modelos educativos que recibimos no enfatizaban el aprender a escribir. La gran mayoría de los predicadores hispanos que conozco no escriben sus sermones, porque según dicen, consume demasiado tiempo y esfuerzo. Sin embargo, al no hacerlo están dando el primer paso a crear confusión y falta de claridad en el contenido de sus temas. Y cuando hay llovizna en el púlpito, hay niebla en el auditorio. Por ende, le desafío a disciplinarse a escribir. A escribir cuanto más pueda de su sermón y como consecuencia, estará dando el primer paso en llegar a ser como Apolos.

La segunda cualidad de un predicador excelente que caracterizó a Apolos, es que fue, *poderoso en las Escrituras*.

¿Qué tenía en mente el escritor bíblico cuando dijo que Apolos era poderoso en las Escrituras? No hace falta ir muy lejos para tener la respuesta, el versículo 28 nos dice:

> «Refutaba vigorosamente en público a los judíos, demostrando por las Escrituras que Jesús es el Mesías».

Apolos había comprendido una verdad fundamental para su ministerio, y es que la predicación del mensaje cristiano tiene como fundamento la palabra de Dios, y que su objetivo primordial es conducir a los oyentes a un conocimiento personal de Jesucristo como el Señor y Salvador de sus vidas. Es evidente que este hombre conocía las Escrituras en toda su extensión y con profundidad notable. De otra manera, ¿cómo podría haber convencido de la verdad en cuanto a Cristo, a los miembros de una audiencia tan bíblicamente sofisticada como eran los asistentes a una sinagoga judía, quienes desde niños estudiaban con detenimiento las Escrituras hebreas y habían memorizado largos párrafos de ellas? Fue este conocimiento lo que le dio a Apolos valentía y autoridad para comunicar su mensaje y enfrentar los rigores de una audiencia tan exigente.

Hace días leí a mi autor favorito, quien decía que la receta para fabricar un sermón contemporáneo es:

- Tome cuatro kilos de ignorancia bíblica.
- Dos kilos de prejuicios doctrinales cortados en trozos.
- Dos tazas de tradiciones denominacionales picadas bien finito.
- Dos miligramos de intelecto.
- Sazone con ilustraciones infantiles y trilladas.
- Mezcle todos los elementos en una olla.
- Revuelva a fuego lento mientras grita desaforadamente durante 50 minutos.
- Finalmente, arroje ese asco por la ventana.

El ejemplo de Apolos, no parece tener muchos imitadores en esta primera parte del siglo XXI. Detrás de las griterías, las caminatas aceleradas sobre la plataforma, y los brazos que se mueven como aspas de molino, ¡tantas veces se oculta una horrible ignorancia bíblica! Cuando uno escucha los sermones que entregan la gran mayoría de predicadores contemporáneos, se asemejan a un té hirviendo; algo muy útil para mantener el alma caliente pero sin ningún valor nutritivo para el espíritu. Y a largo plazo los rebaños que se alimentan con semejante dieta llegarán a ser discípulos de Cristo raquíticos y débiles. Y tristemente, los discípulos raquíticos no sirven, ni ofrendan, ni evangelizan. Si la tarea del predicador es hacer más y mejores discípulos para Jesucristo, entonces, es mandatorio que comprendamos que nuestra tarea principal es llegar a ser primeramente nosotros mismos estudiosos disciplinados e incansables de la Biblia, para que en consecuencia podamos cumplir el mandato del Señor: «Id por todo el mundo y haced discípulos... *enseñándoles a que guarden todas las cosas que les he mandado...*». El predicador cristiano debe aferrar con claridad absoluta que su mandato es hacer conocer la grandeza de Dios a sus oyentes mediante la exposición precisa, relevante y práctica de las Escrituras.

> "El predicador cristiano debe aferrar con claridad absoluta que su mandato es hacer conocer la grandeza de Dios a sus oyentes mediante la exposición precisa, relevante y práctica de las Escrituras".

Pienso que cuando las personas salían de la iglesia después de haber escuchado a Apolos, debían comentar: «Qué increíble. Nunca había escuchado antes una exposición tan interesante, detallada y completa de ese párrafo de *La Ley y los Profetas*». «El predicador trajo el texto a la vida». «Ah... eso es lo que quería decir el Salmo 22...». «Ese era el significado del párrafo de Isaías donde habla del siervo sufriente de Jehová» (Isaías 53 para nosotros). Las personas, me imagino deben haber sentido que Apolos había alimentado sus espíritus con el conocimiento de las Escrituras y con su elocuencia los debe haber impulsado a la acción. Muchos, a pesar de algunas objeciones iniciales, deben haber terminado poniendo su confianza personal en Jesucristo como el Mesías y el Hijo de Dios.

Al momento de escribir este capítulo hace menos de una semana que acabo de regresar de mi primera visita a Londres. Durante mi viaje quise conocer las iglesias de los gigantes espirituales que fueron mis mentores en la distancia y pusieron el fundamento de mi vida espiritual y mi ministerio. La primera iglesia que visité fue Westminster Chapel, donde ministró el Dr. Martyn Lloyd-Jones durante más de treinta años. Para los que no conocen la historia, el Dr Lloyd-Jones fue un expositor brillante de las Escrituras. Los viernes por la noche, durante trece años, enseñó el libro de Romanos. Entregó más de trescientos sermones sobre esta carta notable. Le invito a leer esos sermones, y entonces comprenderá por qué más de 2.000 personas se reunían fielmente semana tras semana para oírle. Un verdadero milagro. Después de visitar la iglesia, creció aún más mi admiración por la tarea que realizó este notable siervo de Dios. Westminster Chapel está ubicada a 200 metros del Palacio de Buckingham, y a unos 500 metros del Big Ben, el Parlamento inglés y la residencia del Primer Ministro. Es una zona de la ciudad llena de edificios gubernamentales y embajadas. Poca gente vive en sus alrededores. Y sin embargo, el hecho de que esa iglesia fuera una antorcha brillante en Londres y el ministerio del Dr. Lloyd Jones tuviera un alcance mundial, se debe a una única causa: el predicador, al igual que Apolos era poderoso en las Escrituras.

Comprendió que su llamado era alimentar al rebaño con las riquezas de la Palabra de Dios y el Señor aprobó ese ministerio.

> *"El predicador que quiere tener éxito, está condenado al fracaso".*

En estos comienzos del siglo XXI, los ejemplos de un predicador bíblico como Apolos o de un contemporáneo como el Dr. Lloyd-Jones parecen ser razas en peligro de extinción. Más bien, estoy plenamente convencido, sobre todo al tener que ministrar en Norteamérica durante más de treinta años, que la profecía de Amós está teniendo pleno cumplimiento: **«Ciertamente vienen días, dice Jehová, el Señor, en los cuales enviaré hambre a la tierra, no hambre de pan ni sed de agua, sino de oir la palabra de Jehová. E irán errantes de mar a mar; desde el norte hasta el oriente andarán buscando la palabra de Jehová,** *y no la hallarán»* (Am. 8:12). Y todo como consecuencia de que muchos púlpitos contemporáneos

> *"Un predicador cristiano no puede ser frío como el espacio y distante como las estrellas. No puede ser seco como el polvo o impávido como las estatuas de mármol que esculpió Miguel Ángel"*

están ocupados por personas que se están entreteniendo como un niño que juega con un huevo de avestruz, en lugar de presentar las riquezas inescrutables de Cristo a los oyentes. Paradójicamente, el predicador que quiere tener éxito, está condenado al fracaso. Aquellos que buscan resultados rápidos e instantáneos, en lugar de desarrollar discípulos a largo plazo fundamentados en la solidez de la Biblia, prosperarán por un tiempo, pero a largo plazo las personas los abandonarán en busca de alimento sólido. Asegúrese, por tanto, de que usted puede hacer con limpia conciencia delante de Dios la misma afirmación que Pablo hacía: «Pues *no somos como muchos que se benefician falsificando la palabra de Dios,* sino que con sinceridad, como de parte de Dios, y delante de Dios, hablamos en Cristo» (2 Cor. 2:17). El término «falsifican» es bien elocuente, era la práctica de aquellos que diluían la leche o el vino añadiéndole agua y de esa manera hacían ganancias extras. Lógicamente, todo el cuento les duraba hasta que los clientes se daban cuenta de la falta de calidad. Lo mismo ocurre en el ministerio de predicación en la actualidad.

Lutero afirmaba: «Lo que la Biblia dice, Dios lo dice». La Biblia es el predicador para el predicador cristiano. Su mensaje, primero lo impacta a él y luego a los demás a través de su experiencia y exposición cuidadosa del texto bíblico. La Biblia es quien le da autoridad y poder espiritual al predicador cristiano. Apolos había llegado a ser poderoso en las Escrituras, y ustedes y yo haremos bien si nuestros ministerios de predicación y enseñanza también se distinguen por esta cualidad vital.

La tercera gran característica de un predicador excelente, según el modelo de Apolos, es que debe ser de *espíritu fervoroso.*

Un predicador cristiano no puede ser frío como el espacio y distante como las estrellas. No puede ser seco como el polvo o impávido como las estatuas de mármol que esculpió Miguel Ángel. Si un predicador es desapasionado y aburrido, no es un predicador. Punto final. Muy bien haría en buscar pronto otra profesión antes que seguir dañando la obra de Dios.

Phillip Brooks, un reconocido predicador americano del siglo XIX, definía la predicación como: «La verdad a través de la personalidad». Más arriba mencionábamos a Aristóteles y los tres componentes de un discurso efectivo. El segundo elemento vital que establecía era *Pathos,* es decir, la capacidad del orador de volcar todas las fuerzas del alma humana detrás de lo que está diciendo y de esa manera establecer un vínculo emocional con los oyentes de manera que los impulse a la acción. A Demóstenes le preguntaron, ¿Cuál es la clave para una comunicación efectiva? «Acción, acción, acción», fue su respuesta. El Dr. Martyn Lloyd-Jones definía a la predicación como «Lógica en fuego».

Bien vale la pena preguntarse, entonces, ¿de dónde proviene ese *pathos*, esa acción, ese fuego? La respuesta es muy simple: del hecho de haber tenido un encuentro personal y transformador con el Dios viviente.

Cuando uno recorre las páginas de la Biblia descubre que los que sirvieron a Dios con efectividad y poder como heraldos de su mensaje, de mil maneras diferentes fueron atrapados por la mano de Dios, y en algunos casos, aun contra su voluntad fueron arrastrados a la sagrada misión de proclamar el mensaje divino. Amós dijo: «Y Jehová me tomó de detrás del ganado, y me dijo: Ve y profetiza a mi pueblo Israel» (Amós 7:15). Jeremías exclamó: «Y dije: No me acordaré más de él, ni hablaré más en su nombre; no obstante, había en mi corazón como un fuego ardiente metido en mis huesos, traté de sufrirlo, y no pude» (Jeremías 20:9). San Pablo afirmó: «Ay de mí, si no predico el evangelio». En todos los casos un fuego sagrado se encendió en el pecho de los genuinos predicadores de Dios. De todos quienes, al igual que Moisés, tuvieron su zarza ardiente. Si entiendo mi Biblia correctamente, todos los que sirvieron a Dios estaban interesados en hacer cualquier otra cosa, menos servir al Creador en el momento en que fueron llamados a ministrar en nombre de Dios. Inclusive, más de una vez intentaron retroceder, y les fue absolutamente imposible. Ahora que se habían conectado con Dios, aunque la ruta por delante fuese cuesta arriba todo el tiempo y extremadamente difícil, fue ese fuego sagrado que les quemaba en su ser interior el que les obligó a perseverar y a proclamar como testigos verdaderos el mensaje transformador del evangelio.

> *"Si un predicador no tiene la llama de la devoción a Cristo y la pasión de alcanzar a otros, no hay escuela que lo pueda hacer un predicador cristiano".*

Por esta razón, si un individuo puede hablar de las dichas del cielo y los horrores del infierno sin ser conmovido profundamente; si puede hablar de las consecuencias catastróficas del pecado y la obra perfecta de nuestro amado Salvador sin sentirse sobrecogido de asombro; si puede predicar sobre los resultados de vivir según la carne o según el Espíritu y no hacerle ninguna diferencia en su estado de ánimo, tal persona es un impostor y jamás se le debería permitir poner sus pies en el púlpito. Si el predicador no ha sido movido primeramente él mismo por su mensaje, ¿cómo podrá mover a otros? Si su actitud es la de un *playboy* sentado a la orilla del mar con un cigarrillo en una mano y un vaso de alcohol en la otra, ¿qué resultados podrá tener en su ministerio?

Si un predicador tiene éxito en su tarea, es porque el mensaje que predica primero le atrapó completamente a él en cuerpo, alma y espíritu. Cuando sube al púlpito no habla con la elocuencia de un abogado o la pasión de un político, sino como un testigo que les comparte a otros el poder transformador que él experimentó primeramente en su propia vida. Si un enseñador no ha sido conmovido y transformado por Cristo, nunca podrá mover a otros. Y valga la pena subrayar, que si un predicador no tiene la llama de la devoción a Cristo y la pasión de alcanzar a otros, nada le podrá hacer un predicador cristiano. Sin este fuego sagrado no habrá libros de homilética o cursos universitarios a nivel doctoral que puedan ayudar a la persona a ser mejor predicador. Por el contrario, si la persona tiene esta pasión celestial fluyendo por sus venas, con el correr del tiempo podrá mejorar y alcanzar niveles notables de excelencia como anunciador de Buenas Nuevas.

Un estudiante de periodismo estaba tratando de testificarle a uno de sus profesores de la universidad acerca del cristianismo, y decidió invitarle a asistir a una conferencia cristiana donde predicarían varias luminarias de la farándula. El estudiante le hizo la invitación, diciéndole: «Me gustaría que me diera su evaluación de dos predicadores a quienes aprecio mucho». El profesor, increíblemente, aceptó la invitación y juntos asistieron el día señalado a escuchar a las lumbreras evangelicas. Después de escuchar a los dos, el estudiante y el profesor fueron a comer el almuerzo juntos, y entonces el joven preguntó: «Bueno, ¿qué le parecieron los oradores?». «Uno habló como un abogado», respondió el profesor, «el otro, como un testigo». ¡Tal comentario habla volúmenes!

Estoy seguro que Aristóteles, de haber escuchado a Apolos, al notar su elocuencia y espíritu fervoroso, le habría dado las notas más altas como predicador. Apolos debió ser cautivante cuando presentaba el mensaje, nunca aburrido, chato o insípido. Las personas le escucharían con atención indivisa porque era cautivante, ya que el mensaje de Cristo le había cautivado a él mismo, y de la abundancia del corazón hablaba su boca. Si un predicador habla como testigo del poder transformador de Jesús siempre será apasionado y fervoroso de espíritu y al igual que Apolos, comunicará su mensaje con valentía y gran vehemencia.

La cuarta característica de un predicador excelente (esta no proviene del ministerio de Apolos, sino del Maestro de maestros) es que los oyentes perciben un *sentir de autoridad*.

Del Señor Jesucristo se dijo que: «Cuando terminó Jesús estas palabras, la gente estaba admirada de su doctrina; porque les enseñaba como quien tiene autoridad, y no como los escribas» (Mateo 7:28). De Apolos, el relato nos enseña que con «gran vehemencia refutaba públicamente a los judíos».

> *"Un predicador excelente nunca es autoritario, pero trasmite autoridad".*

Un predicador excelente nunca es autoritario, pero trasmite autoridad. Desde el mismo momento que camina hacia la plataforma; desde la primera palabra que pronuncian sus labios, las personas en la audiencia perciben a través de su porte y sus palabras una convicción profunda que engendra respeto y comanda atención. ¿De dónde proviene esta autoridad?

En primer lugar, de su llamado. Nuestro Señor dijo: «No me eligieron ustedes a mí, sino que yo los elegí a ustedes…» (Juan 15:16). ¡Ay del individuo que hace la obra que Dios no le ha pedido!; pero bendito sea aquel que es consciente de que es embajador de Cristo no por decisión propia, sino por elección divina. Cuando tal convicción atrapa su corazón nunca podrá ser débil o pusilánime al comunicar el mensaje. Más bien con la autoridad de los profetas del Antiguo Testamento proclamará: «Así dice el Señor…».

En segundo lugar, su autoridad emana de una relación dinámica, creciente y personal con Jesucristo. Al igual que Jacob, de él se puede decir: «Ha luchado con Dios y ha vencido». Cuando sube a la plataforma no sube para decir algo, sino porque tiene algo vital y poderosamente transformador que comunicar. Y lo hace como si fuera un general listo para proclamar la victoria que se ha logrado como consecuencia de haber triunfado en la cámara secreta mediante la oración fervorosa. Atrapado por la seguridad que sus oraciones han logrado la respuesta anhelada, y que los resultados serán los que ha pedido aun con lágrimas delante del trono de la gracia, comunica su sermón con convicción profunda.

En tercer lugar, su autoridad fluye de la riqueza de su experiencia ministerial al caminar con su Maestro a lo largo de décadas. Es notable cómo hay predicadores que nunca hablan de ciertos párrafos de la Biblia, porque sencillamente nunca han vivido lo que tales versículos enseñan. Hay pastores muy famosos que tienen ministerios mundiales, que han predicado semana tras semana durante cincuenta años y han evitado ciertos tópicos bíblicos como si fueran la plaga que mató al ejército de Senaquerib. Uno mira los catálogos de sus grabaciones, y puede notar que ciertos temas brillan por su ausencia. Algunos no hablan nunca de las profecías porque no las conocen ni las creen, otros evitan los pasajes de los evangelios donde el Señor libera a los endemoniados y sana a los enfermos, porque sus ministerios carecen de poder espiritual y nunca han visto a Cristo repetir a través de sus vidas lo que él hizo hace dos mil años atrás. Y así sucesivamente. Es notable cómo se puede predicar la Biblia durante cuarenta años, y sin embargo, nunca predicar «todo el consejo de Dios», porque el siervo del Señor carece de experiencia personal en ciertos temas.

El predicador excelente demuestra autoridad en su predicación, porque al igual que el apóstol Pablo, afirma: «… porque yo llevo en mi cuerpo las marcas de Jesús» (Gálatas 6:17). Su vida y los frutos que ha producido por la gracia de Dios respaldan su mensaje. La importancia de esta característica no puede ser sobreestimada especialmente en esta era cuando el relativismo moral ha invadido el mundo y vastos sectores de la iglesia. Si en el día de hoy alguien se levanta a enseñar las tablas de multiplicar, inmediatamente se levantarán millones de voces a silenciarlo bajo la acusación de que es un fanático, un dogmático, alguien opinionado y mil adjetivos negativos a cual más punzante y doloroso. Lo acusarán de hacer sentir mal a los desdichados, y de no tener simpatía con los que sufren. Y mientras afirmamos que un verdadero predicador cristiano movido por la mansedumbre de Cristo siempre será compasivo, no obstante, armado del valor que viene de Dios nunca será pusilánime o dubitativo al denunciar el pecado que arruina todas nuestras posibilidades. Apolos refutaba con gran vehemencia públicamente a los judíos. Me pregunto: ¿Cuántas iglesias cristianas del siglo XXI, especialmente aquí en Norteamérica donde se adora lo políticamente correcto, quisieran tener un Pastor como Apolos en su púlpito? ¿Cuántas lo invitarían para dar una conferencia o predicar en un congreso? Si había una audiencia recalcitrante y decidida a rechazar el mensaje cristiano, esos eran los judíos del primer siglo (y los de hoy no son distintos. Y esto va para todas las razas, no solo los hebreos). No por estas pseudo-razones, Apolos cambió el mensaje, bajó sus demandas o lo acomodó al gusto de los oyentes con tal de tener seguidores y llegar a ser popular. El predicador excelente de forma indefectible sustenta convicciones sólidas que provienen de la Biblia y las comunica con autoridad. Pablo le recordó a Tito: «Esto habla, y exhorta y reprende con toda autoridad. Nadie te menosprecie» (Tit. 2:15).

La quinta característica que salta a la vista en el ministerio de Apolos la podríamos llamar *espontaneidad, frescura*. «Hablaba y enseñaba con diligencia», nos recuerda Hechos 18:25.

El mensaje que vivía en el corazón de Apolos no solamente era el tema de sus sermones, sino también la pasión de su actividad diaria. El término «hablaba» hace referencia a los temas de conversación diaria en el mercado, o en cualquiera ocasión que se presentara.

Muchas veces he tratado de imaginarme la situación que enfrentó el apóstol Pedro cuando llegó a la casa de Cornelio en Cesarea. Allí encontró una audiencia lista para escuchar el mensaje que él les traía. La sorpresa para este predicador no pudo haber sido mayor. Tan pronto entró al salón donde se hallaban lo oyentes, comenzó el culto y ahora debía predicar. En ese momento no tuvo tiempo de sacar un sermón escrito de su maletín o poner la laptop sobre el púlpito para saber qué decir. Más bien de forma inmediata debió entrar en acción. Hechos 10:34 afirma: «Entonces Pedro, abriendo la boca, dijo...». Esto es espontaneidad.

> *"A través de la proclamación del mensaje, Dios busca establecer una relación 'Yo-tú' con el oyente".*

Cuando llegué a Canadá hace treinta años, la primera iglesia a la que asistí era una congregación muy distinguida, ubicada dentro de los límites del campus de la Universidad de British Columbia. Los que asistían eran personas de clase social elevada y obviamente la gran mayoría eran jóvenes universitarios. Lo que más me llamó la atención es que los diferentes *teaching elders* (ancianos dedicados a la enseñanza) que alternaban el púlpito, todos ellos invariablemente leían el sermón de principio a fin. Siempre recuerdo a uno de ellos en particular, que hasta leía sus propias anécdotas personales: «Y yo salí con mi automóvil y fui al supermercado...». Hasta eso leía. ¡Increíble! Nada quedaba librado al azar o a algo que, aunque de forma distante, pudiera sonar como improvisación o espontaneidad. Todos estos maestros enterraban su vista en las notas y movían sus brazos de manera más o menos ampulosa dependiendo de cada personalidad. Ciertamente, el contenido de los sermones era de primer nivel. Abundaban las citas de los teólogos evangélicos más encumbrados del momento y del pasado: «Como Francis Schaeffer dijo; como Dietrich Bonhoeffer nos enseña; como Paul Tillich afirmó, etc.». Un día conté hasta doce citas en un sermón. Parecía más una monografía leída a la sociedad de los teólogos norteamericanos que un sermón predicado a un rebaño de almas humanas sedientas de Dios. Siempre estaré a favor del estudio intenso, la preparación esmerada, pero cuidado, para todo hay un límite.

El corazón de la predicación cristiana es un encuentro personal con Dios, «que te quiere decir a ti...». A través de la proclamación del mensaje Dios busca establecer una relación 'Yo-tú' con el oyente. Leer el sermón en su totalidad, en consecuencia, es abdicar nuestra profesión.

Es no comprender la verdad «como si Dios rogara por medio de nosotros...» (2 Corintios 5:20). El predicador cristiano no es un conferencista en las aulas de una universidad; tampoco es un actor que repite de memoria un libreto delante de una audiencia de desconocidos que han pagado para ver un show. No es alguien que lee su sermón y «tarea concluida»; ni tampoco es una impresora a quien le aprietan un botón biológico y empieza a escupir de memoria palabras por su boca. Más bien es un pastor que tiene una relación personal con su audiencia, y viene a ellos con algo fresco que Dios le ha revelado que debe ser comunicado a su rebaño. Y aunque escribe la mayor parte del sermón, o en su totalidad (dependiendo de sus hábitos), cuando lo entrega valora más la espontaneidad y la comunicación personal, antes que la precisión profesional en los conceptos. Por esta causa deja su manuscrito en casa y sube a compartir lo que el Espíritu Santo le ha dado, y con su asistencia predica con libertad.

Apolos daba la impresión de que el mensaje le quemaba en su interior y que cualquier ocasión era excelente para compartirlo, ya sea desde el pulpito de la sinagoga o en el mercado público. En él había una vivencia poderosa y en consecuencia desbordaba en espontaneidad.

La sexta cualidad de un predicador excelente es *humildad genuina*.

Esta virtud no se menciona de forma explícita en el relato de la visita de Apolos a Éfeso, sin embargo, es imposible no verla. Le invito a imaginar la escena por un momento. Como gran predicador que es, usted es invitado para predicar en una campaña evangelística en la iglesia de otra ciudad. Luego que predica su primer poderoso y elocuente sermón, al final del culto una pareja muy amable le invita a cenar a su casa. Le atienden de maravilla y después de la cena, durante la sobremesa, la esposa de la casa le hace preguntas y con todo amor le muestra con la Biblia en la mano que usted está en el error porque predica un mensaje incompleto. ¿Cómo reaccionaría ante semejante situación? Un predicador latinoamericano, ¿corregido por una mujer…? ¡Jamás! ¡Imposible!

No obstante, con toda humildad este hombre erudito aceptó la corrección de Priscila y Áquila quienes posiblemente no tenían ninguna de las cualidades notables que Apolos poseía, pero que, con todo, tuvieron el valor de animarse a corregir con mansedumbre al «siervo ungido del Señor». Menos mal que Apolos aceptó la corrección porque esa actitud de humildad genuina le abrió puertas para mejores oportunidades de servicio en la iglesia primitiva, tal como leemos en las epístolas de Pablo a los Corintios. De no haber aceptado la corrección, es muy probable que su ministerio tan dotado para el evangelismo y edificación hubiese terminado ahí mismo. Todos sus talentos y cualidades hubieran terminado en la nada, ya que habría sido considerado como una amenaza para la nueva fe.

El predicador bíblico excelente nunca deja de aprender, y como resultado nunca cesa de crecer. Reconoce sus limitaciones en el conocimiento y en la experiencia, y siempre está dispuesto a aprender de todos, inclusive de los más humildes. Personalmente llevo más de 40 años sirviendo a Dios como predicador y todavía sigo visitando otras iglesias donde Dios está haciendo cosas muy notables. Sigo aún comprando libros y materiales audiovisuales de aquellos que van más avanzados en los «negocios del reino», para enriquecerme con el conocimiento que otros recibieron de Dios y lo dejaron escrito o grabado para mi bendición. Y gracias a lo que ellos recibieron y aprendieron de Dios me ayudan a comprender con mayor claridad cosas que de otra manera serían oscuras o difíciles de comprender. Además, lo más importante es que me ahorran tiempo.

Triste la persona que se ha convencido de su propia infalibilidad y que ya no necesita aprender de nadie más, ni nada más; que ha embalsamado su mente y echado sus conocimientos en un molde concreto. Hay predicadores de quienes bien se puede decir, «murió a los veinte, lo enterraron a los ochenta». A diferencia de Pablo que exclamaba, «no pretendo haberlo ya alcanzado…», hay soñadores que trasmiten la impresión que sí han arribado a la meta de la perfección y hasta la han sobrepasado. Cuando pienso en el primer sermón que prediqué a los 17 años de edad, me gustaría volver a reunir a la congregación que me escuchó, para poder pedirles disculpas. Con todo, al haber tenido la actitud de reconocer mis limitaciones, mis faltas de conocimientos y al haber deseado aprender de todos, Dios me ha dado gracia creciente para avanzar en efectividad en la comunicación del mensaje cristiano.

La séptima característica que debemos señalar en un predicador excelente es *amor sincero por las personas a quienes ministra*.

Le preguntaron al diácono de una iglesia: «¿Qué diferencia puedes notar entre el pastor nuevo que ha llegado y el anterior que tuvieron?». «Cuando el pastor anterior nos hablaba del infierno daba la impresión que se deleitaba en vernos a todos irnos a ese lugar», replicó, «el nuevo pastor cuando nos habla trasmite el sentir que daría su vida con tal de salvarnos de ese lugar de espanto».

> *"El sermón siempre revela el corazón del predicador"*

Una cosa es amar predicar, otra muy distinta es amar a quienes predicamos. El sermón siempre revela el corazón del predicador. Cuando un maestro entrega un mensaje puramente condenatorio, cuando pone por debajo a los oyentes, cuando los asalta verbalmente, tal ministro demuestra un serio problema espiritual. Puede ser que le falte madurez y no comprenda su rol como padre espiritual de su congregación, o puede ser que algo está muy mal en su ser interior, específicamente en el campo de sus motivaciones personales. Al igual que una manzana con un gusano, puede ser muy linda por afuera, pero cuando revela su interior a través del sermón los oyentes perciben un espíritu agrio y amargo que le impide ser de bendición. El sermón condenatorio y negativo, siempre es resultado de una vida sin oración. Otras veces es el producto de un alma que no ha sido purificada en el crisol de la prueba, y por lo tanto, como carece de experiencia pastoral y humana le falta simpatía para comprender el dolor ajeno. El oro está lleno de escorias.

Cuando nos trasladamos a Texas en el año 1999, ya que ahora era profesor en un instituto bíblico, debíamos buscar una iglesia para congregarnos como familia. Nuestros colegas del colegio me recomendaron varias en la zona y salimos a visitarlas. Siempre recuerdo hasta este día una de ellas en particular. Para ese culto el Pastor eligió como base bíblica para su sermón la carta del Señor a la iglesia en Sardis (Ap. 3:1-6). De forma especial el verso dos: «Yo conozco tus obras, que tienes nombre de que vives y estás muerto...». En un momento comenzó a gritar a voz en cuello: «Esta iglesia está muerta. Esta iglesia está muerta. Al igual que la iglesia de Sardis damos la impresión de estar vivos pero somos un cementerio...». Y así siguió durante varios minutos.

Yo le agradecí (para mis adentros) por darme información tan valiosa en mi búsqueda de una congregación para mi familia. Y siendo que él mismo proclamó a gritos que su iglesia estaba muerta, nunca más volví a poner mis pies en semejante lugar. ¿Quién quiere ser parte, después de todo, de algo que el mismo Pastor declara de forma pública que ha fallecido y por lo que pude oír desde el púlpito, la iglesia no solo estaba muerta sino también enterrada? Tristemente el caso de este pastor no es el único. Tantas veces al escuchar a mis estudiantes, tengo que hacerles la pregunta: «Hermano, ¿frente a ti se encuentra la iglesia de Sardis para que nos hables de semejante manera?».

Conocí a un joven pastor que tenía gran pasión por la tarea. Creía que su misión personal era convertir él mismo a las personas, y cuando estas no respondían de acuerdo a sus expectativas, comenzaba a agredirlos con adjetivos denigrantes especialmente a la hora del llamado. «Hipócritas, sepulcros blanqueados, inútiles, buenos para nada...». ¿Suena familiar? Cuesta creer que algunas congregaciones acepten durante años este tipo de tratamiento.

El Dr. Lucas nos relata en el capítulo nueve de su evangelio un episodio de la vida de nuestro Señor que debe tener presente todo hombre de Dios que ha sido comisionado a proclamar el evangelio.

Cuando Jesús iba de camino a Jerusalén nos dice que pasaron por una aldea de los samaritanos y estos rehusaron darle la bienvenida. Esta actitud de rechazo produjo una reacción de cólera en Jacobo y Juan, al punto que se ofrecieron a orar por esos samaritanos diciendo: «Señor, ¿quieres que mandemos que descienda fuego del cielo y los consuma?».

La respuesta del Señor debemos grabarla a fuego en nuestros corazones aquellos que decimos ser sus servidores: «Pero Él, volviéndose, los reprendió, y dijo: 'Ustedes no saben de que espíritu son, porque el Hijo del Hombre no ha venido para destruir las almas de los hombres, sino para salvarlas'» (Lc. 9:52-56). Y si esto no le parece suficiente, nunca olvide Juan 3:17: «Porque no envió Dios a su Hijo al mundo para condenar al mundo, sino para que el mundo sea salvo por medio de él».

"Los buenos pastores son siempre los mejores predicadores".

Qué contraste tan notable entre estos dos apóstoles jóvenes y un pastor maduro y sazonado como el apóstol Pablo. Cuando les escribe a sus hijos espirituales en Tesalónica les dice: «Antes bien, nos portamos con ternura entre ustedes, como cuida una madre con amor a sus propios hijos. Tan grande es nuestro afecto por ustedes, que hubiéramos querido entregarles no solo el evangelio de Dios, sino también nuestras propias vidas, porque han llegado a sernos muy queridos» (1Ts. 2:7-8). Y cuando se despide de los creyentes en Éfeso les recuerda: «…no he cesado de amonestar con lágrimas a cada uno» (Hch. 20:31). Quienes son excelentes como pastores, por regla general terminan seindo también excelentes como mensajeros del mensaje de paz, misericordia y esperanza. Saben muy bien que la audiencia debe ser confrontada con el mal y el pecado que vive dentro de ellos, sin embargo, como ellos mismos reconocen la gracia de Dios que se les ha dado en Cristo Jesús, predican trasmitiendo una actitud de comprensión y mansedumbre. Tales hombres y mujeres han entendido lo que el profeta quiso decir cuando afirmó: «El Señor me ha dado la lengua de los sabios, para saber hablar palabras al cansado» (Isaías 50:4).

"Nunca he escrito un artículo, nunca he predicado un sermón, a menos que esté seguro que estoy movido por la gloria de Dios y un amor sincero a quienes ministro".

Jonathan Edwards

Pablo nos recuerda que: «Y si tuviera el don de profecía (o de predicador, si prefiere), y entendiera todos los misterios y todo conocimiento, y si tuviera la fe para trasladar montañas, pero no tengo amor, nada soy» (1Cor. 13:2). ¿Es usted uno de esos maestros que siempre dan la impresión de caminar por las cúspides de las montañas, mientras su rebaño deambula perdidamente a lo largo del valle de la sombra de muerte? ¿Trasmite un sentir de superioridad espiritual y conocimientos elevadísimos al dirigirse a esos 'pobres ignorantes'? ¿Tiene la humildad, aunque sea de vez en cuando, de anunciar a sus oyentes: «Hoy vamos a aprender juntos varias verdades que vienen de la palabra del Señor»?

El sermón siempre es el resultado de lo que llena el corazón del predicador y de la abundancia del corazón habla la boca. Cuando un individuo ha crecido en la gracia y el conocimiento de Jesucristo, sube al púlpito para proclamar un mensaje eterno y que le ha atrapado a él primero, pero también lo hace con el objetivo de buscar el bien supremo para sus oyentes. Por tanto, cuando habla debe estar saturado del amor, la humildad y la mansedumbre de Cristo. Jonathan Edwards, un predicador que fue utilizado con tremendo poder de lo alto en el siglo XVIII, dijo: «Nunca he escrito un artículo, nunca he predicado un sermón, a menos que esté seguro que estoy movido por la gloria de Dios y un amor sincero a quienes ministro». Cada semana, todos los que tenemos un ministerio regular de predicación deberíamos preguntarnos: ¿Qué me impulsa a predicar este tema? ¿Me interesa la gloria de Dios, el bienestar de mis oyentes o avanzar en mi reputación como predicador elocuente? ¿Amo genuinamente a quienes me estoy dirigiendo o es simplemente un ejercicio intelectual que me estimula o un mero compromiso profesional? Un verdadero predicador es alguien que ama intensamente a quienes predica.

La octava característica de un predicador excelente es que *al entregar su mensaje demuestra seriedad*.

San Pablo le recordó a Tito, y en consecuencia a todos nosotros: «Preséntate tú en todo como ejemplo de buenas obras; en la enseñanza, mostrando integridad, seriedad[2], palabra sana e irreprochable, de modo que el adversario se avergüence, y no tenga nada malo que decir de vosotros» (Tito 2:7-8).

---

[2] El término que usa Pablo puede traducirse como seriedad, gravedad, dignidad.

Un predicador excelente nunca debe dar la impresión de que está hablando algo trivial y sin importancia. Sobre sus hombros descansa la responsabilidad de anunciar a los individuos su condición de perdidos frente a Dios. Tiene que recordarles la incertidumbre de la vida y lo inexorable de la hora del juicio frente al Creador.

> *"Predicar el evangelio demanda mucha seriedad porque Dios nos toma en serio a ustedes y a mí".*

Debe hacerles conocer que la ira de Dios está sobre ellos, y que de no hacer un cambio de corazón demostrado mediante una transformación radical en su conducta, terminarán de forma inexorable en un lugar de oscuridad y tormentos indecibles. Predicar el evangelio demanda mucha seriedad porque Dios nos toma en serio a ustedes y a mí. Él toma muy en serio nuestro pecado, al punto que estuvo dispuesto a cargar sus consecuencias para que nosotros no tuviésemos que pagarlas. Richard Baxter, quien con su libro *El Pastor Reformado* formó varias generaciones de predicadores de habla inglesa, decía: «Siempre he predicado como alguien que nunca está seguro de volver a predicar de nuevo, como un hombre muriendo a otros hombres en camino a morir».

Lógicamente, después de haber anunciado las demandas y los castigos de la ley, seguimos a las buenas noticias de la gracia del amor y el perdón que todos podemos reclamar mediante la fe en Jesucristo. Sin embargo, ¿quién puede dejar de sentir el peso de lo que significa ser embajador de Jesucristo?

Al decir que un predicador excelente debe enseñar con seriedad, no significa que debe ser agrio, morboso o amargado. No quiere decir que debe eliminar el uso del humor de manera total, sin embargo, se cuidará de no abusarlo. Sí, debe usarlo como una herramienta útil cuando ayude a clarificar un concepto difícil de entender o dilucidar alguna verdad oscura. Pero nunca el predicador debe dar la impresión de que quiere hacerse con la fama de ser una persona simpática y muy chistosa. Ganarnos la reputación de que somos los payasos del circo es una indicación segura de motivaciones personales erróneas.

Una costumbre muy dudosa, francamente deplorable, que encontré desde que llegué a Norteamérica, es la de los predicadores que comienzan su presentación contando dos o tres chistes para «ablandar a la audiencia», o predisponerla favorablemente hacia su persona y en consecuencia al mensaje. Los tales parecen ignorar el poder del Espíritu Santo y su presencia en el momento que nos reunimos para adorar a Dios. Creen que su éxito depende de técnicas de manipulación puramente humanas, las cuales pueden ser muy útiles en un contexto secular, pero superfluas en un ambiente donde Dios ha prometido su presencia. ¿Habrán leído ciertos predicadores lo que Dios hizo en Lidia cuando Pablo empezó a predicar? Lucas nos recuerda en Hechos 16:14: «Entonces una mujer llamada Lidia… que adoraba a Dios, estaba oyendo. El Señor le abrió el corazón para que estuviese atenta a lo que Pablo decía…». En el capítulo trece donde hablamos de la introducción al sermón, establecimos que una buena introducción comienza captándole la atención al oyente. Y ciertamente debemos esmerarnos en hacer lo mejor desde el punto de vista humano. Sin embargo, debo confesar después de cuarenta años en la tarea de la proclamación, que a menos que el Espíritu Santo repita la obra que hizo en Lidia, nuestra tarea está condenada al fracaso. Demos gracias que somos colaboradores de Dios y aun mientras estamos hablando Dios se está moviendo soberanamente para atraer hacia sí mismo a quienes ha escogido para la vida eterna. Por tanto, alentémonos sabiendo que tenemos ayuda extraordinaria de lo alto y no pequemos apoyándonos en el «brazo humano» de nuestra sagacidad humorística. Más bien, prestemos oídos atentos a la exhortación paulina y prediquemos con seriedad.

La última característica de un predicador excelente que queremos señalar, es que *produce resultados visibles notables*.

Volviendo a la historia de Apolos el texto nos dice que, «fue de gran provecho a los que por la gracia habían creído» (v. 28). Es evidente por el relato que Apolos fue de bendición en Éfeso, en Acaya, y donde quiera que iba. Cuando concluía su tarea las personas habían sido elevadas a un nuevo nivel de comprensión de la persona de Cristo, del plan de Dios para sus vidas y de los recursos que el Espíritu de Dios había puesto a su disposición. Los oyentes resultaron inspirados, desafiados y alentados. Como consecuencia su fe personal en Dios llegaba a ser más sólida y profunda. Donde quiera que iba Apolos, detrás de su servicio quedaban resultados visibles en las personas a quienes ministraba. Estos son los resultados que en forma natural siguen a todos aquellos que tienen un corazón recto delante de Dios.

Cuando uno llega a este punto, creo que el perfil del predicador cristiano excelente se delinea con claridad meridiana. Ciertamente a las cualidades que señalamos se podrían agregar muchas más, pero las limitaciones del espacio nos impiden extendernos más en este tema apasionante. Por lo tanto, permítame recordarle a modo de repaso las características que señalamos.

El hombre o la mujer que proclama a Cristo debe ser:
- Elocuente
- Poderoso en las Escrituras
- Fervoroso de espíritu
- Alguien que transmite autoridad
- Espontáneo; comunica frescura
- Genuinamente humilde
- Movido por un amor sincero a los que ministra
- Definitivamente serio
- Produce resultados notables; es de bendición para los oyentes

Como usted puede ver, nadie nació con las cualidades que contiene esta lista. Todas deben ser cultivadas de forma personal y progresiva. Estas son todas decisiones que uno toma a lo largo del camino de la vida y el servicio a Dios. Demos gracias que tenemos la asistencia del bendito Espíritu de Dios que nos ayuda en nuestras debilidades y nos impulsa a crecer. Sin embargo, cuántas de estas virtudes queremos cultivar y acumular depende enteramente de cada uno de nosotros. Los resultados en el ministerio serán siempre en proporción directa a cuanto hemos avanzado en el camino a la semejanza de Jesucristo.

Puedo preguntarle entonces, ¿Valora usted estas cualidades? ¿Cuántas de estas virtudes son su posesión actual? ¿Qué porcentaje de cada una de ellas ha desarrollado? ¿Quiere en el fondo de su corazón llegar a ser un predicador excelente, o se conforma con solo pasar el examen con la nota mínima? ¿Cuánto ha crecido en los últimos cinco años en las dimensiones que señalamos? ¿Está dispuesto a «poner las manos en el arado» y trabajar con dedicación en cultivar estas cualidades? Los que le escuchan le dan su confianza y su tiempo, y por tanto merecen recibir siempre lo mejor. Cristo le evalúa de forma continua y un día le dará una recompensa eterna e incorruptible. Confío que sea una digna del nombre del Señor a quien servimos.

Confío que el modelo de Apolos lo aliente a llegar a ser un predicador excelente. Que el perfil de un predicador elocuente, inspirador y muy eficiente se delinee muy claramente en su servicio a Dios. Y a diferencia con el joven tan limitado de quien hablo en la introducción a nuestro capítulo, su ministerio sea uno de poder, influencia y resultados admirables, donde las personas se deleiten al escucharle. Pero mucho más importante aun, al igual que los judíos del relato en la historia de Apolos, terminen tomando la decisión más importante de sus vidas: recibir a Cristo como su Señor y Salvador personal.

San Pablo exhortaba a Timoteo: «Sé diligente en estos asuntos; entrégate de lleno a ellos, de modo que todos puedan ver que estás progresando. Ten cuidado de ti mismo y de tu enseñanza. Persevera en todo ello, porque así te salvarás a ti mismo y a los que te escuchen» (1 Tim. 4:15-16).

Preguntas para repaso, reflexión y discusión

1. La historia de Apolos es ciertamente muy desafiante e inspiradora. Con sus cualidades nos marca el camino a seguir a todos aquellos que queremos ser proclamadores de Buenas Noticias. De las 9 cualidades señaladas por Sánchez en este capítulo, ¿cuál es la que más le llama la atención? ¿Por qué?

2. En el relato de Apolos leemos que este hombre notable «demostraba por las Escrituras que Jesús era el Cristo». Si usted al igual que Felipe en el libro de Los Hechos fuese llamado por Dios a explicarle el camino de salvación a un desconocido, partiendo de la profecía de Isaías 52:13 a 53:12, ¿podría hacerlo?

3. En el caso de Apolos leemos que era un hombre «poderoso en las Escrituras». ¿Qué disciplinas debemos cultivar para alcanzar un fin tan elevado? ¿Cómo está su programa de memorización de la Biblia? ¿Ha intentado memorizar alguna vez un libro entero de la Biblia? Aunque sea uno cortito… La carta a Tito, por ejemplo.

4. ¿Cómo podemos reconocer a un pastor que realmente ama al rebaño?

CAPÍTULO 19

La preparación del predicador

Quien siembra en el estudio, cosecha en el púlpito.

«Si supiera que me quedan tres años de vida, dedicaría dos a prepararme adecuadamente y uno a predicar» (Billy Graham).

¡9, 69 segundos!!!

Es todo lo que necesitó Usain Bolt para ganar la competición de los 100 metros para caballeros en los juegos olímpicos de China de 2008. Es el nuevo record mundial y la marca a batir para los futuros corredores de esta competencia. Como consecuencia de ese triunfo notable, a Usain Bolt se le abrieron las puertas de la fama mundial, a los contratos millonarios con las empresas multinacionales, a la popularidad y a la adoración de millones de fanáticos.

Me imagino que alguien no muy informado podría razonar, «Tantos beneficios por un esfuerzo de tan solo 9, 69 segundos... Si es así, yo me voy a dedicar al atletismo profesional entonces. Si tan pocos segundos de esfuerzo producen beneficios tan notables, ¿por qué, no?».

Claro, usted que sabe de qué se trata, se reiría ante la idea. Todos sabemos muy bien que para Usain Bolt, o cualquier otro atleta, llegar a semejante nivel de excelencia profesional es el resultado de años de entrenamiento riguroso, de sacrificios personales y de esfuerzos sostenidos. De largas horas diarias de entrenamiento, de dieta estricta, de disciplina rígida, del sacrifico de muchísimas horas de placer legítimo para alcanzar la meta del triunfo. Definitivamente, esos cortos segundos ponen en evidencia la magnitud del esfuerzo hecho por el atleta cuando nadie le observaba; el precio elevadísimo que debió pagar trabajando en silencio y oscuridad para alcanzar el triunfo.

De la misma manera, los pastores y predicadores «trabajan solo 40 minutos por semana» (como algunos piensan). Lógicamente, la paga que reciben en nada se asemeja a la que reciben los deportistas profesionales. Más bien, casi siempre, la gran mayoría recibe sueldo de esclavos que apenas les permite mantener la cabeza por encima de la línea de la pobreza. No obstante, si un ministro quisiera llegar a ser un predicador excelente como Apolos y que su servicio floreciese y prosperara bajo la bendición de Dios, al igual que los atletas profesionales, debería dedicarse absolutamente a su misión, ser disciplinado en el uso de su tiempo y sus talentos, dedicándose a hacer un esfuerzo notable a lo largo de décadas en su preparación personal y en la de sus sermones.

Todos sabemos muy bien, cómo un atleta profesional se prepara día tras día para lograr triunfos notables; con todo, ¿cómo se prepara un predicador día tras día para ganar la aprobación de Dios y ser de bendición al pueblo que ministra en el nombre de Jesús? En este capítulo queremos contestar dos preguntas vitales: primero, ¿por qué es importante y necesaria la mejor preparación del predicador?; segundo, ¿cómo lo hace?

La primera, pregunta que debemos contestar es, *¿por qué la preparación personal del mensajero de Dios es críticamente importante para la proclamación del evangelio y la extensión del reino?* Como respuesta quisiéramos mencionar tres razones:

> *Los sermones que son más bendecidos por Dios y apreciados por su pueblo, siempre son aquellos en los que hemos volcado nuestros mejores esfuerzos.*

La primera razón, *es que lo demanda la magnitud de nuestra tarea*:

La buena predicación siempre es el resultado de la buena preparación. Los sermones que son más bendecidos por Dios y apreciados por su pueblo, siempre son aquellos en los que hemos volcado nuestros mejores esfuerzos. Nadie puede soñar con mantener una audiencia cautiva durante cuarenta minutos, sin haber hecho un esfuerzo gigantesco en la preparación. Servir un plato de comida excelente requiere preparación cuidadosa, esforzada y esmerada. Servir un vaso de agua, demanda dos segundos. De la misma manera es con la predicación. Si alguien se atreve a presentar un sermón con dos horas de preparación sepa que tal sermón será semejante al agua: algo incoloro, inodoro e insípido.

Para quienes son llamados a servir a Dios a tiempo completo, la tarea de la predicación exige esfuerzo sostenido a lo largo de varias décadas. Su vocación es extremadamente demandante y requiere un intelecto y un esfuerzo extraordinario. Un profesor de colegio prepara sus clases y, luego, año tras año, repite su contenido con algunas mejoras y actualizaciones. Un actor, memoriza un libreto una vez y luego lo puede repetir un millón de veces. El predicador, sin embargo, comienza cada semana con una hoja en blanco, y al final de la semana (idealmente) debe tener escrito el capítulo de un libro para ser publicado. Cuando tiene que enseñar dos veces por semana el trabajo obviamente se duplica. Y créame que el tiempo vuela a una velocidad espeluznante.

En estos momentos, en mi ministerio actual estoy enseñando la carta a los Romanos a los creyentes los viernes por la noche; y los domingos en nuestro culto principal estoy predicando el evangelio de Marcos. Ciertamente, esta doble tarea me ha exigido un esfuerzo enorme y una disciplina férrea. He tenido que guardar celosamente mis tiempos de preparación para no diluir la calidad de la enseñanza.

Si la tarea de preparar un nuevo sermón cada semana es un verdadero desafío, no obstante, mucho más importante al mismo tiempo es la preparación de nuestra alma y cuerpo para el momento de desarrollar el discurso y entregar la palabra. El predicador es quien le da vida y forma al sermón con su propio ser. Sus cualidades mentales, físicas y espirituales, al igual que la leche de la madre da vida a su hijo, son las que le dan la vida o muerte a su discurso. De ahí la importancia vital que tiene nuestra propia formación y preparación para la tarea.

Si alguien cree que el pastorado y la tarea de la predicación cristiana, volviendo a la comparación de los

> *Al igual que el sacrificio de la antigüedad, nuestro sermón es la ofrenda que presentamos a Dios semana tras semana.*

atletas, es cuestión de cuarenta minutos de trabajo, haría muy bien en considerar con seriedad si ha sido llamado al ministerio. El pastorado demanda lo mejor de un ser humano. Y siempre debemos recordar que al igual que el sacrificio de la antigüedad, nuestro sermón es la ofrenda que presentamos a Dios semana tras semana. Y por tanto, debe ser el resultado del mejor esfuerzo de nuestra vida y la prioridad de nuestro tiempo. Dios solo aceptaba las primicias. El rey David, comprendió esta verdad cuando dijo: «No presentaré al Señor mi Dios un holocausto que nada me cueste» (2 Samuel 24:24). Ser evangelista itinerante, es una tarea sencilla cuando se compara con el pastorado. Alguien que visita una congregación diferente cada fin de semana, prepara dos o tres sermones selectos donde pone lo mejor que ha acumulado con el correr de los años, y tarea concluida. Ser un laico que de vez en cuando es llamado a ocupar el púlpito, es cosa seria pero no tan complicada. Pero cuando nos toca alimentar al mismo grupo humano durante años, la predicación se convierte en un peso que puede doblegar las espaldas del más fuerte a menos que sepa hacer lo que sigue más abajo.

La segunda razón es que, *demanda nuestra continua renovación personal*:

Cuando uno es joven, cree que ya lo sabe todo. Afirma las creencias de forma categórica y dogmática porque así lo escuchó de los maestros que nos formaron. Pero a medida que va pasando el tiempo y vamos conociendo la magnitud del dolor humano, lo complejos que son los problemas que aquejan a los individuos, las realidades del mundo espiritual tal como se nos relatan en los evangelios y se vive en la práctica, es que venimos a comprender que muchas doctrinas y prácticas ministeriales que heredamos de nuestros antepasados son completamente inadecuadas para enfrentar a las huestes espirituales de maldad que se oponen a nuestros mejores intentos. Es entonces que uno con la Biblia en la mano y de rodillas delante de Dios debe pedir gracia y ayuda de lo alto para ser efectivo en la misión que nos ha sido encomendada.

Por ejemplo, en el presente estoy ministrando a la comunidad hispana de Los Ángeles. En nuestra congregación tenemos personas de casi todos los países latinoamericanos, sin embargo, la gran mayoría provienen de México y Centro América. Al tratar con ellos, y escuchar sus historias personales, es impresionante ver la extensión que el culto a Satanás y la práctica de la brujería tiene a lo largo y a lo ancho de todo nuestro continente. La gran mayoría de mis hermanos me cuentan que muchos de sus familiares e inclusive ellos mismos practicaron la brujería muchas veces. Y en consecuencia vienen arrastrando gruesas y pesadas cadenas de opresión como resultado de la herencia y de las prácticas en que han estado involucrados.

En mi formación teológica, ya sea a nivel de maestría o doctoral, puedo testificar que no recibí ningún tipo de formación en este terreno. Inclusive en el presente, en casi todos, sino todos, los colegios teológicos evangélicos conservadores estos temas están prohibidos por considerarlos supersticiones y algo degradante para personas de educación avanzada[1]. Como consecuencia las personas oprimidas y demonizadas tantas veces llegan a nuestras congregaciones pidiendo una salida y no pueden ser ayudadas, porque el ministro tiene convicciones erróneas o carece de experiencia en estos terrenos escabrosos. Esta realidad que describo es la que me llevó a buscar a Dios para que me enseñara. Agradezco al Señor que Él lo hizo y en consecuencia hemos podido ayudar a centenares de personas en los últimos treinta años. Este horizonte también me impulsó, por ejemplo, a predicar el libro de Marcos a mi congregación, porque en este evangelio Jesucristo confronta continuamente al reino de los demonios y pone a los cautivos en libertad. Algo que millones en nuestro continente necesitan con urgencia.

Son estas realidades ministeriales las que demandan nuestra constante renovación física, mental y espiritual. Y que también desarrollemos la actitud de humildad sabiendo que, hasta el último día de nuestra vida estaremos aprendiendo cosas nuevas en el conocimiento de Dios y en todas las áreas que abarca su servicio. Esta actitud de querer progresar siempre nos llevará a abrir nuestra mente y a estar preparados para cambiar. Y bien vale la pena reiterar que cambiar es crecer y crecer es cambiar. Por tanto, para lograr nuestra renovación y crecimiento en la gracia y la efectividad ministerial, el desafío es poner en práctica lo que aconsejaremos más abajo.

---

[1] Si desea corroborar lo que digo le desafío a consultar en internet los cursos y materias de estudios que ofrecen las instituciones teológicas en Norteamérica, y verá que todo lo relacionado con la lucha espiritual brilla por su ausencia.

La tercera razón por la cual debemos prepararnos, *es que los peores ataques del enemigo están destinados a los ministros de Cristo*.

«El mundo entero está bajo el maligno», afirma 1 Juan 5:19. La realidad de que el diablo ataca y somete individuos a esclavitud no solo es una realidad que afecta a todo nuestro continente Latino Americano en general. Tristemente, el diablo también es un enemigo bien personal y sus mejores ardides y trampas las tiene reservadas para los ministros de Cristo. Satanás no anda con juego de niños. Sabe que hacer caer a un creyente nuevo en la fe de Jesús es relativamente fácil, pero no logra resultados espectaculares para su reino cuando un niño tropieza. Es cuando hace caer a un general de cinco estrellas que su poder se magnifica e inflige el daño más grande al reino de Dios.

Cualquier alpinista sabe que cuanto más alto sube, tanto más fuertes serán los vientos. Esta es una verdad que muchos ministros evangélicos parecen olvidar. Cuanto más avanzamos en el conocimiento de Dios y la efectividad ministerial, tanto más nos pone Satanás en su mira telescópica. En la medida de nuestro crecimiento serán las pruebas y tentaciones que tendremos que afrontar. A medida que transcurren los años todos los cristianos tendremos que enfrentar nuevas tentaciones que no conocíamos y seguir resistiendo a muerte a aquellas con las cuales batallamos por décadas.

> *El diablo es un enemigo bien personal y sus mejores ardides y trampas las tiene reservadas para los ministros de Cristo.*

Uno de los mayores peligros es que cuanto más subimos en la escala de los logros ministeriales, en la misma proporción tanto más baja nuestro concepto del pecado, y por tanto, más insidiosos y difíciles de discernir llegan a ser los ataques del enemigo. Es muy común desarrollar con el correr de los años una mentalidad semejante a la de Sansón, que pensó que porque el poder de hacer obras milagrosas no se le había quitado a pesar de sus pecados notorios, era invencible. No obstante, el enemigo lo tiene claro. Él conoce muy bien el principio: «Heriré al Pastor y serán dispersas las ovejas». ¡Y vaya si logra resultados admirables! Es raro que pase un año sin que se nos recuerde la caída de alguna celebridad rutilante. El mandamiento de Santiago 4:7. «Resistid al diablo y huirá de vosotros», muchos lo han cambiado por «ignorad al diablo» y como consecuencia el enemigo está bien contento con esta actitud porque tiene un terreno mucho más libre para hacer su labor. Si Satanás pidió a Pedro para zarandearlo como a trigo, no pensemos que nosotros escaparemos a sus ataques. Por ende, más que nunca, a medida que pasa el tiempo, los ministros de Cristo debemos llevar en el corazón la exhortación del Señor, «Velen y oren, para que no entren en tentación» (Mc. 14:38). Esta lucha espiritual es parte vital en la formación personal del predicador y en el desarrollo de su servicio a Dios como heraldo de su mensaje de salvación.

Entonces, si la tarea de predicar es tan desafiante, si demanda nuestro crecimiento personal continuo y que triunfemos sobre las huestes del maligno, ¿cómo pues nos preparamos? Permítame sugerirle cuatro áreas en las cuales cualquier siervo de Jesús deberá ser muy disciplinado si aspira a ser aprobado por Dios[2].

En primer lugar preste atención a lo más obvio, *sea disciplinado en cuidar su cuerpo*:

Sospecho que la afirmación de Pablo: «Porque el ejercicio físico aprovecha poco, pero la piedad es provechosa para todo, pues tiene promesa para la vida presente y también para la futura» (1 Timoteo 4:8), hizo que muchos entendieran que el ejercicio físico no sirve para nada. Así, a lo largo de la historia de la iglesia, en la gran mayoría de círculos ministeriales la falta de cuidado del cuerpo ha sido uno de los pecados más groseros que se practica. Inclusive, en ciertas denominaciones se valora el descuido y el abuso del cuerpo como algo de valor espiritual digno de ser admirado y emulado.

Hace años atrás escuché a uno de estos «grandes siervos del Señor» predicar a voz en cuello en un congreso de jóvenes, que el servicio para Dios demanda todo de nosotros... Correcto. Sin embargo, y aquí entra la arrogancia espiritual de forma solapada, este hombre (no dudo que era sincero) exhortó a los jóvenes a hacer lo imposible para Dios y que imitaran su ejemplo personal, ya que él dormía cuatro horas al día a fin de poder hacer más cosas para el reino. Cualquiera que sepa algo de

---

[2] Al presentar los principios que siguen a continuación, usted se dará cuenta que sobre cada uno de estos tópicos se han escrito innumerables volúmenes a lo largo de la historia de la iglesia. Por tanto, en el espacio que cuento, solo quiero enfatizar aspectos primordiales que tienen relación muy estrecha con la tarea de la predicación.

medicina se da cuenta de la barbaridad que proclamó este *ignoramus*. Dios no ha diseñado el cuerpo para que ustedes y yo podamos funcionar de forma adecuada con cuatro horas de descanso. Todos los estudios científicos nos recuerdan que los adultos necesitamos un promedio de 8 a 9 horas de descanso diario. La única forma de vivir con cuatro horas de descanso es bebiendo veinte litros de café por día o algún otro estimulante. Y si tomamos este curso de acción, llegará la hora cuando el corazón diga basta, y entonces, tendremos una cosecha bien amarga. Si quemamos la vela por las dos puntas al mismo tiempo, tendremos el doble de luz pero la mitad de vida. Mucho peor aún, desde la perspectiva bíblica, cuando uno escucha semejante afirmación, se queda preguntándose para sus adentros: «Este individuo ¿ha conocido la gracia de Dios? ¿Qué motivaciones le impulsan a semejante curso de acción? ¿No ha comprendido acaso la verdad de que Dios no nos amará más aunque trabajemos 'las 24 horas del día y las noches también' (como dijo un político de mi país...). ¿Está este individuo intentando impresionar al Salvador? ¿Espera recibir una corona de gloria más brillante, cuando en realidad es evidente que lo único que le impulsa es el amor a su ego?». Cómo me hubiese gustado preguntarle a la esposa de este pretendido héroe, ¿qué tal se comporta el 'varón de Dios' cuando está en casa? Me imagino la respuesta: «Es una bola de nervios y es imposible aguantarlo». Detrás de todas estas expresiones de santidad y compromiso tan elevadas no hay más que un ego gigantesco. Puro y simple.

> *El descanso es algo mandado por Dios; la pereza es un pecado.*

Otro día, charlando con un colega de ministerio me dice:

- «Voy al funeral del Pastor Fulano. Vivió una vida ejemplar e inspiradora. Plantó diez iglesias».
- «¿De qué murió?», fue mi pregunta.
- «De un ataque al corazón. Tenía 55 años».

Una vez más, los conceptos tergiversados; las nociones erradas. Me pregunto... ¿quién ganó más cuando la vida del pastor fue acortada en 25 años (posiblemente aún más)? ¿La familia, que pierde a su esposo, a su padre, a su proveedor? ¿El reino de Dios? ¿Quién ganó más con esta muerte, sino el reino del adversario? Y encima, el error de no saber vivir del pastor se considera como «hazaña espiritual inspiradora».

Históricamente los evangélicos hemos tenido una muy mala teología del cuerpo. No conocemos nuestro cuerpo, no sabemos cómo funciona y en consecuencia no sabemos cómo cuidarlo de forma adecuada para que sea una herramienta de poder

> *El ministerio en general y la predicación en particular demandan una elevadísima dosis de energía física.*

en las manos de Dios. Es más, cuando alguien nos enseña algunas verdades provenientes del campo de la medicina, nos sentimos amenazados porque da la impresión de que se le está restando méritos a la obra del Espíritu Santo. Por ejemplo, ¿sabe distinguir usted la diferencia entre la unción de Dios y la adrenalina que entra en el torrente sanguíneo dándonos la sensación de 'poder'?

Al aconsejarle que le dé prioridad al cuidado de su cuerpo, no le estoy pidiendo que se vaya al otro extremo y confunda descanso con haraganería, flojera y pereza. El descanso es algo mandado por Dios; la pereza es un pecado. Tampoco le pido que se proponga metas mezquinas porque eso engendra mediocridad. Más bien, examínese a usted mismo: ¿Esto que estoy haciendo me lo pide Dios? ¿O, es mero híper activismo para hacerme conocer como una personalidad que logra resultados admirables por donde quiera que vaya?

El apóstol Pablo afirmaba: «Así que, yo de esta manera corro, no como a la ventura... sino que golpeo mi cuerpo, y lo coloco bajo control, no sea que habiendo sido heraldo para otros, yo mismo venga a ser eliminado» (1 Cor. 9:26-27). San Pablo sabía que el cuerpo debía ser cuidado y controlado para que no nos domine y ahogue la vida del alma. Dios por su gracia nos ha hecho templos del Espíritu Santo, el gran problema es que tantas veces con nuestra glotonería, falta de ejercicio físico y un sin número de excesos, terminamos haciendo del cuerpo una *catedral* del Espíritu. Tantas veces le recuerdo a mis colegas que cuando estamos cansados la mente se cierra y no podemos estudiar. Inclusive ni siquiera pensar. El proverbio popular nos recuerda: «Mente sana en cuerpo sano». Sin embargo, tantos pastores con «púlpito incorporado» nos recuerdan que estas verdades no son muy conocidas o practicadas.

Hace más de veinte años leí del Dr. Haggai: «Tendremos que estar en perfecta condición física si esperamos hacer un llamado al final de un sermón». Francamente, cuando leí esa afirmación me quedé pensando sobre su validez. Hoy quiero asegurarle que el Dr. Haggai estaba absolutamente en lo cierto. ¡Tantas veces he sido testigo de cómo el sermón se va apagando poco a poco, porque al predicador se le va mermando la energía física! Y a medida que los minutos transcurren, las pausas se hacen cada vez más largas y el tono de voz desciende hasta apenas ser oído por la falta de aire en los pulmones del mensajero. ¡Y esto no tiene nada que ver con la llenura del Espíritu Santo! Cuando llega al momento decisivo de hacer la arremetida final contra el bastión de la voluntad humana, si el predicador no está en excelente forma física nunca podrá terminar su sermón con una nota elevada, como si la orquesta estuviera sonando de pleno.

El ministerio en general, y la predicación en particular, demandan una elevadísima dosis de energía física. El Dr. R. C. Sproul afirma que cuarenta minutos de predicación equivalen a un día completo de trabajo físico y manual[3]. Un cuerpo bien cuidado y en forma, con amplia capacidad pulmonar, siempre nos dará fuerza al exponer la palabra. Por lo tanto, al hablar de la preparación que un ministro debe hacer en forma semanal a fin de ser efectivo en la misión que debe cumplir, debemos enfatizar la necesidad de que sea disciplinado en cuidar su cuerpo y todas las dimensiones físicas que esto conlleva: ejercicio físico, horas de descanso, hábitos alimenticios, etc. Recuerde siempre que (salvo que Dios haya escogido de acuerdo a su soberana voluntad que su vida sea de corta duración) usted y yo elegimos a qué velocidad morimos. Que Dios, por lo tanto, le dé sabiduría para poner sus prioridades en orden y al organizar su tarea diaria. Y que viva muchos años de servicio fructífero, es mi oración sincera.

En segundo lugar, si su ministerio de predicación será de valor, *sea disciplinado en el estudio de la Biblia.*

Al mencionar la lectura de la Biblia, permítame comenzar por lo fundamental, y es que todos los cristianos (incluyendo al Pastor) debemos

---

[3] R. C. Sproul, *The preacher and preaching* (*El predicador y la predicación*), pág. 107

leer la Biblia para conocer la grandeza de Dios. Sus atributos admirables, su plan para la historia y la redención humana, su voluntad para mi vida, los recursos y promesas que ha dado en Cristo Jesús para vivir la vida de abundancia que Jesús nos ofrece, etc. Es fundamental para nuestra labor estar familiarizados con «todo el consejo de Dios» (Hch. 20:27). Los predicadores nunca debemos caer en el profesionalismo de leerla solamente para encontrar textos de los cuales predicar. No; primero la leeremos para alimentar nuestra propia alma, luego, para alimentar el espíritu de nuestro rebaño.

Enfatizar la lectura de la Biblia puede parecer ridículo a primera vista en un libro de esta naturaleza, sin embargo, es la necesidad más apremiante del momento, para los creyentes en general y para el predicador cristiano en particular. Jesucristo resistió la primera tentación satánica en el desierto con aquella famosa frase: «No solo de pan vive el hombre, sino de toda palabra que sale de la boca de Dios». Hace un tiempo se publicó un estudio que revelaba que la lectura de la Biblia en Norteamérica ha descendido un 40% en los últimos diez años. Y muchos de los que la leen no creen en todo lo que dice. Este mal ha invadido la iglesia evangélica si uno juzga por el contenido de las canciones contemporáneas y muchos sermones que se predican. Es más que evidente el raquitismo bíblico.

> *No es de valor lo que leemos sino lo que internalizamos, y la memorización es uno de los medios más eficaces para lograrlo.*

Hace tiempo visité una iglesia donde se corría la noticia de que estaba teniendo lugar un avivamiento. El formato del culto era el que más abunda en nuestros días. Alabanza hasta las náuseas. Después de dos horas de agotamiento emocional, pasó el Pastor a dar su sermón. Subió al púlpito, colocó la Biblia sobre él, y luego se bajó para entregar su tema. Ni siquiera leyó la palabra y lógicamente, el contenido de su tema reflejaba la misma actitud que había demostrado hacia la Biblia al abandonarla en el púlpito. Hace varias décadas atrás, la cadena de hamburguesas «Wendy's», decidió entrar en el mercado. Y a fin de quitarle clientes a McDonald's y Burger King, lanzaron un comercial donde mostraban a una anciana abriendo una hamburguesa de la competencia, y preguntado, «¿Dónde está la carne?». Luego mostraban la carne de sus propias hamburguesas. El aviso fue tan efectivo que la nueva cadena logró hacer pie en ese mercado tan competitivo y continúa hasta hoy en expansión. Aquella pregunta del comercial es la misma que uno se siente tentado a hacerle a tantos predicadores contemporáneos: «¿Dónde está la carne?».

Por lo tanto, si nuestro ministerio de proclamación, al igual que el de Apolos que analizamos en el capítulo anterior, será uno donde la riqueza de la Biblia sea el corazón de nuestra labor, y sus verdades lleguen a ser el alimento sólido para nuestro pueblo, entonces, permítame hacerle cuatro recomendaciones que me han sido muy útiles con el correr de los años.

Comience cada día escuchando la Biblia. Soy una persona muy agradecida a los avances de la tecnología. Cada mañana, tal como recomendamos en el párrafo anterior, salgo a caminar durante una hora para mantener mi cuerpo. Y ya que estamos, cargo mi celular conmigo. Durante esta hora de «silencio y meditación» aprovecho a escuchar la grabación del texto bíblico. El impacto que ha tenido para mi vida ha sido formidable. El solo hecho de leer o escuchar la Biblia, me despeja la niebla natural que parece envolver al cerebro cada mañana al despertar. Su letra cambia mi ánimo para encarar la tarea del día. Además, me ha abierto los tesoros de la casa de Dios. Muchos de los sermones que he predicado en los últimos años, tienen su origen en estos momentos sagrados de inspiración cuando el Señor me ha hablado directamente desde el texto de su palabra.

Si es posible, aunque sea un par de veces a la semana escuche algún sermón bíblico que alimente su espíritu humano. Esto lo pondrá en el espíritu correcto para adorar y estudiar. En el día de hoy a través de la radio, la TV y de internet estamos llenos de recursos que nos permiten enriquecernos espiritualmente sin gastar un centavo. Después que termine el tema que ha oído, vuelva a estudiar el párrafo bíblico en el que estaba sustentado el sermón, pidiéndole a Dios «que le abra los ojos, para contemplar las maravillas de su ley» (Sal. 119:18). Con la misma actitud de humildad y dependencia de Dios, lea lo más que pueda las Sagradas Escrituras. Y cuando lea, hágalo en voz alta, es una de las formas más efectivas de internalizar el contenido de la Biblia.

Además, aprenda a memorizar aunque no sea más que un versículo de la Biblia de forma diaria. Yo tuve el beneficio de crecer en una iglesia donde nuestro pastor creía en el valor incalculable que tiene la memorización de la Palabra. Todos los años en la escuela dominical nos hacía memorizar un nuevo párrafo. De esa manera, a los 12 años de edad, ya había aprendido de memoria Los Diez Mandamientos, Isaías 53, 1 Corintios 13, el Salmo 27, las Bienaventuranzas, y varios párrafos más. Algo que llegó a ser una fuente incalculable de bendiciones a lo largo de toda mi vida. Recuerde, que no es de valor lo que leemos, sino lo que internalizamos y la memorización es uno de los medios más eficaces para lograrlo.

Internalizar la Biblia en nuestra mente y alma, le dará materia prima al Espíritu Santo para guiarle, bendecirle, sanar su alma, restaurar su vida, y hacerle útil en el ministerio. Es más, le dará poder espiritual y unción a su mensaje. Si no me cree, entonces, déjeme contarle la historia de Guillermo Powell. Tuve el privilegio de conocer a Guillermo hace muchos años. Lo cierto es que por esas batallas que implica el ministerio, hace 35 años atrás le tocó entrar en un túnel muy oscuro de abatimiento y depresión. Fue en esos momentos cuando quedo solo y sin recursos, más que Dios, y decidió aferrarse a la Palabra eterna del Dios vivo. Solo y en silencio comenzó a memorizar un versículo tras otro cada mañana. Así completó la primera Carta de Pedro. Y de ahí siguió hasta memorizar con el correr del tiempo varias cartas del NT, inclusive el Apocalipsis. Algo de locos dirá usted. ¡Imposible! Lo más impresionante, sin embargo, fueron los efectos transformadores que la memorización de la Biblia hizo en su alma. Hace un tiempo mientras entrevistaba a Guillermo en nuestro programa de radio, nos compartía como cierto día (a las pocas semanas de haber empezado a memorizarla), sin darse cuenta, la depresión al igual que la niebla cuando la toca el sol se había desvanecido. Y la energía, el optimismo, y el poder habían regresado a su vida sin ver a ningún médico, sin consumir medicinas, ni consultar a ningún psicólogo. Solamente el poder de la Biblia vigorizando el alma y todo el ser a través de la fe. Guillermo ha visitado nuestra iglesia varias veces para recitar de memoria algunos de los libros del Nuevo Testamento. Y al recitar ya sea el *Sermón del Monte*, o una epístola del Nuevo Testamento, da la impresión que el autor mismo de la carta se ha hecho presente. Y sin necesidad de agregar una sola palabra al texto bíblico, siempre ha sido de impacto y bendición para los oyentes. Una prueba elocuente de que la «Palabra de Dios es viva y eficaz, y más penetrante que toda espada de dos filos» (Heb. 4:12). Nuestro pastor nos recordaba con frecuencia, «La palabra de Dios es más poderosa que todas nuestras palabras». Esto efectivamente es así. Por lo tanto, hágase con el hábito de memorizar cuanto más pueda de la Biblia, y su vida y ministerio serán transformados poderosamente.

Un día decidí comenzar a memorizar 2 Timoteo porque es una carta cargada de consejos valiosísimos para el ministerio en general y el tema del liderazgo espiritual, en particular. Lo interesante de la memorización fue el impacto que produjo en mi propia vida. Como resultado, a las pocas semanas enseñé un seminario en mi congregación titulado: «Liderazgo en tiempos peligrosos», exponiendo la epístola en forma temática. Le recomiendo que juzgue usted mismo si valió la pena[4].

La tercera recomendación que quiero mencionarle es *la importancia que tiene la meditación del texto bíblico*. En el capítulo 9, donde hablo de cómo estudiar el texto de mi sermón, menciono varios pasos importantes en la tarea de exégesis. Estos son el fundamento de nuestra tarea. Sin embargo, el estudio de las palabras, la gramática y el significado de los términos teológicos es apenas el principio de nuestra labor. Porque una vez que hemos completado el análisis, todavía ese texto tiene mucho más que decirnos que es relevante para nuestra escena contemporánea. Y ese mensaje específico para nuestra situación personal nos llega al meditar en las palabras del texto escogido.

Por ejemplo, usted puede preparar un sermón sobre el texto más conocido de la Biblia, Juan 3:16. Si hace el análisis exegético verá qué significan las palabras:

- *Porque*: Conjunción que nos une con lo que se dice anteriormente, consecuencia.
- *De tal manera*: expresa la profundidad y la extensión del amor de Dios.

---

[4] Si desea ver el contenido de este seminario, le invito a visitar el sitio realidadonline.com. Allí hallará muchos recursos valiosos para su propia vida y ministerio.

- *Amó*: es el amor ágape, es el amor de la voluntad y la decisión, no es porque había algo de valor en nosotros.
- *Dios*: Creador, omnipotente, etc.
- *Mundo*: Cosmos; en este caso, la raza humana en general; el sistema que se opone a la vida de Dios.
- *Que dio*: iniciativa libre de Dios. No fue forzado, no tenía ninguna obligación de hacerlo.
- *Hijo único*: es Dios mismo hecho hombre en toda su gloria y manifestación plena.
- *Todo aquel*: indica individualidad, decisión personal.
- *Crea*: Confianza plena, creer con total certidumbre, con todo el ser. Tiempo presente continuo. No basta un solo acto, sino seguir creyendo.
- *En él*: indica el objeto de nuestra fe. No es un código, o un programa de mejora personal, sino una persona, Jesucristo mismo.
- *No se pierda*: No perezca (mejor traducción). No coseche el juicio y castigo final que demanda su conducta.
- *Mas*: marca el contraste, contra toda lógica.
- *Tenga*: Posesión presente. No solamente algo en el futuro más allá de la muerte.
- *Vida eterna*: La vida de Dios, la vida del cielo, no solamente algo sin fin, sino una calidad de vida totalmente nueva y transformadora.

Como usted se dará cuenta, con esta información ya tiene puestos los cimientos para predicar un sermón con excelente contenido. Sin embargo, ¿es esto todo lo que nos dice Juan 3:16? Cuando comenzamos a meditar en él, muchísimas más verdades profundas comienzan a brotar como si fuera un inagotable manantial de agua de vida. Esto es lo que trae la meditación sobre cualquier verdad de las Escrituras. Por tanto, cuando estamos en el estudio, cuando vamos conduciendo nuestro vehículo al hacer una visita pastoral, aun en medio de nuestras tareas, podemos emplear nuestra mente en la meditación del texto que hemos elegido, y si somos cuidadosos de registrar todo lo que el texto nos habla, llegará el domingo y el sermón ofrecerá un contenido rico, variado, específico y transformador para nuestros oyentes. Por tanto, emplee bien su mente y su tiempo leyendo, memorizando, y meditando el mensaje de Dios para su vida y para su pueblo.

Me encanta lo que un biógrafo escribió de C. H. Spurgeon, el príncipe de los predicadores: «Lo que Spurgeon escribió de Bunyan se puede aplicar igualmente a él: 'Leed cualquier cosa de su pluma y comprobaréis que es casi como leer la Biblia misma. Había leído nuestra Versión Autorizada hasta que todo su ser estuvo saturado de la Escritura. Pinchadle donde queráis y descubriréis que su sangre es *biblina*, la mismísima esencia de la Biblia, que mana de él. No puede hablar sin citar un texto, pues su alma está llena de la palabra de Dios'»[5]. Esta es una reputación que yo quisiera para mí mismo.

San Pablo exhortaba a los creyentes de Colosas: «Que la palabra de Cristo habite en abundancia en ustedes...» (Col. 3:16). Leer, memorizar y meditar de forma continua la Biblia son tres hábitos que harán que la palabra more en abundancia en nosotros, y en consecuencia estaremos preparados plenamente para nuestro ministerio de enseñanza y predicación, el cual con la riqueza de la palabra viviente será un manantial inagotable de verdad, luz y bendición.

El tercer hábito críticamente importante para nuestra preparación como predicadores es llegar a ser *disciplinados y fervientes en nuestra vida de oración*.

C. H. Spurgeon afirmaba: «El predicador se distingue sobre todos los demás como hombre de oración. Ora como un cristiano común, de lo contrario serías un hipócrita. Ora más que los cristianos comunes, de lo contrario estarías incapacitado para el desempeño de la tarea que

> *Y de la misma manera que una persona que ha estado tomando un baño de sol lo manifiesta en su rostro, así también la persona que tiene una vida de oración intensa lo manifiesta mediante la calidad de contenido y el poder de persuasión de sus sermones.*

has emprendido. Sería enteramente monstruoso que un hombre fuese superior en cargo, e inferior en alma; el primero en posición, y el último en su manera de vivir»[6]. Amén decimos. Todos estamos de acuerdo. El predicador tiene tiempos de oración a solas con Dios de forma diaria, aparta días especiales con frecuencia para estar con Dios e interceder por las múltiples necesidades de su obra, ora cuando va en el camino,

---

[5] Citado por Iain Murray en, *Spurgeon, un príncipe olvidado*, The Banner of Truth, Londres, 1964, pág. 34.

[6] C. H. Spurgeon, *Discursos a mis estudiantes*, Casa Bautista de Publicaciones, El Paso, Texas, 1958, pág. 68.

ora en su hogar, ora en la iglesia. El ministro ora siempre. En su vida encarna la exhortación del apóstol Pablo: «Orad sin cesar» (1 Ts. 5:17). Y de la misma manera que una persona que ha estado tomando un baño de sol lo manifiesta en su rostro, así también la persona que tiene una vida de oración intensa lo manifiesta mediante la calidad del contenido y el poder de persuasión de sus sermones.

Ciertamente la vida de oración del ministro tiene múltiples facetas y obligaciones, por tanto, quisiera tan solo enfatizar un par de aspectos que para mí son críticamente importantes para el desarrollo del sermón y que vienen estrechamente ligados a lo que dijimos más arriba al discutir la meditación de las Escrituras. El primero de ellos es, *aprender a escuchar la voz de Dios.* Yo no voy a discutir si Dios habla de forma personal en la actualidad a su pueblo. Mucho ha sufrido ya la iglesia del Señor por culpa de muchos excesos (y algunos de ellos bien ofensivos), lo cual ha conducido a muchos a reaccionar en contra de ellos y en consecuencia a generar mucha enseñanza falsa y mayor confusión sobre el tema. Mientras unos dan la impresión de tener el celular de Dios y cada dos minutos les brota de los labios «El Señor me dijo», y de esa manera nos confirman su «superioridad espiritual», otros han amordazado a Jesús y lo han confinado detrás de gruesas murallas de silencio.

No obstante, Dios sigue hablando a la raza humana, cristianos y no cristianos. Y de una manera notable tantas veces. Hace un tiempo miraba un concierto de música contemporánea que ofreció la cadena televisiva PBS a fin de recaudar fondos. El corazón del concierto era David Foster, alguien de quien no sabía absolutamente nada hasta esa noche. El programa me informó que este músico notable, es el compositor de centenares de piezas musicales para películas y canciones que han sido interpretadas por una miríada de figuras populares incluyendo a Andrea Bocelli. En un momento del programa lo entrevistaban, y le preguntaron: «David, ¿cómo ha hecho para componer tantas canciones?». Su respuesta se me quedó grabada. Sus palabras literales fueron: «En realidad yo no creo nada. Las canciones pasan a través de mí. Es como si detrás del universo existiera una 'gran computadora' que nos dice qué hacer. Y yo simplemente me limito a poner en el papel lo que me dictan». Asombroso, de verdad.

Estoy seguro que usted ha escuchado alguna vez *El Mesías* de Handel. Especialmente famosa ha sido la parte final de la obra, el coro del

Aleluya. Handel cuenta que cuando estaba escribiendo este parte de su oratorio, sintió que era transportado al cielo y allí escuchó a los mismos ángeles cantarle a Dios el Aleluya. ¿Quién puede sorprenderse, entonces, de la calidad de esa música que vivirá por siempre? Es música que vino del mismo cielo a través de un instrumento humano. ¿Demasiado desafiante para nuestro escepticismo y arrogancia intelectual?

¿Me habla Dios a mí? Mentiría si le dijera que alguna vez lo hizo a través de un sueño o una revelación especial (aunque conozco personas con quienes se comunica de estas maneras). Sin embargo, y aquí es donde quiero alentar a alguien que al igual que el niño Samuel todavía no sabe reconocer al voz de Dios, *él siempre lo ha hecho a través de su Palabra y en los momentos de oración.* La oración es un dialogo activo entre dos seres vivientes y es esa razón la que la hace realmente atractiva y dinámica. Al orar hablamos a Dios y nos ponemos a su disposición, y al mismo tiempo aprendemos a escucharle a él. ¿Cómo nos habla? Con pensamientos que fluyen a nuestra mente mientras oramos. Tan simple como eso. ¿Nunca se detuvo a pensar de donde vienen esos pensamientos que nos llegan como volando, y que nos guían a una decisión correcta, que nos muestran un mejor curso de acción, que nos revelan secretos ocultos en su Palabra? No dude, es la voz de Dios recordándole: «Aquí estoy, aprende a escucharme. Estoy en diálogo contigo».

Si Dios nos habla de esta manera, en consecuencia, hay dos cosas que debemos aprender: la primera es, dediquemos tiempo a estar en la presencia de Dios, aquietando todas las emociones y preparándonos para oírle. La segunda es, que *cada vez que lea la Biblia y ore, tenga siempre a mano lápiz y papel, y registre rápido lo que oyó.* ¿No le ha pasado tantas veces que en un momento, mientras leía la Biblia u oraba, un párrafo cobró vida y de golpe su mente fue inundada de pensamientos fecundos que le daban un sermón completo? Pero claro, como no teníamos experiencia en estas cosas, no lo registramos de forma inmediata y, luego, varios días más tarde quisimos recordar lo que habíamos recibido, no obstante, ya no nos acordábamos de nada. Todos tenemos que aprender a escuchar a Dios. Por tanto, cada vez que nos acerquemos a su presencia y a su Palabra, volviendo al ejemplo de Samuel, vengamos con la actitud de decir, «Habla Señor que tu siervo oye». Y para no perder nada de la riqueza de la revelación del momento, siempre tenga a mano algo donde tomar notas.

San Pablo decía: «Ahora bien, hermanos, si yo voy a ustedes hablando en lenguas, ¿de qué provecho les seré a menos de que les hable por medio de revelación, o de conocimiento, o de profecía, o de enseñanza?» (1 Cor. 14:6). El término que me llama la atención es «revelación». No creo que en este caso esté hablando de la revelación especial de Dios que formó las Sagradas Escrituras. Más bien, da la impresión que estaba convencido que cada vez que debía ministrar debía traer «palabra fresca». Algo nuevo que Dios le había mostrado. Estoy convencido que esto únicamente es posible cuando el predicador, como acabamos de decir, aprende a estar a solas con Dios y a oír su voz. Le pregunto, ¿cuántas veces usted escuchó un sermón que lo aburrió porque eran todas verdades trilladas, que ya había escuchado antes un millón de veces? Por el contrario, ¿cuántas veces un predicador llegó, tomó un párrafo que ya conocía de memoria y del cual había escuchado mil sermones y, sin embargo, lo que aprendió fue totalmente nuevo? ¿Qué marcó la gran diferencia? La meditación y la oración, tal como lo describimos.

El segundo aspecto que quiero mencionar en cuanto a la vida de oración, es que le dé la importancia que merece, pero *no caiga en fórmulas humanas ajenas*. Más bien, aprenda del consejo de los sabios de la antigüedad cuando recomendaban: «Conócete a ti mismo». A lo largo de las décadas que llevo sirviendo a Dios, viví mucha veces dominado por la culpa de no poder orar cuatro horas seguidas tan pronto abría mis ojos a la mañana. A lo largo de mi vida, a través de los libros y los sermones de buenos hermanos, se me enfatizó un millón de veces que el predicador se levanta primero que todos, y pasa extendidos tiempos en oración antes de emprender cualquier otra actividad, inclusive el desayuno. Es cierto que en el pasado las cosas eran así, especialmente cuando no había luz eléctrica ni existían los medios masivos de comunicación. Sin embargo, las cosas ahora son distintas. Tantas veces uno regresa a casa después de una reunión o de ministrar, pasada la medianoche... Añadiendo sal a la herida, por siglos no se reconoció que Dios ha hecho «morning persons» y «night persons». Que hay hombres y mujeres que se levantan frescos y alertas y de forma inmediata están listos para correr, mientras otros se tienen que arrastrar para

> *El verdadero predicador está siempre preparándose.*

poder funcionar. Hay algunos que a la mañana tienen todas las luces del cerebro prendidas y otros que no pueden prender ni una célula antes de las diez de la mañana. Obviamente, al llegar la noche las cosas se revierten. ¿Y entonces?

En mi vida he tenido que aprender a reconocer que para poder estudiar y orar debo estar alerta y vigoroso. Por esa razón dije lo que leyó más arriba en cuanto a cómo hacer nuestras rutinas espirituales. Calvino posiblemente me quemaría en la hoguera. Pero ese soy yo. Eso es lo que me funciona a mí. Eso no quiere decir que usted me deba copiar. Yo le comparto lo que a mí personalmente me ha dado el mejor kilometraje. Usted aprenda a ser usted mismo. Lo importante es que ore, estudie, se ejercite. ¿A qué hora del día? A quien le importa. Usted procure presentarse aprobado ante Dios y deje que los resultados hablen en su defensa.

Una última área de preparación para el predicador a fin de estar filoso y en plena forma para la tarea al igual que un atleta profesional, *es ser disciplinado en la lectura y estudio de otros recursos*.

Quisiera enfatizar que el verdadero predicador está siempre preparándose. Eso no quiere decir que está todo el día sentado frente a la computadora, pero si tiene pasión por hacer las cosas con excelencia, siempre estará «con las antenas paradas». Observando, escuchando, aprendiendo. Si tiene esta actitud, todos los días de mil maneras diferentes le llegará auxilio para hacer que el sermón del domingo sea uno bíblico, rico en contenido, relevante a la escena actual y muy poderoso.

Con todo, la tarea del ministerio y la predicación, en consecuencia, son tan vastas, que demandarán adquirir nueva información, capacitación y desarrollo en muchas áreas. Y al hacerlo él primero, luego podrá formar a quienes Dios ha confiado a su cuidado. Por tanto, es importante que comprenda que hay ciertas cosas que debe leer. Déjeme entonces pasarle algunos consejos en cuanto a la lectura de otros materiales.

Primero, familiarícese con ciertos autores. Hay escritores que a uno lo dejan vacío, hay otros con los cuales, al igual que en el caso del matrimonio, tenemos «química» inmediata. Tan pronto uno los lee, siente que le hacen bien a nuestra alma. C. H. Spurgeon, el Dr. Martyn Lloyd-Jones, y A. W. Tozer, son los tres nombres que saltan al tope de la lista de mentores y benefactores más importantes que tuve a lo largo de mi vida. De sus ministerios recibí las mayores bendiciones y fueron quienes pusieron la base de mi fe y mi servicio a Jesucristo.

Segundo, trate de conseguir comentarios que combinen erudición y vida devocional. Esto sí es un verdadero desafío. Tristemente el liberalismo teológico con su nefasta influencia (tal como vimos en el capítulo dos) marcó y definió la forma en que se escribe un comentario bíblico contemporáneo, con la consecuencia de que mucho de lo que se ha escrito en los últimos cien años tiene una alta dosis de «paja, heno y hojarasca» y leerlos va en detrimento de nuestra propia salud espiritual.

Creo que como maestros bíblicos es importante (idealmente) tener como mínimo un comentario de cada libro de la Biblia, pero no mucho más que eso. Recuerde que con las obligaciones tan variadas del ministerio nadie tiene tiempo para leer 1.000 páginas por semana para preparar el sermón. Por tanto, es importante ser selectivo. Y aunque hoy tenemos muchos recursos en internet, aun así el principio que establezco en mi párrafo anterior rige en cuanto a los comentarios. En este rubro, Gordon Fee, John Stott, F. F. Bruce y Juan Calvino encabezan mi lista.

Tercero, no olvide la importancia de seguir estudiando la teología sistemática. San Pablo nos recuerda que Dios puso pastores-maestros en su iglesia para equipar a los santos para

> *El predicador es como la abeja; pica muchas flores pero luego elabora su propia miel.*

que «ya no seamos niños fluctuantes, *llevados por doquiera de todo viento de doctrina*, por estratagema de hombres que para engañar emplean con astucia las artimañas del error» (Ef. 4:14). En esta era estamos llenos de mil vientos diferentes de doctrinas y prácticas extrañas, lo cual hace necesario que nosotros estemos alerta y formemos a nuestro pueblo para discernir el error. Por lo tanto, es necesario que con frecuencia prediquemos temas doctrinales que ofrezcan orientación a nuestras congregaciones y capaciten a los creyentes para que no sean arrastrados a ministerios fraudulentos. Para nuestra propia formación, y como libros de referencia y consulta, las obras de L. S. Chafer y L. Berkhoff son un excelente fundamento.

Ciertamente que este tópico de seguir estudiando y creciendo es inagotable. El ministerio demanda que aprendamos sobre la vida de oración, sobre cómo aconsejar ante los problemas emocionales que roban la paz a las personas, sobre la guerra espiritual, sobre cómo predicar mejor, sobre cómo hacer crecer la iglesia, y un millón de temas más. Además, no podemos vivir aislados del mundo y la hora de la historia en que vivimos, lo cual nos fuerza a informarnos sobre todo lo que pasa a nuestro alrededor. Todos estos hechos indiscutidamente nos hacen exclamar con San Pablo: «Y para estas cosas, ¿quién es suficiente?». Por momentos la magnitud del trabajo resulta abrumadora. Sin embargo, cobremos aliento aprendiendo del ejemplo y la actitud positiva que sentaron quienes nos precedieron en el ministerio. Si otros triunfaron, nosotros también podemos triunfar. Eso sí, después de haber leído todo lo que nos venga a la mano, no olvidemos lo que decían los puritanos: *El predicador es como la abeja, pica muchas flores, pero luego elabora su propia miel.* Leemos para enriquecernos y luego elaboremos nuestro propio sermón. No podemos ser ventrílocuos de algún otro hermano por más brillante que haya sido.

Pablo Casals fue el violonchelista más destacado del siglo XX. Cuando cumplió 90 años lo entrevistaron para la TV, y le preguntaron: «Maestro, ¿por qué sigue practicando cuatro horas diarias con su Chelo?». «Porque todavía sigo haciendo progresos», fue su respuesta. ¡Qué ejemplo de actitud! Digno de ser imitado.

Todo Pastor llamado por Dios a la tarea de predicar, debe prepararse con dedicación, disciplina e intensidad, dando siempre lo mejor de sí mismo semana tras semana a lo largo de toda su vida. La naturaleza y las exigencias del ministerio, sumado a las tentaciones que enfrentamos, así lo exigen. De forma breve hemos mencionado el cuidado de nuestro cuerpo, la lectura de la Biblia, nuestra vida de oración, y el estudio de otros libros y recursos como medios que nos ayudarán de forma efectiva a lograrlo. Al hacerlo de esta manera, nuestros sermones siempre serán comida fresca y nutritiva, y seremos testigos de la realidad que dijo Jesús: «...todo escriba docto en el reino de los cielos es semejante a un padre de familia que saca de su tesoro cosas nuevas y cosas viejas» (Mt. 13:52).

La preparación y desarrollo de un hombre de Dios es un tema tan amplio que podríamos haber agregado mucha más información, sin embargo, aquí tenemos un excelente comienzo[7]. Permítame preguntarle entonces, ¿cómo está cuidando su cuerpo de cara al futuro? Por amor a Dios, a su familia y a la iglesia, elija bien le ruego. ¿Cómo está su disciplina de estudio, meditación y memorización de la palabra de Dios? ¿Está creciendo en su vida de comunión y oración, de modo que la voz del Señor se le hace de manera creciente más claramente perceptible?

Por tanto, permítame alentarle a perseverar y a crecer en nuestra vocación. Dé siempre lo mejor de usted sin compararse con nadie más. Al igual que un atleta profesional o un músico, exíjase al máximo preparándose lo mejor que pueda. Comprenda que en el ministerio de predicación, al igual que en todas las áreas de la vida, todo es cuestión de tiempo y práctica. Y al igual que Beethoven, quien escribió sus mejores sinfonías en los últimos años de su vida, nosotros también al ir creciendo en nuestro conocimiento personal de Dios, de la vida, de la historia, de cómo pensamos y sentimos los humanos, nuestros sermones también crecerán en calidad de información y contenido. Así, las personas al percibir nuestro progreso nos darán su lealtad, y en consecuencia, tendremos un creciente poder de persuasión, influencia e inspiración. Llevemos al corazón, entonces, las palabras de exhortación de Pablo: «Procura con diligencia presentarte a Dios aprobado, como un obrero que no tiene de qué avergonzarse, que usa bien la palabra de verdad» (2 Tim. 2:15). Y esperemos confiados los resultados en el tiempo y en la eternidad.

Preguntas para repaso, reflexión y discusión

1. Nuestro autor nos ofrece tres razones por las cuales la mejor preparación personal es absolutamente vital para cualquier Pastor o Predicador. ¿Cuáles son estas razones? Luego nos da cuatro consejos para alcanzar la meta que nos propone. ¿Cómo encuentra este escrito? ¿Cuántas de las disciplinas son ya de su posesión?

---

[7] Sobre los cuatro temas que hemos considerado se han escrito multitud de volúmenes. Sobre el tema de la oración recomiendo sinceramente los cinco libros escritos por E. M. Bounds. Asimismo, C. H. Spurgeon en Discursos a mis estudiantes y en Un ministerio ideal, contiene capítulos preciosos sobre estos temas vitales para nuestro ministerio.

2. Pablo en 1 Timoteo 4:13 nos recuerda: «En tanto que llego, dedícate a la lectura pública de las Escrituras, y a enseñar y animar a los hermanos». ¿Cómo se está cumpliendo esta exhortación en su ministerio o en su iglesia local?

3. «En esos tiempos no era común oír palabra del Señor, ni eran frecuentes las visiones» (1 Samuel 3:19) Samuel nació en una época de desintegración moral y nacional. Sin embargo, su vida marcó un nuevo comienzo para la nación. ¿Le está hablando Dios por su palabra? ¿Ha aprendido a reconocer su voz en los momentos de oración?

4. «Un líder es un original, nunca una copia». Cómo se aplica este dicho a su experiencia ministerial. ¿Sus sermones son una mera copia de lo que otros han dicho, o tienen la frescura de la voz de Dios quien le habló en sus momentos a solas con él?

SECCIÓN V

El predicador y su relación con el Espíritu Santo

CAPÍTULO 20

Invitando a Dios a nuestra predicación

«Preparad camino al Señor, enderezad calzada en la soledad a nuestro Dios... Y se manifestará la gloria del Señor...» (Isaías 40:3-5).

«Ezequiel, tengo buenas y malas noticias. Las buenas noticias es que has sido nombrado pastor de la *Primera Iglesia*, la mala noticia, es que está ubicada en el *Valle de la Muerte*. Las buenas noticias es que serás Pastor de una Mega Iglesia, las malas noticias, es que todos los miembros son cadáveres espirituales...». ¿Le hubiera interesado a usted recibir semejante noticia, semejante llamado?

Ezequiel, cuyo nombre significa «fortaleza de Dios» pertenecía a la familia sacerdotal de Sadoc. Dios le llamó a ministrar a la comunidad judía que había sido arrastrada a Babilonia, después de la deportación que hizo el rey Nabucodonosor en el año 597 a.C. Durante 22 años le tocó servir a esta comunidad de prisioneros de guerra junto al río Quebar (el Éufrates), en tierra del actual Iraq. Ciertamente el llamado que recibió fue para cumplir una tarea muy complicada, ya que al salir rumbo al exilio, muchos de esos hebreos perdieron todas sus posesiones materiales, otros perdieron seres muy amados, todos perdieron sus amigos, todos perdieron su tierra natal, y como su fe religiosa estaba estrechamente unida a su nacionalismo, en el proceso también muchos perdieron a Dios. Fue a esta audiencia que estaba en el valle más oscuro y profundo de la depresión espiritual que Ezequiel debía traer la Palabra de Dios. Al ver el sufrimiento y la desesperanza que se leía en sus ojos, Ezequiel fue llevado a recordar una escena fantasmagórica que posiblemente vio en el camino al exilio.

En un amplio valle es evidente que meses antes había tenido lugar una batalla cruel y sangrienta. Había sido un gran conflicto. Los muertos de ambos bandos se contaban por miles. Por razones desconocidas los ejércitos se retiraron con apuro dejando sus muertos sin ser enterrados. Las bestias del campo, las aves del cielo y las fuerzas de la naturaleza habían hecho su obra nefasta sobre estos cuerpos sin vida. No había un solo esqueleto dejado entero. Allí, a simple vista, yacían millones de huesos blancos esparcidos, secándose al sol. Era un verdadero Valle de la Muerte. Y esa escena dejó una profunda impresión en el alma de Ezequiel.

Años más tarde, cuando Ezequiel recibió el llamado de Dios a ministrar a los exiliados, al oír a sus compatriotas exclamar con tristeza: «Nuestros huesos se secaron y pereció nuestra esperanza. ¡Estamos totalmente destruidos!» (Ez. 37:11), aquella visión del valle de la muerte volvió con gran fuerza a su mente y corazón. Mediante aquella visión Dios le transmitió el mensaje que quería que entregara a sus compatriotas. Un mensaje de esperanza, ya que aunque ahora estaban bajo juicio, ese no sería el final de la historia, porque Dios habría de restaurarlos al lugar de la bendición. Cuando aquellos exiliados solamente veían densa oscuridad en el futuro, Dios levantó a Ezequiel para que les recordara que mientras desde la perspectiva humana no había la más mínima esperanza de restauración a la bendición perdida, con todo, Dios iba a mostrar su brazo de poder y lo que al presente olía a muerte, Dios lo transformaría por su poder infinito en olor de vida para vida.

Esta visión del valle de los huesos secos ha captado el interés de los cristianos de todas las generaciones. Más allá de los detalles que corresponden a la profecía del momento, y sin llevar la metáfora a extremos ridículos, esta visión de lo que ocurrió en el valle de los huesos dispersados, nos presenta: primero, *los desafíos que aguardan a quienes servimos a Dios*; segundo, *el único medio que Dios siempre emplea para abrir la sepultura espiritual en que nos hallamos los humanos*; y tercero, *la condición indispensable para que haya fruto espiritual en nuestras labores ministeriales*. Siendo que esta historia contiene enseñanzas de valor eterno e incalculable en relación a estas tres áreas, es mi deseo, entonces, llamar vuestra atención sobre tres visiones. Primero, *la visión de una necesidad universal*; segundo, *la visión de una obligación personal*, y finalmente, *la visión de una gran visitación espiritual*.

La visión de una necesidad universal: Cuando nos acercamos a la visión que tuvo Ezequiel, nos impresiona poderosamente la escena que Dios eligió para hacer comprender al profeta sus planes futuros. La escena era un cuadro de muerte, desolación y completa desesperanza. Cuando el profeta pasó por medio de aquellos huesos notó que estaban no solamente secos (señal de la muerte), sino secos en gran manera (v. 2); señal de completa inutilidad. Y si eso era poco, más adelante los cautivos confiesan, como ya hemos visto, «se secó nuestra esperanza» (v. 11). Cualquiera que haya sido llamado por Dios a servirle debe comprender que este es el mismo cuadro que enfrenta cada vez que se pone en movimiento para hacer algo para Dios. A los seres humanos no les interesa Dios, son enemigos declarados de Dios y si fuese por ellos, contentos estarían de mandar a Dios al paredón de fusilamiento y acabar para siempre con él. La visión de Ezequiel tiene su perfecta correspondencia en el cuadro que pinta el apóstol Pablo en Efesios 2:1-3:

> «Y Él les dio vida a ustedes, que estaban muertos en sus delitos y pecados, en los cuales anduvieron en otro tiempo según la corriente de este mundo, conforme al príncipe de la potestad del aire, el espíritu que ahora opera en los hijos de desobediencia. Entre ellos también todos nosotros en otro tiempo vivíamos en las pasiones de nuestra carne, satisfaciendo los deseos de la carne y de la mente, y éramos por naturaleza hijos de ira, lo mismo que los demás».

Esta descripción de la raza humana desde la perspectiva de Dios, es realmente difícil de aceptar para la mente carnal que no ha recibido la iluminación del Espíritu de Dios. Pero que alguien la acepte o no la acepte, no por eso cambia la realidad en lo más mínimo. Lo cierto es que las personas a quienes debemos comunicarle el plan de Dios están tan muertas en el plano espiritual a los ojos del Creador, son tan completamente inútiles para sus propósitos de gloria y están tan desprovistas de esperanza, como los huesos secos del valle de la muerte. Ciertamente están muertas en delitos, por haber quebrantado las leyes de Dios, y en pecados, por haberse desviado del blanco para el cual fueron formadas. Y si esto fuera poco, cada persona que camina por este planeta es esclava de tres tiranos malignos que jamás le abrirán los grillos o las cadenas con que la han atrapado. Vaya trinidad infernal la que controla la mente y los corazones de los mortales: el diablo, el mundo y la carne. Y si esta condición no fuera de por sí lo suficientemente grave, encima sobre cada persona recae el veredicto del Juez del Universo: ¡Hijos de ira! Una frase en la cual es imposible medir el dolor, la amargura y el sufrimiento eterno que implica. ¡Horrible en verdad!

Ezequiel tuvo la visión de una gran necesidad; nosotros que ministramos de este lado de la cruz tenemos delante la visión de una necesidad universal, urgente y horrenda. Si los que conocemos y amamos a Jesús no hacemos nada, la suerte de todos los que viven sin Dios ya está sellada y la pérdida que tendrán será cósmica en su alcance.

La visión de una obligación personal: Y sin embargo, siempre es nuestro misericordioso y bondadoso Señor quien toma la iniciativa en revertir la miseria de los humanos. Lo cual nos lleva a preguntarnos, ¿qué método empleó Dios para cumplir sus propósitos eternos? Ciertamente no le ordenó al profeta que pusiese hueso con hueso. Eso hubiera sido una tarea imposible. De la misma manera, Dios no nos ordena en el presente salir al mundo para educar a millones en el conocimiento de las ciencias humanas. Ni tampoco le pidió al profeta que pusiese un techo sobre cada cuerpo ensamblado. Tristemente estas son cisternas que hace ya siglos demostraron que no pueden contener el agua de la vida. Y, sin embargo, hay quienes en la actualidad siguen intentando estas rutas que siempre llevan a un punto muerto, a un callejón sin salida. En el presente, vivo en el país con la economía número 1 del mundo, y en consecuencia goza de uno de los *standards* de vida más elevados en el concierto de las naciones. Solamente una minoría insignificante deambula por las calles sin vivienda fija. Con todo, qué espantoso es pensar que en el país de la opulencia, el 50% de los crímenes ocurren dentro de las paredes de los hogares. Horrenda realidad, que nos recuerda que podemos ser bien educados, vivir en una mansión espléndida, gozar de todos los deleites y lujos que el dinero puede comprar, y no obstante, ser un depravado moral rumbo a la ruina eterna. ¿Qué método empleó Dios, entonces, para restaurar aquellos huesos secos?

El mismo y el único que ha utilizado a lo largo de todos los siglos: la predicación de su palabra. «Huesos secos, oigan la palabra del Señor» (v. 4). ¡Ese fue su método! El mismo método que Dios ha diseñado para nuestra salvación y el único que bendice cuando alguien es fiel al emplearlo. Se cuenta que George Whitefield, uno de los evangelistas más poderosos del siglo XVIII en Inglaterra, fue invitado a predicar a cierta iglesia durante una semana. La primera noche predicó basándose en el texto, «Tienen que nacer de nuevo» (Jn. 3:1-15). La segunda noche repitió el tema; la tercera idéntico; la cuarta igual... Entonces, antes que entregara el quinto sermón los diáconos de la iglesia se le vinieron encima muy molestos a preguntarle: ¿Por qué nos ha predicado ya cuatro sermones sobre «tienen que nacer de nuevo»? La respuesta de Whitefield no se dejó esperar: «¡Porque tienen que nacer de nuevo!». Whitefield tenía razón. Y cuánto hace falta volver a este mensaje en estos días cuando nuestros bancos están llenos de huesos secos y ¡secos en gran manera! Y, a quienes debemos recordarles cuál es el plan de Dios es primeramente a sus ministros, ya que muchos de ellos en el presente, creen que Amós es el centro de la Biblia y que este libro con su fuerte proclama de justicia social debe ser el fundamento de su ministerio, y no quieren entender que esta es la economía de los cuatro evangelios, siendo Jesucristo la piedra fundamental del edificio.

Cuando Ezequiel obedeció la voz de Dios al predicar el mensaje que él le encomendaba, dio el primer paso en la restauración de aquella audiencia sin ningún tipo de esperanza. Y es evidente que la predicación produjo ciertos resultados muy notables. «Profeticé, pues, como me fue mandado, y mientras yo profetizaba hubo un ruido, y luego un estremecimiento, y los huesos se juntaron cada hueso con su hueso. Y miré que había tendones sobre ellos, creció la carne y la piel los cubrió, pero no había espíritu en ellos» (v. 7-8).

Esta afirmación notable es la que nos enseña el enorme potencial y poder de la predicación cristiana, pero también sus limitaciones. Ezequiel fue obediente, cumplió con lo que se le pedía, y de pronto comenzaron a oírse ruidos y a verse movimiento. Pero al mismo tiempo, lo patético es que estos huesos ahora ensamblados en cuerpos perfectos, y cubiertos de tendones, músculos y piel carecían del elemento principal, les faltaba el aliento de vida. En nuestros ministerios contemporáneos es exactamente igual. Nuestra tarea primordial sirviendo a Dios es predicar su palabra, desde el púlpito y fuera del púlpito, con nuestras vidas y con nuestras palabras. Tal como hemos ya analizado somos exhortados a hacerlo a tiempo y fuera de tiempo. Hombres y mujeres que amamos a Jesús, en todo tiempo debemos proclamar las riquezas inescrutables de Cristo. Y cuando lo hagamos fielmente, estaremos dando el primer paso para la resurrección espiritual de nuestros oyentes. Sin embargo, si nos limitamos a predicar la palabra, nuestra obra quedará incompleta. Para que la palabra pudiese alcanzar la plenitud del propósito para la cual Dios la enviaba, había que dar un paso más. ¿Cuál era ese paso?

La respuesta a este interrogante nos lleva a *la visión de una gran visitación espiritual*:

El Señor mismo instruyó a Ezequiel sobre lo que debía hacer para que la vida llegara a esos cuerpos inertes: «Y me dijo: Profetiza al Espíritu, profetiza, hijo de hombre, y di al Espíritu: 'Así ha dicho Jehová el Señor: Espíritu, ven de los cuatro vientos, y sopla sobre estos muertos, y vivirán'. Y profeticé como me había mandado, y entró espíritu en ellos, y vivieron, y estuvieron sobre sus pies; un ejército grande en extremo» (v. 9-10).

La parte pública de nuestro ministerio profético es la proclamación apasionada de las Buenas Nuevas en Cristo Jesús. Ese es el 10% del iceberg que se asoma sobre la superficie del agua. La parte «secreta», que cumplimos sobre nuestras rodillas, es la oración fervorosa invitando a Dios para que venga a nuestra predicación y a través de ella salve y transforme a nuestros oyentes. Ese es el 90% que forma el cuerpo del iceberg.

Cuando leo este relato, encuentro que si aprendemos a invocar el poder del Espíritu Santo y él bendice nuestras labores, los cuatro elementos que mencionamos a continuación deben hacerse patentes en nuestros ministerios. En primer lugar, los cuerpos fueron *transformados*, es decir, fueron vivificados, cobraron vida. Más arriba decíamos que esta historia de Ezequiel ilustra las posibilidades y limitaciones de la predicación. Las posibilidades, porque es la obra de Dios; las limitaciones, porque nosotros somos los instrumentos. Y muchas veces corremos el riesgo de divorciar la preparación intelectual de la preparación espiritual, y tal divorcio es siempre fatal. Tristemente hay personas a quienes no les interesa estudiar. Tales personas deberían ser expulsadas del ministerio cristiano. Hay otros que son muy concienzudos al hacer la parte de la ecuación que nos corresponde a nosotros, pero si se detienen allí, de todas maneras no tendrán fruto espiritual en sus trabajos. Si predicamos con la pasión de Pablo, si lo hacemos con la elocuencia de Apolos, con los conocimientos bíblicos de Calvino, pero carecemos del poder del Espíritu Santo, todo lo excelente que podamos hacer como humanos, no alcanzará para traer a los muertos a la vida. «Separados de mí, nada pueden hacer», afirmó enfáticamente Jesús (Juan 15:5). Y Pablo nos recuerda: «La letra mata, más el Espíritu vivifica» (2 Cor. 3:6).

En segundo lugar, encuentro que aquellos huesos fueron *energizados*, es decir, se pusieron de pie. No solamente volvieron a vivir, sino que también entraron en acción. El apóstol Pablo nos presenta la meta a la cual todo predicador debe apuntar en su tarea: «A (Cristo) quien anunciamos, amonestando a todo hombre, y enseñando a todo hombre en toda sabiduría, *a fin de presentar completo (maduro) en Cristo Jesús a todo hombre*; para lo cual también trabajo, luchando según la potencia de él, la cual actúa poderosamente en mí» (Col. 1:28-29). Tan pronto una persona vuelve a nacer por el poder regenerador del Espíritu Santo, comienza nuestra tarea de enseñanza y amonestación a fin de llevarla a la meta de ser una persona completa y madura en Cristo Jesús. Esto nos lleva un peldaño más arriba.

En tercer lugar, aquellos huesos fueron *ensamblados* en un ejército poderoso. Cada uno de ellos cobró vida de forma individual, pero ahora debían sumar sus esfuerzos personales en una causa común para lograr un bien mayor. Si nuestros ministerios crecerán en poder de impacto frente al mundo, será en proporción directa a la cohesión y unidad que alcancen los discípulos de Jesús en una congregación local.

Nuestro Señor nos enseñó: «En esto conocerán *todos* que son mis discípulos, si tuvieren amor los unos por los otros» (Jn. 13:35). Esta es la apologética final. El poder de impacto de un predicador y de una congregación dependen de forma estrecha del nivel de amor que el Espíritu Santo ha logrado encender en cada corazón.

En cuarto lugar, aquellos huesos fueron *movilizados*. «¡Era un ejército grande en extremo!». Ahora ellos mismos debían ponerse en marcha para continuar la obra de Dios. Muchos predicadores se consuelan con el número de personas que llegan a sus cultos para escucharles... La medida del éxito ministerial en el Nuevo Testamento, no es cuántos vienen a escucharme, sino cuántos salen a proclamar a Cristo como resultado del mover del Espíritu Santo en respuesta a la palabra proclamada. Cuando una persona alcanza la madurez en Cristo no puede permanecer estático. Más bien con pasión sale a hacer discípulos para Jesús hasta lo último de la tierra en cumplimiento de la *Gran Comisión*.

Cómo dijimos más arriba, esta historia de Ezequiel nos confronta con las posibilidades asombrosas que ofrece la predicación cristiana, pero también con el desafío extremadamente exigente de cultivar nuestra relación con el Espíritu Santo de Dios, ya que de otra manera, como dijo Luis Palau: «Todo ministerio que no esté ungido por el Espíritu Santo es sencillamente manipulación»[1]. Peor aún, ministrar sin el mover del Espíritu de Dios es trabajar en vano, ya que sin su poder los huesos secos nunca volverán a la vida. Por el contrario, cuando a la proclamación agregamos la unción del Espíritu Santo en nuestro trabajo para Dios, siempre se verá a los huesos secos subir los cuatro peldaños que acabamos de mencionar: *Transformados, energizados, ensamblados y movilizados.*

Si la obra del Espíritu Santo es tan críticamente decisiva en nuestros ministerios, entonces, ¿qué debemos reconocer de la tercera persona de la bendita Trinidad en nuestra obra de predicación? Básicamente, ***debemos entender su relación con el predicador cristiano y su influencia en el desarrollo y la entrega del sermón.***

---

[1] Luis Palau, *Predicación: manos a la obra*, Editorial Unilit, Miami, Florida, pág. 19.

En relación a la *persona del predicador*, todos reconocemos cuatro operaciones distintivas que son exclusivas del Espíritu Santo: Él es quien hace al predicador; Él es quien le llama al servicio de Dios; Él es quien le da poder y unción para ministrar; Él es quien trabaja a través de sus embajadores para producir cambios en la vida de los oyentes.

El Espíritu Santo es *quien hace al predicador*. Desde antes que el mundo fuese creado, Dios en su soberana voluntad ya ha escogido a quienes usará para su obra en cada generación de la historia y en cada rincón del planeta. En su debido momento, nuestro Señor llama de forma personal a cada uno de sus hijos para la salvación; les otorga el regalo del nuevo nacimiento, les confiere cada habilidad natural y todos los *carismas* que considera necesarios para la misión que tendrán que cumplir de acuerdo a sus propósitos eternos en Cristo Jesús. El alfarero divino siempre comienza con un hombre, con una mujer con pies de barro. Esta es su materia prima. Todo predicador genuino es la obra exclusiva de Dios. Las denominaciones, los seminarios, los obispos, no pueden formar a un predicador; esta es la prerrogativa exclusiva del Espíritu de Dios.

Además, es el Espíritu Santo *quien llama a sus siervos a la obra que Él mismo les ha escogido de antemano.* Moisés, Jeremías, Pablo y cada uno de los siervos que fueron usados por Dios fueron sorprendidos por el llamado de Dios cuando menos lo esperaban. ¿Esperaba Moisés que la zarza ardiente sería el lugar donde escucharía la voz de Jehová y recibiría el llamado a volver a Egipto? ¿Esperaba Jeremías que un pueblito insignificante como Anatot, sería el lugar donde se encontraría cara a cara con el Dios viviente quien le informaría que desde «Antes que te formase en el vientre te conocí, y antes que nacieses te santifiqué, te di por profeta a las naciones» (Jer. 1:5). ¿Podría haber imaginado Pablo que el camino a Damasco marcaría el punto de su conversión y el llamado a predicar el evangelio por todos los rincones de Asia Menor y Europa? A lo largo y a lo ancho de las Escrituras aprendemos que Dios siempre llama a hombres y mujeres a quienes quiere usar para lograr sus propósitos de gloria. Bienaventurados quienes pertenecen a esa compañía selecta, exclusiva y bendecida. Hace un tiempo miraba una entrevista que le hizo la BBC al Dr. Martyn Lloyd-Jones. El Dr. (como todo el mundo lo llamaba cariñosamente) llegó a ser un médico brillante, que a los 27 años ya estaba en el equipo que atendía a la corona británica. Teniendo por delante una brillante carrera en medicina, el Dr. dejó todo, aceptando el llamado de Dios al ministerio. Y de Londres se fue a una oscura villa en Gales para ser el Pastor de una pequeña iglesia. El periodista le dijo: «Usted perdió muchísimo por seguir el llamado de Dios...». El Dr. respondió: «Yo no perdí nada. Al contrario, gané el privilegio de ser un ministro de Jesucristo»[2]. ¡Tremendamente cierto! ¡Qué sorpresa y qué distinción notable, que el Rey de reyes nos haya elegido para sí! Dan ganas de exclamar con Pablo: «¡¡Oh profundidad de las riquezas de la sabiduría y del conocimiento de Dios!! ¡¡Cuán insondables son sus juicios, e inescrutables sus caminos!!» (Rom. 11:33). Dios me llamó a su servicio en enero del año 1970 y todavía no dejo de sentir asombro ante tal llamado. Me imagino que a todo siervo verdadero de Jesús le debe pasar exactamente lo mismo.

Tercero, es el Espíritu de Dios quien *concede a sus siervos el poder para ministrar de forma significativa*. Ezequiel pudo hacer mucho bien con su predicación. Ciertamente la predicación fue un paso en la dirección correcta, pero cuán lejos estaba de hacer que aquellos cadáveres volvieran a la vida si todo se hubiese limitado a anunciar su mensaje. Solamente la intervención del Espíritu hizo realidad lo que humanamente es imposible y está completamente fuera de nuestro alcance. Un predicador puede ser un erudito en las Escrituras, ser un Pastor compasivo, un administrador efectivo, un líder notable, un reformador social, un estadista denominacional, un brillante orador. Con todo, todas esas habilidades serán apenas un metal que resuena si no es un hombre poseído enteramente y ungido por el Espíritu del vivo Dios.

Finalmente, es el Espíritu de Dios *quien transforma la vida de los oyentes*. Eso es lo que ocurrió cuando Ezequiel profetizó y es lo mismo que ha ocurrido a lo largo de todos los siglos que han transcurrido desde entonces. Cada vez que el evangelio ha sido predicado con fidelidad a la Biblia y pasión bajo la unción del Espíritu, los caníbales, los criminales más endurecidos, los alcohólicos más perdidos, los peores entre los peores, han sido resucitados a una nueva vida de santidad y amor. Si el evangelio tiene algo de qué gloriarse, es que donde quiera que ha sido predicado de forma genuina, el reino de las tinieblas retrocede, las

---

[2] Pueden encontrar la entrevista completa en *You Tube*.

cárceles se abren, las cadenas se rompen, los ciegos son liberados de las supersticiones y las creencias erróneas, y la gloria de Dios desciende para salvación y transformación de personas, ciudades y países enteros tantas veces. ¿Quién puede menospreciar, por tanto, la obra del bendito Espíritu de Dios? Ciertamente que a medida que corren los años, quienes predicamos a Jesús buscaremos con mayor intensidad y fervor la comunión del Espíritu (2 Cor. 13:14), y a través de ella le abriremos las puertas para que llegue a nuestros ministerios y produzca los resultados admirables que siempre se propone alcanzar.

Pero si la obra del Espíritu es vital e indispensable en la vida del predicador, en la misma proporción lo es para el *proceso de preparación, la entrega y los resultados del sermón.*

Cuando hablamos de la obra del Espíritu de Dios en relación al sermón, la tendencia natural es pensar en la necesidad que el Espíritu Santo intervenga al final del culto cuando hagamos el llamado. Y si las personas responden, decimos que el culto fue uno de gloria inigualable. Si nos guiamos por la historia de Ezequiel, da la impresión que después que hubo predicado, entonces, recién intervino el Espíritu Santo. Cuando analizamos en el capítulo cinco de este libro el culto inolvidable en casa de Cornelio, vimos que después de haber predicado durante algunos minutos (no se sabe cuántos...), el Espíritu Santo interrumpió al predicador, irrumpió en el culto e invadió a los oyentes con su poder glorioso. Todo esto es muy real y cierto. Y estoy seguro que nosotros mismos podemos dar testimonio de que en numerosas ocasiones Dios irrumpió en nuestros cultos al hacer el llamado y vaya gozo inefable y glorioso que produjo en nuestros corazones. Sin embargo, la obra del Espíritu Santo en nuestra predicación es mucho más vasta de lo que podemos pensar a primera vista.

Si prestamos atención, el Espíritu Santo, de la misma manera que ya nos conocía y nos había escogido aun antes de haber nacido, ya está trabajando en nuestros sermones activamente desde mucho antes que llegue el culto del domingo. A lo largo de los últimos cincuenta años que llevo predicando a Cristo, he llegado a reconocer muchas de las operaciones del Espíritu en relación al *desarrollo de nuestro sermón*, aunque tantas veces no era consciente de ello. Y como estas cosas no están ni siquiera escritas en los libros, hace todo más difícil, porque uno se queda preguntando si será verdad lo que nos pasa o es que nos estamos volviendo locos[3]. Pero cuando uno finalmente aferra la realidad que Dios está más interesado en mi persona y mi tarea, que yo en él, y que de forma continua me guía y le sugiere pensamientos a mi mente en los tiempos devocionales en cuanto a lo que tengo que hacer y decir, es entonces que uno cobra conciencia que el Espíritu Santo está mucho más involucrado en mi predicación de lo que yo mismo alcanzo a comprender. Cuando esta realidad atrapa nuestras mentes y corazones se produce el cambio más importante que puede haber en nuestro ministerio, y es que se produce un cambio sustancial de roles. Si yo antes era el *Director Técnico* y el Espíritu Santo mi *Ayudante de Campo*, de ahora en adelante el Espíritu Santo asume el rol de DT y yo paso a ser su *Ayudante de Campo*. A partir de aquí la predicación se convierte en una tarea increíblemente gloriosa, porque al igual que Samuel nos colocamos a las órdenes de Dios y le decimos: «Habla Señor. ¿Qué le quieres decir a tu pueblo a través de tu siervo? Ayúdame a oírte con claridad». Y Dios que quiere usarnos como sus instrumentos, nos guiará, hablará y transformará nuestros sermones y en consecuencia nuestros ministerios. En las palabras del renombrado predicador escocés John Knox: «El predicador tal vez dedica una semana entera a discernir lo que el Espíritu Santo está tratando de decir. El sermón es la consecuencia...»[4].

Con el correr de los años he hallado que el Espíritu de Dios...

- Nos inquieta en cuanto al tema del sermón, si debe ser evangelístico o de edificación.
- Nos guía en la elección del pasaje bíblico a usar para nuestro mensaje.
- Nos ayuda a seleccionar correctamente los libros que necesitamos para estudiar el texto bíblico.

---

[3] Esto lo digo a la luz de las enseñanzas de ciertos teólogos, que de acuerdo a su propia sabiduría han decretado que Dios debe ser confinado a cárceles de gruesas murallas, donde ha sido castigado y condenado a nunca más hablarle a su pueblo. Los evangélicos nos jactamos de que no tenemos un Papa. Es cierto, no tenemos uno. Tenemos centenares que cuando escriben se creen que hablan *ex-cátedra*. Bien les haría a algunos pastores y teólogos recordar lo que decía Pablo: «Porque no nos atrevemos a contarnos ni a compararnos con algunos que se alaban a sí mismos; pero ellos, midiéndose a sí mismos por sí mismos, y comparándose consigo mismos, no son juiciosos» (2 Cor. 10:12).

[4] Citado por Gordon G. Johnson en, *El Espíritu Santo en la predicación*, pág. 31.

- Nos ilumina en cuanto a la comprensión del texto que debemos exponer.
- Nos ayuda al recordar otros textos bíblicos que enriquecen nuestra exposición.
- Nos trae del banco de la memoria ilustraciones pertinentes.
- Nos da sus palabras cuando nos sentamos a escribir el sermón.

Cuando uno piensa en todas estas operaciones (y la lista no es exhaustiva), nos vemos forzados a agradecer que el Dios infinito y eterno nos haya considerado dignos de ser parte de su programa. Obviamente, la realidad que el Espíritu Santo es nuestro maestro y guía, nos debe impulsar a dedicarnos con ahínco a nuestra tarea y a buscar la excelencia en lo que hacemos. Cierto día mientras estábamos en la clase de predicación, uno de los estudiantes comentó que él no necesitaba preparación para sus sermones, ya que Dios le llenaba la boca con sus palabras al comenzar a predicar su mensaje. «Qué interesante», le replicó el profesor, «a mi Dios me habló una sola vez mientras predicaba. Fue justamente un día que no me había preparado de forma adecuada, y le oí decir 'Pedro, eres un perezoso'». Tristemente en todos los corazones humanos hay una tendencia a no trabajar, a dejar para último momento lo más importante, a demorarnos, a entretenernos en miles de cosas valiosas, pero que palidecen en importancia si se las compara con la tarea de predicar que siempre es suprema en la mente de Dios. La queja repetida que oigo de muchos estudiantes en mis clases de predicación es que los sermones que les pido (siguiendo el método que describo en este libro) demandan demasiado trabajo. Allí está. Mediocres eternos, tratando de pasar el examen haciendo el menor esfuerzo posible. ¿Quién les hizo creer a los tales que la tarea de la predicación es cosa sencilla? Con el correr de los años he descubierto que aquellos que tienen más hambre por alcanzar la excelencia en la predicación son quienes le abren las puertas a Dios a intervenir con mayor frecuencia y poder en sus servicios.

Si el Espíritu Santo está activamente involucrado en la preparación y el desarrollo de nuestro sermón, mucho más le agrada llegar a nuestros cultos cuando comenzamos a exponer su bendita palabra. Personalmente he sido testigo de las siguientes operaciones que efectúa durante nuestra predicación:

- Nos da libertad de expresión y poder de persuasión.
- Nos sugiere nuevos pensamientos en el momento que estamos predicando y nos pide que no digamos algo que habíamos tenido en mente decir.
- Crea atención en la audiencia y abre los corazones para la recepción del mensaje.
- Aplica la palabra de forma viva a cada situación particular de los oyentes.
- Fija la palabra en la mente y en el corazón de la audiencia.
- Convence a la audiencia de pecado y de juicio.
- Revela a Jesucristo a los corazones.

Todas estas operaciones son realidades sólidas que cualquiera que ha predicado con fidelidad e integridad durante algún tiempo las ha experimentado. Sin embargo, algo que es digno de una mención por separado es cuando la gloria de Dios desciende sobre nuestra predicación. Espero que todos los que lean estas páginas puedan decir: «¡Amén!». Y si usted es un predicador joven utilizando sus primeras armas y todavía no ha tenido esta experiencia, le invito sinceramente a que la busque con todas las fuerzas de su ser. Y que nada le detenga hasta que Dios le visite de acuerdo a sus promesas.

¿De qué estamos hablando? Es difícil traducirlo a palabras, sin embargo, a pesar de nuestras limitaciones... Cuántas veces he comenzado el sermón con una audiencia participando de forma bien activa *en contra* del predicador. Los oyentes charlando animadamente entre ellos, haciendo chistes y riéndose abiertamente; los jóvenes todos mirando su celular; los niños descontrolados, llorando a gritos y distrayendo a la gran mayoría; rostros aburridos mirando fijamente al suelo, esperando absolutamente nada; personas preocupadas por mil problemas que les aquejan y por mil enfermedades que les achacan. La lista es interminable. Y es en esos momentos cuando usted comienza a predicar...

Tantas veces, el avión ni siquiera logra despegar. Y todo termina en una trágica pérdida de tiempo. Pero hay otras veces... ¡benditas sean esas «otras veces... »! cuando algo invisible pero muy real, comienza a descender sobre el auditorio a medida que vamos compartiendo el mensaje. Primero es una ola invisible de paz que controla las emociones y aquieta los corazones. Se terminan las conversaciones. Se silencian los niños. Las cabezas abatidas comienzan a levantarse; los rostros se vuelven con miradas fijas hacia el púlpito. Se hace un silencio tan solemne y profundo que si en esos momentos cayera un alfiler al suelo, se escucharía con más fuerza que la de un cohete al despegar. Luego es como si una poderosa corriente eléctrica circulara, uniendo al púlpito y a cada miembro de la audiencia. Va de mente a mente, de corazón a corazón, de espíritu a espíritu. De pronto el predicador siente como si una mano poderosa le arrebatara su poder trayendo el suyo propio en su lugar. Como si Dios levantara todo hacia sí mismo y nos introdujera en las mansiones del cielo y en su misma presencia. En esos momentos la audiencia es como arcilla blanda en las manos del Alfarero Divino[5]. La distracción es reemplazada por el asombro, la indiferencia por la gratitud, la incredulidad por la adoración, la altivez de espíritu por el quebrantamiento. La semilla es como si cayera sobre un suelo fértil y bien humedecido, listo para recibirla y producir vida. La nube de la gloria de Dios que llenó el lugar Santísimo en el templo de la antigüedad ahora ha llegado a su nuevo santuario. Dios ha dado a conocer al pueblo su presencia, su majestad y su poder. De pronto sentimos que estamos en la eternidad, el reloj pierde su tiranía y quisiéramos que esa experiencia nunca tuviera fin. En esos casos, no hace falta hacer un llamado. Movidos por la mano omnipotente de Cristo, las personas corren hacia el altar. Allí derraman sus almas de rodillas, siendo imposible tantas veces detener las lágrimas. ¡Oh, momentos de gloria y gozo inefable cuando Dios arrastra todo detrás de sí y nos visita con su presencia transformando nuestras vidas! Es imposible poner en palabras lo que el Espíritu Santo puede producir mientras estamos entregando su palabra.

Esta realidad de que Dios quiere y puede invadir nuestros cultos con su gloria en el momento en que estamos predicando nos fuerza a plantearnos una pregunta muy solemne: ¿Qué es después de todo la predicación cristiana? ¿Cómo la definimos? En nuestro capítulo 3 ofrecimos varias definiciones de la predicación expositiva. Todas ellas

---

[5] Cuando llegan esos momentos, el predicador debe ser muy cuidadoso de no dejarse seducir por su propia arrogancia y carnalidad, y terminar arruinando la obra que Dios está haciendo. El diablo, muy astuto puede muy bien susurrarle a su mente pensamientos tales, como... «los tienes en tus manos... qué genio que eres como orador... eres alguien muy importante», etc. Cuidado en este punto, mis hermanos.

excelentes, útiles y necesarias. Sin embargo, ahora quisiera agregar una mucho más valiosa aún en mi estimación. El texto que encabeza este capítulo proviene de la profecía de Isaías capítulo 40. Todos los que hemos estudiado este párrafo sabemos que el Espíritu de Dios está anticipando el ministerio de Juan el Bautista, quien prepararía el camino para la llegada del Mesías, nuestro bendito Señor Jesucristo. El profeta demanda al pueblo que se prepare, que hagan sendas para que la gloria de Dios pueda llegar a habitar en medio de ellos. Sus demandas son bien exigentes: «**Preparad camino al Señor; enderezad calzada en la soledad a nuestro Dios...**». Pero si las demandas de estos dos imperativos suenan muy difíciles, la promesa de lo que Dios hará excede con creces a todos nuestros posibles sacrificios: «**Y se manifestará la gloria del Señor...**».

Cierto día, mientras meditaba en las palabras de este texto, sentí como si la voz del Señor me dijera: ¿No es esto acaso la predicación cristiana? ¿No es acaso la función de tu sermón preparar el camino para que yo llegue a visitar a mi pueblo con mis bendiciones? Cuando esa verdad atrapó mi corazón, sentí en mi ser interior que en esos momentos comenzaba mi verdadero ministerio como predicador. ¿Qué es, entonces, la verdadera predicación evangélica? *Preparar el camino al Señor, para que la gloria de Dios visite a su pueblo con sus posibilidades infinitas.*

Cuando decidí empezar mis estudios académicos en Biblia, elegí trasladarme a Vancouver en Canadá, para estudiar en el Regent College. La razón principal de mi decisión era sentarme bajo las enseñanzas de excelentes profesores, en particular del Dr. James I. Packer, quien me había impactado con la lectura de su libro *Hacia el conocimiento de Dios*[6]. Tuve el privilegio de asistir a varias de sus clases y en muchas ocasiones le escuché decir que la influencia más grande que había tenido en toda su vida era el ministerio de predicación del Dr. Lloyd-Jones. Si desea comprobarlo, le invito a mirar una entrevista que le hicieron en vídeo[7], donde escuchará decir a este teólogo eminente: «El

---

[6] Todos los libros del Dr. Packer que encuentre, cómprelos y léalos con atención plena. Todos son una mina de oro.

[7] Busque en *You Tube, Dr. Martyn Lloyd-Jones and Dr. J. I. Packer.*

Dr. Lloyd-Jones traía a Dios al púlpito con él». ¿Hará falta que agreguemos algo más?

Otro día, mientras meditaba, sentí como si la voz del Señor me preguntara de forma bien directa: ¿Qué esperas que haga como resultado de tu sermón? Me dejó mudo de asombro, quedé en silencio absoluto. Nunca lo había pensado. El Señor pidiéndome entrada a través de mi sermón... Él queriendo actuar, y ¿yo?, ¿qué esperaba que hiciera? Al tratar de contestar sentí como una niebla espesa que se levantaba. Nada concreto, nada definido. «Señor, que bendigas a tu pueblo...». De pronto sentí que detrás de esas palabras piadosas y bíblicamente correctas, había un error de comprensión en cuanto al propósito de la predicación y una raíz de incredulidad en cuanto a los resultados que esperaba. Ese día marcó un segundo hito de importancia vital en mi peregrinaje como heraldo y testigo de Cristo. Por esa razón le pregunto: ¿Qué espera que haga Dios como resultado de su sermón este próximo domingo?

¿Qué ocurre cuando el Espíritu Santo tiene puertas abiertas para llegar a nuestras reuniones mediante nuestra predicación? ¿Cuáles son los resultados que siguen a su mover? Lo mismo que ocurrió en días de Ezequiel, exactamente lo mismo que ha ocurrido a lo largo de toda la historia de la iglesia, en todo lugar donde un hombre de corazón sincero ha tenido la audacia de traer a Dios a su predicación: Jesucristo se manifiesta introduciendo un nuevo orden de cosas. Para describir esta obra muchas veces hemos usado el término avivamiento. ¿Qué es un avivamiento? Es una visitación del Espíritu de Dios sobre un individuo, una iglesia, una ciudad, muchas veces sobre un país entero, inclusive un continente. Y cuando esa visitación ocurre los creyentes se quebrantan frente a la santidad y majestad de Dios. Se confiesan pecados ocultos, se restauran relaciones fracturadas, se quiebran hábitos pecaminosos. El formalismo frío y rutinario es sacudido, la apatía es reemplazada por el entusiasmo, la indiferencia por una piedad fervorosa. Las reuniones de oración, que antes estaban desiertas, se llenan de personas con expectativas de que Dios hará cosas grandes por el poder de su nombre. El servicio a las viudas y huérfanos, que era una carga pesada, pasa a ser un deleite. La tarea de evangelismo, que se arrastraba como una tortuga en el barro, cobra un impulso y un brillo desconocidos hasta ahora. Estos son unos de los pocos resultados que podemos mencionar en relación a la obra del Espíritu Santo cuando sopla sobre el pueblo de Dios. Y todo esto puede ocurrir, si invitamos a Dios a nuestra predicación y a nuestro servicio.

Una última pregunta debe ser respondida. ¿Cómo haremos para traer a Dios a nuestra predicación? ¿Qué debemos hacer para el que Espíritu Santo sople desde los cuatro vientos y resucite nuestros muertos? Si el Espíritu Santo mora en nuestro ser, tal como el Nuevo Testamento nos enseña que los cristianos somos templos del Espíritu; si el Señor ha prometido que donde dos o tres estén reunidos en su nombre, él estará en medio de ellos[8]; si el Espíritu Santo es el sello que nos indica nuestra posesión; si no se nos ha dado por medida; por ende, ¿qué más debemos hacer? ¿Hay algo que nos falte? Aquí debemos aprender a diferenciar entre la presencia del Espíritu Santo en nuestras vidas y la manifestación del Espíritu Santo.

Permítame ilustrarlo con la historia de la mujer con el flujo de sangre que fue sanada de forma instantánea por tocar el manto del Señor. Cuando leemos el relato de Marcos 5, hallamos que Jesús estaba rodeado de una multitud que le apretaba y le oprimía. Era tan cercano el acoso, que muchos tocaban su manto de oración. Tal es así, que cuando Jesús preguntó: «¿Quién me tocó?», los discípulos reaccionando de forma lógica, correctamente le dijeron: «La multitud te oprime, y tú preguntas: ¿Quién me tocó?». Aquí, hay un hecho digno de ser destacado. *Esa multitud estaba tocando el mismo manto que tocó la mujer, pero no pasó absolutamente nada.* Nadie recibió una sanación por estar en mero contacto físico con el Cristo de Dios. Pero, aquella mujer que se había preparado en fe, en lo secreto, salió plenamente convencida a buscar al Señor sabiendo que el milagro era suyo. Tenía plena confianza interior en que si lograba tocar ese manto de oración quedaría sanada. Y cuando su mano tomó contacto con el Señor, el poder vivificador de Jesús fluyó a su cuerpo y restauró totalmente su salud.

Si esperamos traer a Dios a nuestra predicación, de modo que nos visite tal como lo hizo en el culto del Pastor Ezequiel, o tal como lo

---

[8] A propósito, esta es una de las promesas peor aplicadas en la vida de la iglesia. Ciertamente que cada vez que nos reunamos en su nombre Dios llegará en medio de su pueblo. Con todo, en este caso en particular, Dios no está hablando de su presencia en nuestros cultos a donde llegan dos o tres desprevenidos porque hay una desidia total, sino de su presencia entre dos o tres hermanos que están buscando reconciliarse. En esos casos, Dios promete llegar para bendecir y que la reconciliación se efectúe. Un simple recordatorio de pasada.

hizo en casa de Cornelio, tendremos que buscar el rostro de Dios en oración y de modo fervoroso. Podemos tocar a Jesús de forma intelectual, pero eso no le abre las puertas. Podemos tocar a Jesús de manera emocional y sentimental, pero eso no lo invita a nuestro púlpito. Únicamente, cuando en el silencio y en la soledad prevalecemos con él en la oración, es que podemos esperar su visita. Solamente, cuando rindamos nuestro ego a las demandas del Espíritu Santo y le entronemos como el Señor de nuestra vida y servicio, entonces lo que describen Ezequiel, Marcos 5 y toda la Biblia, será una realidad bendita en nuestra vida. Y donde quiera que vayamos el avivamiento llegará al pueblo de Dios y los huesos secos volverán a vivir.

Se cuenta que en el siglo XIX, un grupo de pastores decidieron organizar una cruzada evangelística en su ciudad, uniendo al mayor número de congregaciones posibles. Se reunió el comité organizador, y cuando llegó el momento de elegir al predicador el nombre de D. L. Moody encabezó la lista para todos, menos para uno. Este hermano, que se quería postular a sí mismo, con sarcasmo preguntó: «¿Y por qué D. L. Moody? ¿Acaso él tiene el monopolio del Espíritu Santo?». A lo cual un hermano con mucha sabiduría le replicó: «No, pero el Espíritu Santo sí tiene el monopolio de Moody». Es mi súplica que allí, en lo profundo de nuestro ser, nuestra suprema ambición siempre sea que la reputación que nos ganemos sea semejante a la de D. L. Moody. Ser conocidos porque el Espíritu Santo tiene absolutamente todo de nosotros.

Hijo de hombre, ¿volverán a vivir estos huesos? Si comprendemos que Dios nos llama a predicar su evangelio; si comprendemos que la obra del Espíritu Santo es críticamente importante y sin ella todo queda incompleto; si entendemos que nuestro sermón es preparar el camino para que la gloria de Dios se manifieste; si podemos responderle con precisión al Señor cuando nos pregunte, ¿qué quieres que hagas con tu sermón? Entonces, ¿qué vocación puede haber en este mundo que sea de mayor valor que ser un ministro del evangelio eterno de Dios? Si esto es verdad, vayamos a nuestra labor con renovada fe y entusiasmo, sabiendo que nuestro servicio para Cristo nunca, nunca, es en vano. ¡Propongámonos de aquí en adelante trabajar duro en nuestra preparación, invitar a Dios a nuestra predicación y todo lo demás vendrá por añadidura!

Preguntas para repaso, reflexión y discusión

1. La historia de Ezequiel y su experiencia en el valle de los huesos secos ha cautivado a los predicadores a lo largo de todos los siglos. Nuestro autor nos habla de tres visiones en este relato. ¿Cuáles son estas? ¿Qué pasaría si Ezequiel se hubiera detenido después de profetizar a los huesos secos?

2. En las obras de Teología Sistemática bajo el título de neumatología se estudia la persona y la obra del Espíritu Santo. Sin embargo, en ningún tratado que yo conozca se ha tratado la relación entre el Espíritu de Dios y la predicación del mensaje. ¿Cómo podemos explicar este silencio? ¿Es correcto afirmar que la obra de plasmar la doctrina cristiana es una tarea sin punto final?

3. Sánchez nos da una lista de las operaciones que el Espíritu Santo cumple tanto en la preparación, como así también en la entrega de nuestro sermón. ¿Qué otras ayudas recibimos de él durante estos dos procesos? ¿Cuál ha sido su experiencia personal?

4. Nuestro autor nos enseña que la función de la predicación cristiana es preparar sendas para que la gloria de Dios llegue a nuestro medio. ¿Puede recordar de manera distintiva una de esas experiencias cuando Dios impactó a su pueblo a través de la comunicación del mensaje? Compartir.

EPÍLOGO

«Y la gente del pueblo le escuchaba de buena gana» (Marcos 12:37).

Esta afirmación que Marcos hace del ministerio de predicación del Señor Jesucristo es digna de ser analizada. Aquí encontramos una aseveración muy notable, y es que la gente común, el populacho, no los teólogos y eruditos, escuchaban a Jesús con actitud muy positiva. Es evidente que hombres y mujeres que formaban parte de las masas indistinguibles, sin ninguna señal particular de grandeza, apartaban tiempo y hacían un esfuerzo por llegar hasta donde estaba Jesús para oírle predicar. Note bien que no lo hacían forzados, sino de buena gana, con ánimo pronto, con un deseo sincero de aprender. Y es evidente que lo escuchaban no solamente de buena gana, sino también con provecho y posiblemente durante largos períodos de tiempo. ¿Cuál habrá sido el secreto de la efectividad tan notable del Señor a la hora de comunicar el mensaje de Buenas Nuevas?

En el libro de los Hechos, en el capítulo 13, encuentro otra historia muy apasionante. Pablo y Bernabé están cumpliendo su primer viaje misionero. Así, llegan a la ciudad de Antioquía en la provincia de Pisidia y se dirigen el día sábado a la sinagoga judía de la ciudad. Allí se reúnen una multitud de hombres racialmente y religiosamente puros (los judíos) y algunos ciudadanos de segunda categoría de origen gentil que han logrado atraer hacia la fe de Abraham. A Pablo se le concede el privilegio de dar el sermón aquel día, y ustedes y yo podemos leer el contenido de su exposición bíblica entre los versos 16 y 41. El sermón es de corte apologético y evangelístico, tratando de hacerles entender a los de mente cerrada, cómo las profecías del Mesías se habían cumplido en Cristo Jesús. El sermón es bíblico, contiene explicaciones relevantes, no debe haber sido muy largo que digamos. Sin embargo, lo que más me llama la atención es la reacción que tuvieron los oyentes al despedirse el culto. «Cuando salieron ellos de la sinagoga de los judíos, los gentiles les rogaron que el siguiente día de reposo les hablasen de estas cosas» (v.42) Preste atención... los gentiles *les rogaron* que les volviese a enseñar... A veces me pregunto, ¿de cuántos predicadores actuales se puede hacer esta afirmación? Que los oyentes le digan a su Pastor, al finalizar el culto: «No veo la hora que llegue el próximo domingo para que nos vuelva a predicar...».

Cuando comenzamos *Comunicando el mensaje con excelencia*, en el primer capítulo hice la afirmación de que ser llamado a predicar a Cristo Jesús es abrirse a las posibilidades infinitas. Es ser escogido para proclamar entre las naciones un mensaje de transformación y salvación personal y además se nos concede el honor de traer a Dios con nosotros al púlpito, para que él despliegue toda la gloria de su persona y el poder de su ser infinito. A lo largo de estas páginas he tratado de desafiarlo, de mostrarle un camino más excelente. He intentado hacerle comprender que los cuatro elementos que conforman el acto de la predicación son críticamente importantes y que los cuatro componentes deben hacerse presentes de forma equilibrada en nuestra proclamación de Cristo. He intentado pasarle un método de desarrollar un sermón, de manera que sea atractivo, de interés y utilidad para los oyentes. Que el mismo párrafo de la Biblia que otro predicador lo usa para dormir a su iglesia, usted lo use para que cobre vida bajo su estudio apasionado y que cuando finalmente lo predique con un corazón ferviente, llegue a ser un canal de bendiciones para la gente a quienes sirve. He insistido en que, como en todos los aspectos de la vida, es la práctica la que perfecciona. Por lo tanto, debemos perseverar en el camino que hemos emprendido y no desviarnos ni a mano derecha ni a mano izquierda. Que si aprendemos y pulimos el arte de desarrollar un sermón excelente, nuestro ministerio podrá ser valioso para la congregación que servimos y quién sabe para cuántas personas más que nunca llegaremos a conocer en este mundo, pero que en la eternidad nos darán la bienvenida a las moradas eternas (Lucas 16:9).

Permítame, entonces, alentar su corazón, cerrando nuestra obra con otra historia tan increíble e inspiradora como la de Alberto, historia que ya conté en la introducción. En el año 1992 prediqué en mi pastorado en Vancouver una serie de sermones sobre las *Siete palabras de la Cruz*. En aquel entonces teníamos dos jóvenes cursando estudios en un Instituto Bíblico al sur de Texas y a ellos les enviábamos una copia en audio del sermón de los domingos. ¿Qué pasaba con esas grabaciones? Nunca lo supe, hasta un lunes a la noche cuando recibí una llamada de uno de los estudiantes del colegio para contarme la historia que le comparto a continuación. Estas fueron sus palabras, más o menos.

«Pastor, quiero darle gracias por el sermón que predicó en su iglesia sobre el tema del perdón (Primera palabra de la Cruz). Una noche estábamos varios estudiantes en el cuarto de Boris (uno de nuestro estudiantes en el colegio), y él puso la grabadora y escuchamos su sermón. Inmediatamente me captó la atención y le pedí a Boris si me lo podía prestar para compartirlo con mis familiares. El accedió y a los pocos días yo viajé a la ciudad de Tampico donde vive mi familia. Allí escuchamos juntos el sermón, entonces mi hermano mayor me pidió el casete para compartirlo en un próximo viaje que debía hacer. Mi hermano trabajaba para la compañía estatal de petróleos (PEMEX) y debía recorrer varias aldeas al sur de México en los estados de Chiapas y Oaxaca. Lo cierto es que en esa zona del país hay centenares de comunidades indígenas, muchas de ellas no hablan español, sino su propio dialecto. El asunto es que mi hermano tomó el casete, y adonde llegaba se lo hacía escuchar al pastor de la zona. Entonces muchos dijeron: 'debemos invitar a todo el pueblo a escuchar esta prédica'. Así llamaron a una 'campaña evangelística' de improviso. Muchos salieron en carro por las calles, invitando a las personas mediante altoparlantes para que viniesen a la reunión con el 'Evangelista' Jorge Sánchez. Otros colocaron los altoparlantes en un descampado y comenzaron a invitar a las personas para que viniesen a la reunión de esa tarde. Increíblemente esto ocurrió como en veinte localidades diferentes. Mi hermano se quedó asombrado de la cantidad de personas que llegaron a cada encuentro. El culto empezaba y cuando llegaba el momento de presentar al predicador... se les explicaba que usted llegaba vía casete. Así y todo, las personas siempre escuchaban con mucha atención. En varias aldeas necesitaron traducir el sermón al dialecto del lugar de forma simultánea. Y a pesar de semejante desventaja su mensaje impactó a centenares de vidas. Cuando los diferentes pastores hacían el llamado, cada noche docenas de personas respondían a la invitación. El mensaje no solo les ayudó a encontrar a Cristo como Salvador, sino que también produjo muchas reconciliaciones entre matrimonios divididos y hermanos distanciados. Esta era la historia que le quería compartir. En el cielo tendrá muchos amigos que un día le darán gracias por haber predicado ese sermón. Espero que le aliente el corazón».

¡Vaya que si lo hizo! Estoy convencido de que el cielo será el lugar de las grandes sorpresas. Tal vez en esta tierra, nos tocó ministrar en un lugar árido espiritualmente; tal vez los frutos visibles de nuestra predicación no son tan espectaculares como los de algunas superestrellas; o de otros que sirvieron en tiempos de avivamiento; es probable que nadie conozca nuestro nombre y nunca recibamos una carta de o una llamada de gratitud. No obstante, en esta hora le aliento a seguir siendo fiel a su llamado, a que sus lomos estén siempre ceñidos ante la llegada de nuestro amado Señor. A no quejarnos ante el avance tipo tortuguita de los discípulos; a no pensar que estamos fuera de la voluntad de Dios por lo magro de los resultados visibles. Más bien, al igual que David, que se fortaleció en el Señor en la peor hora de su vida, usted también tome valor sabiendo que el que comenzó la buena obra la perfeccionará hasta el día de Jesucristo (Flp. 1:6). Cristo a quien llama, capacita, y a quien capacita, usa con poder creciente. No siempre los resultados de un ministerio se pueden medir de forma inmediata y visible. Con todo, si el Señor nos llamó a su servicio, podemos esperar con gozo y esperanza firme el día del Tribunal de Cristo, cuando nuestra obra será evaluada por Dios de forma completa y nos otorgará la corona de la vida.

De la misma manera que yo pude contarle las historias de Alberto y del casete que viajó por las aldeas del sur de México, sepa que usted también en cualquier momento recibirá una llamada que le recordará que su ministerio tuvo un alcance mucho más vasto y poderoso, traspasando los límites geográficos de su parroquia.

Confío que trabajando siempre en su desarrollo personal y puliendo las habilidades naturales y dones espirituales que Dios le ha concedido por su gracia, muy pronto llegue el día en el que de usted se pueda decir lo mismo que se decía de Jesús, que la gente común le escuchaba de buena gana. Si es así, usted llegará a ser parte de una minoría muy exclusiva; de aquellas personas que hacen su tarea con excelencia y los resultados son que semana tras semana, nuestros oyentes regresan para pedirnos más del agua de la vida, al igual que los gentiles de Antioquía de Pisidia. Mucho más importante aun: apóyese siempre en el Señor y en el poder de su fuerza. Cada semana entregue lo mejor de usted mismo a esta tarea gloriosa a la cual hemos sido llamados, y cuando su sermón esté terminado, al igual que el niño del milagro que puso sus peces y panes en las manos de Jesús para que los multiplicase y alimentase a una multitud, así también hágalo usted. Una vez que toda la preparación humana haya concluido, entréguele su trabajo a Jesús y pida su bendición a la hora de predicarlo. Y como siempre ocurre cuando somos fieles, tendrá un gozo inefable y glorioso al llegar a ser un instrumento útil y de poder en las manos de nuestro Señor.

Al despedirme de usted quiero recordarle que lo que comparto en estas páginas da resultados excelentes en la práctica. La predicación bíblica tal como hemos propuesto a lo largo de nuestra obra es el camino seguro para obtener resultados admirables. Nuestro Señor nos enseñó: «Ustedes no me escogieron a mí, sino que Yo los escogí a ustedes, y los designé para que vayan y den fruto, y que su fruto permanezca...» (Juan 15:16). Cuando Dios me llamó a su servicio no sabía lo que me esperaba. Solamente tenía una pasión y era proclamar las riquezas inescrutables de Cristo a fin de que muchos alcanzaran la salvación que es por la fe en Jesús. El Señor se encargó de guiarme al centro de su voluntad y hoy puedo dar testimonio con mucho gozo que, como resultado de mi servicio al reino de Dios, se formaron dos congregaciones pujantes y crecientes en las ciudades de Vancouver en Canadá y Pasadena en California. En ambos casos tuve que empezar desde cero. Sin dinero, sin tecnología, ni nada que humanamente hubiese ayudado a la causa. Sin embargo, con un corazón en fuego comenzamos a compartir el mensaje del evangelio y Dios al igual que en la casa de Cornelio apareció con gran poder y gran gloria. A lo largo de estos últimos 33 años en que he servido a mi amado Señor a tiempo completo, es un gozo inefable poder reportar que miles de personas recibieron a Cristo al escuchar su palabra. Y ahora gracias a la radio y a internet miles de personas en todo el mundo están siendo alimentadas e inspiradas por la palabra de vida, día tras día.

Le aliento, por tanto, a que pida a Dios que haya fruto en su ministerio. Y no solamente fruto, ¡sino mucho fruto! Que se cumpla la promesa del Señor: «En esto es glorificado mi Padre, *en que den mucho fruto*, y así prueben que son mis discípulos» (Juan 15:8). Es mi oración que el sello de aprobación de Dios se estampe sobre su servicio, con la salvación de miles de personas y creyentes edificados en la santísima fe.

Todavía queda mucho por decirse en relación a la predicación cristiana. En el futuro, si el Señor me lo permite, agregaré un segundo volumen tratando varios temas que hoy deben quedar en el tintero por falta de espacio. Mientras ese día amanece, es mi oración sincera que *Comunicando el mensaje con excelencia* llegue a ser su mapa hacia el futuro, un amado compañero de viaje hacia la meta de la excelencia en el ministerio cristiano. Le felicito por haber leído hasta aquí. Ponga en práctica lo poco o lo mucho que haya aprendido. Insista, vuelva a leer, persevere siempre. Recuerde que para hallar petróleo, primero hay que atravesar toneladas de roca inservible. Y confío que si lo que acaba de leer le es de ayuda y bendición, qué bueno sería saber de usted, ya sea mediante el teléfono, un email y hasta con señales de humo[1]. Hasta entonces, me despido de usted deseándole que la oración pastoral de San Pablo, por sus amados hijos espirituales en Éfeso, se haga una realidad visible en su vida: «Y a Aquel que es poderoso para hacer todas las cosas mucho más abundantemente de lo que pedimos o entendemos, según el poder que actúa en nosotros, a él sea gloria en la iglesia en Cristo Jesús por todas las edades, por los siglos de los siglos. Amén» (Ef. 3:20-21).

---

[1] Una vez más, para mayor información sobre nuestro ministerio y todos los recursos que ofrecemos para que su predicación sea excelente, le invito a visitar *realidadonline.com*. Allí hallará nuestro programa de radio, muchas series de sermones grabados en vídeo y reflexiones escritas para hace la tarea evangelística. Si en algo podemos ser de ayuda, no dude en contactarnos mediante el link que se ofrece en nuestra página.

APÉNDICE A

¿Cuánto debe durar un sermón?

«Y un joven llamado Eutico, que estaba sentado en la ventana, rendido de un sueño profundo, *por cuanto Pablo disertaba largamente*, vencido del sueño cayó del tercer piso abajo, y fue levantado muerto» (Hechos 20:9).

¡Predicar un sermón demasiado largo puede tener consecuencias fatales! Y si no lo cree, pregúntele a Eutico, quien pagó con la vida por el hecho de que el predicador disertaba largamente. Afortunadamente el predicador era el apóstol Pablo, y la historia tuvo un final feliz, ya que Eutico volvió a vivir por el poder de Dios. Sin embargo, este ejemplo de la vida de la iglesia primitiva, ofrece un gran desafío para la iglesia contemporánea. La pregunta es: ¿Cuánto debe durar un sermón 'normal'? La pregunta es muy relevante, ya que si Pablo causó este problema, ¿cuánto más peligrosos en potencia somos ustedes y yo, que no somos ni la sombra del Apóstol?

Intentar contestar esta pregunta es casi imposible porque entran demasiadas variables. Sin embargo, a continuación quiero ofrecerle 5 principios básicos fundamentados en el sentido común, y en la sabiduría que se adquiere tras la práctica. Estoy casi seguro que usted los conoce muy bien, y que no necesitamos de un experto para que nos los explique. No obstante, se los menciono a fin de refrescar la memoria y responder a la pregunta que nos interesa.

1. Si un predicador y su sermón son excelentes los podemos escuchar por horas. Si un predicador es chato y aburrido, cinco minutos son un purgatorio:

Estoy seguro que todos hemos tenido estas dos experiencias. Usted recordará ese predicador y ese sermón que impactaron su vida. La persona transmitía algo sobrenatural, con sus palabras y el poder de su presencia daba la impresión que Cristo había aparecido en la iglesia. Usted escuchó cautivado, el tema era apasionante, lo podría haber escuchado durante horas. Cuando terminó habría querido que nunca hubiera acabado. Desde ese día en usted se despertó una profunda admiración por esa persona. Inclusive, si usted está en el negocio de comunicar un mensaje (cualquiera que sea su naturaleza), usted desde ese día, secretamente comenzó a aspirar en su ser interior, llegar a ser como ese predicador. Si el sermón duró 20 horas usted no se dio ni cuenta de cómo había volado el tiempo, porque estaba cautivado. El predicador y el sermón eran excelentes, apasionantes, imposible de dejar de escuchar.

Por el contrario, usted conoció el otro extremo. Esa persona seca y sin vida, que no trasmitía nada. Que hizo todo lo contrario a las leyes básicas de la comunicación. Y usted miraba el reloj con desesperación rogando que ese hombre terminase cuanto antes. Cuando finalmente se terminó el culto, usted soltó un suspiro de alivio, y se juró a sí mismo que nunca más volvería a escuchar a esa persona ni siquiera un minuto durante el resto de sus días. Todos lo hemos vivido, y en la iglesia evangélica estos seres dignos de ser olvidados tristemente son mayoría. La gran pregunta es: ¿A cuál de los dos grupos pertenece usted?

2. Cada audiencia es diferente:

Hace años atrás me invitaron a un congreso en Indonesia. En cada culto al que asistimos, sea a la mañana, a la tarde o a la noche, la enseñanza de los diferentes pastores de forma indefectible duraba 2 horas. Inclusive para cerrar el congreso organizaron una campaña

428

evangelística en un lugar público, y aun en esa ocasión, los sermones también fueron de dos horas de duración. Es evidente que en esa cultura, los individuos están acostumbrados a escuchar durante largo tiempo y disfrutarlo.

Por otro lado he estado en iglesias recién plantadas, y parece ser que los creyentes después de los 20 minutos ya se tornan inquietos. Todavía no han desarrollado el hábito de escuchar durante un cierto tiempo para asimilar y aprender. Con el correr del tiempo, van escuchando con mayor atención, por tiempos más prolongados.

La enseñanza fundamental que derivamos de este hecho es que todo predicador debe aprender a conocer a la audiencia a la cual ha sido llamado a ministrar.

3. La TV ha acortado el tiempo de atención:

¿Se acuerda de las películas de la década de los 50? Tales como Ben Hur, Los 10 Mandamientos, y muchas semejantes a ellas. Todas esas producciones magistrales duraban más de 3 horas. Por el contrario, ¿cuál de las películas del siglo XXI dura más de 90 minutos? Ninguna. ¿Qué produjo este cambio notable? La TV. Si no me cree, tome el cronómetro y mida cuanto duran las entrevistas a los deportistas... Si presta atención, les hacen dos peguntas y a otra cosa. Los noticieros nos muestran las noticias en segmentos de no más de 30 segundos. Y así podríamos seguir ofreciendo ejemplos. Cualquier observador atento sabe que la TV ha reducido nuestro tiempo de atención. Y esto se refleja en cualquier audiencia cristiana contemporánea. La gran mayoría de los oyentes de un culto del día domingo, no viene dispuesto a darle al predicador un crédito de dos horas como en Indonesia. *Lo bueno, si breve; dos veces bueno*, rezaba el proverbio popular; y ahora rige con mucha más fuerza por razón de los medios masivos de comunicación. Si queremos hacer el bien a nuestros oyentes, todos los que subimos a un púlpito debemos entenderlo para nuestro bien y el de los oyentes.

4. No exceda el tiempo que se le ha asignado:

Cierta vez invité a un hermano a dar una meditación en la celebración de la Cena del Señor. Siendo que todo este culto dura una hora, le advertí que no debía excederse de 20 minutos. Además le recordé que a los 19 minutos el pianista comenzaría a tocar, para advertirle que el tiempo había llegado a su fin. Con pianista y todo siguió hasta los cuarenta y cinco minutos. Esa mañana me arruinó todo lo que estaba planeado. Demás está decir que nunca más lo volví a invitar.

Si a usted lo invitan a predicar a una cierta iglesia, o para una ocasión especial y quien le invita le dice: «predica durante 30 minutos», usted no puede violar ese pedido. Hacerlo es un acto pecaminoso. Y es buscar que nunca más le extiendan otra invitación.

En 1 Juan 5:16-17, el apóstol habla de un pecado de muerte, que una vez cometido, nos enseña que no se debe orar por el que perpetró ese pecado. Para tal persona no hay reparación posible. Los teólogos han discutido durante más de dos mil años, preguntándose: «¿Qué pecado habrá tenido en mente el apóstol Juan? ¿Cuál será el pecado de muerte? ¿Cuál es ese pecado que trae consecuencias tan severas?». Bueno, yo les doy la respuesta: ¡Hablar más tiempo del que nos pidieron! Eso es cometer el pecado de muerte. ¡Y los que lo cometen son dignos de ser lanzados vivos al lago de fuego... junto con la bestia y el falso profeta!!! Aunque sean evangélicos salvos por gracia. Le recomiendo que recuerde, que siempre será mejor que queden con ganas de escuchar más, antes de que se vayan hastiados.

5. Tenga en cuenta los factores físicos:

Cuando asistió a la escuela, le pregunto, ¿qué duración tenían sus clases? Después de años de investigación, todos los sistemas escolares del mundo entero, llegaron a la conclusión de que después de 45 minutos, todos necesitamos un cambio de postura física. Una persona puede seguir enseñando durante horas, pero la mente después de 45 minutos se cierra y no absorbe nada más. Exactamente lo mismo ocurre en nuestros cultos.

Conclusión:

Uno podría ofrecer varios principios más, sin embargo, basándome en los cinco que acabo de mencionar y después de varias décadas de experiencia en la tarea de predicar, permítame sugerirle... Si usted **es**

un predicador excelente, entonces, nunca rebase el límite de los 45 minutos, *incluyendo la lectura bíblica.* Lo cual dependiendo del largo del pasaje bíblico que escoja para fundamentar su sermón, le da un tiempo de entre 35 y 40 minutos para su sermón. Extenderse más de ese límite siempre es contraproducente. Si usted se pasa de esos límites es que no ha preparado su tema de forma adecuada. Por el contrario, si usted desarrolla y planifica su sermón correctamente y aprende a entregarlos mirando el reloj (de tanto en tanto), entonces sus sermones serán útiles, recordados con agradecimiento y producirán discípulos sanos y fuertes para Jesucristo[1].

Por lo tanto, siga creciendo en eficiencia en la tarea de la proclamación y predique para que su experiencia sea la misma que tuvo el apóstol Pablo cuando concluyó su sermón en la sinagoga de Antioquía de Pisidia, donde leemos que «al salir Pablo y Bernabé, *la gente les rogaba que el siguiente día de reposo les hablaran de estas cosas».* Posiblemente, a usted y a mí nunca nos rueguen que les volvamos a predicar... pero si regresan el próximo domingo, sabremos de seguro que algo estamos haciendo bien. Y con esos resultados podemos estar tranquilos y vivir felices.

---

[1] Un consejo valioso que le puedo ofrecer, tal como ya lo dijimos en el capítulo 14, es que se discipline a escribir cuanto más pueda de su sermón. Un sermón de 45 minutos, no puede exceder las 9 páginas de escritura, con un solo espacio entre líneas. Se requieren entre 4 y 5 minutos para leer una página en voz alta. Por tanto, el número de páginas que escriba será un indicador, bastante preciso, de cuánto durará su sermón.

APÉNDICE B

¿Vale la pena servir a Jesucristo?

Malaquías 3:13-18

El Señor ha dicho: «Las palabras de ustedes contra mí han sido violentas». Pero ustedes dicen: «¿Qué es lo que hemos dicho contra ti?».

Pues han dicho: «No vale la pena servir a Dios. ¿Qué ganamos con cumplir su ley y con que andemos afligidos en presencia del Señor de los ejércitos?». ¡Ahora resulta que tenemos que llamar bienaventurados a los soberbios! ¡Los malvados no solo prosperan, sino que ponen a Dios a prueba y salen bien librados!

Entonces los que temían al Señor hablaron el uno con el otro, y el Señor los escuchó atentamente. Luego, en su presencia se escribió un libro de memorias para los que le temen y piensan en su nombre. Dijo entonces el Señor: «Ellos serán para mí un tesoro muy especial. Cuando llegue el día en que yo actúe, los perdonaré, como perdona un padre al hijo que le sirve. Entonces ustedes se volverán a mí, y sabrán distinguir entre los justos y los malvados, entre los que sirven a Dios y los que no le sirven».

¿Vale la pena servir a Jesucristo?

Esta es una pregunta que de tanto en tanto viene a mi mente para cuestionar este tema crucial para todos aquellos que amamos a Dios. Siento que se hace presente de forma especial en este día, cuando iniciamos un nuevo año lectivo en este colegio. Siento que me asalta cada año, después del verano, cuando en nuestra iglesia reiniciamos los programas para el nuevo año lectivo. Y realmente me golpea con mucha más fuerza cuando ocurren en nuestras vidas cosas que no podemos entender, ya que en apariencia son una total contradicción de todo lo que se nos ha enseñado en relación a Dios y a sus tratos amorosos con nosotros sus hijos.

Tomen por ejemplo el caso de una familia que dirigidos por Dios salen como misioneros para servirle en el sur de Argentina. En esa ciudad tienen un ministerio muy fructífero: muchas personas se agregan al reino de Dios y se comienzan a hacer discípulos para Jesús. Como resultado se establece una congregación pujante que comienza a influenciar con poder en toda la comunidad de alrededor. Con todo, después de cinco años en el lugar y cuando la sonrisa de Dios es evidente sobre este ministerio, los esposos sienten que la voz de Dios les indica que deben dejar ese lugar. Sobre sus espíritus pesa la carga de que los padres del esposo todavía no están dentro de la familia de la fe. Después de mucha oración y examen de conciencia, deciden que la mano de Dios está guiándoles hacia esa nueva etapa. Con mucha pena venden su casa y le dicen adiós al ministerio que tanto gozo les estaba dando.

Emprenden el viaje hacia el norte, y cuando estaban a escasamente 100 Kms del destino final, la tragedia como un mazazo infernal se abatió sobre ellos de forma inesperada y brutal. Sin saberlo, ese mediodía de sábado un grupo de jóvenes estuvo celebrando con un asado típico para nuestro país. Como ocurre en la mayoría de los casos, acompañaron la comida con grandes cantidades de vino, y en estado de total ebriedad salen a la ruta en dirección opuesta a la de nuestros misioneros. Fue un impacto frontal. Allí murió instantáneamente el esposo. La esposa y los dos niños reciben múltiples fracturas. Uno de los niños desarrolla como consecuencia del impacto un cuadro de severo retraso mental. La madre es cargada en un automóvil de un buen samaritano y es llevada al hospital más cercano. Se le hacen todos los tratamientos requeridos. ¡Cuál no sería la sorpresa cuando días después los médicos descubren que estaba embarazada! Usted señora, entiende perfectamente la gravedad de la situación. Cuando el médico le da la noticia, también le comunica: «Señora usted debe abortar esa criatura, porque es muy probable que el bebé que nazca sea un monstruo».

Les ruego que piensen. He aquí una familia que están sirviendo a Dios. Buscando hacer su voluntad y llevar salvación a sus seres amados hacen este cambio y terminan en semejante tragedia... Entonces, ¿vale la pena servir a Jesucristo?

O tomen el caso de un amigo muy cercano. Es un cristiano comprometido con Jesús. Hace su carrera en ingeniería y consigue su primer trabajo. A los tres meses cuando llega al trabajo por la mañana encuentra sobre su escritorio un par de hojas que le ha dejado su jefe. Aquel joven lo lee, y tiene que ir a ver al dueño de la compañía para decirle: «Señor, si estas son las condiciones para que trabaje aquí debo presentarle mi renuncia de forma inmediata. Yo no puedo violar los valores que sostengo o los dictados de mi conciencia. Yo no puedo hacer las cosas que usted me pide». Una vez más surge la pregunta: ¿Vale la pena servir a Jesucristo?

O tomen un ejemplo más: Adoniran Judson fue un joven que escuchó el llamado de Dios a su servicio. Buscando equiparse mejor para el servicio a Dios entró a un seminario evangélico. Cuando se graduó recibió la invitación para ser pastor de la iglesia donde había crecido. Esta era una congregación muy pujante en la ciudad de Boston, con más de tres mil personas. Sin embargo, este joven no aceptó el llamado porque estaba convencido que Dios lo quería sirviéndole en Birmania (Myanmar en la actualidad), un país sumergido en las más densas tinieblas del error y las supersticiones del paganismo. Se dirigió allí y trabajó arduamente durante cinco años, sin ver ni un convertido como resultado de su labor. En esos días, recibió la carta de un amigo de Estados Unidos preguntándole: ¿Cuáles son las posibilidades de que Birmania llegue a conocer el evangelio? ¿Qué hubiéramos respondido, si después de cinco años de trabajo no podemos mostrar ni un solo convertido? Una vez más surge la pregunta: ¿Vale la pena servir a Jesucristo? ¿Vale la pena darle lo mejor de nuestra vida para cosechar tan poco y tan mal?

Cuando éramos niños en la Escuela Dominical cantábamos con mucho fervor el himno que nos enseñó el Dr. Oswald Smith, de Toronto:

Gozo da servir a Cristo en la vida diaria aquí;
Gozo y grande alegría, siempre él me da a mí.

¿Es realmente siempre así? Cuando la pregunta de si vale la pena servir a Jesucristo levanta su horrible cabeza; si como un dragón viene a nuestra vida a sembrar la duda y el temor; si como un cincel comienza a horadar nuestra conciencia, entonces, hay una de tres respuesta que podemos dar. Y las vamos a hallar en el libro de Malaquías, en el párrafo que leímos juntos unos momentos atrás.

El libro de Malaquías es un libro muy precioso para todos los que amamos a Dios y muy relevante para la iglesia contemporánea. Este joven de corazón sincero y ardiente, cuyo nombre significa «mi mensajero», fue levantado por Dios para ministrar a una generación de corazones fríos y ritualistas que habían perdido el rumbo espiritual. Si leen este mensaje de Malaquías a sus contemporáneos verán que no escaseaba la religiosidad entre los judíos. Es cierto que estaban cumpliendo con los rituales del culto, con las estipulaciones de la ley; que observaban el ayuno y hasta daban ciertas ofrendas. Con todo, también verán que Dios los reprende con dureza por la superficialidad de su devoción, por lo externo de su servicio y por hacerlo sin amor ni sinceridad, con un corazón dividido. Justamente de esta generación de hombres y mujeres de corazón frío, siglos más tarde se originó el grupo de los fariseos. Y si hubo una compañía de personas a quienes nuestro Señor condenó por el formalismo, la frialdad y la mera apariencia de su religiosidad, fue al grupo de los fariseos. Por tanto, bien podemos afirmar que el mensaje de este último libro del Antiguo Testamento es muy apropiado y necesario para la última generación del Nuevo Testamento, que formamos ustedes y yo. Especialmente en estos días cuando se han multiplicado las iglesias que dicen conocer Jesús, y sin embargo, se observa una ausencia de unción en los púlpitos y carencia de poder espiritual para cambiar a las personas y las estructuras del mal en la sociedad. En estos días, cuando vastos sectores del cristianismo evangélico han dejado de ser la sal de la tierra y la luz del mundo para ser meros agentes de entretenimiento, entonces, es necesario que escuchemos con absoluta atención lo que Dios quiere decirnos a través de su siervo de la antigüedad, a fin de no repetir nosotros los errores de ellos.

Cuando nos acercamos a este mensaje profético, vemos que en nuestras Biblias está dividido en cuatro capítulos. En los dos primeros capítulos, Malaquías exhorta a la nación a retornar a Dios con un corazón contrito y humillado a la luz del amor y la fidelidad del Señor hacia ellos en el pasado. En los capítulos tres y cuatro, les exhorta a volverse a Dios a la luz del día futuro del Señor. Y cuando enfocamos nuestro lente en el capítulo tres, vemos que Malaquías les advierte de la necesidad de hacer justicia (versos 1 al 5), luego les exhorta a ser fieles en el tema de los diezmos y ofrendas (versos 6 al 12); y finalmente, de los versos 13 al 18, encontramos a dos grupos de personas que dialogan entre ellos.

Comenzando en el verso 13, los impíos conversan entre ellos. Fiel al estilo del sermón que viene desarrollando desde el primer versículo de su libro, Malaquías confronta a esta compañía citando palabras de parte de Jehová de forma afirmativa (afirmación): «Las palabras de ustedes contra mí han sido violentas», es decir, han sido injustas, insolentes y erróneas.

Una vez más, fiel a su estilo Malaquías nos comparte la interrogación que brota de labios de aquella compañía de hombres y mujeres que están fuera de la voluntad de Dios. Con un tono que combina sorpresa e incredulidad responden: «¿Qué es lo que hemos dicho contra ti?».

A la luz de esta reacción, como consecuencia, Malaquías en los versos 14 y 15, presenta la refutación que proviene del Señor:

«Pues han dicho: 'No vale la pena servir a Dios. ¿Qué ganamos con cumplir su ley y con que andemos afligidos en presencia del Señor de los ejércitos?'. ¡Ahora resulta que tenemos que llamar bienaventurados a los soberbios! ¡Los malvados no solo prosperan, sino que ponen a Dios a prueba y salen bien librados!».

Lo que este grupo de personas está diciendo es exactamente la pregunta que estamos buscando responder con este estudio: No vale la pena servir a Dios. Es algo fútil, inútil, es una mera pérdida de tiempo y una necedad completa. Y créanme que no es nada difícil comprender por qué esta gente hace semejante afirmación. Si ustedes entienden la historia de este libro, verán que la nación de Israel bajo el justo juicio de Dios fue llevada en cautiverio a Babilonia. Allí estuvieron setenta años, y luego Dios movió a un grupo de judíos fieles a retornar a Jerusalén con el propósito de reconstruir la ciudad. Bajo el liderazgo de Zorobabel y Josué, un grupo de varios miles retornó a la ciudad y después de muchos contratiempos reconstruyeron el templo. Sin embargo, en este momento no son nación independiente como lo fueron en el pasado, aun están bajo el dominio del imperio Persa. Como si esto no fuera poco la situación política y económica les era bien desfavorable. Entonces, no es de sorprenderse que aquella generación conteste diciendo: no vale la pena servir a Dios. Es como si les oyéramos decir: «¿Vale la pena servir a Dios? Miren las evidencias a todo nuestro alrededor. Buscando hacer la voluntad de Dios dejamos nuestros prósperos negocios en Babilonia. Corrimos riesgos en el viaje de regreso, debimos derrotar enemigos poderosos para construir el templo, establecimos los sacrificios y el ritual de la ley, hemos cumplido los mandamientos de Jehová, hemos observado el ayuno… ¿y cuál es la paga que recibimos? Políticamente estamos oprimidos, económicamente estamos atravesando una depresión severa, el Mesías tal como lo profetizaron Zacarías y Hageo no ha llegado y en la práctica estamos a la cola de las naciones. Más bien, miren a los impíos, ellos sí que prosperan económicamente. Han violado todas las leyes de Dios y las cosas cada día les van mejor. Se ríen de Dios y sus mandamientos y no solamente salen airosos, sino que se los ve llenos de felicidad. En cambio nosotros somos exactamente el polo opuesto. ¿Vale la pena servir a Dios?».

La primera respuesta que debemos dar a este interrogante es que muchas veces, *no vale la pena servir a Dios*. No vale la pena servir a Dios cuando lo hacemos al igual que los contemporáneos de Malaquías, sin sinceridad, sin corazón. En estos casos el pago es completamente *denegado*. Y muchas veces Dios en sus tratos con nosotros, al igual que con la generación de los días del profeta, corta las bendiciones materiales como un medio para hacernos volver a la realidad, que aunque estemos participando de las cosas de Dios, y mientras en lo exterior somos excelentes religiosos, de todos modos nuestro corazón no está bien delante de Dios. Y en estos casos, no vale la pena servir a Dios. Cuando nuestra profesión es algo puramente externo, sin devoción ni amor, Dios no presta atención a nuestro servicio. Así, no vale la pena servir a Dios.

Años atrás cuando servíamos a Dios en Canadá, cierto día vino un hombre de alrededor de unos cincuenta años a hablar conmigo en la oficina. Comenzó a contarme su historia personal y parecía una repetición de la queja de los contemporáneos de Malaquías: «Toda mi vida he creído en Dios. Desde niño mis padres me llevaron a la iglesia. He tratado de ser un buen cristiano, de ser un buen esposo, un buen padre, un buen hermano, un buen ciudadano. Y ¿cuál es la paga? En el presente mi matrimonio está en crisis, mis hijos están en rebelión, mi negocio de construcción se está yendo abajo. Estoy tratando de obedecer a Dios en todo, y los que compiten conmigo como no tienen a Dios en cuenta se quedan con los mejores contratos...». Después de dejarlo descargar su angustia y su queja durante un buen rato, fuimos al tema de su relación personal con Jesucristo. Y como ocurre tantas veces con aquellos que son criados en un buen hogar cristiano, si bien es cierto que este hombre conocía mentalmente todo acerca de Jesús, nunca había nacido de nuevo por el poder del Espíritu Santo.

Daniel me confesó que a lo largo de toda su vida Jesucristo había sido una linda historia, un ideal de vida, una idea filosófica, sin embargo, nunca lo había visto como un amigo cercano, un padre amoroso y un Salvador poderoso. Como resultado Daniel confesó que nunca había cumplido el gran mandamiento de amar a Dios con todo el corazón, con todas nuestras fuerzas y nuestra mente porque nunca había tenido un encuentro transformador con Jesús y todo lo hacía por obligación. Momentos más tarde, aceptando la oferta de salvación que es por gracia mediante la fe (Efesios 2:8-10), Daniel invitó a Cristo a venir a su vida y experimentó el gozo del nuevo nacimiento que viene de Dios. Ese día el corazón de Daniel se puso a bien ante los ojos de Dios, y tengo el gozo de decirles que desde ese encuentro vivificador hace ya más de 20 años, Daniel ha seguido una marcha ascendente en su servicio a Dios.

¿Vale la pena servir a Dios? No, cuando nuestro corazón no está a bien con él. Y Dios en su misericordia muchas veces cierra el grifo de sus bendiciones para hacernos comprender nuestra necesidad suprema. C. S. Lewis, el erudito de la universidad de Oxford afirmaba: «Dios nos susurra en la prosperidad; nos habla en la adversidad, y nos llama a gritos en el dolor. El dolor es el megáfono que Dios emplea para despertar a una humanidad dormida». Por lo tanto, si alguien aquí está pasando por un período de intensa adversidad, le ruego que examine su corazón. ¿Será este el trato bondadoso de Dios hacia usted para llevarle al igual que a Daniel a tratar con su problema de fondo y llegar a conocer a Jesucristo?

Cuanto gozo me da que esta mañana estemos reunidos en este lugar para traer un mensaje de buenas nuevas y esperanza genuina. Un mensaje destinado a los impíos que no tienen noción de Dios y a todos los religiosos que a pesar de toda su apariencia de religiosidad no conocen a Dios. Y que mediante un acto de fe en Cristo Jesús, su persona y su obra en la cruz del Calvario, en este día pueden poner su corazón bien con Dios, de manera que comiencen a disfrutar de una nueva relación personal, dinámica y creciente con el Dios infinito de quien provienen todas las bendiciones que disfrutamos en la vida.

Con todo, una vez que nuestro corazón ha sido puesto bien con Dios, ¿siempre vale la pena servir a Dios? No necesariamente...

En marzo del año 1981 salimos de Argentina para radicarnos en Canadá. Fuimos allí buscando hacer estudios teológicos para poder servir mejor a Dios, quien nos había llamado a su servicio. Dos meses más tarde se realizó la ceremonia de graduación del Colegio Bíblico donde años más tarde completaría mis estudios. Esa noche, como toda ceremonia de graduación en Norteamérica fue realmente multicolor, vistosa y digna de ser recordada. Entre todas las cosas que tuvieron lugar en el programa, hubo un número especial de música que nos captó la atención y fue (en mi opinión) lo más destacado de la noche. Él tocó el piano como un dios, ella cantó como un ángel. Una calidad notable. Días más tarde, una amiga nuestra de Argentina que se graduó esa noche nos visitó en casa, y le pregunté: «Dime, ¿quiénes eran esos jóvenes que hicieron el número musical durante la graduación?». «Son un matrimonio ejemplar», fue la respuesta. «En el colegio todos los queremos mucho. Él es el director del concilio de los estudiantes. Sus vidas son una inspiración y un modelo para todos».

¡Cuál no sería mi sorpresa, cuando meses más tarde en el frente del periódico de nuestra ciudad, con letras bien grandes y como nota principal allí estaba el titular: «Matrimonio hecho en el cielo, termina en el infierno»! La nota del diario contaba cómo cierto joven, que estudiaba en un colegio teológico un día llegó anunciando que su esposa había desaparecido sin aviso y sin dejar rastros. Uno de los profesores, tomó su caso y empezó a aconsejarlo y consolarlo. Sin embargo, a medida que pasaban los días la salud mental y emocional de este joven iba en franco deterioro. Hasta que un día no pudiéndolo soportar más, brotó la confesión de la verdad. Su esposa no había desaparecido, sino que estaba enterrada a las afueras de Vancouver.

¿Cuál era la historia? Aquel joven ejemplar llevaba un infierno por dentro. Estaba convencido que había sido invadido por demonios que lo impulsaban al homosexualismo. Pidió ayuda en varias agencias y a diferentes personas, y nadie lo pudo ayudar. Esta realidad lo puso en un curso de colisión con su esposa. En lugar de apoyarse mutuamente, comenzaron a atacarse. En aquella última noche, ella comenzó a arrojarle objetos. Él, entonces, la tomó del cuello y cuando finalmente la soltó ella ya no respiraba. En la oscuridad de la noche, cargó su cuerpo inerte y lo llevó a enterrar en un lugar remoto del bosque, lejos de la ciudad. Nadie lo había visto, pero ahora debía vivir con su conciencia acusadora. Cuando leí los nombres de aquella pareja, pensé que sería un error. No podía creer que fueran los mismos de la noche de la graduación. Tristemente, no había ningún error.

Me imagino que alguien podría objetar diciendo: «Pero Pastor, ¿no es ese ejemplo un caso muy exagerado? Después de todo, cuántos casos de crímenes se conocen entre los cristianos que servimos a Jesús?». Afortunadamente, no tantos. Estos casos son muy excepcionales, no obstante, ilustran perfectamente una realidad inevitable, y es que cada semana en nuestras iglesias se sientan docenas y centenares de personas, que al igual que aquel joven llevan un infierno por dentro y necesitan ayuda de forma desesperante y urgente. Están sufriendo solos y en silencio, lloran por algo que no pueden romper y hallar la libertad que Cristo ofrece. Muchas veces son cadenas que arrastran como resultado de la herencia espiritual de la familia. Hay inclinaciones, hábitos y vicios que no pueden romper. Si este es tu caso, te invito a venir a Jesús en este día para que sane tu alma y te haga libre por completo. Otras veces, hay personas que sufren en silencio como resultado de un pecado oculto. En algún momento saltaron la cerca, y ahora, aunque nadie lo sabe, llevan una mochila muy pesada sobre sus espaldas. La conciencia les acusa sin descanso y la culpa les oprime, robándoles la paz y el gozo. Si este es tu caso, te recuerdo la afirmación del libro de Proverbios: «El que encubre sus pecados no prosperará. Mas el que lo confiesa y se aparta alcanzará misericordia» (Proverbios 28:13). Como decía D. L. Moody, cargar un pecado sin confesar en el alma, es como cargar una bala en el cuerpo. Por tanto, en el nombre de Jesús te invito a regresar a Dios. Nuestro Señor no es un Dios ni airado ni vengativo, solamente a través de las circunstancias está tratando, al igual que con la generación de Malaquías, de llevarte a reconocer tu condición delante de Dios y a que te vuelvas a él para ser restaurado de forma completa.

¿Vale la pena servir a Jesucristo? Ciertamente, no cuando nuestro corazón está mal delante de sus ojos. En esos casos el pago es totalmente **denegado**. Y Dios muchas veces debe utilizar las circunstancias adversas para traernos de regreso a una relación de amor, personal y creciente con Jesucristo.

Pero avancemos un paso más en el estudio de este sermón de Malaquías. Si en los versos del 13 al 15 los impíos tienen la palabra, en el verso 16 encontramos un segundo grupo de personas, a quienes se los describe como aquellos que «temían al Señor y reverenciaban su nombre». Si al primer grupo le llamamos los impíos, es decir, aquellos que mentalmente conocen a Dios pero viven en un ateísmo práctico, entonces, a este segundo grupo bien podríamos llamarlos con la palabra piadosos, que describe a la persona que ha colocado a Dios en el trono de su corazón y le ha hecho Señor de su vida intelectual, sus afectos y todas las áreas prácticas de su vida. O tal como el Señor los llama en el verso 18, los justos.

En contraste con aquellos que decían: no vale la pena servir a Dios; aquí tenemos un grupo de individuos que se juntan para hablar entre ellos. ¿Cuál era el tema de su conversación? Malaquías no nos informa, sin embargo, no es difícil darse cuenta. A la luz de aquellos que acusaban a Dios de despropósito, «entonces… los que temían al Señor se reunieron para hablar». Es muy probable que mientras los impíos acusaban a Dios de injusticia, estos hombres y mujeres salieran en defensa de los tratos de Dios con la nación. Al igual que Malaquías, reconocían que si Dios había cortado las bendiciones al pueblo hebreo era algo justo, ya que era el merecido pago que recibían como resultado de su extravío espiritual. Ciertamente el corazón de estas personas estaba en una buena relación con Dios. Con todo, la pregunta persiste. Aun cuando el corazón es recto delante de Dios, ¿vale la pena servir a Dios?

Si miramos a las condiciones que imperaban para los piadosos, mirando al mundo externo puramente desde la perspectiva humana, no nos hubiera dado la impresión que tener un corazón recto delante de Dios marcara mucho la diferencia... Después de todo, los creyentes fieles a Dios también estaban atravesando la misma depresión económica, y también estaban políticamente oprimidos. ¿Y entonces? ¿Qué diferencia hay en servir a Dios? Aquí debemos aprender una diferencia fundamental para nuestra vida cristiana, y es que si para los impíos el pago fue **denegado**, para los piadosos el pago llegó **disimulado**. Siglos más tarde el apóstol Pablo nos enseñaría que los creyentes hemos sido bendecidos «con toda bendición espiritual... en Cristo Jesús» (Efesios 1:3). ¿Qué tenía en mente cuando hizo semejante afirmación? Que las bendiciones que Dios otorga a sus hijos como resultado de la obra de la cruz, tienen que ver primordialmente con las cosas de la eternidad, no del tiempo. Tienen que ver más con las cosas del alma y el espíritu, que con las cosas del cuerpo. Las bendiciones de Dios tienen que ver con el perdón de los pecados y en consecuencia la liberación de la culpa; tienen que ver la salvación personal del alma y en consecuencia podemos vivir sin temor a la hora de la muerte y el juico de Dios; tienen que ver con la presencia y la guía diaria de Dios, por lo cual podemos vivir sin ansiedad; tienen que ver con los frutos del Espíritu Santo (amor, gozo, paz, etc.) que ha venido a morar en el santuario de nuestro cuerpo y en consecuencia nos permite vivir la vida de abundancia que Cristo prometió (Juan 10:10).

Mientras los impíos se quejaban de la falta de bendiciones materiales, estoy seguro que si hubiéramos podido visitar los hogares de los justos, podríamos haber visto que a pesar de las condiciones económicas adversas, sus vidas estaban llenas de la paz de Dios que sobrepasa todo entendimiento; que el gozo del Señor era su fortaleza en medio de las adversidades y que el amor de Dios era el fundamento de todas sus relaciones interpersonales. Hubiéramos visto que el amor entre los esposos, entre los padres y los hijos, y entre los mismos hermanos tenían un gozo, un poder y un brillo completamente desconocido para aquellos que solamente viven en el plano de lo material.

Inclusive, esta verdad de que las bendiciones de Dios llegan **disimuladas** a los ojos de los impíos, debe ser proclamada con mucha fuerza y convicción entre los cristianos evangélicos del siglo XXI. El enemigo ha infiltrado entre el rebaño sus ministros que se disfrazan como ángeles de luz y vastos sectores se han desviado de la fe bíblica creyendo «otro evangelio» (Gálatas 1:6). Hoy en día, son innumerables las voces que se levantan para proclamar como sana doctrina el mismísimo error que había atrapado el corazón de los impíos en los días de Malaquías, es decir, que si Dios está contigo entonces tus bolsillos estarán llenos de oro hasta rebosar. Y si no es así, entonces no vale la pena servir a Dios. Hoy en día, cuando innumerables cantidades de adoradores y pastores están más interesados en encontrar la moneda perdida, antes que a la oveja perdida, el mensaje de Malaquías a sus contemporáneos es una necesidad apremiante para nuestra generación. Ciertamente, yo jamás he predicado un evangelio que exalte la pobreza y la enfermedad, pero de ahí a proclamar un evangelio donde las bendiciones de Dios se miden principalmente por la prosperidad material es un desequilibrio funesto para los que escuchan y aceptan premisas tan falsas y espurias. San Pablo, nos recuerda: «Porque a ustedes se les ha concedido por amor de Cristo, no solo creer en él, sino también sufrir por él (Filipenses 1:29). Jesucristo nos advirtió que no venía en busca de decisiones, sino a hacer discípulos. Eso implicaba tomar su cruz cada día y vivir una vida de obediencia radical a sus mandamientos, al punto tal que nos haría muy impopulares con todos los que no compartieran nuestra visión de la vida y los valores del reino de Dios (cf. Lucas 14:25-35). De ese estilo de vida, con todo, emanaría una existencia transformada por el poder de Dios, de tal manera que seríamos capaces de demoler las estructuras del mal enraizadas en las vidas de las personas y transformar la sociedad a nuestro alrededor. Por el contrario, este falso evangelio de la prosperidad tan inocente en apariencia, ha producido «iglesianos» carnales que creen que están en este mundo para disfrutar de los placeres de la naturaleza caída; creyentes mundanos que se han acomodado a los valores de la sociedad que ha rechazado a Jesús y ha llenado las iglesias de individuos que rehúsan el señorío de Jesucristo, con la consecuencia de que carecen de todo poder para ser la sal de la tierra o la luz del mundo. A los tales se aplica la severa advertencia de nuestro Señor: «Si la sal se hiciere insípida ya no sirve para nada... sino para ser echada fuera y ser pisoteada por los hombres» (Mateo 5:13). Examinemos nuestros corazones, esta es la manera de asegurarnos que nuestra profesión de fe es genuina, caracterizada por la gratitud sincera a Dios, aunque en apariencia todo parezca contradecir nuestra lógica. Los piadosos de la generación de Malaquías son un ejemplo digno de emular en todas las generaciones, incluyendo la actual.

¿Vale la pena servir a Dios? Cuando nuestro corazón no está bien con Dios, el pago es **denegado**. Cuando nuestro corazón está bien con Dios, el pago llega **disimulado**. Pero en los versos 16 al 18, Malaquías nos recuerda una tercera posibilidad, y es que muchas veces, para aquellos que amamos a Dios el mejor pago por nuestro servicio a él, será **demorado**. Inclusive a un futuro bastante lejano, hasta el «día de Jehová», según nos enseña Malaquías. Y ese día los que amamos a Dios podremos esperarlo con gozosa anticipación por dos razones. Primero, por algo que Dios está haciendo y segundo por algo que él ha prometido.

Cuando miramos el verso 16, vemos que como resultado de la acción de los creyentes justos y piadosos que defendían las obras de Dios, nos dice el relato que Dios prestó atención y oyó esa conversación y entonces un Libro de las Memorias fue establecido en su presencia. El Libro de las Memorias era un documento históricamente importante en días de Malaquías y no faltaba en todas las cortes reales de la antigüedad. En ese libro se registraban todas las buenas acciones que los súbditos del rey habían hecho a favor de su monarca. El propósito de anotar esas buenas acciones era para que a su vez, a su debido tiempo, de la manera que el rey considerara más apropiada, pudiese repagar a aquellos que habían sido fieles y leales a él.

Tenemos una historia en la Biblia que demuestra la importancia que tenía el Libro de las Memorias en la vida de una corte real en la antigüedad. Se encuentra en el libro de Ester. Si ustedes recuerdan, Ester es una niña que queda huérfana y como consecuencia es criada por su tío Mardoqueo. Esta familia judía está afincada en Susa, la capital del imperio Persa, como resultado del castigo que la nación experimentó a manos de los Babilónicos un siglo atrás. Lo cierto es que por una serie de eventos, Ester llega a ser la reina del imperio. Pocos días más tarde de que Ester sea encumbrada, su tío Mardoqueo descubre un complot tramado por dos eunucos de la corte para asesinar al emperador. Mardoqueo hace llegar la noticia a su sobrina, y mediante ella hasta el rey. El complot es neutralizado y la acción fiel de Mardoqueo queda registrada en el Libro de las Memorias.

Meses más tarde, Amán, el consejero más cercano al rey, elabora un plan para matar a todos los judíos que se hallan radicados en el imperio. En cierto día establecido tendrá lugar una masacre para acabar con toda la nación hebrea. Lógicamente, al saberse el plan siniestro de Amán, los judíos se vuelven a Dios para pedir su ayuda, con súplicas y ayuno. Lo cierto es que la noche anterior a que el plan de Amán se ejecute el rey pierde el sueño. Entonces, ordena a uno de sus secretarios que le traigan el Libro de las Memorias. A medida que el secretario comienza a leer, llega al lugar donde se ha escrito la obra de bien que Mardoqueo hizo meses atrás a favor del rey, salvándole la vida. El rey ordena, entonces: «Deténgase aquí, ¿qué recompensa se le dio a Mardoqueo por esa acción tan noble?». «No hay registro, Señor», responde el secretario. «Mañana mismo Mardoqueo debe ser recompensando». Y ustedes recordarán cómo esa acción fue el primer paso para que el ardid de Amán fuese desbaratado y el pueblo judío escapara libre del plan macabro de Amán. Dios utilizó el Libro de las Memorias, para iniciar el proceso de liberación para su pueblo amado.

Lo que dice Malaquías es que Dios en su presencia también tiene un Libro de las Memorias, donde las acciones nobles de los benefactores del Rey están siendo anotadas de forma cuidadosa, a fin de que a su debido momento, de acuerdo a como el Rey considere mejor, sus siervos fieles reciban la mejor recompensa. Esta es la realidad que a ustedes y a mí nos debe alentar en nuestro servicio a Dios.

Al comenzar este año, Dios te ha llamado a que seas maestro de una clase de niños en la Escuela Dominical, o tal vez serás líder de un grupo de estudio bíblico en una casa de familia durante la semana, o tal vez tu rol sea resolver los problemas técnicos para que el culto se pueda realizar los domingos a la mañana. Cualquiera que sea tu llamado o tu área de ministerio, quisiera recordarte que no hay servicio insignificante para Dios. Que si tú le sirves con un corazón recto y decidido, dándole siempre lo mejor, sabiendo que le estás sirviendo solo a él, Dios estará registrando cada una de tus acciones en su Libro de las Memorias, a fin de que a su debido tiempo él mismo te pueda recompensar tal y como lo hizo con Mardoqueo, y con todos los que le sirven desde entonces con corazón sincero y amor ferviente. Quisiera alentarte al pensar que tal vez muchos no aprecien tu esfuerzo, que tal vez algunos nunca te lo agradezcan, que inclusive muchos que no comparten tu fe se burlen de ti. Con todo, quiero que recuerdes que mientras los demás no vean todo lo que están dando, todos los sacrificios y esfuerzos que estás haciendo, nuestro Señor lo está viendo y oyendo, tal y como lo hizo con los justos en tiempos de Malaquías. Nunca olvides que el pago completo será demorado, hasta el día del Señor, diría Malaquías, o hasta el día del Tribunal de Cristo, diría el apóstol Pablo.

Citando promesas de Dios, en los versos 17 y 18, Malaquías nos invita a mirar hacia el futuro con confianza absoluta y gozosa anticipación, a ese día bendito y sublime cuando los creyentes compareceremos delante de nuestro Dios para recibir las recompensas por nuestro servicio al Rey; a ese momento cuando el Libro de las Memorias sea traído delante del rey y sus súbditos fieles y leales sean recompensados del modo que el mundo jamás podrá hacerlo. Dios hace tres afirmaciones que a ustedes y a mí que amamos a Jesús deben alentarnos siempre en el servicio a Dios. Primero, nos recuerda que ese será el día cuando Dios actúe. Cuando como un gigante que despierta del sueño, se levante y finalmente ponga al derecho, este mundo que está patas para arriba. Hoy en día, muchos toman el silencio de Dios como inacción y lentitud. Grave error de concepto. Dios está llevando, en silencio pero con mano firme, nuestro mundo y toda la historia humana hacia la consumación final, cuando su reino será establecido en todo el mundo. Pero finalmente llegará el día cuando el mal termine, el bien triunfe y Dios sea reconocido por su gloria y majestad y toda lengua confiese que Jesucristo en Señor para gloria de Dios el Padre. Ese será el día cuando él finalmente actúe, y entonces, reinará en gloria y nosotros sus hijos reinaremos juntamente con él. Para ustedes y para mí, que amamos y estimamos el nombre del Señor, que anhelamos que sea santificado, honrado y exaltado el Señor, nos dice que sus hijos serán «su especial tesoro». Esto es algo que tantas veces es difícil creer en medio de las dificultades y circunstancias adversas que esta vida nos depara.

Con todo el Señor va mucho más allá y en el verso 18 nos recuerda que ese día, finalmente será el momento de la revelación final, el momento cuando mirando hacia atrás podremos comprender con exactitud la diferencia infinita que hizo servir a Dios en esta vida o dejar de servirle. Ese día finalmente podremos discernir de forma clara y completa la diferencia abismal que hay entre ser un hijo amado y uno de los impíos que le niegan. Ese día marcará el comienzo de nuestra alegría completa, indestructible y eterna. Algo que irá en crecimiento continuo por todos los siglos sin fin de la eternidad y donde cada página de la historia que escribamos será mejor que la anterior. Ese día, cuando recibamos el pago completo que ha sido **demorado**, entenderemos en la real dimensión cuánto valió la pena haber servido a Jesucristo.

Yo tuve el privilegio de vivir en Canadá durante casi veinte años. El segundo fin de semana de octubre se celebra el día de Acción de Gracias. Se celebra en esa fecha, porque el comienzo del mes de octubre marca el fin de la cosecha. Para ese día la cosecha debe estar concluida, porque no es sorprendente que a partir de aquí pueda comenzar a caer nieve. En ese caso, lo que no ha sido recogido y almacenado se pierde de forma definitiva. Cierto día un impío decidió escribir al editor del periódico de la ciudad una nota burlándose de sus vecinos cristianos. En ella decía: «Sr. Director, quiero compartir con usted un experimento que hice este último verano. Trabajé mis campos el día domingo, pasé el arado en día domingo, los sembré en día domingo, y ¿cuál fue el resultado? Este octubre mis campos han rendido el doble que los de todos mis vecinos de alrededor». Me pregunto, cual sería su reacción cuando leyó la respuesta del editor: «Dios no siempre arregla las cuentas en octubre...».

Alguien puede preguntar, «¿Y qué pasó con los misioneros de los que nos habló al iniciar el sermón?». Después de meses de tratamientos y recuperación, aquella mujer viuda comenzó una escuela destinada a educar y a rescatar a los niños «invisibles» de la ciudad. En una zona de pobreza extrema donde los niños fueron abandonados por padres y olvidados por el sistema educativo, por amor a Jesús esta mujer comenzó a evangelizar y a educar a esos niños que no tenían ningún futuro, sino llegar a ser delincuentes y esclavos del mal. Con el correr de los años, aquella tragedia que trajo un coste tan elevado fue tornado por Dios en un triunfo inmenso para el reino de Dios, demostrando de manera palpable que vale la pena servir a Jesucristo aun cuando nuestros sentidos sean confundidos o no podamos entender la lógica de todo lo que ocurre. De las cenizas de aquella tragedia incomprensible nació una escuela que ha sido una puerta de esperanza para millares de niños que no tenían ningún chance en esta vida, conociendo en el proceso al autor de la vida de abundancia.

¿Y qué pasó con el joven que tuvo que enfrentarse a su jefe? Simplemente renunció a esa compañía. Años más tarde pudo establecer su propia fábrica y en el presente provee trabajo a centenares de familias y millones de dólares para el avance del reino de Dios.

¿Y cómo terminó la historia de Adoniran Judson? Cuando leyó la carta de su amigo que preguntaba, cuáles eran las perspectivas para el evangelio de Cristo en Birmania, replicó: «Las perspectivas del evangelio en Birmania son *tan brillantes como las promesas de Dios*». Un año más tarde Judson logró bautizar a su primer convertido al cristianismo. Y cuando su vida llegó al fin para ser llevado ante la presencia de Dios, en Birmania había cincuenta mil convertidos.

¿Vale la pena servir a Jesucristo? Si nuestro corazón no está bien delante de Dios, no vale la pena servir a Jesucristo. El pago es **denegado**. Si nuestro corazón ha sido puesto bien delante de Dios mediante la fe en la persona y la obra de Jesucristo, si amamos a Dios y le servimos con corazón sincero, entonces, muchas veces nuestro pago llega **disimulado**. Muchas otras veces la totalidad del pago será **demorado** hasta un día muy distante el futuro. Pero porque Dios es absolutamente fiel y nos ama con amor eterno y ha prometido recompensar con abundancia a aquellos que le sirven, el pago está completamente *asegurado*. Por lo tanto, «hermanos míos amados, estén firmes y constantes, creciendo en la obra del Señor siempre, sabiendo que vuestro trabajo en el Señor nunca es en vano» (1 Corintios 15:58).

APÉNDICE C

La oración de un profeta menor[1]

(A. W. Tozer).

Esta es la oración de un hombre que fue llamado a ser testigo ante las naciones. Esto es lo que le dijo al Señor en el día de su ordenación. Luego que los ancianos y diáconos oraron e impusieron sus manos, se retiró al lugar secreto para encontrar a su Señor y al silencio, mucho más allá de lo que sus bien intencionados hermanos podían llevarle.

Y dijo: Oh Señor, he oído tu voz y he temido. Tú me has llamado a una tarea enorme en una hora grave y peligrosa. Tú estás a punto de conmover todas las naciones, la tierra y también el cielo, para que las cosas que no pueden ser conmovidas permanezcan. Oh Señor, mi Señor, tú me has honrado escogiéndome para ser tu siervo. Nadie puede tomar este honor para sí mismo, excepto quien es llamado por Dios, tal como lo fue Aaron. Tú me has nombrado para que sea tu mensajero con aquellos que son duros de corazón y lentos para oír. Ellos te han rechazado a ti, el Maestro, y no puedo esperar que me reciban a mí, tu siervo.

---

[1] Tomado del libro, *Lo mejor de A. W. Tozer* (*The Best of A. W. Tozer*). Compilado por Warren W. Wiersbe, Christian Publications, INC. Usado con permiso. Traducción: Jorge Óscar Sánchez.

Mi Dios, no perderé mi tiempo deplorando mis debilidades o cuán inadecuado soy para la tarea. La responsabilidad no es mía, sino tuya. Tú has dicho: «Yo te conocí... te he ordenado... y te he santificado...». Dijiste también: «Tú irás a todo lo que yo te envíe y todo lo que te diga has de hablar». ¿Quién soy yo para discutir contigo o para cuestionar tu elección soberana? La elección no es mía, sino tuya. Así sea Señor. Tu voluntad sea hecha, no la mía.

Bien sé, Oh Dios de los profetas y los apóstoles, que mientras te honre tú me honrarás. Ayúdame pues a hacer este voto solemne de honrarte durante toda mi vida futura y, en mis labores, ya sea por ganancia o pérdida, por vida o muerte, mantener ese voto sin quebrarlo durante todos mis días.

Es tiempo oh Dios, que tú empieces a trabajar, porque el enemigo se ha infiltrado en tu rebaño, y las ovejas están desparramadas e indefensas. Abundan los falsos pastores que niegan el peligro y se ríen del peligro que acecha a tu rebaño. Las ovejas son engañadas por estos asalariados y les siguen con patética lealtad mientras el lobo se acerca para matar y destruir. Te ruego, dame ojos agudos para detectar la presencia del enemigo; dame comprensión para ver y valor para reportar fielmente lo que veo. Haz que mi voz sea tan parecida a la tuya que aun las ovejas enfermas te reconozcan y te puedan seguir.

Señor Jesús vengo a ti para que me formes espiritualmente. Pon tu mano sobre mí. Úngeme con el aceite de los profetas del Nuevo Testamento. Sálvame de llegar a ser un escriba religioso y que en consecuencia pierda mi llamado profético. Líbrame de la maldición que abunda entre los clérigos contemporáneos, la maldición del compromiso, de la imitación, del profesionalismo. Líbrame del error de juzgar la efectividad de una iglesia por su tamaño, su popularidad o la cantidad que forma su presupuesto anual. Ayúdame a recordar que soy un profeta, no un promotor, o un manager de religión, sino un profeta. Nunca me permitas que llegue a ser un esclavo de las multitudes. Sana mi alma de las ambiciones carnales y líbrame de la comezón de la popularidad. Sálvame de la esclavitud a las cosas. No me permitas que malgaste el tiempo ocupándome de cosas que no valen la pena. Pon tu terror sobre mí, Oh Dios, y llévame al lugar de la oración donde pueda luchar contra principados, potestades y los gobernadores de las tinieblas de este presente siglo malo. Líbrame de comer en exceso y de acostarme tarde. Enséñame la auto-disciplina para que llegue a ser un buen soldado de Jesucristo.

Acepto el trabajo duro y recompensas magras en esta vida. No te pido por un lugar fácil. Intentaré ser ciego a las cosas pequeñas que pueden hacer la vida más fácil. Si otros toman el camino más fácil, yo intentaré tomar el más difícil sin juzgarlos con dureza. Debo esperar oposición y trataré de tomarla con calma cuando llegue. O si, como a veces le ocurre a tus siervos, recibo regalos dados por tus hijos bondadosos, está a mi lado entonces y líbrame de la plaga que tantas veces sigue como resultado. Enséñame a usar todo lo que reciba de tal manera que no hiera mi alma o disminuya mi poder espiritual. Y si de acuerdo a tu providencia permisiva llegaran a mí honores de parte de tu iglesia, no me permitas olvidar en esa hora que soy indigno de la menor de tus misericordias, y que si los hombres me conocieran tan íntimamente como yo me conozco, ellos retendrían sus honores o se los conferirían a hombres más dignos de recibirlos que yo.

Y ahora, oh Señor del cielo y de la tierra, consagro a ti el resto de mis días, ya sea que sean muchos o pocos, tal como tú dispongas. Ayúdame a estar delante de los grandes o a ministrar a los pobres y humildes. Esa elección no es mía, y yo no trataré de influenciarla aun cuando pueda. Yo soy tu siervo para hacer tu voluntad y esa voluntad es para mí más dulce que posiciones, riquezas o fama, y por lo tanto la escojo por sobre todas las cosas en el cielo y en la tierra.

Aunque tú me has elegido y me has honrado con un santo llamamiento, no permitas que olvide que soy un hombre de polvo y cenizas, un hombre con todas las fallas naturales que plagan la raza humana. Te suplico, entonces, mi Señor y Redentor, líbrame de mí mismo y de todas las heridas que me pueda hacer a mí mismo mientras intento ser de bendición a otros. Lléname con tu poder mediante el Espíritu Santo, por tanto iré con tu fuerza y proclamaré tu justicia, y solamente ella. Proclamaré por donde vaya tu mensaje de amor redentor mientras mis fuerzas humanas me lo permitan.

Entonces, Señor, cuando sea viejo y esté demasiado gastado y agotado para continuar, ten un lugar preparado para mí en tus moradas, y nómbrame entre tus santos en la gloria eterna. Amén. AMEN.

BIBLIOGRAFÍA

Anderson, Kenton C., *Predicar es una decisión* (Vida, Miami, Florida, 2010).

_____, *Predicando con integridad* (Editorial Portavoz, Grand Rapids, Michigan, 2005).

Baumann, J. Daniel, *An Introduction to Contemporary Preaching* (Baker Book House, Grand Rapids, Michigan, 1972).

Blackwood, Andrés W., *La preparación de sermones bíblicos* (Casa Bautista de Publicaciones, El Paso, Texas, 1959).

Braga, James, *Cómo Preparar Mensajes Bíblicos* (Editorial Portavoz, Grand Rapids, Michigan, 1981).

Broadus, Juan A., *Tratado sobre la Predicación* (Casa Bautista de Publicaciones, El Paso, Texas, 1965).

Brooks, Phillips, *The Joy of Preaching* (Kregel Publications, Grand Rapids, Michigan, 1989).

Chapell, Bryan, *Christ Centered Preaching* (Baker Book House, Grand Rapids, Michigan, 1994).

Costas, Orlando, *Comunicación por medio de la predicación*. 2a ed. (Editorial Caribe, Miami, Florida, 1973).

Craddock, Fred B., Preaching (Abingdon Press, Nashville, Tennessee, 1985)

Crane, James D., *El Sermón Eficaz* (Casa Bautista de Publicaciones, El Paso, Texas, 1961).

Criswell, W.A., *El Pastor y su Ministerio: Una Guía Práctica* (Casa Bautista de Publicaciones, El Paso, Texas, 1989).

_____, *Why I Preach that the Bible is Literally True* (Broadman Press, Nashville, Tennessee, 1969).

Delutri, Salvador, *El Mundo al que Predicamos* (Logoi, Miami, Florida, 1998).

Duduit, Michael, -Editor- *Predicación Poderosa* (Vida, Miami, Florida, 2008).

Evans, William, *La proclamación del mensaje: un manual de homilética* (Editorial Alianza, Temuco, Chile, 1958).

Green, Michael P., *Illustrations for Biblical Preaching* (Baker Book House, Grand Rapids, Michigan, 1989).

Hendricks, Howard G., *Teaching to Change Lives* (Multnomah Press, Portland, Oregon, 1987).

Jiménez, Pablo A. y Justo L. González, *Manual de Homilética Hispana* (Editorial CLIE, Barcelona, 2006).

Jiménez, Pablo A., *Principios de Predicación* (Abingdon Press, Nashville, Tennessee, 2003).

Jowett, John Henry, *The Preacher: His Life and Work* (Harper & Brothers Publishers, New York, 1912).

Kaiser, Walter C., *The Old Testament in Contemporary Preaching* (Baker Book House, Grand Rapids, Michigan, 1981).

Kendall, R.T., *Preaching and Preparation, en* In Pursuit of His Glory (Charisma House, Lake Mary, Florida, 2004).

Lewis, Ralph y Gregg Lewis, *Inductive Preaching* (Crossway Books, Westchester, Illinois, 1983).

Lloyd-Jones, D. Martyn, *Preaching and Preachers* (Hodder and Stoughton, Londres, Gran Bretaña, 1971).

Logan, Samuel T., -Editor- *The preacher and Preaching: Reviving the art in the Twentieh Century* (Presbyterian and Reformed Publishing House, Phillipsburg, New Jersey, 1986).

Long, Thomas G., The Witness of Preaching (Westminster/John Knox, Atlanta, Georgia, 1989)

Lowry, Eugene L., *The Homiletical Plot* (John Knox Press, Atlanta, Georgia, 1971).

MacArthur, John, *El Redescubrimiento de la Predicación Expositiva* (Editorial Caribe, Nashville, Tennessee, 1996).

Macartney, Clarence, *Great Sermons of the World* (Hendrickson Publishers, Peabody, Massachusetts, 1997).

Macpherson, Ian, *Bible Sermon Outlines* (Abingdon Press, Nashville, Tennessee, 1966).

Martínez, José M., *Curso de Formación Teológica: Homilética. Vol. 11* (Editorial CLIE, Barcelona, España, 1998).

_____, *Hermeneútica Bíblica* (Editorial CLIE, Barcelona, España, 1996).

Mawhinney, Bruce, *Predicando con frescura* (Editorial Portavoz, Grand Rapids, Michigan, 1998).

Miller, Calvin, *The Empowered Communicator* (Broadman & Holman Publishers, Nashville, Tennessee, 1994).

Mohler, R. Albert, *Proclame la Verdad* (Editorial Portavoz, Grand Rapids, Michigan, 2008).

Morgan, G. Campbell, *Preaching* (Baker Book House, Grand Rapids, Michigan, 1974).

Murray, Donald M., *Writing to Deadline: The Journalist at Work* (Heinemann, Portsmouth, Nuevo Hampshire, 2000).

Morris, Leon, *The Apostolic Preaching of the Cross* (Baker Book House, Grand Rapids, Michigan, 1972).

Olford, Stephen, *Anointed Expository Preaching* (Broadman & Holman Publishers, Nashville, Tennessee, 1998).

Pereyra Suárez, Héctor, *Hacia la elocuencia* (Editorial Verdad, El Paso, Texas, 1958).

Perry, Lloyd M. & Charles M. Sell, *Speaking to Life Problems* (Moody Press, Chicago, Illinois, 1983).

Piper, John, *The Supremacy of God in Preaching* (Baker Book House, Grand Rapids, Michigan, 1990).

Pitt-Watson, Ian, *A Primer for Preachers* (Baker Book House, Grand Rapids, Michigan, 1986).

Robinson, Haddon W., *Biblical Preaching* (Baker Book House, Grand Rapids, Michigan, 1980).

_____, -Editor- *Biblical Sermons* (Baker Book House, Grand Rapids, Michigan, 1989).

_____, *Making a Difference in Preaching* (Baker Book House, Grand Rapids, Michigan, 1990).

Robleto, Adolfo, *El sermón evangelístico y el evangelista* (Casa Bautista de Publicaciones, El Paso, Texas, 1968).

Rummage, Stephen Nelson, *Planifique su Predicación* (Editorial Portavoz, Grand Rapids, Michigan, 2002).

Sangster, W. E., *The Craft of Sermon Construction* (The Westminster Press, Philadelphia, 1951).

Schultze, Quentin J., An Essential Guide to Public Speaking: Serving Your Audience with Faith, Skill, and Virtue (Baker Academic, Grand Rapids, Michigan, 2006)

Spurgeon, Charles Haddon, *Discursos a mis Estudiantes* (Casa Bautista de Publicaciones, El Paso, Texas, 1965. S/f).

_____, *Un Ministerio Ideal* (El Estandarte de la Verdad, Londres, 1964).

Stevenson, Dwight E., In the Biblical Preacher's Workshop (Abingdon Press, Nashville, Tennessee, 1967).

Stibbs, Alan M., *Exponiendo la Palabra : principios y métodos de exposición bíblica* (Ediciones Hebrón, Misiones, Argentina, 1977).

Stott, John R.W., *El cuadro bíblico del predicador* (Editorial Clie, Barcelona, 1975).

_____, *La predicación: Puente entre dos mundos* (Libros Desafío, Grand Rapids, Michigan, 2000).

_____, *The Challenge of Preaching* (Langham Preaching Resources, London, 2013).

Sunukjian, Donald R., *Volvamos a la Predicación Bíblica* (Editorial Portavoz, Grand Rapids, Michigan, 2010).

Unger, Merrill F., *Principles of Expository Preaching* (Zondervan Publishing House, Grand Rapids, Michigan, 1955).

Vila Ventura, Samuel., *Manual de Homilética Bíblica* (Editorial CLIE, Barcelona, España, 1967).

_____, 1000 Bosquejos para Predicadores (Editorial CLIE, Barcelona, España, 1972).

White, Douglas M., *Predicación expositiva* (Casa Bautista de Publicaciones, El Paso, Texas, 1980).

Whitesell, Faris D., *Great Expository Sermons* (Fleming H. Revell Company, Westwood, New Jersey, 1964).

Wiersbe, Warren W., *Giant Steps* (Baker Book House, Grand Rapids, Michigan, 1981).

_____, *Listening to the Giants* (Baker Book House, Grand Rapids, Michigan, 1980).

Zeoli, Richard, *The Seven Principles of Public Speaking* (Skyhorse Publishing, Inc., New York, 2008).